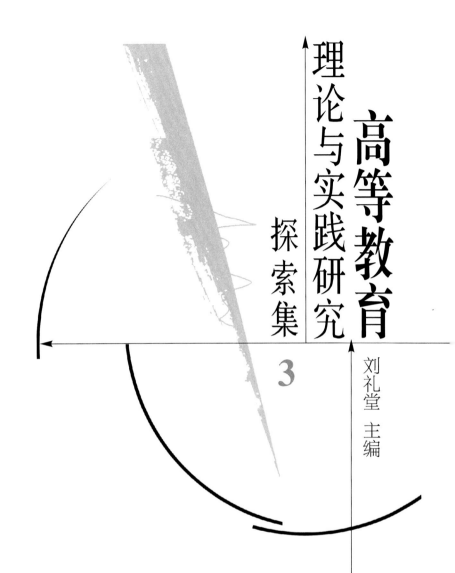

高等教育理论与实践研究探索集 3

刘礼堂 主编

WUHAN UNIVERSITY PRESS
武汉大学出版社

图书在版编目(CIP)数据

高等教育理论与实践研究探索集.3/刘礼堂主编.—武汉：武汉大学出版社,2024.5
ISBN 978-7-307-24201-2

Ⅰ.高…　Ⅱ.刘…　Ⅲ.高等教育—文集　Ⅳ.G64-53

中国国家版本馆 CIP 数据核字(2023)第 246826 号

责任编辑:黄河清　　责任校对:李孟潇　　版式设计:韩闻锦

出版发行：**武汉大学出版社**　(430072　武昌　珞珈山)
(电子邮箱：cbs22@ whu.edu.cn　网址：www.wdp. com.cn)
印刷：武汉邮科印务有限公司
开本:720×1000　1/16　印张:32.5　字数:581 千字　插页:3
版次:2024 年 5 月第 1 版　2024 年 5 月第 1 次印刷
ISBN 978-7-307-24201-2　定价:108. 00 元

高等教育理论与实践研究探索集 3

主编 刘礼堂

编委 刘礼堂 杨国安 余西云 郑 威
杜 华 曹盛英 刘 超 屈路明

党建领航　立德树人　打造"三全育人"新格局

刘经南

正值武汉大学130年华诞之际，历史学院党委书记刘礼堂教授给我送来《高等教育理论与实践研究探索集3》的书稿，邀请我为该书作序。我深感欣慰，特以志序。

说起来，我与礼堂教授及《高等教育理论与实践研究探索集》系列论文集渊源颇深。礼堂教授在高等教育管理上颇有心得，他认为，高等教育管理不仅仅是体现在工作的各个细节上，还在于理论上的升华与创新，并形成有实用价值的文章。早在2006年，礼堂教授在文学院担任党委书记期间，就将文学院教职工的研究成果首次结集出版，名字就叫《高等教育理论与实践研究探索集》。后来礼堂教授到历史学院担任党委书记，延续了这个好传统。2019年他还邀请我为历史学院《高等教育理论与实践研究探索集2》写了序言。此次，礼堂书记告诉我，今年他将从学院党委书记一职卸任，从此专心做他的学术研究。我想，这本论文集也是他对自身从事高校管理30多年经历的最好总结。

本文集汇编了历史学院教职工的最新理论研究成果，文集的作者既有教学第一线的教师，也有管理干部。论文集分为党的建设篇、思想政治教育篇、教学改革与实践篇、管理探索篇四个部分，内容涵盖了党建、思政、教学、科研、财务、图书资料建设、校友工作等方面。论文集让我印象最深的有两点。第一点是文集充分体现了历史学院良好的党建工作基础。历史学院是我校三个全国党建标杆院系之一，在党建工作上颇有建树。党的建设篇有12篇，内容涉及党支部建设、组织员工作、共青团工作、巡视工作、师德师风建设，廉政工作建设等方方面面，充分体现了历史学院党建标杆院系建设的成果。第二点就是文集很好地体现了"三全育人"理念。推进"三全育人"是高校体现育人为本的治理体系和治理能力现代化建设的核心内容。从这本文集，我们能够看到，历史学院的教职工高度树立了“三全育人”的政治自觉、思想自觉和行动自觉，将思想政治工作与人才培养各环节结合起来，贯穿到教学、科研、管理、服务全过程。在我看来，这才是真正回归大学的初心和使命，如果每一个学院都形成了这样的共识，那么武汉大学的“立德树人”工作就能真正落到实处。

德国教育家斯普朗格说过：“教育的最终目的不是传授已有的东西，而是要把人的创造力诱导出来，将生命感、价值感唤醒。”在教育实践过程中，教师用自己的“言传”和“身教”培育学生相互促进、共同成长，最终体现“立德树人”的宗旨。论文集的文章，都是作者在多年教书育人过程中的思考和智慧的结晶，也是武汉大学高等教育管理的宝贵财富。今年是武汉大学建校 130 周年，我想，这本文集正是历史学院师生献给学校的一份厚礼。

中国工程院院士 

2023 年 7 月 7 日

目　录

党的建设篇

思想政治教育篇

教学改革与实践篇

管理探索篇

党的建设篇

以党史铸魂育人　厚植家国情怀

——我们今天为什么要学习党史

刘礼堂
（武汉大学历史学院）

中国共产党的一百年，是矢志践行初心使命的一百年，是筚路蓝缕奠基立业的一百年，是创造辉煌开天辟地的一百年。在百年奋斗中，党团结带领人民开辟了伟大的道路，建立了伟大的功业，铸就了伟大的精神，积累了宝贵的经验，创造了中华民族发展史、人类社会进步史上的奇迹。习近平总书记高度重视党史学习教育活动，2021 年 2 月 20 日，他在党史学习教育动员大会上的讲话中说："回望过去的奋斗路，眺望前方的奋进路必须把党的历史学习好、总结好，把党的成功经验传承好、发扬好"，同时他又提出："中国革命历史是最好的营养剂，重温这部伟大历史能够感受党的初心使命、性质宗旨、理想信念的生动教育。"① 习近平总书记的重要讲话，要求我们进一步梳理和彰显百年党史生动的内容素材、内蕴的精神力量、流淌的真实情感，不断发掘百年党史在定力、动力、引力等方面的育人功能。

一、百年党史可构筑起中国共产党人的精神谱系

百转千回，百炼成钢，百年风华正茂，铸就百年辉煌；中国共产党走过波澜壮阔的百年历程，踏千山万水，过千磨万击，抒写千秋伟业。习近平总书记在庆祝中国共产党成立 100 周年时发表重要讲话强调："一百年前，中国共产党的先驱们创建了中国共产党，形成了坚持真理、坚守理想，践行初心、担当使命，不

① 习近平：《在党史学习教育动员大会上的讲话》，《人民日报》2021 年 4 月 1 日。

怕牺牲、英勇斗争，对党忠诚、不负人民的伟大建党精神，这是中国共产党的精神之源。一百年来，中国共产党弘扬伟大建党精神，在长期奋斗中构建起中国共产党人的精神谱系，锤炼出鲜明的政治品格。历史川流不息，精神代代相传。我们要继续弘扬光荣传统、赓续红色血脉，永远把伟大建党精神继承下去、发扬光大。”①在一百年的非凡奋斗历程中，一代又一代中国共产党人顽强拼搏、不懈奋斗，涌现了一大批视死如归的革命烈士、一大批顽强奋斗的英雄人物、一大批忘我奉献的先进模范，形成了井冈山精神、长征精神、遵义会议精神、延安精神、西柏坡精神、红岩精神、抗美援朝精神、“两弹一星”精神、特区精神、抗洪精神、抗震救灾精神、抗疫精神等伟大精神，构筑起了中国共产党人的精神谱系。

人生天地间，长路有险夷。伟大的事业之所以伟大，不仅因为这种事业是正义的、宏大的，而且因为这种事业不是一帆风顺的，没有平坦的路可走。一百年来，从开天辟地的伟大事变，到走向复兴的伟大道路，中国共产党带领中国人民走过的波澜壮阔的革命、建设、改革历程，是用鲜血、汗水、泪水写就的。我们曾经有多难？1927 年反革命政变后，近六万中国共产党党员减少到一万多人，艰苦卓绝的长征中，天上每日几十架飞机侦察轰炸，地下几十万大军围追堵截，路上遇着了说不尽的艰难险阻。我们曾经有多难？新生的中国尚未站稳脚跟，侵略者陈兵国门，欲将新中国扼杀在摇篮之中。我们有多难？占世界人口四分之一的大国，人口多、底子薄，洪水地震自然灾害挑战不断。艰难困苦，玉汝于成。对于信念坚定者，越是苦难艰辛，越能磨砺强大的精神，越能迸发磅礴的力量。

一百年来，我们党正是在风险挑战中顽强拼搏、不懈奋斗，正是在惊涛骇浪中勇立潮头、奋勇向前，锤炼了不畏强敌、不惧风险、敢于斗争、勇于胜利的党的风骨和品质，成为我们党最鲜明的特质和特点。一代代中国共产党人，在枪林弹雨中视死如归，在难关逆境中顽强奋斗，在漫漫征途中忘我奉献，千磨万击还坚劲，于闯关夺隘中矗立起一座精神丰碑，构筑起共产党人的精神谱系，构筑起应对风险挑战的钢铁精神长城。我们党之所以历经百年而风华正茂、饱经磨难而生生不息，就是凭着那么一股革命加拼命的强大精神。

革命的精神从精神结构来看，可以从以下六个方面概括：理想信念精神、为人民服务精神、开拓创新精神、艰苦奋斗精神、无私奉献精神、独立自主精神，

① 习近平：《在庆祝中国共产党成立 100 周年大会上的讲话》，《人民日报》2021 年 7 月 2 日。

这六个方面构成了中国共产党革命精神的主要内涵。从认识论来看，中国革命精神是马克思主义认识论的内在要素，也可以说，这是中国共产党的革命精神理论对马克思主义认识论所做的主要贡献。从价值观来看，中国共产党的革命精神为马克思主义价值观提供了精神滋养，为价值观的理论构建提供了价值支撑，形成了一套革命精神价值观，体现了中国共产党人的理论贡献。从方法论角度来看，中国共产党构建了革命精神方法论内涵，同样体现了中国共产党人对于马克思主义理论发展的贡献。

如何践行中国共产党的革命精神，我们主要从个人、社会、世界三个角度来探索路径。从个人角度来看，要自觉努力把革命精神和个人日常行为结合起来；从社会角度来看，要把革命精神和全社会风气养成结合起来；从世界角度来看，要把革命的精神和文化同国际文化传播结合起来。中国道路成功的背后有精神元素的支撑，革命精神是其中重要的元素。既要展示中国的道路，又要展示中国道路背后的革命精神。既要讲好中国的故事，又要讲好中国故事背后的精神。缺失了革命精神的中国道路是没有基石的，缺失了革命精神的中国故事是没有灵魂的。

如今，我们比历史上任何时期都更接近、更有信心和能力实现民族伟大复兴的目标。行万里者半九十，新的历史起点上，我们党无比清醒地认识到，伟大的目标绝不是轻轻松松、敲锣打鼓就能实现的。前路不可能一马平川，艰难险阻依然横亘眼前，我们必须准备付出更为艰巨、更加艰苦的努力。历史只会眷顾坚定者、奋进者、搏击者。一代又一代人的使命，只要我们继承和发扬伟大的精神，始终不畏艰辛、砥砺奋进，以大无畏的英雄气概，将革命进行到底，我们必将压倒一切困难而不被任何困难所吓倒，在新时代的长征路上，无畏风雨、破浪前行。

二、百年党史中可汲取走向未来的智慧和力量

习近平总书记指出："历史是最好的老师，它忠实记录下每一个国家走过的足迹，也给每一个国家未来的发展提供启示。"①"历史虽然是过去发生的事情，但总会以这样那样的方式出现在当今人们的生活之中。"②我们党从诞生之日起，

① 习近平：《在德国科尔伯基金会的演讲》，中国新闻网 2014 年 3 月 28 日。

② 习近平：《在十八届中央政治局第十八次集体学习时的讲话》，中国新闻网 2014 年 10 月 13 日。

就高度重视历史教育。抗战时期，在毛泽东同志的亲自指挥下，1951年《中国共产党的三十年》正式出版，标志着党史教育推向全国。随后《从鸦片战争到五四运动》《中国共产党的七十年》《中国共产党的历史》等权威著作陆续出版，在党内外产生重大影响。从新民主主义革命时期到社会主义革命和建设时期，从改革开放和社会主义现代化新时期到中国特色社会主义新时代，重视历史，特别是重视党史教育是我们党领导中国革命建设、改革不断取得胜利的重要原因。

早在抗日战争时期，毛泽东同志就撰写了《共产党人》发刊词，以及《中国革命和中国共产党》《如何研究中共党史》等文章。毛泽东同志指出："如果不把党的历史搞清楚，不把党在历史上所走过的路搞清楚，便不能把事情办得更好。"① 为了强调党史学习的重要性，毛泽东同志主持编写了《六大以来》《六大以前》《两条路线》等重要学习资料，推动党内系统化、理论化、常态化学习党史。在延安整风过程中，毛泽东同志亲自主持起草《关于若干历史问题的决议》，全面正确地总结了建党以来党的历史及基本经验教训，在统一全党思想、完成新民主主义革命方面发挥了重要作用。党的十一届三中全会之后，邓小平同志指出："每个党、每个国家都有自己的历史，只有采取客观的实事求是的态度来分析和总结，才有好处。"②邓小平同志还指出："历史上成功的经验是宝贵财富，错误的经验、失败的经验也是宝贵财富。这样来制定方针政策，就能统一全党思想，达到新的团结。这样的基础是最可靠的。"③邓小平同志高度重视对党的历史经验的总结，亲自主持起草了《关于建国以来党的若干问题的决议》，强调"总结过去是为了引导大家团结一致向前看"，④ 这是党和国家各项事业向前推进的必修课。

2010年7月，习近平同志亲自提出编写《中国共产党的90年》，时间起始为1921年至2011年，该书的编写，坚持以马克思列宁主义、毛泽东思想、邓小平理论、"三个代表"重要思想、科学发展观为指导，深入贯彻学习习近平总书记系列重要讲话精神，坚持党性原则和科学精神的统一，始终把党的两个历史决议和党中央关于党的历史重要论述作为叙史证史的根本根据，切实秉承实事求是的科学态度，力求体现准确、朴实、凝练、生动的良史文风，这部著作可谓有质有

① 《毛泽东选集》(第一卷)，人民出版社1991年版，第205页。
② 《邓小平文选》(第一卷)，人民出版社1993年版，第115页。
③ 《邓小平文选》(第一卷)，人民出版社1993年版，第234页。
④ 《邓小平文选》(第一卷)，人民出版社1993年版，第265页。

文、可信可读的党史著作，它可以更好地发挥党史以史鉴今、资政育人的作用。① 党的十八大以来，以习近平同志为核心的党中央高度重视党史学习教育。习近平同志指出："回顾历史不是为了从成功中寻求慰藉，更不是为了躺在功劳簿上、为回避今天面临的困难和问题寻找借口，而是为了总结历史经验、把握历史规律，增强开拓前进的勇气和力量。"②习近平同志关于学习党史发表了一系列重要论述，科学地回答了为什么学、学什么、怎样学等重大问题，为我们从历史中汲取智慧和力量提供了遵循，为坚持和发展中国特色社会主义凝聚起强大精神力量。习近平总书记强调："中国共产党人依靠学习走到今天，也必然要依靠学习走向未来。"③我们通过学习党史，能够清楚地看到党的初心使命如何在历史起点上凝萃，如何在历史过程中升华，如何在历史丰碑上镌刻，能让我们无论走得多远都不忘来时的路，深刻认识红色政权来之不易，更好践行初心使命。

中共二十大已胜利召开，中国共产党已走过百年华诞，从建党的开天辟地，到改革开放的翻天覆地，再到党的十八大以来党和国家事业取得历史性成就，发生历史性变革，波澜壮阔的百年历程记录了我们党在内忧外患中诞生、在磨难挫折中成长、在攻坚克难中壮大的光辉历程。党的历史就是一部直面问题、认识问题、解决问题的历史，涵盖政治、经济、文化、军事、党的建设等方方面面，蕴含着丰富的治国理政智慧。历史总是向前发展的，历史进入新发展阶段、贯彻新发展理念、构建新发展格局更需要向历史寻求经验、向历史寻求规律、向历史寻求未来。目前，我们国家发展仍然处于重要战略机遇期，但机遇和挑战都有新的发展变化，面对前所未有的机遇和挑战，我们必须保持战略定力、发扬斗争精神、树立底线思维，不断认识社会发展的新规律，不断从历史中汲取智慧和力量，向着中华民族伟大复兴奋勇前进。

三、百年党史可铸魂育人厚植家国情怀

习近平同志指出："学习党的历史，是坚持和发展中国特色社会主义，把党和国家各项事业继续推向前进的必修课，这门功课不仅必修，而且必须修好。"④

① 中共中央党史研究室：《中国共产党的九十年(后记)》，中共党史出版社 2016 年版。
② 习近平：《在党史学习教育动员大会上的讲话》，《人民日报》2021 年 4 月 1 日。
③ 习近平：《在党史学习教育动员大会上的讲话》，《人民日报》2021 年 4 月 1 日。
④ 习近平：《在党史学习教育动员大会上的讲话》，《人民日报》2021 年 4 月 1 日。

习近平总书记又强调指出："广大党员要以学习党的历史为重点，做到知史爱党、知史爱国，在学习领悟中坚定理想信念，在奋发有为中践行初心使命。"①翻开中国共产党的百年画卷，在建立中国共产党、成立中华人民共和国、推进改革开放和中国特色社会主义事业这三大具有里程碑意义的历史事件中，青年从未缺席。他们始终是勇立时代潮头、勇担时代重任的主力军，标志着时代的青春符号，引领时代的青年先锋，也是百年党史的青春传唱人。

习近平总书记指出："未来属于青年，希望寄予青年。"②大学在党史学习教育中砥砺办学的初心使命。党的百年历史，就是一部践行使命的历史；与此同时，我国大学的发展史，也是一部以高度的历史自觉融入国家发展的奋斗史。百年来，我国大学始终与时代同呼吸、与民族共命运；今天，面对波谲云诡的国际局势，我国大学必须坚守"培养社会主义建设者和接班人"这个初心，培养具有责任感和使命感的人才。为此，大学要通过党史学习教育，砥砺初心使命，以党的旗帜指引大学的办学治校方向，培养一批批承担中华民族复兴大任的时代新人。

理想信念是共产党人精神上的"钙"，也是激励青年学生自觉担当历史责任和时代使命的力量源，新时代的爱国主义教育要善于用建党百年的伟大成就，向青年学生证明和回答中国共产党为什么能、马克思主义为什么行、中国特色社会主义为什么好，要挖掘红色资源，赓续红色血脉，用鲜活的故事展示百年党史中的信仰力量，引导青年学生从党史学习中激发信仰、坚定自信，不断增强做中国人的志气、骨气、底气，树立为祖国、为人民永远奋斗、赤诚奉献的坚定理想。我们要在党史这门课中引导青年学生砥砺品格，品格修养标注人生境界和高度，也为青年健康成长奠定坚实的基石。百年党史中无数共产党人舍小家为大家、舍小我成大我的高尚道德情操，铸就了一座座感人至深的精神丰碑。新时代的爱国主义教育应当用好宝贵而生动的大思政课，引导青年学生自觉从党史学习中获得启发、锤炼品德，自觉树立和践行社会主义核心价值观，厚植爱国主义情怀，自觉用中华优秀传统文化、革命文化、社会主义先进文化培根铸魂、启智润心，加强道德修养，明辨是非曲直，增强自我定力，矢志追求更有高度、更有境界、更

① 习近平：《在党史学习教育动员大会上的讲话》，《人民日报》2021年4月1日。

② 习近平：《在庆祝中国共产党成立100周年大会上的讲话》，《人民日报》2021年7月2日。

有品位的人生。

百年党史既是一部记录中国共产党人栉风沐雨、奋斗前行的辉煌史书，又是一堂激励新时代青年奉献祖国，成长成才的人生大课。党史中蕴含着丰富的新时代青年学生成长成才的深刻道理，我们要善于挖掘红色资源，以党史铸魂育人。引导广大青年学子自觉汲取百年党史中深厚的精神营养，努力讲好百年党史这堂人生大课，这也是长江后浪推前浪的历史规律，也是一代胜过一代的青春责任。

百年党史是一堂信仰大课，中国共产党自诞生之日起就将马克思主义的科学信仰镌刻在自己的旗帜上，中国共产党的发展壮大是无数共产党人用鲜血和生命践行信仰、捍卫信仰的过程与结晶。无论是党的创始人和领导人，还是在中国革命、建设和改革进程中矢志不渝、九死不悔的优秀共产党员，他们都是毕生坚守马克思主义信仰、以一生信仰承诺的光辉典范。他们用自己追寻信仰、确立信仰、捍卫信仰、践行信仰的一生向新时代大学生阐释一个深刻的道理：信仰是人生的奠基石，只有坚定的马克思主义信仰，才能为青春成长，扬帆起航。

百年党史是一堂涵养大课。每个时代的青年都有自己的风险历练和时代责任。一百年来，一代又一代青年先锋用他们的青春作证，告知当代青年学子明大德、辨是非、格局大、境界高是青年学子担当起历史使命和时代责任的重要基础。一个人在青年时代树立怎样的人生理想，确立怎样的人生观、世界观和价值观，奠定怎样的思想基础和道德修养，将决定其一生的奋斗目标。少年毛泽东以诗明志，撰写“孩儿立志出乡关，学不成名誓不还”的豪言壮语；青年习近平在梁家河的七年知青岁月奠定了报效祖国、服务人民的思想基础和人生方向。百年党史中有无数值得新时代青年学习追随的青年榜样。

“自信人生二百年，会当水击三千里”，习近平总书记强调：“我们要充分认识到，中国特色社会主义道路来之不易，它是在改革开放三十多年的伟大实践中走出来的，是在中华人民共和国成立 60 多年的持续探索中走出来的，是在对近代以来一百七十多年中华民族发展历程的深刻总结中走出来的，是在对中华民族 5000 多年悠久文明的传承中走出来的，具有深厚的历史渊源和广泛的现实基础。”①同时，习近平总书记再次提醒我们：“无论我们走得多远，都不能忘记来时的路。”②百年党史是一堂奋斗大课，中国共产党是一堂奋斗大课。中国共产党

① 习近平：《论中国共产党历史》，中共文史出版社 2021 年版，第 22 页。
② 习近平：《论中国共产党历史》，中共文史出版社 2021 年版，第 12 页。

成立时只有 50 多名党员，今天已经成为拥有 9800 多万名党员、领导着占全世界四分之一的 14 亿多人口大国，也是全世界影响力最大的执政党。中国共产党百年奋斗展示和诠释了星火可以燎原的道理。这个道理，就是无数共产党人为国为民不懈奋斗的决心与行动。“为有牺牲多壮志，敢教日月换新天。”正是共产党人伟大奋斗精神的生动写照。救民族于危亡，拯斯民于水火，扶大厦于将倾，需要不惧流血牺牲的奋斗。我们战胜西方的封锁与制裁，在战争的废墟上重建家园，秉持独立自主、自力更生的原则，在百年未有之变局中化解危机、重开新局，在这里有着血与泪的苦楚，历经沧桑。一百年的党史告示青年学子，无论面对怎样的艰难险阻，不懈的奋斗才是克敌制胜的法宝，少年强则国家强。

“青松寒不落，碧海阔逾澄。”青年大学生是一个社会的生命力所在，也是支撑一个国家未来的发展基石。对新时代的青年学子来说，热爱祖国是立身之本、成才之基。进入新发展阶段，构建新发展格局，需要青年学子继续坚定信念、砥砺奋进，积极拥抱时代，无愧于历史的华彩篇章，让青春在为祖国、为人民、为民族、为人类的奉献中绽放出更加绚丽的光彩。

以史为鉴　资政育人

——历史学院党建标杆院系经验总结

刘礼堂　刘　超　屈路明

（武汉大学历史学院）

在学校党委“全国党建工作示范高校”培育创建的引领和推动下，建设期内，武汉大学历史学院党委深入学习贯彻习近平新时代中国特色社会主义思想和党的十九大及十九届历次全会精神，严格对照“全国党建工作标杆院系”建设“五个到位”的总要求，严格对标看齐，彰显“以史鉴来、以史正风、以史化人”的强烈责任担当，发挥学科专业优势，将历史文化教育与思想政治教育相融合，充分发挥历史学科在“三全育人”综合改革上的特殊优势，引导师生员工树牢“四个意识”，坚定“四个自信”，坚决做到“两个维护”，自觉在思想上政治上行动上同以习近平同志为核心的党中央保持高度一致，扎实推进党建质量全面创优，为一流历史学人才培养提供支撑。

一、以政治建设为统领，牢牢把准社会主义办学方向

学院党委坚持以习近平新时代中国特色社会主义思想为指导，坚持和巩固马克思主义在史学研究的指导地位，牢牢把握党对高校思想政治、意识形态、组织建设、制度政策等方面工作的领导权。

强化理论武装，增进政治认同。采取党委中心组学习、集中研讨、党课、支部活动等多种形式，深入宣传党的最新理论方针政策。集中学习研读《习近平谈治国理政》《中国共产党的九十年》等；开展专题研讨，研究深入贯彻习近平总书记在中央政治局第二十三次集体学习时关于建设中国特色、中国风格、中国气派的考古学的重要讲话精神一系列举措。

筑牢阵地防线，增强思想认同。明确党委领导班子的意识形态工作主体责任，建立健全责任传导机制。加强对教学单位、学术组织、研究机构、学生社团等的引导，切实把意识形态工作纳入教书育人、服务社会的全过程。学院以全国高校思政网、光明日报、人民日报等为载体，组织丰富多样的正面舆论宣传，唱响主旋律，凝聚正能量。2020—2021年，学院网站共推介新闻323篇，其中有近40篇被武大首页报道，50多篇新闻被《人民日报》客户端及《光明日报》客户端报道。2020年，“全国党建工作标杆院系”和“长江文明考古研究院成立”等新闻入选武汉大学2020年度十大新闻；疫情期间学院李洋、李永生二位老师“火线入党”一事被《光明日报》头版报道，标题为《为“大学之道”作出时代注解》；潘迎春教授获全国无偿献血奉献奖金奖；学院2017级世界史专业本科生马雨聪线上辅导医护人员子女的事迹被央视《新闻联播》报道。2021年，学院党委充分发挥历史学科在意识形态领域的特殊优势，紧扣党史学习教育主线，进一步筑牢意识形态根基。在官网开辟理论学习专栏——“习近平总书记关于历史科学的重要论述”，梳理、总结习近平总书记关于历史科学的重要理论成果。此外学院党委还积极组织教职工撰写党史学习文章共计9篇，先后发表在学校主页“党史百年”专栏，掀起党史学习热潮。

跟进学习实践，深化行动认同。学院党委始终以实际行动践行习近平总书记关于考古学的重要讲话精神，加强考古能力建设和学科建设，分别与襄阳市政府、良渚遗址、龙门石窟等签订战略合作协议，积极培养壮大考古队伍。全面推进新时代“新文科”建设，与湖北省文化和旅游厅合作，成立长江文明考古研究院，同湖北省教育厅、在鄂相关高校及湖北省考古文博单位统筹力量共同组建湖北省新时代考古学建设共同体。并已产生了系列成果，如杨华教授主编的《长江文明研究》已由长江出版社出版，刘礼堂教授在《光明日报》发表的文章《西南茶马古道——中外交流的桥梁与纽带》，在综合公众号平台受欢迎程度和社会反响等因素基础上，获评光明日报理论版2021百篇热门文章。

二、以质量党建为主线，全面提升基层党组织组织力

学院党委切实以科学的制度保障党的建设，以科学的方法推进党的建设，不断夯实党建基础。

重视班子建设，强化党委政治领导力。学院党委坚持贯彻落实党的民主集中

制，修订完善并严格执行《党委会议议事规则》《党政联席会议议事规则》，全面提升党委领导力；积极推进党务公开，坚持重要问题决策过程和结果公开，自觉接受师生监督；坚持征求意见制度，凡涉及学院改革发展和师生切身利益的问题，都在广泛听取师生意见的基础上做出决定；坚持党委中心组学习制度，建设学习型领导班子，从而进一步规范领导班子的运行模式。

规范制度标准，提升支部基层战斗力。出台《党委委员联系指导党支部工作制度》《党支部工作条例》，设立党费缴纳日制度、周四固定学习日制度、学生党支部书记例会制度等；加强功能型党支部建设，创建了以本科生口述史团队为基干的功能型党支部；在黄州考古基地建立了临时党支部，因地制宜，突出学科特色，积极组织党员群众开展学习交流活动；优化博士研究生党支部设置，根据专业纵向调整，促进研究生党建活动与实际需要、学术科研、成长成才紧密结合。

选树先进典型，发挥党员先锋模范作用。疫情期间，一大批党员深入社区开展防控、服务工作，李洋、李永生两位老师第一时间报名青年突击队，表现优秀，学院党委吸收他们火线加入中国共产党。师生党员中，涌现出了“全国无偿献血奉献奖金奖”获得者、坚持献血 16 年的潘迎春教授，“全国脱贫攻坚贡献奖”获得者、2008 级本科生时圣宇，跨国捐献骨髓的“十大风云学子”李龙俊，为一线医务人员的子女提供线上辅导的 2017 级本科生马雨聪，将 2 万元国家奖学金奖金捐给武汉大学教育发展基金会的 2020 级研究生朱钊沅等一批在教书育人、志愿服务方面的先进典型，在广大师生中传播了正能量，充分彰显了党员的先锋模范作用。

三、以深度融合为重点，推动学院事业更好更快发展

学院党委始终以“立德树人”为根本任务，把立德树人的成效作为检验一切工作的根本标准，将“立德树人”贯穿于学院党委工作始终，以促进学生成长成才为中心，以提高思想政治工作质量为核心，以全面提高人才培养能力为关键，以“史学育人”课程思政建设为重点，着力开创内涵式发展新局面。

树立新思政观，强化思想政治工作领导体制。学院坚持立足新时代，从中国特色社会主义教育是知识体系教育同思想政治教育的结合与综合这一基本认识出发，坚持科学认识把握思想政治工作的定位，挖掘历史学科所蕴含的思政元素，把促进学生成长成才作为学院一切工作的出发点，将思想政治工作教育教学全过

程，落实到教职员工职责规范之中。同时，积极探索育人育才和党建工作对接融合的有效模式，充分发挥学院作为全国党建标杆院系的政治优势，进一步健全完善党委会、党政联席会议事规则，充分发挥学院党委在育人重大事项的政治把关作用；探索党建带团建的新机制新模式，积极发挥院党委、团委协同育人的组织优势。从2018年开始，院党委书记刘礼堂开设的“新生第一课”《红色武大》每年都面向本硕博新生讲授，该课程于2020年入选武汉大学“书记好党课”。除了坚持给学生上党课之外，刘礼堂书记格外注重在政治上对学生进行引导，每年都会带领学生骨干赴武汉中共中央机关旧址纪念馆、武汉毛泽东旧居纪念馆、武汉“八七会议”会址、武汉中共“五大”会址纪念馆、武汉八路军办事处旧址、武昌农民运动讲习所、中山舰博物馆等红色教育基地开展现场教学，并亲自讲解，培养学生对党的感情。

立足学科特色，强化专业课程育人导向。一方面，学院注重发挥专业教师课程育人的主体作用，加强历史学学科体系、教材体系和话语体系建设，加强对学科带头人和学术骨干的培养，梳理各门课程所蕴含的思想政治教育元素和所承载的思想政治教育功能，融入课堂教学各环节，实现思想政治教育与知识体系教育的有机统一。另一方面，学院注重对专任教师的思想政治工作，强化专业教师对引导学生树立正确的政治方向、价值取向、学术导向的自觉意识。2021年7月至9月，学院先后召开“关于加强和改进新形势下思想政治工作研讨会”和全院教职工大会，多次强调要充分认识思想政治工作的重要性，把思想和行动统一到中央决策部署上来。12月，潘迎春教授带领的世界史团队入选2021年“湖北名师工作室”主持人候选项目。

深挖学术资源，引导科学研究对接国家战略需求。学院鼓励广大教师走出书斋，思考现实，与社会发展相衔接，对时代提出的重大文化课题作出回应，围绕重大理论和现实问题作出历史专业研究的阐释。学院党委书记刘礼堂教授反复强调，人文学科也要对接国家战略需求，解决当代社会的重大文化问题、理论问题。2020年11月，刘礼堂教授主持的《“一带一路”视野下的西南茶马古道文献资料整理与遗产保护研究》获批国家社科基金重大招标项目。学院党委在深入贯彻习近平总书记在中央政治局第二十三次集体学习时关于建设中国特色、中国风格、中国气派的考古学的重要讲话精神过程中，研究制定了一系列措施：与襄阳市政府、龙门石窟等签订战略合作协议，积极培养壮大考古队伍；全面推进新时代“新文科”建设，与湖北省文旅厅合作，2020年12月成立长江文明考古研究院，并统筹力量组建湖北省新时代考古学建设共同体。2020 年 9 月，刘礼堂教授遵循习近平总书记“治国必治边、治边先稳藏”的重要战略思想，与西藏林芝市易贡茶场签订《易贡茶场志》编撰协议，组织专家数次进藏搜集资料。历时一年，完成了近 30 万字的《易贡茶场志》，2021 年 10 月，该场志入选《中国农垦农场志丛》，得到农业农村部的高度肯定。为贯彻落实习近平总书记致甲骨文发现和研究 120 周年贺信精神，传承弘扬中华优秀传统文化，2021 年 2 月，中央宣传部、教育部、国家语委、文化和旅游部、科技部、国家文物局、中国社会科学院、河南省人民政府八部门共同启动实施“古文字与中华文明传承发展工程”。根据总体规划，成立古文字工程专家委员会，为工程实施提供学术咨询和专业指导，我院陈伟教授任委员。

近年来，学院党委以全国党建标杆院系的建设为契机，坚持抓大事、谋全局，贯彻落实中央重大战略部署，构建“大党建”工作格局，统筹谋划学院改革发展，学科综合实力日益显现，开创了学院师生凝心聚力、干事创业的良好氛围。学院各方面都取得了优秀的成绩。自 2018 年学校开展基层党建工作考评以来，学院连续四年以优异的成绩获评优秀。2021 年度党建工作更是以第一名的成绩获评优秀。此外学院还获评武汉大学 2018—2020 年学科建设优秀和 2021 年度事业发展优秀。2021 年，学院党委获评中共湖北省委教育工委授予的“高等学校先进基层党组织”荣誉称号，学院党委书记刘礼堂教授获评“武汉大学优秀党务工作者”。

从党的百年外事工作史理解和把握“两个大局”

谭文天
（武汉大学历史学院）

2020年6月27日，习近平总书记在给复旦大学《共产党宣言》展示馆党员志愿者服务队全体队员的回信中指出：“希望广大党员特别是青年党员认真学习马克思主义理论，结合学习党史、新中国史、改革开放史、社会主义发展史，在学思践悟中坚定理想信念，在奋发有为中践行初心使命，努力为实现‘两个一百年’奋斗目标、实现中华民族伟大复兴的中国梦贡献智慧和力量。”2020年6月29日，教育部要求通过在高校深入开展新“四史”学习教育活动，引导广大干部师生全面了解我们党成立以来、新中国成立以来以及改革开放以来的重大事件、重要会议、重要文件、重要人物，“持续激发广大师生爱党爱国爱社会主义的巨大热情，增强道路自信、理论自信、制度自信、文化自信，做到不忘历史、不忘初心，知史爱党、知史爱国”。

新“四史”是中国共产党诞生、发展并领导中国人民经历伟大斗争、开创伟大事业、追求伟大梦想的历史，其中蕴含着宝贵的历史智慧与强大的精神力量。在高校中针对青年群体开展新“四史”学习教育，一方面有利于青年学生感悟党和国家的历史成就，激发知史爱党、知史爱国的巨大热情，养成文化自信；另一方面也有助于青年群体学史惜今，从新“四史”学习中汲取历史智慧、学习历史经验、提升历史思维，从而能够把握历史大势，做到“信史而笃行”。

在当下高校思想政治教育工作不断走向纵深的局面下，以新“四史”学习教育活动为契机，通过建设思想明确、内容充实、形式多样的思想政治教育，有助于推动高校学生思政走向更高层次，对加强爱党爱国教育、提升学生思想政治修养，具有重要意义。

习近平总书记曾强调：“各级领导干部特别是高级干部必须立足中华民族伟

大复兴战略全局和世界百年未有之大变局，心怀‘国之大者’，不断提高政治判断力、政治领悟力、政治执行力”①，“领导干部要胸怀两个大局，一个是中华民族伟大复兴的战略全局，一个是世界百年未有之大变局，这是我们谋划工作的基本出发点”。这为我们正确把握国际国内形势发展变化，准确认识两个大局相互制约、相互促进的互动关系，科学预见历史发展趋势和世界格局演变走向，谋划和做好新时代各项工作提供了战略指引。②

当今世界正经历百年未有之大变局，中华民族伟大复兴战略全局与世界百年未有之大变局正处于历史性交汇时期。和平与发展仍然是时代主题。实现中华民族伟大复兴是中华民族近代以来最伟大的梦想。纵观人类历史，世界发展从来都是各种矛盾相互交织、相互作用的综合结果。所以我们既要善于分析和把握当前国内国际形势中的有利条件和发展机遇，又要正确看待大国关系深入调整与国际安全挑战的复杂局面。从而深入分析世界转型过渡期国际形势的演变规律，准确把握历史交汇期我国外部环境的基本特征，统筹谋划和推进对外工作。③

我们在向第二个百年奋斗目标进军的过程中，既要集中精力把自己的事情办好，又要处理好同外部世界的关系。习近平总书记强调：“把握国际形势要树立正确的历史观、大局观、角色观。树立正确历史观，就是不仅要看现在国际形势什么样，而且要端起历史望远镜回顾过去、总结历史规律，展望未来、把握历史前进大势。树立正确大局观，就是不仅要看到现象和细节怎么样，而且要把握本质和全局，抓住主要矛盾和矛盾的主要方面，避免在林林总总、纷纭多变的国际乱象中迷失方向、舍本逐末。树立正确角色观，就是不仅要冷静分析各种国际现象，而且要把自己摆进去，在我国同世界的关系中看问题，弄清楚在世界格局演变中我国的地位和作用，科学制定我国对外方针政策。”④这为我们统筹两个大局、把握中国与世界的关系提供了重要遵循。

---

① 《习近平在省部级主要领导干部学习贯彻党的十九届五中全会精神专题研讨班开班式上发表重要讲话》，中共中央党校官网：https://www.ccps.gov.cn/xtt/202101/t20210111_147076.shtml? from=groupmessage&ivk_sa=1024320u。

② 李毅：《立足两个大局 心怀“国之大者”》(人民要论)，《人民日报》2021 年 6 月 4 日 13 版，https://baijiahao.baidu.com/s? id=1701584362729642905&wfr=spider&for=pc。

③ 中共中央宣传部、中共中央党史和文献研究院、中国外文出版发行事业局编辑：《习近平谈治国理政》(第三卷)，外文出版社 2020 年版，第 428 页。

④ 中共中央宣传部、中共中央党史和文献研究院、中国外文出版发行事业局编辑：《习近平谈治国理政》(第三卷)，外文出版社 2020 年版，第 427~428 页。

帮助大学生理解和把握“两个大局”是当前高校思想政治教育工作的重要一环。“思想政治教育的根本目的是不断提高人们的思想道德素质，促进人的全面发展。为了达到这一根本目的，思想政治教育内容主要应包括世界观教育、政治观教育、人生观教育、法治观教育和道德观教育五个方面”①，加强对新“四史”的学习，客观上涵盖了世界观教育和政治观教育。“思想政治教育内容的确定和实施不仅要考虑教育对象的思想实际，具有很强的现实针对性；而且要考虑教育对象精神世界发展和社会发展的长远需要，具有明确的导向性。”②学习新“四史”本身就有很强的现实针对性和明确的导向性，而学习党的百年外事工作史对新时代大学生来说就更加具有针对性和导向性。新“四史”包括党史，而党的历史又包括党对外交往的历史，即党的百年外事工作史。新时代中国青年要理解、把握、立足“两个大局”，就必须以习近平外交思想为指导，深入学习和研究党的百年外事工作史。

1921 年中国共产党成立后，开始逐步重视对外交往，告知世界中国共产党的性质、宗旨、主张，可以说党的百年外事工作历史，是融合在世界近代历史发展的进程中的，深刻改变了世界历史的发展进程，影响了世界格局的变化走向。所以在世界近现代历史及国际关系史的框架下，来分析和研究党百年外事工作史，有助于新时代中国青年理解百年来中国共产党在为中国人民谋幸福和为中华民族谋复兴的进程中与外部世界的关系发展脉络。

为深入理解和准确把握“两个大局”，有必要从党的百年外事工作史中挖掘出典型历史热点问题深入剖析，这些典型历史热点问题有助于我们理解和预判当前国际局势，甚至仍在对现时的国际秩序产生延续性影响。

第一个历史问题是“美苏冷战格局的形成与国共内战”。抗日战争结束前后，东亚政局正处于大变动之中，中美关系、中苏关系、美苏对华政策的矛盾和国共关系等交织在一起千头万绪，其中的核心问题就是能否在中国实现以蒋介石为首的国民政府统治下的和平：其一是战后蒋介石在中国的政治地位，具体地说就是国民政府的合法性和蒋在这个政府中的领导地位问题；其二是有没有以及通过什么方式避免国共内战。

---

① 毕红梅、陈万柏主编：《思想政治教育学原理》（第二版），中国人民大学出版社 2021 年版，第 174 页。

② 毕红梅、陈万柏主编：《思想政治教育学原理》（第二版），中国人民大学出版社 2021 年版，第 175 页。

抗日战争刚刚结束时，美苏国共均面临着两个国际协议，即美英苏达成的雅尔塔秘密协议和苏联与国民政府达成的中苏同盟条约。在这两个国际协议的背后是美、苏和国民政府间的一系列外交折冲，其中的重要内容之一是试图为战后中国的政治发展做出它们均可以接受的国际安排。至少美苏领导人当时还是认为，国际安排的结果最终会对东南亚政治格局和大国战略利益产生至关重要的影响。而实际情况表明，两个国际协议中的各种安排能否实现，取决于中国政治形势如何发展。①

“从抗战结束到内战爆发，美苏国共关系实际上结束了一个历史阶段。从现象上看，国共内战爆发后，美苏对中国局势的关注明显迅速下降。当国共矛盾演变为争夺国家政权进行殊死较量时，美苏却全神贯注于欧洲和近东地区的对抗。”美苏是当时的超级大国，虽然它们的对华政策会受到它们在其他地区的矛盾、对抗等影响，但它们主要是同国共矛盾的变化联系在一起的。从 1947 年秋季人民解放军开始战略反攻起，真正影响美苏国共关系变化的主要事态是中国共产党在内战中取得决定性的胜利，1947 年春美苏冷战的升级和相关的国际格局的形成，则是一个重要的背景。

总的说来，美苏对华政策的基本目标都是在维护它们各自的在华利益。从后来的结果看，随着中国革命运动的不断胜利发展，美国在中国政治中的影响力逐步衰落，中华人民共和国成立后，美国的势力和利益被彻底清除出中国；苏联则相反，其政治影响逐步扩大，直到与新中国结成同盟。上述结果的根本原因在于美苏同中共的关系有本质的区别：苏联是中共的支持者，不论这种支持达到何种程度和有何种复杂的特点；美国则是中国革命运动的反对者。不过当中国政治形势发生剧烈的和根本性的变动的时刻，这种本质的区别大致决定了美苏对华政策演变的方向，至于演变的过程的确是相当复杂的。② 限于篇幅，演变过程在此不引著赘述。

只有深刻理解“美苏冷战格局的形成与国共内战”这一历史问题，才能清楚认识当前中美关系发展中的“对台军售问题”“朝鲜核问题”，才能透彻领悟当前中俄关系发展定位中的“中俄新时代全面战略协作伙伴关系”。

第二个历史问题是“新中国对美西方的反禁运”。中华人民共和国成立后奉

① 牛军：《冷战与中国外交决策》，九州出版社 2013 年版，第 2~3 页。

② 牛军：《冷战与中国外交决策》，九州出版社 2013 年版，第 19 页。

行“一边倒”的外交政策，加入了以苏联为首的社会主义阵营，相应的，美国开始对新中国进行经济和军事封锁。特别是1950年朝鲜战争爆发中国入朝参战后，美国逐步加大对中国的战略物资禁运力度。“1951年5月18日，美国操纵联合国大会通过了对中国和朝鲜民主主义人民共和国实行禁运的美国提案，强迫会员国对中国禁运武器、弹药、战争用品、原子能材料、石油、具有战略价值的运输器材以及对制造武器、弹药、战争用品有用的物资。美国的企图是在对中国施加军事压力和政治压力的同时，加强经济压力，以迫使中国就范。”①1951年5月22日，中国外交部发言人对联合国大会通过的美国提案发表谈话，驳斥了美国破坏联合国宪章的非法行动，指出美国政府利用这一非法决议破坏世界市场经济，压低原材料市场价格，以便美国军火商垄断这些原材料，操纵这些原料生产国的经济命脉。经过党中央决策后，周恩来总理兼外交部长采取果断措施反制美国的禁运政策，加强同社会主义国家的经贸联系，并做好统战工作，联络有爱国情怀的海外华侨华人经香港进行中转贸易，同时分化资本主义阵营国家，争取部分资本主义国家同其展开民间贸易。“1952年4月在莫斯科举行的国际经济会议期间，中国代表同法国、瑞士、荷兰、比利时、意大利、芬兰、英国、锡兰、印度尼西亚、巴基斯坦等国的工商业企业家签订了总金额达2.2亿多万美元的进出口协议。”②事实上打破了美国的经济禁运和封锁。

只有深刻理解“新中国对美西方的反禁运”这一历史问题，才能清楚认识近年美国单边发起的“中美贸易战”，才能透彻体悟以美国为首的西方利用“经济制裁”等手段维护自身经济利益和“经济霸权”。

第三个历史问题是“1962年中印边界冲突”。1960年4月周恩来总理访印后，中印边界出现过短暂的平静。1960年6—12月，中印先后举行三轮外交会谈，仍未能达成解决边界分歧的共识。由于印度的偏执，中印关系进一步恶化。③ 从1961年4月起，印度开始实施“前进政策”，随后于年底对中国边疆领土展开大规模的军事蚕食，1961年年末，中国官方媒体对印度的谴责越发尖锐，批评印

① 裴坚章主编：《中华人民共和国外交史》(1949—1956)，世界知识出版社1994年版，第196页。

② 裴坚章主编：《中华人民共和国外交史》(1949—1956)，世界知识出版社1994年版，第197页。

③ 王绳祖主编：《国际关系史》第九卷(1959—1969)，世界知识出版社1995年版，第342页。

度挑起边界纠纷是在配合美国在国际社会的反华行动。①

1962年年初，由于印度军队不断入侵中国领土，解放军开始恢复边界地区巡逻，逐步展开反蚕食斗争，加强边境军事部署。与此同时，中国政府警告印度，如拒绝撤出侵略据点并继续挑衅，“中国边防部队不得不被迫实行自卫”。②当时中共中央决策层的初衷还是要争取避免发生军事冲突，几乎想出了可以用来避免军事冲突的所有办法。③ 当时印度总理尼赫鲁仍然不愿放弃英属印度蚕食我国领土而来的前殖民地遗产，加之在国际上有苏联和美国对印度政治和军事上的支持，使其感觉在国际局势中“左右逢源”，误判了形势，开始实施主导南亚地区计划肆无忌惮地侵略中国边界领土，低估了中国捍卫领土主权的坚定决心。

中印边界冲突结束后，中国政府再次提议两国重新举行会谈，以友好姿态妥善解决边界问题，主动交还缴获的印军武器并释放全部印军被俘人员。但印度政府对此视而不见，致使中印关系此后数年一直僵化。不过，中国在1962年边界冲突中获得了军事上、政治上和外交上的胜利，迫使印度不得不放弃“前进政策”，维持了中国西南边界半个多世纪总体和平。④

只有深刻理解“1962年中印边界冲突”这一历史问题，才能清楚认识当下中印边界冲突摩擦的反复性，才能透彻体悟中印关系深入发展过程中的历史和现实障碍以及美国试图拉拢印度围堵中国的“印太战略”。

第四个历史问题是“东欧剧变、苏联解体”。20世纪80年代末90年代初，东欧剧变，苏联解体，美苏冷战终结，新旧格局交替，各种力量重新组合，国际形势出现多元性、过渡性等新特点，世界总体格局形成了美国一个超级大国独霸的局面。美国以捍卫“人权”和西方价值观念为借口，以武力或政治经济制裁等方式干涉别国内政，以和平演变和“颜色革命”的方式，制造地区、原社会主义国家和第三世界国家的政局混乱，将这些国家纳入自己的战略轨道，给世界与中

---

① 牛军：《冷战与中国外交决策》，九州出版社2013年版，第67页。

② 《外交部就印度军队连续入侵新疆地区并设立新的侵略据点给印度驻华大使馆的照会》，1962年4月30日，《中华人民共和国对外关系文件集》第9集，第38页。转引自牛军：《冷战与中国外交决策》，九州出版社2013年版，第67页。

③ 中印边界自卫反击作战史编写组：《中印边界自卫反击作战史》，军事科学出版社1994年版，第122、127页。

④ 石源华等：《新中国周边外交史研究》(1949—2019)，世界知识出版社2019年版，第224页。

国周边安全环境造成了很大的负面影响。邓小平提出了冷静观察、稳住阵脚、沉着应对、韬光养晦、有所作为的应对方针，并以不称霸、不打旗、不当头、努力发展壮大自己作为处理国际问题和周边外交的基本原则，坚决顶住了西方国家的压力，打破和分化了西方的联合制裁，坚持改革开放，坚持走有中国特色的社会主义道路。中国的周边环境不仅没有因此而恶化，反而在曲折中有所发展，并为第三代领导人全面拓展中国与周边国家的关系奠定了坚实的基础。①

只有深刻理解"东欧剧变、苏联解体"这一历史问题，才能清楚认识冷战结束后国际秩序形成的"一超多强"的局面，才能透彻体悟美国以灌输西式"民主与自由"价值理念为手段把希望寄托到中国第三代或第四代身上瓦解社会主义制度进而实现"和平演变"的图谋。

从党的十九大到党的二十大，是实现"两个一百年"奋斗目标的历史交汇期，在中华民族伟大复兴历史进程中具有特殊重大意义。新冠疫情全球大流行使世界大变局加速变化，世界进入动荡变革期。国际力量对比正在发生前所未有的积极变化，全球治理体系出现变革迹象，但争夺全球治理和国际规则制定主导权的较量十分激烈，形成更加公正合理的国际政治经济秩序依然任重道远。② 习近平总书记强调，我国发展形势总的是好的，但前进道路不可能一帆风顺。国内外环境的深刻变化既带来一系列新机遇，也带来一系列新挑战。国际环境日趋复杂，不稳定性不确定性明显增加。我们将面对更多逆风逆水的外部环境，必须做好应对一系列新的风险挑战的准备。③

当今世界面临越来越突出的治理赤字、信任赤字、和平赤字、发展赤字，混乱、撕裂、不公愈演愈烈。百年变局和世纪疫情叠加，给世界经济发展和民生改善带来严重挑战。和平还是战争，光明还是黑暗，人类在进步和倒退的十字路口面临着重要抉择。④ 时代呼唤全世界青年团结一心，携手构建人类命运共同体。时代也要求新时代中国青年学习好党的百年外事工作史，为增进同世界青年的彼

① 石源华：《中国周边外交十四讲》，社会科学文献出版社 2016 年版，第 215、214 页。

② 中共中央宣传部、中华人民共和国外交部组织编写：《习近平外交思想学习纲要》，人民出版社、学习出版社 2021 年版，第 16 页。

③ 中共中央宣传部、中华人民共和国外交部组织编写：《习近平外交思想学习纲要》，人民出版社、学习出版社 2021 年版，第 15 页。

④ 《新时代的中国青年》白皮书，中华人民共和国中央人民政府官网：http://www.gov.cn/zhengce/2022-04/21/content_5686435.htm。

此了解、相互取长补短，以互鉴、共享的观点看待世界奠定历史知识基础。

给高校大学生讲好“形势与政策”课是必要的，但“形势与政策”是在不断变化的，仅仅讲好“形势与政策”课还远远不够，还远不能满足落实立德树人根本任务的需要。学习新“四史”，特别是学好党的百年外事工作史，才能在波谲云诡的国际局势中更好引导新时代中国青年听党话、跟党走，更好引导新时代中国青年增强对中国特色社会主义制度的认同感，促使新时代中国青年更深刻理解国际热点问题背后的历史逻辑和历史演变，更深刻认识我国外交政策立场的实际考量，进而更透彻体悟和把握两个大局：中华民族伟大复兴战略全局和世界百年未有之大变局，进而努力成长为担当民族复兴重任的时代新人。

（原文载于赵雪梅、朱德友主编：《新时代高校基层党建工作研究与探索》，武汉大学出版社 2022 年版）

在深度融合中充分彰显高校教师党支部力量

王若飞

（武汉大学文学院）

2021 年 4 月 16 日中共中央发布的《中国共产党普通高等学校基层组织工作条例》指出，坚持高校党的建设与人才培养、科学研究、社会服务、文化传承创新、国际交流合作等深度融合，为高校改革发展稳定、完成党和国家重大战略任务提供思想保证、政治保证、组织保证。① 这是对高校党建工作中长期存在的“重形式轻内容、重过程轻结果、重数量轻质量”“看起来热热闹闹，实际效果却不佳，甚至与中心工作‘两张皮’”等问题开出的诊疗方案，既为高校党建工作在基本内涵和发展方向上提出明确要求，也为促进高校党建工作取得突出效果在实践路径、方式方法上指明了正确方向，是我们今后在推动和加强高校党的建设过程中必须坚持的基本遵循。教师党支部在高校承担着教育管理监督党员和组织宣传凝聚服务师生的重要职责，是高校落实党的路线方针政策，特别是立德树人根本任务的最基层战斗堡垒，探索并实践好教师党建工作与人才培养、科学研究等工作的深度融合，对破解高校教师党支部党建与业务工作“两张皮”的难题，实现党建与业务工作双促进具有重要的价值。

一、高校教师党支部工作为什么要与业务工作“深度融合”

1. 实现党对高校工作领导的必然要求

党的二十大明确指出，要把基层党组织建设为有效实现党的领导的坚强战斗

① 《中国共产党普通高等学校基层组织工作条例》，《人民日报》2021 年 4 月 23 日第 1 版。

堡垒。高校基层党组织的战斗堡垒作用，主要体现在坚定不移、扎实主动地在高校宣传党的主张、贯彻党的决定、领导基层治理、团结动员群众、推动改革发展等方面。习近平总书记强调：思想政治工作是学校各项工作的生命线，高校思想政治工作既是我国高校的特色，又是办好我国高校的优势；高校思想政治工作是党领导高校工作的具体体现，也是开展高校党的建设的重要抓手。教师党支部是党在高校最基层的神经末梢，是党实现对高校各项工作全面领导的战斗力的基础。这就必然要求教师党支部的工作不能游离于业务工作之外，必须在引领、参与、促进、保障等多方面发挥作用。

2. 关乎办学方向、关乎立德树人的根本问题

教育是国之大计、党之大计。习近平总书记在全国教育大会上发表重要讲话，用“九个坚持”来概括新时代坚持中国特色社会主义教育发展道路的核心要求，其中一个重要方面就是坚持社会主义办学方向。培养什么人、怎样培养人、为谁培养人，是教育的根本问题。教师处在教书育人的最前沿，是课堂教学和思想政治工作的组织者和实施者。习近平总书记在全国高校思想政治工作会议上强调，教师是人类灵魂的工程师，承担着神圣使命。传道者自己首先要明道、信道。高校教师要坚持教育者先受教育，努力成为先进思想文化的传播者、党执政的坚定支持者，更好担起学生健康成长指导者和引路人的责任。① 要牢牢把握高等的社会主义办学方向，确保培养出一代又一代拥护中国共产党领导和我国社会主义制度、立志为中国特色社会主义奋斗终身的有用人才，就必须首先切实加强发挥教师党支部教育管理监督党员和组织宣传凝聚服务师生的功能。

3. 保障基层党建和业务发展相互促进、取得实效的有效方法

长期以来，高校教师党支部普遍存在党的领导弱化、纪律规矩缺失、管党治党宽松软等问题，原因是多方面的。但是，支部工作不得要领，内容单调，形式死板，支部工作与业务工作、教师发展两张皮，党员归属感不强等是其中的重要原因。对此，我们应该敢于正视、高度重视，对症下药、解决问题。实际上，党建工作是基石和保证，业务工作是任务和目的，党建和业务工作只有互相渗透、

① 《习近平在全国高校思想政治工作会议上强调：把思想政治工作贯穿教育教学全过程 开创我国高等教育事业发展新局面》，《人民日报》2016 年 12 月 9 日第 1 版。

融为一体、相互促进，才能有效解决以上问题。一方面，以扎实有效的党建工作为基础，高校教师才能够确保科学研究工作始终坚持正确的政治方向，才能确保为党和国家培育出堪当大任的有用人才；另一方面，与业务工作紧密联系，以此深化、做实党建工作，教师党支部才能避免党建工作停留于表面，流于形式，教师党支部的核心功能才能得以彰显。

二、高校教师党支部工作与业务工作融合不够的原因

1. 深度融合的理念尚未真正形成

因为对基层党组织的政治核心作用认识不够充分，高校教师基层党组织负责人和教师党员对主责和主业认识不够清楚，从而对待党建工作和业务工作在思想和行动上均不统一、不协调。“你是你、我是我”，两者基本没有关联甚至在时间精力投入上产生冲突。开展党建成了简单机械地“完成”任务，不结合支部实际和业务工作主动地、有创造性地开展工作，使党建工作“虚化”，基层党组织的政治核心作用得不到充分发挥，党组织的功能弱化、凝聚力不强，党员的认同感、归属感随之减弱。与此同时，高校教师承担着繁重的教学科研任务，面对虚化、弱化的党建工作，他们自然更愿意把时间和精力投入提高教学质量和提升科研水平等工作方面。从根本上来说，这是由于高校及其党组织负责人、党员在认识上、理念上还没有将党建和业务工作视作相互依托的统一整体，没有充分认识高等教育事业作为党和国家的战略性、全局性事业所承担的历史使命和重大责任。

2. 深度融合的体制机制未有效构建

在现代工业管理的思维模式影响下，人才培养、科学研究等工作是各高校的工作重心，也是高校对教师进行考核和评价的核心内容。高校对教师的教学尤其是科研工作有着相对明确的质量要求和明晰的考核标准，并以此为依据直接对应着教师的职称晋级、职务晋升和报酬提升。与之相对的是，党建工作连同思想建设、文化建设等工作很难实现量化和标准化的考核要求，也很难在短期内产生显而易见的直接关联效果。这客观上使得教师将精力主要放在了教学、科研等有明确考核任务要求的业务工作上面，而轻视甚至忽视了党建工作。而高校虽然能认

识到党建工作十分重要，但在体制机制上还缺乏真正将党建和业务工作整体推进、融合发展的有效构建，如党支部的设置与业务工作的开展不相适应、党支部负责人与学科带头人不相匹配，党建工作的内容及其成效考核与业务工作脱节等。

3. 深度融合的能力素养还有欠缺

当前，高校基层党组织的党建工作更多停留在传达党、国家的路线方针政策等，传达方式多为宣读文件、个人自学，这些方式显然不能使教师全面透彻地掌握文件的精神要义和内核，更无法具体指导业务工作或将之与业务工作进行融合发展，也自然做不到真学真信真用。这与基层党组织负责人能力素养欠缺导致工作内容浮于表面、工作方式方法单一有密切关系。当前社会发展日新月异，各类高科技、新媒体手段层出不穷，各种学习和实践的新方式、新渠道不断涌现，基层党组织负责人如果不加强学习培训，很难跟上科技进步和时代发展的步伐。同时，随着时代的进步和发展，高等教育和教师个人发展的环境也发生了很大的改变，基层党组织负责人如果不加强学习培训，很难把握工作中的重点、难点，从而厘清工作思路、找到解决问题的途径，更难有效将党建工作与业务工作进行主动的、创造性的融合发展。

三、在人才培养、科学研究中实现“深度融合”

人才培养和科学研究是高校教师最核心的两项业务工作，本文试图从以下两个方面探索教师党支部工作如何与业务工作深度融合。

1. 教师党支部工作与人才培养工作深度融合

人才培养是高等学校最根本的职能，教师更是直接承担着“培养什么人、怎样培养人、为谁培养人”的历史重任。教师党支部工作与人才培养工作深度融合，至少可以从以下几个方面着力。一是与教育教学工作深度融合：将教师党支部建立在教研室、学科点上，发挥优秀党员教师倾心教学、潜心育人的示范作用，党支部和教研室、学科点共同组织教学研讨、教育培训，优化教学手段，增强教学效果等。二是与师资队伍建设深度融合：建立党员领导干部和优秀党员教师联系非党员教师制度，通过党员骨干教师与年轻教师结对子，在道德品行修养、教学方式方法、个人职业生涯发展等多方面发挥名师、优师的传帮带作用。三是与师德师风工作深度融合：开展师德师风教育，在职称评审、职务晋升和各类人才项目申报、评奖评优中落实师德师风一票否决制度，培育和宣传师德标兵、优秀教学骨干和先进教育工作者等典型教师，发挥身边的榜样示范作用，引导和激励教师争做有理想信念、有道德情操、有扎实学识、有仁爱之心的“四有”好老师。四是与立德树人工作深度融合：党支部组织教师通过开展专题辅导、研讨交流、教学观摩等，帮助教师正确理解课程思政的战略意义和核心要义，使教师增强“每门课程都具有育人功能、每位教师都肩负育人责任”的使命意识，特别是提升专业课教师的育德意识和育德能力，依托学科专业建立的教师党支部还可以充分结合专业学科特点，组织党员教师深入挖掘课程中蕴含的思政教育资源，提炼出本专业、本学科课程中蕴含的有关家国情怀、社会责任、科学精神、专业使命、职业道德等思政元素，从而更好地履行立德树人的职责。

2. 教师党支部工作与科学研究工作深度融合

科学研究是高校最重要的功能之一。当今世界正经历百年未有之大变局，国与国之间的科技竞争日益激烈，加强科学研究是高校教师的义不容辞责任和使命。只有将党建工作与科学研究工作高度融合，才能始终把握理论和科技创新的正确方向，确保创新理论及其成果运用始终与国家战略、人民福祉保持一致。党建工作与科学研究深度融合，至少可以从以下几个方面着力。一是在组织建设上深度融合：如依托重大课题攻关，把支部建在课题组上，把党旗插在实验室，在科研团队中建立党组织，通过党组织将不同学科、不同单位的科研人员凝聚起来，通过党建工作提升协同完成科研任务的组织能力，为科研工作提供坚强保障。二是在工作内容上深度融合：高校基层党组织通过组织科研队伍开展理论学习和社会实践，引导科研人员认清国际国内发展大势，了解国家紧迫需要和长远需求，确保科研创新与国家战略布局同频共振，也能更好激发科研队伍进行开创性研究、破解科学难题的斗志。三是在拓展阵地上深度融合：基层党组织通过挖掘老一辈科研工作的先进事迹和伟大精神，讲好优秀科研工作者的故事，激发现有科研队伍爱国奉献、矢志科研的精神动力，与学生党支部结对共建，通过吸收优秀大学生通过参加科研实践，播撒科学精神的种子，训练科学思维和动手能力，增强他们在科技强国的伟大事业中建功立业的昂扬斗志和创新能力。

从“好老师”到“大先生”

——学习领会习近平总书记考察清华大学重要讲话精神

许欢欢
（武汉大学党委教师工作部）

2021年4月19日，习近平总书记考察清华大学并发表重要讲话。考察中，习近平总书记参观了清华大学美术学院校庆特别展、看望正在训练中的校篮球运动员、考察成像与智能技术实验室和重点教学科研成果展示，并同师生代表亲切座谈。

一、习近平总书记考察清华大学的简况及讲话主要内容

习近平总书记指出，党和国家事业发展对高等教育的需要，对科学知识和优秀人才的需要，比以往任何时候都更为迫切。建设一流大学，关键是要不断提高人才培养质量。除了培养一流人才方阵，还要构建一流大学体系、提升原始创新能力、坚持开放合作。习近平强调，教师是教育工作的中坚力量，没有高水平的师资队伍，就很难培养出高水平的创新人才，也很难产生高水平的创新成果。大学教师对学生承担着传授知识、培养能力、塑造正确人生观的职责。教师要成为大先生，做学生为学、为事、为人的示范，促进学生成长为全面发展的人。要研究真问题，着眼世界学术前沿和国家重大需求，致力于解决实际问题，善于学习新知识、新技术、新理论。要坚定信念，始终同党和人民站在一起，自觉做中国特色社会主义的坚定信仰者和忠实实践者。

二、习近平总书记对师德师风建设提出的新要求

党的十八大以来，中国教育事业发展取得显著成就，根本原因是，在以习近

平同志为核心的党中央坚强领导下，党对教育工作的领导得到全面加强。习近平总书记高度重视教师队伍建设，据不完全统计，从2013年9月10日习近平总书记向全国广大教师致慰问信开始，习近平总书记曾6次考察高校并与师生代表座谈，5次给教师代表回信，系统论述师德师风建设的讲话就有10余次，特别是对高校师德师风建设提出了一系列新理念、新思想，如2014年教师节前夕，总书记同北京师范大学师生代表座谈，与大家交流“怎样才能成为好老师”时提出了“有理想信念、有道德情操、有扎实知识、有仁爱之心”的“四有”好老师标准。2016年12月，他在全国高校思想政治工作会议中强调，教师不能只做传授书本知识的教书匠，而要成为塑造学生品格、品行、品位的“大先生”。2018年5月，在北京大学同师生座谈时，习近平总书记又谈到好老师的话题，他表示，要坚持教育者先受教育，评价教师队伍素质的第一标准应该是师德师风，提出教师要“以德立身、以德立学、以德施教”。2021年4月，来到清华大学，习近平总书记强调，教师要成为大先生，做学生为学、为事、为人的示范，促进学生成长为全面发展的人。从中不难看出总书记期待高校教师成为“好老师”，争做“大先生”的殷切期待。习近平总书记关于教师的这一系列重要论述，为教师队伍建设和发展提供了根本遵循和行动指南。我们应当认真学习，按照总书记的要求，深刻认识培养优良师德师风的重要性，切实担当起新时代高校教师的历史使命。

三、从“好老师”到“大先生”的内涵变迁与发展逻辑

十八大以来，习近平总书记多次在会议和座谈中、在批示和指示中，为他心中的好老师、“大先生”点赞。其中包括35年如一日长期奋战在脱贫攻坚和科技创新第一线的河北农业大学教授李保国；把爱国之情、报国之志融入祖国改革发展的伟大事业之中的吉林大学教授黄大年等。从2014年的“好老师”到2021年的“大先生”，这两者之间的区别和联系值得探讨。2014年习近平总书记在北京师范大学看望师生时发表讲话，提出了“好老师”的四项准则：“要有理想信念、要有道德情操、要有扎实学识、要有仁爱之心实践路径。”①四个“要有”表明这四项要求是“好老师”的底线，如果不具备或者没有这些素养的老师则不能称为“好老

① 教育部课题组：《深入学习习近平关于教育的重要论述》，人民出版社2019年版，第33页。

师”，而是一般性的老师，甚至如果根本不具备这些要求则可能是不合格的“坏老师”。也就是说，这四条准则是一名教师应该努力追求并应该拥有的基本要求，这就设定了一个目标，人人可争当好老师。2016 年在全国高校思想政治工作会议上，习近平总书记又提出了要培育“三品”大先生的要求，他强调“教师不能只做传授书本知识的教书匠，而要成为塑造学生品格、品行、品位的‘大先生’”①。教师的根本性职责在于培养学生，教师工作是塑造灵魂、塑造生命、塑造人的工作，因此教师需要传播知识、传播思想、传播真理。与之前内容相比，习近平总书记这次讲话内容有了进一步跃升，认为教师不仅要履行好传道授业解惑的基本职责，更要注重学生品格、品行、品位等品德方面的培养，即不仅要自身当好老师，要“立德”，更要争当“大先生”，要“树人”。

2021 年 4 月，习近平总书记考察清华大学并发表的重要讲话中，对“大先生”的概念和内涵做了全面阐述。“先生”的本义是比自己出生早或比自己年龄大的人，因中国文化中有尊老、敬老的优秀传统，这类人群年龄较长，积累的人生经验较为丰富，故“先生”成为对有学问和有道德的人的尊称，以表达自身的崇敬、仰慕之情，自此有了学高为师(先生)、德高为师(先生)的传统。在“先生”之前冠之以“大”，意在重点强调先生学问和道德程度的至大、至高、至深。② 习近平总书记提出的“大先生”概念，主要指向三个方面：第一，面向学生，教师的职责是为学、为事、为人，要全面促进学生的成长和成才，这是“大先生”的基础性维度；第二，面向社会和国家，“大先生”要有主动服务和担当意识，以“国家兴亡、匹夫有责”的使命感，着眼世界前沿和国家重大需求，解决各种实际(非虚空)的问题，破解难题，这是“大先生”的学问和学识的维度；第三，面向初心和立足点，“大先生”要以党和人民的利益和需求为宗旨，要有信仰并自觉践行，这是“大先生”的政治维度。

在这三个层面中，培养学生是“大先生”的传统职责，千百年以来孔子、朱熹等一代代先贤莫不如此。教师学习新知识、新技术、新理论，也本应是对“大先生”学问方面的要求，但在传统社会往往强调“为往圣继绝学”，意在传承文化，甚至异化为恪守传统、固守传统，因此在创造和创新方面有所不足。在这个

① 《习近平寄语教师金句：要成为塑造学生的“大先生”》，http://cpc.people.com.cn/xuexi/n1/2018/0906/c421030-30276689.html。

② 郭翠菊：《论新时代“大先生”的内涵及其培育路径》，《贵州师范学院学报》2022 年第 2 期。

维度上，习近平总书记尤其强调面向“世界学术前沿和国家重大需求”，一方面具有国际视野和全球眼光，另一方面强调吸收外来优秀科技和文化思想，服务本国和本民族发展的气魄和决心。这是对“先生”传统的革故鼎新，也是新时代中国特色社会主义赋予“先生”新的内涵，只有具备这种特质的“先生”才能称其为“大先生”。拓而言之，高等院校的教师在此方面应承担更大的职责、有更自觉的担当，因为高校教师的科研工作本身不是蹈袭旧说的，而是全新创造性的，甚至是全世界引领性的，黄大年等“大先生”就是这样的典型代表。只有怀有服务国家和社会的这种情怀，才是“国之大者”，是名副其实的“大先生”。最后，也是最重要的，德行和学问要有方向、要有皈依和指向，那就是服务中国特色社会主义建设，服务中华民族伟大复兴这个核心主题。只有始终坚持这一宗旨，“大先生”才经得起政治考验，经得起时代锤炼。唯有如此，才能真正把心中的理想和信念，转化为伟大征程的具体实践。

从“四要”好老师，到“三品”大先生，再到习近平总书记2021年考察清华大学对于“大先生”的深刻阐述，教师职责的内涵不断丰富和拓展，并赋予了新的时代特征。其中贯穿着共同的逻辑出发点，就是教师转变观念，在传统的“师—生”“教—学”关系的基础上，树立牢固的政治观念和民族观念，要为党育人、为国育才，要有国家民族的大格局、大情怀。① 在中国特色社会主义新时代，在百年未有之大变局的空前历史时机，教育是推动民族伟大复兴的重要推动力，而教师是领航员和掌舵者。只有抓住教师这个队伍，既确保“好教师”的基础稳固，又培育一批批引领时代的“大先生”，确保政治方向和服务宗旨的正确性，才能为教育发展、国家和民族的复兴提供源源不竭的动力支持。这就是强调“好老师”“大先生”的逻辑起点，这也是抓住了国家和社会发展的逻辑主线。

---

① 谢耐和：《教师要做社会的尊者　心怀国之大者　立德树人的能者》，《光明日报》2021年9月14日第15版。

清廉学校建设与师德师风提升路径探究

——以武汉大学为例

许欢欢

（武汉大学党委教师工作部）

廉者，政之本也。清廉是学校建设的底色，开展清廉学校建设是建设良好教育政治生态，推动学校内涵发展的现实需要。近年来，全国各地各校围绕清廉学校建设工作目标，遵循管理全方位、监督有重点、文化入人心、制度有长效的原则，多角度、多层次、多形式推进清廉学校建设，让廉洁之花处处盛开，让廉洁意识深入师生内心。清廉校园的建设受到相关研究者的重视，一些高校结合各自的校情，分析了各自单位清廉校园的建设路径。① 从具体的研究视角来看，更多是从纪律检查②或者是文化宣传等领域切入。③ 校园的主体是教师和学生，而教师则是清廉学校建设的重中之重。因此，促进清廉学校发展要提纲挈领、切中肯綮，最终促进师德师风的提升，通过良好师德师风的弘扬和落实为清廉校园建设提供有力支撑。

一、清廉学校建设的由来

2021年9月，湖北省纪委机关、湖北省委教育工委、湖北省教育厅党组出台《关于推进清廉学校建设的实施意见》，明确提出清廉学校建设十个方面的重点

---

① 李一峰：《新时代高校“清廉校园”建设路径探析——以云南民族大学为例》，《领导科学论坛》2022年第9期。

② 徐芳、单烨：《高校纪委推动“清廉校园”建设的履责路径研究》，《北京教育（高教）》2019年第12期。

③ 吕华：《“清廉校园”建设益处多多》，《人民论坛》2017年第S1期。

任务及操作性强的具体措施。清廉学校建设，既是省委教育工作履行管党治党责任的重要抓手，也是清廉湖北建设的重要载体之一。

2021 年 11 月，武汉大学认真学习贯彻党中央和湖北省决策部署，出台《中共武汉大学委员会关于推进清廉学校建设的意见》（武大党纪字〔2021〕4 号），将清廉学校的建设与深化学校改革发展紧密结合起来，融入办学治校的各方面和全过程，推进全面从严治党向纵深发展、向基层延伸、向支部和党员覆盖，以优良党风、作风带校风、促教风、正学风，努力建设干部廉洁自律、教师廉洁从教、职工廉洁从业、学生廉洁修身的清廉学校。

二、清廉学校建设的重要意义及主要内容

清廉学校，以清为美，以廉为荣，其建设具有重要意义。第一，清廉学校建设既是人民群众对美好教育最朴素的愿望，也是办好人民满意高质量教育的必由之路。第二，建设清廉学校是贯彻全面从严治党战略部署的重要举措，是落实立德树人根本任务、推进学校治理体系和治理能力现代化的重要内容。第三，推动风清气正教育生态建设，促进教育事业健康快速发展的现实需要，也是创建良好师德师风环境，落实立德树人根本任务的必然要求，从而为学校高质量发展提供坚强的政治和纪律保证。第四，师德师风建设是教师队伍建设的关键，抓好师德师风是建设清廉学校的核心举措之一，是营造清正教风的坚强抓手。

清廉学校不是凌空虚蹈的概念，而是有着切实、具体的建设内容。湖北省《关于推进清廉学校建设的实施意见》这十个方面的重点任务分别是：坚定正确政治方向、落实管党治党责任、完善学校治理体系、营造良好政治生态、规范重点领域管理、不断优化校园服务、大力弘扬严实作风、坚持正确用人导向、推进全员崇廉尚廉、建设清廉校园文化。其中，大力弘扬严实作风中提出：营造清正教风，把师德师风建设作为教师队伍建设的首要标准，严格落实“课堂讲授守纪律、公开言论守规矩”的要求，加强教师职业行为规范建设。

《中共武汉大学委员会关于推进清廉学校建设的意见》根据湖北省委、湖北省纪委的相关要求，结合学校工作实际，将全面推进清廉学校建设细分为五大任务：坚定正确的方向，加强党对学校工作的全面领导；持之以恒正风肃纪，涵养风清气正的政治生态；大力弘扬严实作风，推进清廉高效的管理服务；坚持正确用人导向，打造清正廉洁的干部队伍；涵养优良校风学风，积极营造崇廉尚洁的

校园文化。这五大任务又进一步具体细分为15条举措，其中第14条为：深化师德师风建设。坚持立德树人根本任务，将社会主义核心价值观贯穿师德师风建设全过程。加强和改进教师思想政治工作，引导全体教职工自觉践行"四有"好老师、"四个引路人""四个相统一"的要求，更好担起学生健康成长指导者和引路人的责任。把好教师队伍师德入口关，将思想政治和师德要求纳入教师聘用合同，高度重视从海外引进人才的全方位考察。全面深化"课程思政"建设，将廉洁自律、师德师风建设摆在教职工考核的首要位置，发挥师德考核对教师行为的约束和提醒作用，推行师德考核"一票否决制"。建立师德失范行为信息库，健全各类评奖及申报前的师德失范行为核查制度。落实《新时代教师职业行为十项准则》等，制定学校教师师德行为负面清单，以"零容忍"态度严肃查处各类违反师德师风要求、学术不端或腐败等行为。

三、清廉学校建设促进师德师风提升的路径

学校通过积极开展师德师风教育培训，加强教师职业行为准则宣讲，引导教师规范言行，完善教师管理机制等，把清廉教育的规矩养成在教师的行为上，进而通过教师的言传身教把廉洁的种子种在学生的心里，实现以德育德、以廉教廉的清正教风，筑牢清廉学校建设的师德师风阵地。具体来说，要落到实处，可以从以下三个方面着手实施。

(一)加强学习，突出分层分类

学校在党委常委会、党委系统通气会、党委理论学习中心组学习、师德师风建设领导小组成员单位会议上及时传达学习教育部关于师德师风建设的最新文件精神，强化深入贯彻落实教育部文件精神的行动自觉。教师工作部积极协同相关部门开展师德培训，在新教工岗前培训、高层次人才培训、教师党支部书记培训、学术骨干挂职培训、研究生导师上岗培训等各项活动中，强化师德专题教育，如2022年，重点学习了习近平总书记在中国人民大学考察时重要讲话精神、给南京大学留学归国青年学者的回信、给北京科技大学老教授的回信等精神，引导广大教师努力做"经师""人师"相统一的"大先生"，以"抓关键少数"带动"绝大多数"，进一步帮助广大教师提高认识、掌握政策。每年根据最新的领导讲话、国家文件汇编师德学习资料，营造浓厚学习氛围，将《武汉大学师德师风建设学

习资料汇编》纸质版与电子版发放给全校教师，引导教师遵师德规范、守师德底线。同时教师工作部每年深入不同院系作师德师风宣讲，介绍国家及学校师德建设相关要求，围绕新时代高校教师职业行为十项准则进行解读，尤其是廉洁从教、科研诚信相关规定，认真落实“课堂讲授守纪律、公开言论守规矩”的要求，帮助广大教师理解师德内涵，提高法治素养、规则意识，提升依法执教、规范执教能力。

（二）靶向发力，紧盯关键环节

学校及时成立党委教师工作委员会，成员单位内部建立沟通机制，将师德要求融入职前培养、职业准入、职后培训和在职管理的全过程。一是在招聘引进、职称评审、岗位聘用、导师遴选、评奖评优、聘期考核、项目申报等工作中强化教师思想政治和师德师风审核把关。二是定期就师德失范行为排查、处置等情况进行沟通研判，及时化解潜在风险，落实好师德处理处分的结果运用，形成监督闭环。在教职工年度考核中进一步强化师德考核，增强师德考核的刚性约束，师德考核结果与年度绩效、评奖评优、职称评定等直接挂钩，促进教师自觉遵守师德规范，积极主动融入教育教学。三是构建支撑双一流建设的教师党建工作体系，发挥教师党支部在服务教师、凝聚教师中的堡垒作用，依托教师党支部开展师德师风专题学习，通报教育部曝光的师德失范典型案例，组织教师讨论剖析对照查摆，认真分析本单位师德师风现状，及时了解教师思想动态和工作生活状况，完成教师思想政治状况滚动调查，在教师培养管理全过程中，压实党支部责任，实行“教师党支部—院系党委—职能部门—学校党委”的教师思想政治和师德师风四级把关程序，实现“思想引领”和“服务保障”相结合。

（三）氛围营造，丰富方法手段

自清廉学校建设启动以来，学校积极培育师德标杆，加大师德先进典型选树宣传力度，定期评选表扬一批师德典型，擦亮校园清廉品牌，深入开展“党风廉政建设宣教月”活动，引导教师坚守清正教风。结合我校古籍整理研究冷门绝学传承教师团队入选全国高校第二批黄大年式教师团队契机，积极宣传团队教师“板凳甘坐十年冷，文章不写一句空”的治学精神。通过拍摄视频、制作宣传展板、组织座谈访谈、征集立德树人案例等，讲好武大师德故事。校外联合新华社、湖北日报等权威媒体做了大幅报道，校内通过新闻网主页、官方微信、官方微博等全媒体平台进行宣传报道，全方位营造学校尊师重教良好风尚。在教师工作部网站及学校人事部微信公众号上单独设置“立德树人”栏目，宣传身边潜心教书育人的先进典型，充分发挥了先进人物的示范引领作用，不断壮大“言传身教”的正能量，在校内赢得广泛关注和认可。学校今后还将持续加大典型挖掘力度，积极向国家、湖北省推荐“全国教书育人楷模”“全国最美教师”“荆楚好老师”等的候选人，将典型选树与培养培育相结合，坚持科学选树典型、悉心培养典型、大力宣传典型，营造崇尚、学习师德先进的良好氛围。下一步将以培育师德工作优秀案例为抓手，激发广大教师的职业荣誉感和教书育人的积极性。

建设清廉学校既是人民的期盼，也是时代的责任。清廉学校建设要在现有基础上，更加注重品牌化、规范化、长效化，进一步加强对权力运行的制约和监督，不断推进教育治理体系和治理能力现代化。师德师风建设作为清廉学校建设的核心举措之一，要紧紧围绕党的二十大精神，强化思想政治教育，不断夯实教师思想政治工作的政治、组织、思想基础，努力建设一支素质过硬、为人师表的新时代教师队伍，进而培养更多具有清廉底色的社会主义建设者和接班人。

新时代师德师风建设的初心、现状与路径

许欢欢
（武汉大学党委教师工作部）

党的十八大以来，中国教育事业发展取得显著成就，以习近平同志为核心的党中央高度重视教师队伍建设，党对教育工作的领导全面加强。习近平总书记多次强调“教师是教育之本，师德是教师之本”。党的十九大提出了“加强师德师风建设，培养高素质教师队伍”的要求。党的二十大进一步提出“加强师德师风建设，培养高素质教师队伍，弘扬尊师重教社会风尚”。党和国家始终把教师队伍建设作为最重要的基础性工程，把师德师风放在教师队伍建设的首位。

一、新时代师德师风建设的初心

近几年，国家和教育部陆续出台了一系列关于加强高校教师队伍建设和师德师风建设的文件，如《教育部等六部门关于加强新时代高校教师队伍建设改革的指导意见》（2020 年）、《教育部等八部门关于加快构建高校思想政治工作体系的意见》（2020 年）、《教育部关于印发〈研究生导师指导行为准则〉的通知》（2020 年）、《教育部等七部门印发〈关于加强和改进新时代师德师风建设的意见〉的通知》（2019 年）、《教育部关于高校教师师德失范行为处理的指导意见》（2018 年）、《新时代高校教师职业行为十项准则》（2018 年）等。这些文件从政治高度、时代需求、教育规律、从业规范等多个维度，明确了师德师风作为评价教师队伍素质的第一标准，为教师队伍发展和师德师风建设提供了根本遵循和行动指南。

教师是教育工作的中坚力量，没有高水平的师资队伍，就很难培养出高水平的创新人才，也很难产生高水平的创新成果。大学教师对学生承担着传授知识、

培养能力、塑造正确人生观的职责。① 有哲人曾说过："教育本质上意味着，一棵树摇动另一棵树，一朵云推动另一朵云，一个灵魂唤醒另一个灵魂。"师德师风具有不同于其他职业道德的特殊性，教师是学生的榜样，良好的师德行为具有极强的感召力和感染性，易成为学生模仿学习的客体，在潜移默化中影响着学生道德的养成。同时，良好的师德行为又能进一步促进学生更加尊敬、尊重、信任老师，构建和谐积极师生关系，为教育教学提供更有效也更有力的保障。由此可以看出师德的好坏直接影响教育质量的高低和教育效果的优劣。因此，笔者认为师德师风建设的初心便是围绕育人目标，提升教师修养，以教师之德，育学生之德，实现学生成长成才和教师职业发展的共同进步，进而全面落实立德树人根本任务。师德师风建设不能"为建设而建设"，不能只"讲大道理"，要突出科学性、实效性，要秉持初心，通过一定的工作机制、保障体系将师德师风要求深深融入每一位普通教师的思想和行为中，潜移默化地浸润到每一位教师的教学科研中，让教师们内化于心、外化于行。

二、武汉大学师德师风建设现状

武汉大学高度重视教师师德师风建设，全面贯彻教育部系列文件精神，坚持以教师为主体，以立德树人为根本，落实师德师风作为评价教师队伍素质第一标准，规范和引导广大教师以德立身、以德立学、以德施教、以德育德，在机制建设、制度完善、教育引导、典型选树、考核监督等方面常抓不懈。武汉大学师德师风建设工作的主要举措有以下四个方面。

（一）强化组织领导，完善体制机制

学校 2018 年成立党委教师工作部，负责统筹协调全校教师的思想政治教育和核心价值观引领工作，促进教师的全面发展。2019 年学校成立师德师风建设工作领导小组，负责师德师风建设工作的总体部署、指导、督促等工作。2022 年在多方调研论证的基础上，结合学校工作实际，正式成立由校党委书记和校长

① 《习近平在清华大学考察：坚持中国特色世界一流大学建设目标方向 为服务国家富强民族复兴人民幸福贡献力量》，中华人民共和国中央人民政府网：http://www.gov.cn/xinwen/2021-04/19/content_5600661.htm。

担任主任、分管校领导担任副主任，党委教师工作部及相关职能部门组成的党委教师工作委员会。同时建立院系师德建设工作责任制，要求院系党政负责人把师德建设工作摆在教师工作的首要位置，严格落实主体责任，确保师德建设工作落到实处。

学校党委常委会多次专题研究、部署、推进师德师风建设工作。根据国家相关要求，及时出台制度办法，做好顶层设计和工作规划。研制出台一整套制度规范。如《武汉大学关于进一步加强和改进新时代师德师风建设的意见》《武汉大学关于加强和改进教师思想政治工作的实施意见》《武汉大学教职工理论学习制度》《中共武汉大学委员会关于推进清廉学校建设的意见》《中共武汉大学委员会关于加强新形势下教师党支部建设的实施意见》《武汉大学教师师德失范行为处理办法》《武汉大学师德专题教育工作方案》《关于加强研究生导师岗位管理的实施意见》《武汉大学关于研究生导师第一责任人制度的实施意见》《武汉大学加强青年教师政治引领工作计划》等，从制度层面为师德师风建设、优秀教师培育打下坚实基础。

(二)强化教育引导，注重师德养成

一是优化课程体系，开展专题教育。在新教工岗前培训、高层次人才培训、教师党支部书记培训、研究生导师上岗培训、学术骨干挂职培训、科研副院长培训、青年教师教学理念与教学技能提升工作坊中，设置师德师风教育模块，精心设计培训方案，合理编排培训课程，突出“四史”学习，以“抓关键少数”带动“绝大多数”，进一步帮助广大教师提高认识、掌握政策。

二是积极选派海归教师参加国情研修。每年选派优秀青年教师尤其是海外归国青年人才参加各级各类国情研修班，推动重点群体从党史国情教育中汲取营养，强化政治引领，锻造精神品格，进一步了解党情、国情、社情、民情，增进政治认同、思想认同、理论认同和情感认同，正确认识国家前途命运，正确认识自身社会责任。

三是创新工作方式，以宣讲促教育。学校在原有讲师团基础上成立青年讲师团青年教师分团，目前拥有 32 名成员，其中教授 29 名，“国字号”人才 23 人，平均年龄不到 40 岁，全部具有海外留学经历并选择学成归国。鼓励青年教师结合专业特长和自身成长经历，积极宣讲党的政策，用青年话语讲好中国故事，引导学生树立正确价值观的同时真正践行立德树人理念。

(三)强化示范引领，选树优秀典型

一是注重典型选树，发挥榜样作用。学校紧密结合教师思政工作实际，强化日常教育浸润，积极推荐选树一批在全国有影响力的师德典型，壮大师德师风正能量舆论场，用身边事激励身边人，让一个人感召一群人，引导更多教师学先进、做先进、争当师德楷模。近几年推出的师德典型有“全国优秀教师”朱英国、陶德麟，全国杰出教学奖张祖勋，“最美科技工作者”李德仁，全国首批教育世家黄健教授家庭以及两个全国黄大年式教师团队等。

二是完善校内体系，推出师德品牌。进一步完善校内师德典型培育选树和宣传工作。打造校内师德荣誉体系，形成系列师德品牌，持续多年推出“武汉大学师德标兵”“武汉大学杰出青年(教职工)”“武汉大学医德楷模”“我最喜爱的十佳优秀教师”“我心目中的好导师”“杰出教学贡献校长奖”“研究生教育杰出贡献校长奖”等，并举办隆重颁奖仪式，让身边的教师典型带动感召更多的教师见贤思齐，激励更多教师争先创优。

三是尊重教师主体，巧用仪式育人。高规格举办引进人才入职典礼，典礼由迎贤礼、欢迎礼、师德礼三个部分组成，极大增强了引进人才的认同感、归属感、使命感，为学校实现“双一流”的跨越式发展注入强大的精神动力。为来自教学、科研、管理一线的荣休教职工举办荣休仪式，引导和激励全校教职员工礼敬退休教师，传递师德力量，构建新时代尊师文化，营造感恩思源良好风尚。每年举办教师节庆祝大会，表彰宣传一批优秀教师，走访慰问一线教师，提升广大教师职业幸福感和成就感，极大地激发了教师群体立德树人、为人师表的荣誉感和责任感。

(四)强化师德把关，树牢底线意识

紧盯关键环节，做好审核把关。在教师培养管理全过程中，压实党支部责任，实行“教师党支部—院系党委—职能部门—学校党委”的教师思想政治和师德师风四级把关程序，尤其是在招聘引进、职称评审、岗位聘用、导师遴选、评奖评优、聘期考核、项目申报等关键环节中强化教师思想政治和师德师风审核把关，实现“思想引领”和“服务保障”相结合。

定期排查风险，强化师德考核。定期就师德失范行为排查、处置等情况进行沟通研判，及时化解潜在风险，落实好师德处理处分的结果运用，形成监督闭

环。在教职工年度考核中进一步强化师德考核，师德考核不合格的教职工，当年年度考核为不合格，实行“一票否决”，增强师德考核的刚性约束，促进教师自觉遵守师德规范，积极主动融入教育教学。严肃师德失范行为处理，及早发现、及时介入、妥善处置。

三、新时代师德师风建设改进路径

目前学校教师思想政治工作与师德师风建设虽取得良好成效，但仍面临诸多挑战。2022 年学校纪委和教师工作部曾联合组成工作组对 A、B 两个学院进行师德师风专项检查，检查中也发现了一些问题，比如师德师风的学习教育手段形式比较单一，不够丰富，主要以大会宣读为主，教育的针对性和有效性不够强。学院院长在发挥师德师风建设第一责任人职责方面还不够突出。调查中发现 A 学院只有不到 10%的教师知道院长开展过相应宣讲，B 学院只有 4%的老师表示听过院长宣讲。此外，院系层面师德失范警示教育力度不够、效果不明显。在与 B 学院的教师代表访谈中发现，学院教师对学校近年师德失范警示案例不太清楚，表示没有见过官方通报，都是从网络新闻、网络视频或身边亲友聊天中获悉；7%的老师认为学院没有开展过相关警示教育；7%的老师表示没有听说过校内外的师德失范案例，44. 4%的老师是通过上网了解校内外的师德失范案例。

如何培养更多以德育德的“四有”好老师，是新时代师德师风建设迫切需要解决的问题，改进师德师风实践路径就成为工作的重中之重。

(一)遵循教师成长发展规律

尊重教师成长和职业发展规律，是做好师德师风建设工作的基础。教师的师德养成，并非一朝一夕可完成，应与教师的职业发展紧密结合。比如师德师风建设要进一步融入教师职业发展全过程，从招聘引进到职称晋升，从考核评价到评优评先，从干部选拔到项目申报，从教材编写到人才推荐，要将师德师风要求浸润教师日常管理的方方面面，春风化雨润物无声，真正将教师思想政治建设、师德师风建设、业务能力建设三者有机结合和统一起来。学校和学院根据教师职业发展不同阶段、不同学科背景、不同身份类型、不同年龄层次教师的特点，分层分类开展针对性、个性化的师德教育与师德涵养活动，引导教师秉持正确的教育理念，明晰正确的育人目标，坚持正确的价值追求，自觉将“四有”好老师作为自己的职业理想。

(二)遵循师德师风建设规律

师德师风建设是一项凝心铸魂、立德树人的基础性工程，不可能一蹴而就。学校层面要充分认识到新时代师德师风的重要性和首要性，将师德师风与党的建设、人才培养、科学研究、社会服务、文化传承、国际交流合作等办学治校各项工作紧密结合，从顶层设计上进一步明确师德内涵、标准和内容维度，打造形式多样的师德教育精品课程，通过课堂授课和实践育人的方式，多渠道涵养师德。目前，师德师风工作上热中温下凉的现象一定程度仍然存在，学校应进一步压实院系主体责任，将师德师风建设工作作为二级单位领导班子年度考核重点，并纳入学校从严治党和巡视巡察重点。要增强基层党组织凝聚力，将教师党支部作为加强教师思想政治、涵养师德的重要平台，把学校的工作要求保质保量保温地传达到基层党组织和教师个体，提升工作效能。

(三)遵循高等教育发展规律

高等教育是教育的制高点、高校教师是制高点的制高点。想进一步改进和加强师德师风建设就要对高等教育发展现状有充分了解，对当前高等教育发展面临的挑战有清醒的认识。下一阶段的教师队伍建设和师德师风建设，将从“全面施工”转为“内部精装修”，这对培养教师育德意识、育德能力提出了新的更高要求。要坚持师德评价的多元化，“定性与定量相结合，提高评价的科学性和实效性，全面客观评价教师的师德表现”①，对教师师德进行长期跟踪监测，充分发挥师德考核结果的约束与提醒作用。

① 《教育部等七部门印发〈关于加强和改进新时代师德师风建设的意见〉的通知》，中华人民共和国教育部网站：http://www.moe.gov.cn/srcsite/A10/s7002/201912/t20191213_411946.html。

关于高校党风廉政建设工作举措的思考

高添璧
（武汉大学万林艺术博物馆）

习近平总书记在党的二十大报告中指出"必须持之以恒推进全面从严治党，深入推进新时代党的建设新的伟大工程，以党的自我革命引领社会革命"①。党的十八大以来，我党贯彻全面从严治党的重要战略部署，解决了党内许多突出问题，但仍然面临着诸多考验及风险。加强党风廉政建设对破除党内消极腐败现象、保持及发展党的先进性、提高党的执政能力起着关键性作用，符合全面从严治党的战略要求，是党的自我革命的重要途径。高校是我国教育发展、科技创新、人才培养的前沿阵地，若要完成为党育人，为国育才的时代使命，高校必须加强党风廉政建设，坚决杜绝腐败怠惰之风，建立风清气正的和谐校园，为我国实施科教兴国战略，落实立德树人根本任务创造良好环境。

开展高校党风廉政建设工作首先应加强政治理论学习，充分认识党风廉政建设的重要意义，以科学的思想指导党风廉政建设工作的开展。在高校中，要全面开展马克思列宁主义、毛泽东思想、邓小平理论、"三个代表"重要思想、科学发展观、习近平新时代中国特色社会主义思想的学习，将其学懂吃透，以科学的方法论指导党风廉政建设工作的开展。马克思列宁主义揭示了人类社会发展的规律，其中马克思和恩格斯著作中探讨了腐败如何产生及如何根治、廉价政府、社会公仆等方面的问题，列宁论述中也曾涉及社会主义国家腐败产生的根源以及如何有效地破除腐败、如何反官僚主义等一系列重要内容。② 毛泽东思想是马克思

① 习近平：《高举中国特色社会主义伟大旗帜 为全面建设社会主义现代化国家而团结奋斗——在中国共产党第二十次全国代表大会上的报告》，《习近平著作选读》（第一卷），人民出版社2023年版，第1~58页。

② 雷青松：《中国共产党廉洁政治建设研究》，黑龙江人民出版社2020年版，第46页。

列宁主义与中国革命具体实践相结合的产物，是中国共产党和人民群众奋斗经验的结晶。毛泽东的廉政理论继承和发展了马克思“廉价政府”学说以及列宁的“廉洁政府”理论，主张共产党员应廉洁奉公，反对官僚主义，力求精兵简政，建立廉洁政治。毛泽东还重视监督机构的设置以及监督机制的建立，主张充分发挥民主党派、人民群众的监督作用，充分实施民主集中制原则，反对独断专行。除此之外，为人民服务、艰苦奋斗和实事求是也是毛泽东廉政思想的重要组成部分。邓小平理论中的廉政思想体现了鲜明的时代特征，邓小平强调反腐败要贯穿改革开放的全过程，既抓改革开放，又抓惩治腐败。他还指出完善规章制度的重要性，提出综合利用教育与法律的手段来开展反腐倡廉工作，深刻地认识到党风问题攸关党的生死存亡，主张党要管党，从严治党。江泽民再次强调党风问题关系到党的生死存亡，他继承邓小平的“两手抓”方针的同时，又发展出“两个坚持”方针，主张建立健全权力制约机制，在运用教育和法治的基础上充分发挥监督的作用，重视“五风”建设。① 面对严峻复杂的国内外环境，紧扣和平与发展的时代主题，总结社会主义建设的经验与教训，胡锦涛又提出了科学发展观，科学发展观要求发展必须以人为本，坚持社会发展与人的发展和谐统一，既始终坚持以经济建设为中心，同时要注重经济、社会、文化、政治的协调发展。科学发展观体现了马克思主义的基本观点，源于且指导了我国全面建设小康社会的实践，体现了我国执政党执政理念的提升，② 我国的反腐倡廉工作要落到实处，必须坚持以科学发展观为指导。③ 习近平新时代中国特色社会主义思想接续了马克思列宁主义、毛泽东思想等先进思想的智慧结晶，继承了中国共产党的初心和使命，回答了新时代发展中国社会发展的一系列重要问题，体现了我党在理论上的高度成熟，坚持党要管党，全面从严治党在该思想中占有重要地位，使我党对党风廉政建设的目标和方向更加清晰明确。④ “自我革命”是习近平新时代中国特色社会主义思想中富有创见性的提法，为我党不断自我净化、自我完善等提供了行之有效的路径。上述科学的思想政治理论是我党进行党风廉政建设工作的重要指引，高校应充分发挥自身学养优势，深刻理解其科学内涵，为不断提高高校党风廉政建

① 邹丽梅、陈文斌：《高校廉政文化建设评价与法制》，东北林业大学出版社 2019 年版，第 8~10 页。

② 刘德军：《马克思主义中国化研究之路(下)》，济南出版社 2018 年版，第 2 页。

③ 邱涛：《中国反贪制度史(下)》，山西人民出版社 2019 年版，第 298 页。

④ 邵景均：《正风反腐第一课》，国家行政学院出版社 2019 年版，第 18 页。

设水平提供理论支撑。

开展高校党风廉政建设工作也应加强组织领导水平，强化高校纪检队伍建设，落实民主决策，在形成强有力的组织领导保障的同时充分注重权力的监督及运行体制的优化。落实好党风廉政建设相关工作的前提是形成强有力的组织保障和统一领导。为适应时代环境及进一步发展好我国高等教育事业，我国高校应不断完善院校三级架构，即在校级层面实行党委领导下的校长负责制，在学院层面坚持及规范党政联席会制度，在基层层面，则提升基层党支部的力量，注重“三会一课”等制度的落实，充分发挥党组织的引领作用。在高校纪检队伍建设方面，要充分加强队伍力量，纪检监察组织队伍的建设要与院校三级架构相适应，除校级层面的纪检机构外，还要充分完善院系及基层支部中的纪检队伍建设，① 在院系层面应成立由党委书记亲自挂帅，其他党政主要领导参加的党风廉政建设小组，② 在基层支部，应充分重视并落实配备纪检委员，避免省略或兼任的现象产生。除确保纪检队伍人员数量到位外，还要重点关注纪检队伍专业素养的提升，对其进行严格规范的管理，以保障党风廉政建设工作顺利开展。在制度方面，坚持和完善民主集中制以及规范和落实“三重一大”决策制度有助于党风廉政建设工作的顺利开展。民主集中制是我党组织制度建设的灵魂及核心，是党的根本制度，体现了民主基础上的集中和集中指导下的民主。③ 在高校之中，实行民主集中制，制定落实党委会议事规则、校长办公会议事规则、院系党政联席会议事规则等规章制度，有助于提高领导班子民主管理、民主决策的能力，能有效防止独断专行、“一言堂”等现象发生，从而在一定情况下避免腐败的滋生。与此同时，高校应严格执行“三重一大”决策制度，做到重大事项决策、重要干部任免、重大项目安排和大额资金使用遵循集体领导、民主集中、个别酝酿、会议决定的方针，强力监督和制约权力运行制度，④ 为高校党风廉政建设提供制度保障。

开展高校党风廉政建设工作还应积极推行高校信息公开，开展多样化的教育活动，探索高校巡察监督的方式方法，善用巡察成果，将党内监督与群众监督相

---

① 黄紫红：《新时代高校纪检监察组织与队伍建设探研》，《思想理论教育》2020 年第 1 期。

② 钟福国：《关于高校党风廉政建设的思考》，《兰州大学学报》1999 年第 4 期。

③ 罗宗毅总主编，王勇、胡业勋著：《新时代全面从严治党丛书　新时代党的制度建设读本》，中国方正出版社 2019 年版，第 126 页。

④ 李辉：《加强高校党风廉政建设责任制的思考》，《思想理论教育》2009 年第 23 期。

结合。高校信息公开有助于将群众纳入民主议事的实践，提高群众知校情、督校政的参与度，是党风廉政建设的重要内容。高校应定时召开校务公开专题研究会议，聚焦高校教育发展中的重难点、师生员工关注的热点以及党风廉政建设的关键点，根据具体校园情况及师生诉求，认真研究高校信息公开的方式、时间、内容等。高校信息公开既要符合国家保密的原则与规定，避免粗放性、随意性的公开，又要保障群众的知情权，防止信息公开流于形式化。高校信息公开可以通过校务会、教代会、教师大会、师生座谈会、校园网站、信息公开栏、意见箱、监督电话、邮件、名义测评、校园开放日等多种方式与途径推进，确保师生员工及社会相关群体对高校相关工作的知情权。① 与此同时，教代会制度也在高校党风廉政建设中发挥着重要作用，一方面学校的重大决策及涉及教职工切身利益的大事需提请教代会广泛征求意见并审议通过，另一方面教职工可通过教代会进行提案，直接参与高校的民主管理与监督。除此之外，述职述廉及民主生活会制度也直接推动了党风廉政建设工作的开展。在述职述廉中，高校领导干部要阐述遵守党政领导干部廉洁自律规定和执行党风廉政建设责任制、在干部选拔任用工作中执行党和国家有关法规的情况等方面的内容，有利于全面了解领导干部履职尽责及廉洁自律的情况，使领导干部定期自省，检视自身职责履行效果，不断查找自身问题及不足，提高廉政及责任意识。② 民主生活会制度是加强党内监督，健全党内民主的一项重要制度，是推进党风廉政建设的重要手段。在民主生活会上，领导班子成员根据会议议题、其他领导班子成员与党员群众的意见进行批评与自我批评，并制定切实可行的整改计划与措施。将民主生活会制度落实落地，接受党员群众的批评、建议与监督，有助于党风廉政建设工作的有效推进。开展多样化的教育活动是进行党风廉政建设的又一重要途径，近年来高校积极探索，不断创新活动模式，如举办“党风廉政建设宣传月”系列活动、组织廉政警示宣传片观后感讨论会、党风廉政建设知识竞赛等活动，极大地激发了高校师生员工参与党风廉政建设工作的积极性。还可将党风廉政建设与党支部活动、社会实践活动相结合，将党风廉政建设工作融入具体党建活动中，在丰富活动内涵的同时，加深对党风党纪的认识与理解。巡察监督是高校党内监督的重要组成部分，是高校

① 汤天维编著：《合作教育理念的实践与探索》，光明日报出版社 2015 年版，第 58 页。

② 中国方正出版社编著：《新编纪检监察业务教材(上)》，中国方正出版社 2009 年版，第 439 页。

加强政治建设的重要支撑，是高校加强党风廉政建设的重要着力点。高校巡察监督应聚焦党的政治建设、党对教育工作全面领导、坚持立德树人根本任务等方面内容，在形式方面，可采取全面巡察与专项巡察相结合，自我校内巡察与兄弟院校交叉式巡察相结合，定期巡察与不定期巡察相结合的方式，将巡察监督工作做细做实；在目的方面，巡察监督不仅是为了发现问题，更是为了解决问题，在巡察中不断查缺补漏，发现贪污腐败线索，严肃处理相关问题，完善高校管理方式及制度，推动高校党风廉政建设的发展。

我国高校组织员工作探讨

高添璧
(武汉大学万林艺术博物馆)

我国正处在全党全国各族人民迈上全面建设社会主义现代化国家新征程、向第二个百年奋斗目标进军的关键时刻。在此新的历史时期，高等学校党的建设工作也面临着新的挑战。如要切实做好高校党建工作，必须建立一支高水准、高素质的组织员队伍。深入了解党的组织员制度的发展历程，明确把握高校组织员工作的主要内容，充分关注高校组织员队伍建设的现实状况以及不断寻求提升高校组织员工作效能的方式方法有助于促进我国高校组织员队伍建设，对我国高校党建工作质量的整体提升意义重大。

一、中国共产党组织员制度发展历程

党的组织员制度是我党在长期以来自身建设与发展中总结形成的重要制度。在党的历史上，组织员制度在壮大党员队伍，提高党员质量，加强党员队伍管理方面发挥了重要作用。

抗日战争期间，为反抗日本帝国主义的压迫，扩大与巩固抗日民族统一战线，建立强大的党组织十分重要。在 1938 年 3 月 15 日发布的《中央关于大量发展党员的决议》(简称《决议》)中指出“目前党的组织力量，还远落在党的政治影响之后，甚至许多重要的地区，尚无党的组织，或非常狭小。因此大量的十百倍的发展党员，成为党目前迫切与严重的任务”①，由此可知积极发展党员，扩大

① 中央档案馆：《中共中央文件选集第 11 册(1936—1938)》，中共中央党校出版社 1991 年版，第 466 页。

党组织的力量是当时迫在眉睫的需求，同时《决议》中又提到要“严防汉奸，托派分子，阴谋家，投机家混入党内，但不能因此妨害党的大量发展”①，那么建立一支素质高、党性强的队伍专门负责党员发展和党员教育管理工作就显得十分必要。到了1939年12月，毛泽东同志又起草并发布了《关于大量吸收知识分子的决定》，其中指出一切战区的党和一切党的军队，要大量吸纳知识分子加入进来。② 在各级党组织大量发展党员的同时，如何在扩大数量的同时提高质量，如何对日益庞大的党员队伍进行有效的教育管理等问题也逐渐凸显。为了有效地解决这些问题，我党进行了一系列探索，建立组织员制度就是其中一项重要创举。刘少奇同志在“七大”修改党章报告中提出“每一个区党委、地委、县委以至区委，都应该有这样一些经过考验和训练的组织员进行经常工作”③，这标志着党的组织员制度的初步建立。

通过各地的实践证明，设立组织员对保证新党员质量方面有着重要作用，于1951年召开的全国组织工作会议中，这一点得到了充分的肯定，该会议通过的《关于发展新党员的决定》要求“党的组织部门要建立管理党员的机构，选拔与训练一批可靠的组织工作人员”④。1952年，伴随着高等教育的发展和高校院系的调整，顺应确立党对高校领导的现实需要，组织员制度向高校延伸，⑤ 但遗憾的是，在随后几年中，这项制度没有全面贯彻落实。1961年发布的《中央组织部关于加强对党员教育管理工作的报告》中明确肯定了1951年以后在县(市)委一级实行的组织员制度对于加强党员教育管理工作的重要作用，并针对近几年来，绝大多数地方取消了这项制度的现状，认为应该重新恢复组织员制度，“县(市)委和大中城市的区委，都要挑选一批政治可靠、作风正派、懂得党的基本知识、有一定的政治文化水平的党员干部，担任组织员。对他们要进行

① 中央档案馆：《中共中央文件选集第11册(1936—1938)》，中共中央党校出版社1991年版，第467页。

② 中共中央文献研究室第一编研部编著：《毛泽东军事箴言：全2册 上》，辽宁人民出版社2018年版，第152页。

③ 辽宁省地方志编纂委员会办公室主编：《辽宁省志 中国共产党地方组织志》，辽宁民族出版社2005年版，第258页。

④ 辽宁省地方志编纂委员会办公室主编：《辽宁省志 中国共产党地方组织志》，辽宁民族出版社2005年版，第258页。

⑤ 赵正桥、王昱晗：《高校组织员制度建设的历史考察与经验启示》，《思想理论教育》2022年第3期。

专门的训练”①。同年发布的《中共中央关于讨论和试行教育部直属高等学校暂行工作条例(草案)的指示》指出自1958年起，高等教育工作成绩是显著的，在学校中确立了党的领导，并且强调要实行党委领导下的以校长为首的校务委员会负责制，改进党的领导方法和领导作风，加强思想政治工作。② 在这种局势下，在高校之中实行组织员制度显然是与时代需求相适应的，组织员制度也在高校党建中发挥了积极作用。然而在“文革”中，刚刚恢复的组织员制度再次遭到破坏。

十一届三中全会以来，组织员制度得以恢复和发展。1982年2月，中组部在《关于发展党员工作座谈会纪要》中重申：“为了保证发展党员的质量，各地应把组织员制度恢复起来，挑选一批党性强，适应做这方面工作的同志担任组织员。”③党的十二大制定了社会主义现代化建设的正确纲领，加强党员思想教育是团结全党进行伟大斗争的中心环节。1983年2月发布的《中共中央关于加强党员教育工作的通知》中再次强调了“组织部内也要相应地设立党员管理处、科、组或设专人负责，并恢复组织员制度”④。在高校中，虽然发展党员的工作得到了广泛重视，发展新党员的质量也比较好，但仍然存在学生中党员比例低的问题，据1982年的统计数据显示，全国715所普通高校中学生党员仅占全体学生人数的1.9%。⑤ 基于这种情况，1983年12月中组部发布的《关于加强在大学生中发展党员工作的意见》中明确提出要建立组织员制度，指明可从教职工党员中选择适合做该项工作的同志担任兼职组织员，协助学生党支部做好发展学生党员工作。⑥ 进入21世纪后，全球局势日新月异，充分发挥党组织在大学生思政教育中的重要作用，做好高校党建工作意义重大。2005年中办发布的《中共中央组织部、中共教育部党组、共青团中央关于加强和改进在大学生中发展党员工作和大

① 中共中央文献研究室编：《建国以来重要文献选编 第14册》，中央文献出版社2011年版，第704页。

② 中共中央文献研究室编：《建国以来重要文献选编 第14册》，中央文献出版社2011年版，第500页。

③ 杨贵方主编：《党的基层组织实务手册》，上海人民出版社1993年版，第805页。

④ 辽宁共产党员杂志社编：《共产党员十个明确讲话》，光明日报出版社1983年版，第13页。

⑤ 中共中央组织部组织局编：《做好在知识分子中发展党员工作》，新华出版社1985年版，第67页。

⑥ 中共中央组织部组织局编：《做好在知识分子中发展党员工作》，新华出版社1985年版，第70页。

学生党支部建设的意见》中明确提出要“加强组织员队伍建设，配备数量充足的专兼职组织员，党委建制的院(系)党组织应至少配备一名专职组织员”①。2017年2月，教育部党组印发了《普通高等学校学生党建工作标准》，为新时期推动高校学生党建工作提供了指引，其中在学生党建工作队伍建设方面要求选优配强支部书记和支委、专兼职组织员。②

我党发展的历史充分证明组织员制度的重要性，尤其是在高校党建中，组织员制度是促发展、提质量的一项关键制度。切实推行高校组织员制度有助于确立党在高校中的领导，有助于保障高校立德树人根本任务的落实，有助于实现我国高等教育的可持续发展。

二、高校组织员制度的主要内容

选配好的组织员，是提升高校党建工作质量的基础。组织员的选拔工作对高校组织员队伍建设发挥着重要作用。首先，组织员必须具备过硬的政治思想素质，具有坚定的共产主义信仰，坚决贯彻执行党的路线、方针、政策，深入理解并切实践行马克思列宁主义、毛泽东思想、邓小平理论、“三个代表”重要思想、科学发展观以及牢牢把握习近平新时代中国特色社会主义思想的世界观和方法论，以此科学的、先进的思想分析并解决高校党建工作中遇到的现实问题。其次，组织员还需具备过硬的业务能力以及强烈的事业心和责任感。高校汇集了众多英才，要将更多优秀的人才吸纳进我党队伍，高校组织员必须具备足以胜任工作的业务能力、文化水平及职业操守。最后，组织员也需具备良好的道德品格。高校党建工作情况复杂、面临的挑战及问题也并不简单，作为组织员应该正确行使党赋予的职权，严于律己、廉洁奉公、坚持群众路线，常自省、多反思，不断自我革命。同时选拔组织员也要注意辨别与筛选，防止两面派、投机者等党性不坚定的人员进入队伍。除了严把选拔关外，定期对组织员进行考核也是组织员制度中非常重要的一环。党委可将传统的考核方式与现代化的考核方式相结合，从道德品格、业务能力、工作态度、纪律操守等方面综合评价，及时发现工作中的成绩与问题，总结经验，对症下药，不断促进组织员工作的质量提升。

---

① 朱孔军主编：《高校意识形态工作研究》，中山大学出版社2015年版，第269页。

② 邵华、黄正军、张胜利主编：《筑梦东方》，光明日报出版社2019年版，第16页。

组织员工作的主要任务在不同的时期有不同的表述，如在1961年发布的中共中央对中央组织部《关于加强对党员的教育管理工作的报告》的批示中提到组织员的任务是在党委的领导下，具体负责对党员进行教育和谈话，审查新接收的党员和预备党员的转正，研究支部工作经验。① 1994年发布的《关于在县(市、区)和国有大中型企业、普通高等学校中设置组织员有关问题的通知》中也提到在普通高等学校党委中设置的组织员主要负责抓好入党积极分子队伍建设和做好党员发展工作。党的十九大召开后，根据该会议精神修订的《组织员工作手册(新编本)》中将组织员的主要职责进行了全面的概括。总体来说，在高校之中组织员的主要工作职责为发展学生及教工党员、开展高校党员的教育工作以及进行高校党员的管理工作。

发展学生及教工党员是高校组织员工作中非常重要的内容。在制定发展党员计划之前要充分摸排入党申请人、入党积极分子情况，尽量做到计划符合实际，达到数量与质量的平衡。在发展党员的过程中，要严格履行发展党员的程序，扎实做好每个环节应有的工作。同时，也要关注高校学生及教工的特点，密切联系群众，结合个人实际情况进行党性教育以及谈心谈话，发现问题及时处理，成熟一个，发展一个，严格按照发展党员工作规范进行各个环节的工作。党员教育工作是高校组织员工作中又一重点内容。高校组织员要经常调查了解高校师生党员队伍的思想情况及存在的问题，并协助高校相关党组织做好相关问题的分析研判工作，对师生党员的日常教育提出切实可行的工作计划及指导性意见建议，对高校基层支部的党员教育工作进行检查考核、经验总结及推广上报等。做好党员管理工作也是高校组织员工作中的重要环节。高校组织员应协助高校基层党组织贯彻落实党的组织生活制度、民主评议党员制度、“三会一课”制度等，做好毕业离校学生党员、入离职教职工党员的组织关系转接和党籍管理等方面工作。

三、高校组织员工作面临的问题分析

高校是人才培养的摇篮，科学研究的前沿阵地。习近平总书记在中央人才工作会议上曾强调，做好人才工作必须坚持正确政治方向。高校组织员是高校基层

① 中共中央文献研究室编:《建国以来重要文献选编 第14册》，中央文献出版社2011年版，第704页。

党组织建设工作的重要推手和中坚力量，在高校党员发展、党员管理及教育中发挥着不可忽视的作用。但目前看来，高校组织员工作中仍然面临着一些问题及困境。

首先，高校组织员在高校学生、教工党员发展工作中面临着许多具有共性的问题及困境。就高校学生党员发展来说，有少部分学生对入党的思想认识不到位，并无坚定的共产主义信仰，仅仅是出于就业、评奖评优等目的而追求入党，更有甚者，在入党流程中表现出强烈的入党决心和积极性，但在日常生活中的言行却与其申请入党表现并不匹配。面对这种情况，高校组织员必须深入学生中间，与学生经常性、多次数地谈话，尽可能持续地、全面地掌握学生思想动态，及时发现思想有偏差的学生，并有针对性地开展思想教育，务必坚持成熟一个、发展一个的原则，避免放松要求在毕业生中突击发展党员的现象。就高校教工，尤其是高水平人才党员发展来说，由于其知识水平相对较高，许多人才有国外留学经历，思想多已定形，对入党的积极性不高，普遍存在着思想工作难做、发展工作停滞不前的现状，有些院系甚至多年难以发展一名新的教工党员。面对这种困境，高校组织员既要克服畏难心理，提高自身业务及政治修养，在日常工作中，多与非党员教工进行沟通和交流，了解其思想状况，个性化地制定发展党员的培养计划，同时又要创新方式方法，多方通力合作，例如可以选举教师党员中的学术带头人成为党支部书记，将党员活动与日常的学术交流例会相结合，潜移默化影响其他非党员教师。

其次，高校组织员面临着岗位职责界定不清晰的问题。在高校中，部分院系未能设置专职组织员，往往由辅导员、办公室行政人员等任兼职组织员。这种情况既可能导致在实际工作中组织员的工作职责拆分到不同的业务口径分担落实，从而信息不对称、难以从全盘布局高校基层党建工作；同时，又造成了兼职组织员工作过于冗杂，其可能在承担组织员工作的同时还承担学生日常管理工作、档案整理移交工作等其他行政工作，工作头绪众多、工作量饱和使得组织员工作的专注度、精细度难以保证，不利于高校基层党建工作的质量提升。面对这种情况，高校应该掌握全校党建工作的体量以及基层院系的具体情况，依据上级政策、院系规模、工作要求等方面综合研判，设置专兼职组织员岗位，并不断发现问题，解决问题，针对实际工作情况进行合理的调整。

最后，高校组织员教育培训的设计仍不完善。目前，高校组织员的例行教育培训中主要侧重国家方针政策的解读、笼统的业务能力的培训(如公文写作)等，并未突出组织员工作的特点，甚至有些培训内容可以直接应用于入职培训或其他行政工作培训中，且大多对新任组织员和已有多年工作经验的组织员采取同一套培训内容。针对这些问题，可以考虑培训前征集各基层院系组织员的意见进行综合研判，科学地、有针对性地设计培训内容。同时，也可尝试分层培训，对新任组织员可侧重党员发展、教育及管理的基本政策与实际操作流程的培训，而对实务经验丰富的组织员则侧重于相关政策方针的深入解读以及实际工作问题处理经验交流等，使教育培训发挥其应有的作用，促进高校组织员业务及思想水平进一步提高。

党的二十大后高校学生党支部书记队伍建设探索与思考

——以武大、华科等武汉高校为例

殷昊翔

（武汉大学文学院）

从党的十八大到二十大，党中央以及包括武汉大学在内的各级党组织愈发重视高校基层党建工作。习近平总书记在党的二十大报告中明确指出："全党必须牢记，全面从严治党永远在路上，党的自我革命永远在路上，决不能有松劲歇脚、疲劳厌战的情绪，必须持之以恒推进全面从严治党，深入推进新时代党的建设新的伟大工程，以党的自我革命引领社会革命。"①学生党支部是党密切联系大学生的基层组织，是党凝聚力和战斗力的基础，在培养社会主义建设者和接班人过程中起着重要作用。而党支部书记作为基层党组织的第一责任人，其综合素质和业务水平的高低对支部的建设和发展起着至关重要的作用。习近平总书记早在2020年中央政治局第二十一次集体学习时专门做了"五个抓好"的重要指示，明确表示要加强高校基层党组织建设，这为深入贯彻落实新时代党的组织路线指明了前进方向。2022年举世瞩目的中国共产党第二十次全国代表大会的召开，这是党和国家政治生活中的一件大事，同时也是各基层组织不断加强党建工作的新开始。高校作为培养新时代大学生的主阵地，在这一特殊时刻，坚持以习近平新时代中国特色社会主义思想为指导，进一步加强学生党支部书记队伍建设和培育，加强对提升党支部书记的业务素养、使命担当和综合能力的探索和研究，无疑是一项极具意义的课题。

① 《党的二十大报告》，共产党员网：https://www.12371.cn/special/20da/bg/。

一、高校党支部书记队伍现状调查及分析

全面建设社会主义现代化国家、全面推进中华民族伟大复兴，关键在党。中国共产党是领导中国特色社会主义事业的核心力量，是风雨来袭时全体人民最可靠的主心骨，党的领导是中国特色社会主义的最本质特征和最大制度优势。党的二十大对坚持不懈用习近平新时代中国特色社会主义思想凝心铸魂、完善党的自我革命制度规范体系、建设堪当民族复兴重任的高素质干部队伍、增强党组织政治功能和组织功能等均提出了明确的要求。而早在 2018 年 10 月 25 日中共中央印发的《中国共产党支部工作条例(试行)》，对党支部书记的素质和能力提出了明确的条件和要求，即"应当具备良好政治素质，热爱党的工作，具有一定的政策理论水平、组织协调能力和群众工作本领，敢于担当、乐于奉献，带头发挥先锋模范作用，在党员、群众中有较高威信，一般应当具有 1 年以上党龄"，为新时代加强党支部建设、做合格党支部书记提供了基本遵循和努力方向。学生党支部书记作为基层党支部的"第一责任人"，是日常工作的组织者、实施者，在高校学生党建工作中发挥着极为重要的作用。从党的十八大到二十大，从党中央到地方及高校基层党委，都更加重视学生党建工作，在"党要管党、从严治党"的新常态下，学生党支部书记队伍建设也提上了日程，他们的能力水平和业务素养得到了明显的提高，以武汉大学为例，根据相关数据统计，党支部书记在党建活动、学术科研、社会实践等各个领域获表彰的比例明显高于一般学生，较好地发挥了党员骨干的先锋模范带头作用。但同时，随着 20 余年高校学生规模的持续扩大，学生党员人数的不断增长，学生党支部书记队也在日趋持续壮大，学生党支部书记队伍的素质呈现出参差不齐的状况，各高校针对支部书记的选拔、培养和考核工作并没有完全跟上新时期、新发展和新要求。①

本文选取武汉大学、华中科技大学、华中师范大学、武汉理工大学等四所学校 200 名党支部书记和党员为样本，通过问卷调查、个别访谈等方式，分析了当下高校党支部书记队伍建设状况，其中，党支部书记 50 人，正式党员 120 人，预备党员 30 人；博士研究生 50 人，硕士研究生 115 人，本科生 35 人；要求被

① 孙云龙:《新形势下高校学生党支部书记选拔培养和考核机制探讨》,《现代商贸工业期刊》2020 年第 2 期。

测试者按照自己的情况认真作答。剔除无效问卷 2 份，最终回收有效问卷 198 份，回收率为 99%。

通过数据分析，发现大部分党员学生（约 72%），对学校党支部书记队伍建设表示十分满意和满意；约有 28%的同学，表示学校在党支部书记队伍建设过程中存在一定的问题，需要及时做出相应的调整和改进。问卷调查反映的问题，主要集中在以下几个方面。

1. 部分高校院系对学生党支部书记队伍建设重视程度有待提高

不少学生党员（约 31%）反映，当前不少高校院系党委在基层党组织建设过程中，更多关注的是党中央要求的各类专题学习和理论研究，如开展“党史学习”专题、“不忘初心、牢记使命”专题学习、“十九大”专题学习、“建党百年”专题学习等，这些专题的学习对学生党支部书记以及党员骨干提升自我能力和素养无疑是有用的，但是对党支部日常工作的有效开展缺乏科学的针对性，不少支部书记和党员（约 24%）表示，学校和学院对基层学生党支部书记的业务培训和个人指导较为欠缺，管理形式也较为松散，有时一学期也没有开展专门的业务指导和社会实践等活动，但是突然来个学习任务，就会召集大家突击开展学习工作，缺乏科学性、系统性和连贯性，大家时常会对如何开展好支部工作产生困惑。

2. 支部书记和支委会选拔机制的科学性存在不足

新时期的党建工作对基层党组织干部提出了更高的要求，无论是思想认识和政治表现，还是业务素养和工作能力，都需要党员干部有全面的提升，这意味着并非只要是党员就能够不经培训和考核就可以胜任支部书记这项工作的。根据调查显示，约有 21%的党员表示，其所在单位对于支部书记任命有一定的随意性，如：学院在新生入学初没有征求大家意见就直接指派支部书记，支部成员对书记缺乏基本的了解；有些支部党员，尤其是研究生党员，对参与支部工作的积极性不高，存在被赶鸭子上架式担任支部书记的情况；还有极个别支部内部存在不科学的竞聘上岗、找人情拉关系等现象。以上这些方式选出来的党支部书记对支部工作的开展显然是不利的。

3. 高校对党支部书记队伍的培训和指导较为欠缺

大学生由于长期生活在象牙塔里，其自身特点和人生阅历决定了其对党的理论知识的学习、对党的各项管理规定的掌握很难全面透彻。他们当中的大多数党务工作经验欠缺，大多数学生在担任书记之前没有受过专业培训。而实践反复证明，科学、系统的培训指导对提升党支部书记党性修养和工作能力，发挥好他们的先锋模范带头作用有着至关重要的作用。但目前根据问卷调查了解，相当多的高校在对党支部书记队伍的培训不够重视，缺乏系统性、规划性、前瞻性和科学性。超过三分之二的党支部书记(约69%)表示，他们大多接受的培训为临时的或者带有任务目的的，启发性和指导性不足，同时他们参加的培训往往以会议、讲座的形式开展，形式较为枯燥单一，对大家也缺乏吸引力。

4. 高校对学生党支部书记的考核评价体系设计存在缺陷

部分高校院系对学生党支部书记的考核不够重视，采取的考核方式往往较为单一，评优没有量化标准，约有31%的支部书记表示学校和学院的年度考核往往通过简单的汇报方式进行，存在一定的形式主义；还有一些高校的考核评价缺乏激励奖惩机制，约有五分之一的支部书记和党员反映，学校和学院对支部书记的年终考核并没有实质性的激励，大家一般就上台做3~5分钟的述职了事，这让大家对考核的公平性和合理性产生怀疑，影响了支部书记们开展工作的积极性。

二、高校学生党支部书记队伍建设探索

党的二十大的胜利召开，这是党和国家政治生活中的一件大事，高校作为培养新时代大学生的主阵地，更要坚持以习近平新时代中国特色社会主义思想为指导，传播正能量、提振精气神，认真做好学生党建和党支部书记队伍培育工作。党的二十大关于党的建设的重要论述和部署，充分彰显了党的自我革命精神。学生党支部作为党的工作在高校的落脚点，在习近平新时代中国特色社会主义思想指导下，更要全面落实党要管党、从严治党的要求。党支部书记作为党支部的灵魂和领头人，其综合素质的高低直接关系着支部的建设和发展，关系到我党各项政策的执行和落实，因此，各高校必须从严抓好党支部书记队伍建设，具体可以从以下几个方面着手：

首先，要按照《党章》及党中央、教育部党组相关规定，完善学生党支书选拔和任用制度。正如群众所说，“党建立得住，关键要看党支部。支部强不强，主要还看‘领头羊’”。高校各院系要突出从严选拔制度，明确选拔标准，采取组

织推荐和公开招聘相结合的方式，选拔出政治立场坚定、品行端正、业务能力突出的学生党支部书记。要根据《新形势下高校教师党支部建设意见》和《学生党建工作标准》等文件要求，进一步加强高校党支部建设。要确保选拔过程严格化、公开化、透明化，在思想道德、党性修养、工作能力、群众基础等方面要对候选学生党支部书记进行严格审查，体现出公平、公正、公开的原则，保证选任的学生党支部书记是众望所归、民意所为，这样才能为今后学生党支部工作的开展立稳脚跟。①

其次，要通过学习培训、社会实践等多种方式，全面提高党支部书记能力水平。要科学设计学生党支部书记培养机制，突出时效性、针对性和规律性，让学生党支部书记在接受培训后能有效提升理论水平、业务水平、使命责任感和个人综合素养。要建立科学完善的培养机制，把经常性教育和专题培训有机结合起来，把一般性培养与个性化培养结合起来，让学生党支部书记能够通过培训更加全面地吸取营养、提升自我，在培训中牢固“四个意识”，坚定“四个自信”。要做好交流平台的搭建，定期在本校或者兄弟院校间开展支部书记间的交流，通过交流取长补短，把好的工作方式、方法传递开来。要加强对党支部书记社会实践环节的培训，习近平总书记多次强调实践的重要性，他指出：“我们的学习应该是全面的、系统的、富有探索精神的。既要向书本学习，也要向实践学习；既要向人民群众学习，向专家学者学习，也要向国外有益经验学习。有理论知识的学习，也有实践知识的学习。”②因此，要积极引导党支部书记走出校园，走向社会，为他们创造更多面向基层一线实践锻炼的机会。

再次，要开展丰富多彩的支部活动，强化学生党建的龙头作用。要继续深入贯彻“三全育人”教育理念，围绕“党的二十大”这一重大主题，整合高校行政管理队伍、学生导师队伍和学生干部队伍的力量，全过程、全方位加强对党员骨干的思想引领。通过加强对各学生支部“三会一课”的监督和指导，通过开展形式多样的主题党日活动和通过“学习强国”“青年大学习”等方式进行线上线下相结合，让党员骨干深刻感悟“两个确立”的决定性意义，增强“四个意识”、坚定“四个自信”、做到“两个维护”。同时，可以围绕“献礼二十大”这一主题，以“奋进

① 刘杰：《浅谈学生党支部书记队伍建设》，《党史博采（理论版）》2019 年第 1 期。

② 中共中央宣传部、中共中央党史和文献研究院、中国外文出版发行事业局编辑：《习近平谈治国理政》（第一卷），外文出版社 2014 年版，第 404 页。

担当”为重点，开展一系列党建活动，如武汉大学“活力创新工程”党建项目、武汉大学“研究生党支部风采大赛”等，让党支部书记在活动中提升自我、完善自我，同时增加支部的凝聚力和战斗力；同时可以组织党员骨干围绕“乡村振兴”“共圆中国梦”“奋进新征程建功新时代”等时代主题，深化他们对“强国有我，请党放心”的认识与实践，引导他们与时代共同进步，自觉将“小我”成长融入“大我”奋斗，将人生选择与中华民族伟大复兴中国梦结合起来。

最后，要以评促建，改革创新支部书记的考核模式机制。要按照习近平总书记的重要指示，全面评价学生党支部书记工作表现和综合素养，增强考核环节的合理性和科学性。要把评议结果作为党内表彰和评优推荐等的重要依据，增强学生党支部书记的工作积极性。要充分发挥党员骨干的先锋模范带头作用，正确树立好典型，通过树立“优秀党支部书记”“优秀共产党员”等先进典型，以点带面，利用朋辈之间的引导和影响，在全体学生中形成爱党爱国教育的高潮，激励全体学生攻坚克难、开拓奋进。

此外，党支部书记个人还要努力提升自我。党支部书记要坚持党性原则，做政治上的“明白人”，提高自己的政治站位和思想认识，在重大问题上能够分清是非，在处理学生问题上能够公正客观。要强化职责意识，在“行”上下功夫，发挥好学生党支部书记的模范带头作用，要带头学习、带头研讨、带头践行中国特色社会主义核心价值观，以高质量组织活动来体现学生党支部书记的“带头人”作用。①

三、小结

党的二十大的胜利召开，擘画了党和国家事业发展的宏伟蓝图，等待着我们的是充满希望的新时代、新征程。全面从严治党永远在路上，党的自我革命也永远在路上。党的二十大报告明确表示：“必须持之以恒推进全面从严治党，深入推进新时代党的建设新的伟大工程，以党的自我革命引领社会革命。”②学生党支部书记作为高校学生支部党建工作的领头雁，是党的政策方针在高校的引领者和

① 刘洋、韩雪峰：《高校学生党支部书记队伍建设的有效途径》，《社科纵横》2018 年第 11 期。

② 《党的二十大报告》，共产党员网：https://www.12371.cn/special/20da/bg/。

传播者，更是学生朋辈之间的学习标杆和榜样，其综合素养的高低对党的形象、建设和发展都有着极为深远的影响。当前，在党要管党、从严治党的新常态下，高校学生党建工作的难度、强度都和以前相比有了较大幅度的提升，这就更要求高校党组织进一步科学合理地打造、培养好自己的学生党支部书记队伍，让基层党支部书记不断自我净化、自我完善、自我革新、自我提高能力，成为合格的社会主义事业接班人。

高校内部巡视“四个全”体系建设研究

孙 涛　　高 裕

（武汉大学党委巡视工作领导小组办公室）

党的二十大报告指出，要健全全面从严治党体系，完善党的自我革命制度规范体系，推进政治监督具体化、精准化、常态化，发挥政治巡视利剑作用，加强巡视整改和成果运用。① 这为新时代新征程高校做好内部巡视工作提供了根本遵循。

一、开展高校内部巡视的重要意义

党章明确规定，党的中央和省、自治区、直辖市委员会实行巡视制度，在一届任期内，对所管理的地方、部门、企事业单位党组织实现巡视全覆盖。巡视是党章赋予的重要职责，是推进党的自我革命、全面从严治党的战略性制度安排，是上级党组织对下级党组织履行党的领导职能责任的政治监督，高校开展内部巡视具有重要的现实意义。

1. 开展高校内部巡视是加强党对高校领导的必然要求

教育、科技、人才是全面建设社会主义现代化国家的基础性、战略性支撑。要确保新时代深入实施科教兴国战略、人才强国战略、创新驱动发展战略，办好人民满意的高等教育，保证高校社会主义办学方向，必须加强党对高校的全面领导。巡视是政治巡视，查摆的是政治责任，纠正的是政治偏差。开展高校内部巡

① 习近平：《高举中国特色社会主义伟大旗帜为全面建设社会主义现代化国家而团结奋斗——在中国共产党第二十次全国代表大会上的报告》，人民出版社 2022 年版，第 1~58 页。

视是加强党对高校全面领导的必然要求，是确保高校坚决捍卫“两个确立”，坚定不移做到“两个维护”，贯彻落实党的教育方针、坚持社会主义办学方向的有力举措。新时代新征程必须进一步强化高校政治监督、深化高校内部巡视，破除“高校特殊论”“知识分子特殊论”，健全党建与事业发展“一融双高”新机制，为管党治校提供坚强保障。

2. 开展高校内部巡视是全面从严治党向高校延伸的有力举措

全面从严治党是党的十八大以来党中央作出的重大战略部署，是“四个全面”战略布局的重要组成部分。全面从严治党，基础在全面，关键在严，要害在治。当前，部分高校党组织存在党的领导弱化、虚化，党建工作责任制落实不力，党组织政治功能、组织功能弱化等问题。把全面从严治党落实到高校办学治校全过程成为当务之急。高校内部巡视通过紧盯“关键少数”特别是加强对“一把手”的监督，聚焦党的政治建设、思想建设、组织建设、作风建设、纪律建设和制度建设，进一步推进全面从严治党向纵深发展，向高校基层党组织延伸，不断深化高校各级党组织切实担负全面从严治党主体责任的意识和能力。

3. 开展高校内部巡视是促进高校落实立德树人根本任务的重要保障

社会主义高校的根本任务是立德树人，要紧密围绕“培养什么人、怎样培养人、为谁培养人”这个根本问题办学治校。落实高校立德树人根本任务、办好中国特色社会主义大学、培养担当民族复兴大任的时代新人是新时代赋予高等教育的神圣使命。当前，网络新媒体时代给青年学生价值引领带来了巨大挑战，消费主义、个人利己主义、享乐之风等不良价值观念不断影响着大学生的价值判断和价值选择。开展高校内部巡视，是促进高校各二级单位不断聚焦人才培养主责主业，压紧压实为党育人、为国育才责任意识，共创“三全育人”协同育人体系的有力举措，促进党风、政风、校风、教风、学风持续向好。

二、高校内部巡视的现状分析

党的十八大以来，高校陆续启动内部巡视。目前高校内部巡视已经基本实现全覆盖，但是贯彻落实“发现问题、形成震慑、推动改革、促进发展”巡视工作方针还没有完全到位，工作中还存在一些不平衡不充分的问题。

1. 高校内部巡视有效覆盖局面未完全形成

当前，部分高校已经实现一届党委内部巡视全覆盖，涉及二级党组织、职能部门、直属单位等。还有部分高校，因为内部巡视工作起步晚、底子薄，还未能对所管辖的党组织(单位)实现全覆盖；少部分高校只实现了对二级党组织的全覆盖，对机关与直属单位党委进行了巡视，对于职能部门和直属单位等未能做到有效覆盖。高校内部巡视有形覆盖与有效覆盖还不平衡不充分，“熟人社会”“人情干扰”监督难题依然存在，许多体制机制问题没有深究，巡视工作队伍“动真碰硬”精神培育任重道远。

2. 高校内部巡视贯通协同格局未完全构建

当前，高校全面从严治党主体责任与监督责任的落实情况仍有欠缺，各负其责、统一协调的管党治校责任体系尚未完全建立，全面从严治党与办学治校实际工作深度融合还很不够。同时，内部巡视尚未打通党内政治监督的贯通渠道，与纪检监察、组织、审计等监督的贯通机制尚未完全建立，监督合力尚未形成，系统集成、协同高效的高校监督体系有待完善，各职能部门还存在“各自为政”的情况。例如，纪检监察机关如何有力监督巡视整改责任落实还缺乏有效举措；组织部门加大巡视干部培育、抽调、培训的力度不够，没有将巡视干部队伍建设纳入学校干部队伍建设统筹考虑；巡视监督与审计监督尚未形成信息共享的监督合力，巡视监督成果有待进一步运用和共享。

3. 高校内部巡视干部队伍力量未完全建强

高校内部巡视要着力建设一支政治过硬、工作担当、作风务实、纪律严明的巡视铁军队伍，为巡视利剑作用发挥提供坚强人才保障。当前巡视干部队伍主要依靠二级单位抽调人员组成，巡视干部队伍专业化、职业化建设还有提升空间。未充分建立优秀干部从事巡视工作锻炼机制，把巡视岗位作为发现、培养、锻炼干部的重要平台。专兼职巡视干部发现问题、分析问题、问题定性和问题描述等能力建设有待进一步加强，巡视干部考评机制和激励机制还不够完善，干部开展巡视工作的动力、活力还有待激发。

三、高校内部巡视“四个全”体系建设

习近平总书记在二十届中央纪委二次全会上强调，要把巡视利剑磨得更光更亮，勇于亮剑，始终做到利剑高悬、震慑常在。要坚持内容上全涵盖、对象上全覆盖、责任上全链条、制度上全贯通，进一步健全全面从严治党体系。高校内部巡视要坚持运用治理的理念、系统的观念和辩证的思维，着力建设“四个全”的监督体系。

1. 要坚持内容上全涵盖，这是巡视工作的重点，要回答好“巡视什么”的问题

高校内部巡视要把握政治巡视定位，把“两个维护”作为根本任务，充分发挥政治巡视“显微镜”和“探照灯”作用。重点检查贯彻落实党中央决策部署和党的二十大精神情况，特别是习近平总书记关于高校的重要论述和重要指示批示精神，加强党的政治建设情况，强化政治功能情况，防范化解重大政治风险情况；落实全面从严治党战略部署情况，特别是全面从严治党“两个责任”落实情况，贯彻执行“六大纪律”和中央八项规定精神情况，积极推进作风建设，着力解决“庸、懒、散、怠”等师生员工反映强烈的突出问题，整治形式主义、官僚主义的情况；落实新时代党的组织路线情况，特别是领导班子建设，加强干部人才队伍建设，落实党建工作责任制，加强基层党组织建设等情况；落实巡视整改和成果运用的情况。同时，高校内部巡视不能泛政治化，要将“四个落实”巡视内容体系进一步校本化、部门化，要根据高校所属院系党组织、职能部门、直属单位等特点特征，进一步细化观测要点，构建详实的高校内部巡视内容体系。

2. 要坚持对象上全覆盖，这是巡视工作的基础，要回答好“巡视谁”的问题

党的二十大报告指出，要突出领导干部这个“关键少数”，抓住落实责任这个“牛鼻子”，体现了对管党治党规律的深刻把握。高校内部巡视要聚焦“关键少数”，要加强对“一把手”和领导班子的监督，特别是“一把手”履行“第一责任人责任”和领导班子成员落实“一岗双责”的监督，切实强化党对高校各项工作的全面领导，避免出现缺项漏项，彻底消除死角和盲区，切实把所有领导干部和党组织都管住、管好。做到权力行使到哪里、党组织的监督就到哪里，实现对高校党委所管理的二级党组织及职能部门、直属单位党组织和领导班子成员巡视全

覆盖。

3. 要坚持责任上全链条，这是巡视工作的保障，要回答好“谁来巡视”的问题

从高校党委到基层党组织都要压紧压实全面从严治党主体责任，增强管党治党意识、落实管党治党责任，准确把握党治校兴的逻辑关系，切实保持政治清醒。高校内部巡视要坚持责任上全链条，就是构建完善的巡视工作责任体系，要进一步明确高校党委巡视工作主体责任和党委书记第一责任人责任，巡视工作领导小组组织实施责任，巡视工作领导小组办公室统筹协调、指导督导、服务保障责任，巡视组具体落实责任，被巡视党组织巡视整改主体责任，纪检监察机关、组织部门巡视整改监督责任，有关职能部门巡视成果运用责任，形成高校党委统一领导，各责任主体各负其责的领导体制和工作机制。明确责任的同时，还要采取有力措施压紧压实责任的落实。要积极探索完善巡视整改公开机制，探索建立巡视整改评估和整改问责机制，形成整改监督责任闭环。

4. 要坚持制度上全贯通，这是巡视工作的方法，要回答好“如何巡视”的问题

2022 年 2 月，中共中央办公厅印发了《关于加强巡视整改和成果运用的意见》，很重要的一点就是坚持贯通融合，推动巡视与其他监督发现问题集成整改，促进巡视监督、整改、治理有机衔接。高校内部巡视要突出强化政治监督，把准监督方向，聚焦监督重点，形成监督合力，要建立责任更加明确、机制更加健全、督办更加有力、问责更加严肃的巡视整改和成果运用工作体系。将巡视整改和成果运用融入日常工作、融入深化改革、融入全面从严治党、融入班子队伍建设，需要制度做保障，将好的做法举措以制度的形式固化下来。要坚持系统思维，在巡视全流程上齐抓共管、协同发力，把巡视监督和纪检监督、组织监督、审计监督等其他监督有机结合，与民主监督、群众监督有效贯通，进一步增强监督合力，发挥监督效力，深化以巡促改、以巡促建、以巡促治，真正实现制度治党、依规治党。

高校内部巡视作为高校推进党的自我革命、全面从严治党的战略性制度安排，要时刻牢记全面从严治党永远在路上、党的自我革命永远在路上，一刻不停、一以贯之，永远吹冲锋号。要坚持守正创新，探索建立完善的巡视监督工作体系，促进高校全面从严治党体系的健全与发展。

新时代推进高校党建标准化工作探析

何小丹
（武汉大学卫星导航定位技术研究中心）

一、党建标准化的主要方面

1. 组织标准化

以下属院系或其他单位规模、主要业务方向、发展定位等为出发点和参考，分类确定党组织的组织机构设置，主要是明确党建工作部门，具体规模的党务工作人员，以“硬要求”的形式为党建工作提供组织保障。

2. 流程标准化

当前，各院系和单位专职党务工作人员数量较少，党建专业能力不高，主要以兼职党务工作者为主组织实施党建工作，对“三会一课”、民主生活会、组织生活会、党员发展、主题党日等工作开展的基本流程不熟悉，在组织开展各项工作时经常无从下手或者不符合要求，从而导致各单位党建工作水平参差不齐。通过标准化建设工作，将散落在党章、党规等文件制度中关于党员发展、党员培训教育、“三会一课”、“三重一大”、民主生活会、中心组学习等党建工作流程进行梳理，制定标准化工作手册，指导各单位党建工作的开展。

3. 信息管理标准化

信息化、模块化管理是保证低错误率和高质量的重要手段。要在现有基础上，完善高校党员发展、党员档案、党费缴纳等信息化系统，以实现党务信息录入、查询和调取的信息化。同时，实现主题党日、“三会一课”、民主生活会等党建活动记录的模块化、线上录入，不仅能够“傻瓜式”地辅导党务工作人员开展工作，还便于开展党建考核。

4. 党建视觉识别系统标准化

建设党建视觉识别系统，对各院系的党建活动场所，如：党员活动室、读书室、谈心谈话室等的规模、形式等进行明确规定，统一各类标识标牌，指导基层开展相关场所的创建，能有效避免五花八门、相互攀比，为了创新而创新，铺张浪费等违规创建行为。

5. 考核评价标准化

避免空泛、定性化的考核，而是要建立尽可能数量化的、标准统一的党建考核体系，一来避免“拍脑袋”等人为因素对党建考核结果的影响，二来能够指导各院系和单位在考核体系内开展党建工作，有明确目标，整体提升党建工作质量，推进良性学习，相互竞争，共同进步。

二、党建标准化措施

在党建标准化实施推进过程中，必须遵循实事求是、循序渐进、分步实施的原则；要充分发挥高等院校在资源配置、制度保障等方面的优势，调动力量推进党建标准化建设；要充分认识到党建标准化既是目标，又是手段，更是抓手。通过实施党建标准化，实现党建工作与业务工作相互融合、相互促进。

1. 充分调研，试点运行，分步实施

标准化的实施，不可能一步到位，要从各院系和单位的实际出发，做好基础性调研工作，为党建标准化工作的推进提供依据。制定循序渐进的实施计划，选择具备条件的、不同规模和先天条件的党组织进行试点，在试点的基础上总结、反思和提高，分步骤、分阶段地实施和推广。

2. 学习宣贯，培训教育，奠定基调

党建工作标准化，是十八大以来党建工作的重大创新，① 如何让基层党务工作者全面理解和掌握党建工作标准，是标准化能否推行、能否取得实效的关键。因此，在实施党建标准化建设前，应分层级地进行宣贯，组织学习、培训，使党务工作者理解并内化标准，将标准吃透。

3. 建章立制，明确责任，承包到户

党建标准化建设，需要完善的制度保障。各层级单位在充分学习、培训和教育的基础上，完善党建标准化制度实施体系，明确上至各单位党委委员、下至基层党支部书记职责，“承包到户”，划分“责任田”，以点带面，推进党建标准化实施。

4. 列支费用，资金保障，确保落实

党建标准化是党建创新的重要举措，成本费用归集和划拨，将在一定程度上影响基层党支部开展创建工作的积极性，在没有充足资金保障的情况下，可做可不做的可能会坚决不做。因此，增加党建标准化建设费用投入，是影响党建标准化建设推进的重要因素。

5. 落实考核，奖惩有则，压实责任

上级党组织按照党建标准化建设的目标，对各党支部下达可量化的标准化建设目标，并严格按照科学、公正、统一的绩效考核指标进行考核，有奖有罚，提升党务工作人员的积极性，确保党建标准化的推进。

6. 改革薪酬，晋升有道，畅通渠道

目前，高校很多单位的党务工作人员，基本以兼职为主，在党务工作以外还要承担大量的人事、教学、科研等工作，比其他教学、科研、行政岗同事承担更多的工作。因此，有必要在薪酬、晋升等维度为兼职党务工作人员提供更多的机

① 罗旭：《党建标准化：提升党建科学化的“金钥匙”》，http://dangjian.people.com.cn/n1/2017/0404/c117092-29187590.html。

会和倾斜，也将有效提高其推进党建标准化的积极性。

7. 联创共建，取长补短，总结提升

联创共建已经成为当前开展党建工作的一种趋势，高校开展联创共建相对其他行业来说，根据便利条件：空间成本、联络成本、场所成本等都更低。因此，应该充分鼓励各级党组织开展党建工作的联创共建，要充分利用联创共建的优势，取长补短，共享资源，在标准化实施的过程中不断地总结、反思，学习和吸取先进的党建标准化工作方法，不断改进和提高。

三、党建标准化建设目标

1. 党建标准化提升思想意识

党建工作做得好不好，关键取决于各单位"一把手"是否足够重视，很多单位的"一把手"都是业务出身，存在一定程度的轻党建思想。因此，通过推进党建标准化，压实党建考核的责任，让"一把手"知道自己要干什么、为什么要这么干，从思想意识上有了提升，才能推进党建工作的顶层设计，从而为党建工作提供坚强的组织保障。

2. 党建标准化引领业务提升

通过实施党建标准化建设，充分发挥党组织的战斗堡垒和党员同志的先锋模范作用，自觉将党建工作与业务工作同谋划、同部署、同考核。通过强化党建引领，真正让党组织成为抓实教学、科研、行政等各项工作的"主心骨"，将骨干发展成党员，将党员培养成骨干，通过骨干和党员身份的相互融合，推进党建工作与中心工作的不断深入融合，避免"两张皮"，让党建工作成为"看得见的生产力"。

3. 党建标准化带队伍

推进党建标准化建设，实现党建工作水平提升，关键靠"人"。党建标准化建设有序推进、落地生根需要一大批优秀的党组织书记、讲政治懂业务的党务工作者。与此同时，党建标准化建设，也为党组织书记、党务工作者、党员干部职工搭建了学习和成长的平台。

4. 党建标准化育人才

高校是实施科教兴国战略的最重要的也是最主要的根据地；高校教师和科研工作者，是推进科教兴国战略的最重要力量，也是国家进步的第一资源。通过党建标准化创建，一是有效提升人才的思想意识，强化党性修养，坚定理想信念；二是有效降低部分兼职党务工作的业务骨干工作压力，提供有效指导，有更多的时间和精力开展科研创新等业务工作；三是通过各类党建活动的开展，推进各类人才的交流融合，形成良好的氛围。

5. 党建标准化强文化

推进党建标准化建设，推进从严治党向纵深发展，培育践行高校文化，使高校改革发展与实现中华民族伟大复兴的中国梦同步伐，保持高校持续健康发展的正确政治方向。

6. 党建标准化铸品牌

推进党建标准化建设与高校实际相结合，重点处理好规范统一和特点鲜明的关系。既把党建品牌创建活动同党建标准化建设相统一，体现高校特色；又引导基层党组织结合自身实际积极创建品牌，呈现各自亮点。

当然，高校党建标准化不是一劳永逸的，更不是一成不变的。一定要根据新思想、新时代、新要求、新情况，持续改进和提升各类标准体系，以此保持标准体系适宜性、有效性。① 党的建设永远在路上，只有不断与时俱进、改革创新，党的建设才能永葆青春和活力。

① 朱倩儿：《机关党建标准化研究》，《现代商贸工业》2022 年第 4 期。

思想政治教育篇

强化教书育人，落实立德树人

刘礼堂
（武汉大学历史学院）

2019年9月以来，武汉大学历史学院“不忘初心、牢记使命”主题教育学习活动扎实推进。学院精心组织，细心筹划，安排了一系列理论性强且贴合专业特点的内容，努力把理论学习和实际工作结合起来。学院党委中心组（扩大）成员及各党支部书记集体研读《深入学习习近平关于教育的重要论述》部分篇目。结合主题教育，作为基层党委书记，我在此想谈谈对落实好立德树人根本任务的看法。

立德树人是教育的根本任务，关系党的事业后继有人，关系国家前途命运，是全社会的共同责任和义务。落实好立德树人根本任务，就是要全面贯彻党的教育方针，始终坚持社会主义办学方向。学院的一切工作都要围绕教书育人这个主题展开，要做到“以专业为基、课堂为根、教师为魂、学生为本”。立德树人是高校的立校之本，也是大学的人才培养之本。大学办得好不好，不是比它的规模大小、学生数量多少，关键是看培养什么样的人，是不是德才兼备、全面发展的人。树人先必立德，我们高校教师必须做到以德立身、以德立学、以德施教。

习近平总书记指出：“教师承载着塑造灵魂、塑造生命、塑造新人的时代重任。”①一所大学应当承担起培养学生理想、信念的重要使命。理想指引人才方向，信念决定事业成败。在价值多元、多变的当今社会，教师作为学生的引路人和行为规范，要切实承担教育者的社会责任，激发对教育者的真心关爱，注意自

① 中共中央党史和文献研究院等：《习近平新时代中国特色社会主义思想专题摘编》，中央文献出版社2023年版，第175页。

己的一言一行、一举一动对学生、对社会的影响，自觉践行社会主义核心价值观，做真善美的追求者和传播者，以深厚的学识修养赢得尊重，以高尚的人格魅力引领风气，在为祖国、为人民立德立言中成就自我、实现价值。要向学生的内心传递坚定的力量，传递思想和理想的光芒，引导学生树立爱国主义理想信念，使学生更好构筑中国精神、中国价值和中国力量，培养担当民族大任的时代新人。

作为基层党委书记，本人认为，学院要将“立德树人”作为根本任务，要求全体专任教师把教书和育人相结合。具体可以从以下三个方面着手，加强对教师的道德引领。

一、将加强师德师风建设放在首要地位

师德师风建设是高校内涵式发展、“双一流”建设的重要基础，提高教学质量，走内涵式发展，建设“双一流”靠什么，靠一流的师资队伍，高水平教师队伍应该是高质量发展的主力军。那么我们将如何发展，主要可以采取以下措施：一是提高广大教师的政治素质和理论水平，确保广大教师坚持正确的政治方向，拥护党和国家的方针政策，在大是大非问题上立场坚定，忠诚党和人民的教育事业；二是树立正确的教师职业理想，把教师工作、个人理想与学校发展、人才培养等紧密结合在一起；三是提高教师的职业道德水平，杜绝学术失信和学术腐败等问题的出现；四是师德师风建设与专业教育相结合，推进倡导政治素质过硬、思想作风扎实、业务能力精湛、育人水平高超、热心学生工作的业务教师担任本科生班主任和研究生政治导师，把专业知识教育与思想政治教育深度融合。通过完善制度设计、评价标准、激励机制等加强各类教师在科技创新、第二课堂、社会实践和学生活动中的指导和引领作用，使这些专家教授一肩挑专业教育，一肩挑思政教育，协同推进，努力培养德、智、体、美、劳全面发展的社会主义建设者和接班人。

二、引导教师把培养学生放在首要位置，教育立命，潜心育人

习近平总书记在全国教育大会上指出：“教师要用心培养‘爱国、励志、求

真、力行’的新时代建设者和接班人。”①精心培养优秀学生，乃国家宝贵财富，作为教师应敬业、乐群、勤奋、谦虚从教，应教育立命、修明心性、潜心育人。教师的根本任务是传道授业解惑，教师的天职是教书育人，教授就得教书授课，离开了教书授课就不是教授。高校教师不管名气多大，荣誉多高，教师是第一身份，教书是第一工作，上课是第一责任。因此，教师始终要热爱教学、倾心教学、研究教学，特别是要积极为本科生上课，在知识来源无限丰富的信息时代，学生早已不再满足于课堂教学知识的机械教授，这就要求教师时时探索和追求新知，以高水平科学研究支撑高质量的人才培养，不断琢磨和挖掘教学方法，善于运用现代信息技术，勇于改革和创新教学模式，培养创新型人才，形成独具特色的教学风格。

三、引导教师遵循教学规律，会通教学

明末科学家徐光启倡导“欲求超胜，必先会通”。近代学人蔡元培先生、梁启超先生、叶企孙先生也都主张教师应当“汇通古今，会通文理”。即把科学精神与人文精神相结合，引导学生把做事和做人统一起来，主张弘扬中国书院式的师生关系，又吸纳西方先进的研究方法和教学方法，实现教学和研究并举，理论和实践结合，注重实证教学和实证能力的培养。

① 《习近平在全国教育大会上的讲话》，《人民日报》2018年9月11日第1版。

新时代高校辅导员政治引领能力提升探讨

周翠云

（武汉大学国际教育学院）

习近平总书记在党的二十大报告中强调："全党要把青年工作作为战略性工作来抓，用党的科学理论武装青年，用党的初心使命感召青年，做青年朋友的知心人、青年工作的热心人、青年群众的引路人。广大青年要坚定不移听党话、跟党走，怀抱梦想又脚踏实地，敢想敢为又善作善成，立志做有理想、敢担当、能吃苦、肯奋斗的新时代好青年。"①教育是国之大计、党之大计。高校辅导员是开展大学生思想政治教育的骨干力量，必然要对高校"培养什么人、怎样培养人、为谁培养人"这一根本问题作出回答，主动承担起大学生政治引领的责任。

"加强和改进高校思想政治工作，事关办什么样的大学、怎样办大学的根本问题，事关党对高校的领导，事关中国特色社会主义事业后继有人，是一项重大的政治任务和战略工程。"②这体现了党和国家对高校思想政治教育工作的高度重视，而辅导员作为开展大学生思想政治教育的骨干力量，肩负着时代重任。新时代高校辅导员只有聚焦其岗位政治属性，才能落实立德树人的时代要求，做好青年大学生政治引领工作。辅导员自身素质水平是影响其政治引领能力发挥的内在条件，高校思政工作机制、学生呈现的新特点、辅导员的"多重身份"等因素是影响辅导员政治引领能力发挥的外部条件。基于此，可通过加强辅导员的职业认同、补齐辅导员政治引领能力短板、加强网络政治引领话语权、增强政治引领制

---

① 《习近平：高举中国特色社会主义伟大旗帜 为全面建设社会主义现代化国家而团结奋斗——在中国共产党第二十次全国代表大会上的报告》，共产党员网：https://www.12371.cn/2022/10/25/ARTI1666705047474465.shtml。

② 《中共中央 国务院印发〈关于加强和改进新形势下高校思想政治工作的意见〉》，中华人民共和国中央人民政府网：https://www.gov.cn/zhengce/2017-02/27/content_5182502.htm。

度执行力来促进个人能力素质提升。

一、高校辅导员的政治属性及时代要求

（一）高校辅导员制度的历史演进与发展

思想政治工作是我们党的优良传统和政治优势。无论是井冈山革命斗争初期“支部建在连上”的工作体制探索，新中国成立初期的政治辅导员“双肩挑”工作制度的不断完善，还是改革开放以来抢抓机遇、乘势而上，开创大学生思想政治教育的新局面，思想政治工作都为各个时期党的中心工作提供了强有力的思想和人才保障。

政治引领是我国辅导员岗位的设立初衷和根本任务。为进一步深化党对高校的政治领导，加强高校思想政治工作，辅导员制度应运而生。1951 年，教育部在《关于加强对学校政治思想教育的领导》中明确要求各类学校要加强思想政治工作。同年，政务院批准通过了《关于全国工学院调整方案的报告》，首次提出全国工学院要有准备地试行政治辅导员制度。1952 年，教育部颁发了《关于在高等学校有重点地试行政治工作制度的指示》，明确规定要在高校设立政治辅导处，并配备政治辅导员。1965 年，教育部以法规形式颁布了《关于政治辅导员工作条例》，标志着我国辅导员制度的正式确立。与这种制度安排的进程和要求相适应，清华大学率先于 1953 年设立了第一批“双肩挑”政治辅导员。随后，其他高校也陆续配备了一定数量的政治辅导员。尽管高校辅导员制度经历了发展和完善的过程，辅导员的职责也不断变化和拓展，但“政治引领”是贯穿其中的一条根本主线。辅导员作为开展大学生思想政治教育的骨干力量，是高等学校学生日常思想政治教育和管理工作的组织者、实施者、指导者。① 同时辅导员还要负责学生的日常管理，承担着管理育人和服务育人的重要职责。

（二）聚焦政治属性是新时代高校辅导员的职责要求

回顾历史，政治属性是我国高校辅导员队伍建设的根本属性，政治引领是高

---

① 《普通高等学校辅导员队伍建设规定》（教育部第 43 号令），中华人民共和国教育部网站：http://www.moe.gov.cn/srcsite/A02/s5911/moe_621/201709/t20170929_315781.html。

校辅导员的重要工作，也是辅导员制度设立的初衷。进入新时代，作为大学生思想政治教育的骨干力量，聚焦政治属性成为高校辅导员岗位工作的题中之义。

1965年，教育部颁布的《关于政治辅导员工作条例》明确规定，政治辅导员的工作职责是辅导大学生的政治学习和政治活动。随后，在党和国家一系列制度的有力推动和保障下，辅导员的角色定位和工作职责顺应时代要求而不断调整和拓展，角色定位从"政治引路人"发展为围绕人才培养的"教育管理者""教育服务者"。2004年，中共中央、国务院颁发了《关于进一步加强和改进大学生思想政治教育的意见》，把"政治辅导员"改为"辅导员"，这并不意味着辅导员岗位政治性的弱化和消失，而是体现了辅导员工作的内涵和外延不断丰富和拓展，实现了政治引领与人才培养其他方面工作的相互依存、有机统一。2006年，教育部颁布了《普通高等学校辅导员队伍建设规定》(教育部令第24号)，明确规定了辅导员八个方面的工作职责。其中，有四项工作职责体现了政治性规定和要求。2017年，教育部公布了新修订的《普通高等学校辅导员队伍建设规定》(教育部令第43号)，把"思想理论教育和价值引领"放在辅导员九大工作职责的首位，并把"有较高的政治素质和坚定的理想信念""有较强的政治敏感性和政治辨别力"及"掌握马克思主义中国化相关理论和知识"等作为辅导员基本的选聘条件。可见，在立德树人新形势下，辅导员的政治引领作用更加突出和彰显。

(三)新时代辅导员政治引领的主要任务

习近平新时代中国特色社会主义思想是党对中国特色社会主义建设规律认识深化和理论创新的重大成果，具有鲜明的时代特征。高校加强对青年大学生的政治引领，就要坚持不懈传播马克思主义科学理论，以习近平新时代中国特色社会主义思想铸魂育人。习近平指出，培养什么人，是教育的首要问题。我国是中国共产党领导的社会主义国家，这就决定了我们的教育必须把培养社会主义建设者和接班人作为根本任务，培养一代又一代拥护中国共产党领导和我国社会主义制度、立志为中国特色社会主义奋斗终身的有用人才。① 由此可见，从目的性上来讲，新时代对青年大学生进行政治引领的内容涉及政治信仰、政治方向、政治行为三个逻辑层面。一是要拥护中国共产党的领导，牢固树立对马克思主义的信

① 《习近平在全国教育大会上发表重要讲话》，人民网：http://edu.people.com.cn/n1/2018/0911/c1053-30286253.html。

仰。二是要坚持中国特色社会主义道路，与党同行，与社会发展同向。三是要做到有理想、有本领、有担当，立志肩负起民族复兴的时代重任。

二、高校辅导员政治引领能力发挥的影响因素分析

（一）辅导员自身政治素养和能力水平仍需提升

当前，辅导员对自身“政治引领者”角色有认知，也有行动，但还存在一些薄弱环节。职业认知是行动的基础和先导，职业认知简单而言就是“你如何看待你的职业”，新时代辅导员这一职业具有政治性、教育性和服务性等特点，区别于思想政治理论课教师、心理辅导教师和其他教学管理人员等。要着力从加强辅导员自身政治引领能力建设、提升政治素养等方面入手，不断增强辅导员政治引领实效。

好老师一定要平等对待每一个学生，尊重学生的个性，理解学生的情感，包容学生的缺点和不足，善于发现每一个学生的长处和闪光点，让所有学生都成长为有用之才。① 有理想信念，具备较高的政治素质是辅导员做好政治引领的根本保障。有道德情操，具有较强的纪律观念和规矩意识是辅导员做好政治引领的职业操守。有扎实学识，具有较丰富的政治理论知识储备是辅导员做好政治引领的岗位要求。有仁爱之心，具有强烈的事业心和责任感是辅导员做好政治引领的情感基础。有落实能力，具备较强的组织管理和文字语言表达，是辅导员做好政治引领责任担当的素质功底。

（二）当代大学生呈现出的一些新特点值得重视

当代大学生尤其是“00后”大学生普遍具有良好的政治素养，具有一定的政治参与意识和参与能力，对党和国家各项方针政策认同度较高，对中国社会主义道路和中国梦充满信心。但也应该看到，当代大学生所表现出的过度理性化、务实化和个性化，使他们在政治生活中表现出远离政治、缺乏政治生活热情的倾

---

① 《习近平：做党和人民满意的好老师——同北京师范大学师生代表座谈时的讲话》，中华人民共和国教育部网站：http://www.moe.gov.cn/jyb_xwfb/moe_176/201409/t20140910_174733.html。

向。这种倾向在一定程度上削弱了辅导员对他们的政治引领成效。

对于出生和成长于网络时代的当代大学生尤其是“00后”大学生而言，新媒体新技术极大激发了他们参与网络政治的热情，但也要看到，网络是一个虚拟的场域，是意识形态斗争的最前沿，思想尚未完全成熟的大学生置身其中，容易受到影响而表现出非理性、情绪化的网络政治言行，需要有效的引导。从现实情况来看，辅导员善于正面开展各种政治学习和政治活动，也能主动回应网络时代发展要求，积极探索运用新媒体新技术创新政治引领的载体和方式。但是，在如何进一步运用新媒体新技术使政治引领工作的网络手段多起来、氛围活起来、成效强起来，进一步增强网络政治引领话语权方面还有很大的提升空间。

(三)多重身份的工作压力影响政治引领能力的发挥

从现有的辅导员队伍建设制度安排来看，对辅导员“政治引领者”的角色定位规定比较笼统，只是把政治引领的规定和要求融入辅导员的具体工作职责、配备和选聘条件之中。在实际工作中，政治引领的职责和要求常常被其他工作所替代，导致政治引领重要求而轻落实，政治引领这个首要职责变成“守底线”的基本要求。造成这种情况的原因很多，其中一个重要原因是辅导员“多重身份”的冲击。辅导员的工作面越来越广，工作量也越来越大，在落实过程中容易偏离政治引领的初衷，陷入事务性工作之中。不论是工作量的增加，还是职业认同感的降低，都容易使部分辅导员被事务性工作所湮没，对政治引领的要求往往停留在“守底线”的层次，在向更高层次的政治信仰引领上作为不够，与岗位的根本任务要求尚有不小距离。

三、提升新时代高校辅导员政治引领能力的路径探讨

我国社会历史方位和主要矛盾的变化，对辅导员自身发展提出新的要求。这需要我们立足新时代的发展背景，关注高校辅导员的职业要求，专注于辅导员的内在提升，并在完善体制保障等环节上下功夫，促进新时代高校辅导员政治引领能力的有效提升。

(一)增强角色认同，从内在提升辅导员政治引领能力

要增强辅导员对“政治引领者”的角色认同。从辅导员身份发展趋势看，职

业化、专业化是帮助辅导员走出自我认同困境的最佳路径。同时，身边重要他人对辅导员的角色认同亦十分重要。在政治引领工作的多元主体互动中，辅导员必须学会正确认识和处理不同主体不同角色期待所导致的角色冲突问题，厘清不同主体之间的关系和职能边界，充分发挥自身的主导作用，实现优势互补，形成政治引领的最大合力。

同时要努力补齐辅导员政治引领能力短板。在辅导员教育培训上突出政治素养培养。政治理论学习和政治素养提升是每一位辅导员的必修课，要把提高政治觉悟与政治能力贯穿教育培训全过程。要深入开展习近平新时代中国特色社会主义思想教育培训，加强党的基本理论教育和党性教育，掌握马克思主义思想方法和工作方法。辅导员团体要形成职业学习共同体，需要有国家、省级、校级等不同层面的培训方案和培训体系的联动，还需要校际的交流。校际交流取长补短找差距，分享互动，共同提升。辅导员要增强自我学习、自我教育的意识，深度参与党性教育活动，善于把政治理论学习成果转化为强大的工作能量，努力做到以彻底的思想理论说服学生，以坚定的政治信仰引领学生，以高尚的人格和言行感染学生。

(二)把握当代学生特点，增强网络政治引领话语权

当代大学生的鲜明特点给新时代辅导员政治引领工作带来了新的机遇和挑战。辅导员对大学生进行政治引领必须从高度关注学生问题来切入和突破，找准问题精准发力，坚持理论阐释与心灵熏陶、情感疏导相结合；同时涉及学生利益的实际问题又往往是产生思想问题的诱因，必须坚持把解决思想问题和解决实际问题相结合，在解决实际问题中增强政治引领的针对性、有效性。

要发挥当代大学生主体优势。一方面，要深入挖掘他们身上的闪光点，教育引导他们用己之长来服务自身发展，在服务学生发展中解读政治引领的价值，展现政治引领的意义。另一方面，要抓住当代“00后”大学生“网络原住民”的特征。当前大学生群体思想意识愈发个性化，网络行为多样且活跃。微博、微信、QQ、哔哩哔哩、知乎、小红书、抖音等是大学生目前较为喜欢的信息交流平台，那么高校辅导员要通过这些软件搭建好价值引领的信息交互平台，主动占领网络价值引领的前沿阵地。要通过网络与学生开展交流讨论，引导学生树立共同价值理想，实现凝魂聚力的价值目标，使价值引领工作的开展更具时代性。在开展价值引领的工作过程中，要善于将引领内容和校园文化相结合，利用校内外各种教育

资源，组织社会实践活动，将社会主义核心价值观融入其中，找到二者的契合点。

（三）完善制度安排，提升政治引领能力落到实处

辅导员既是大学生日常思想政治工作的组织者、实施者和指导者，又是学生成长成才的人生导师，还是学生健康生活的知心朋友，这表明党和国家通过制度安排确立了辅导员“多重身份”的角色要求。但在制度执行过程中，辅导员的责任却越来越重，工作量也越来越大，辅导员职业定位一定程度上偏离政治引领的初衷。

在制度安排上，要进一步明确辅导员作为“政治引领者”的角色内涵和职责，把笼统的政治性要求通过制度形式转化为具体可行的工作标准，为辅导员政治引领工作提供方向和遵循。衡量考核一名合格辅导员，要突出思想淬炼、业务训练、工作业绩、作风表现，最重要的是政治上能否站得稳、靠得住。加强新时代高校政治引领，一方面可以借助信息化建设，破解辅导员政治引领工作与事务性工作投入不均衡问题；另一方面，在“三全育人”的大格局下，使思想理论教育和价值引领与学生党建和班团建设形成合力。坚持把习近平新时代中国特色社会主义思想学习教育作为政治引领的首要任务，强化理论武装，让有信仰的人讲信仰，从而实现辅导员对青年大学生进行有效政治引领。

高校辅导员岗位设置的初衷是做好大学生思想政治工作，新时代高校辅导员的岗位作用理应回归本质政治属性。熟练掌握和运用马克思主义的科学思想和科学方法有效开展思想政治教育，是辅导员应当具备的专业素质，是辅导员有效开展思想政治教育的看家本领。辅导员的角色认同和专业素质提升是辅导员政治引领能力提升的前提基础，辅导员相关制度的完善是根本保障，随着国家治理体系和治理能力现代化向各个领域不断深入推进，辅导员在发挥政治引领方面的重要作用会日益彰显。

筑牢新时代高校思想政治工作生命线

张　岱
（武汉大学党政办公室）

党的十八大以来，以习近平同志为核心的党中央高度重视思想政治工作尤其是高校思想政治工作，采取一系列重大举措切实加以推进。在党的百年华诞之际，中共中央、国务院印发《关于新时代加强和改进思想政治工作的意见》，对新时代思想政治工作做出顶层设计和系统规划，强调思想政治工作是一切工作生命线的重要地位，并创新性地将其提升到治党治国重要方式的政治高度。

高校作为为党育人、为国育才的重要阵地，必须深刻认识党和国家对新时代思想政治工作尤其是高校思想政治工作的总体要求、内在逻辑和战略部署，必须认真汲取党在百年思想政治工作中积淀的宝贵经验、突出特色和优良传统，将加强和改进思想政治工作作为一项重大的政治任务和战略工程，提升学校思想政治工作质量和水平，更好发挥思想政治工作生命线作用，全面落实立德树人根本任务。

一、以培育新人为目标，把稳思想政治工作“方向标”

办好教育，方向是第一位的。新时代党的教育方针明确将“培养德智体美劳全面发展的社会主义事业建设者和接班人”作为我国教育的首要任务和根本目标。这是我们思考和谋划高校思想政治工作的逻辑起点，也决定着当前和今后一个时期高校思想政治工作的努力方向。

把牢政治方向。在全国高校思想政治工作会议上，习近平总书记明确要求，我们办的是社会主义教育，要培养社会发展、知识积累、文化传承、国家存续、制度运行所要求的人，培养一代又一代拥护中国共产党领导和我国社会主义制度、立志为中国特色社会主义事业奋斗终身的有用人才。高校的思想政治工作，要坚持以习近平新时代中国特色社会主义思想为指导，增强“四个意识”、坚定“四个自信”、做到“两个维护”，自觉承担起举旗帜、聚民心、育新人、兴文化、展形象的职责使命。要旗帜鲜明地讲政治、理直气壮地以政治建设为统领，坚持和加强党的全面领导。要大力开展理想信念教育，引导师生强化政治意识、坚定政治信仰，不断增强对中国特色社会主义道路的政治认同、思想认同、理论认同、情感认同。

推动“五育并举”。全国教育大会上，习近平总书记在对新时代教育工作进行战略谋划的重要讲话中，做出把劳动教育纳入社会主义建设者和接班人的要求之中的重大决定，提出德智体美劳“五育并举”的总体要求，丰富和发展了党的教育方针，明确了人才培养的具体任务。新时代高等教育要突出以学生为本的原则，在坚持学生主体性的前提之下，从德智体美劳等方面着力，促使学生真正成为社会主义现代化建设的建设者和接班人。在这个过程中，具体到思想政治工作而言，就应该从推动构建“五育”培养的机制入手，围绕学生、关照学生、服务学生，结合新一轮高等教育领域全面深化改革的目标和要求，促进教学体系、课程设计、实践体系和评价体系等多维度的深层革新，有针对性地开展学生教育工作和思想引导工作，真正促进学生的全面发展。

强化使命责任。“芳林新叶催陈叶，流水前波让后波。”每一代青年都有自己的境遇，承担着不同的时代责任与历史使命。高校思想政治工作要做到把握青年特点、紧扣时代需求，找准着力点与侧重点，使得高等教育培养出的人才能够适应我国经济社会发展的现实目标和发展需要。当前，百年变局、复兴全局交织，高校青年学生既将面对激烈的国际竞争和朋辈竞争，也将获得难得的历史机遇与发展红利。因此，学校思想政治工作也必须结合新的时代方位和发展要求，大力引导青年学生以勇敢担负起中华民族伟大复兴为己任，坚定理想信念、提升综合能力、勇于担当作为、弘扬奋斗精神，保持战略定力与韧性，增强志气、骨气、底气，努力成长为更开放、更自信、更具竞争力和更有梦想的时代新人。

二、以“三全育人”为路径，打通思想政治工作“主动脉”

思想政治工作是一个复杂的系统工程。不能偶尔为之，而要一以贯之。坚持全员、全过程、全方位育人(以下简称“三全育人”)，是新时代加强和改进高校思想政治工作的基本原则和重要路径，涵盖了开展思政工作的主体、客体、机制和环境等多方面要素，搭建了思想政治工作“四梁八柱”，在筑牢思想政治工作生命线中起到了贯穿和牵引作用。

扭转认识偏差。思想政治工作从根本上说是做人的工作。而做好人的工作，关键也在人。首先要解决好人的意识和观念中不同程度存在着的偏差，激发其做好工作思想自觉和内生动力。具体到高校思想政治工作当中，就是要扭转当前部分高校中存在的重教书轻育人、重智育轻德育、重科研轻教学的认识倾向，让学校领导干部、专业教师、管理服务队伍、离退休老同志乃至广大校友群体明确育人导向、形成育人共识，引导他们在思想上高度认识认同，在行动上真正落实，从而最大程度凝聚起育人的合力。在全校范围内牢固树立“三全育人”教育理念，让教育不等同于技能培训或者专业教育，而是成为塑造人、塑造灵魂、塑造生命的事业，让党的育人目标在高校思想政治工作中充分实现。

重塑育人格局。在总体发挥正面积极作用的同时，近年来，高校中逐步出现了专业教育、管理服务与学生思政工作“条块分割”，思政理论课和专业课教学之间“两张皮”，各方力量、各种资源不能形成协同合力的“孤岛”现象等问题。要解决这些问题，必须深入高校治理体系和治理结构的深层内部，从工作格局、体制机制变革入手，形成新时代高校思想政治工作的“四梁八柱”。2018 年 5 月起，教育领域创新性地推出了“三全育人”综合改革试点的重要举措，在全国范围内分两批遴选了 8 个试点省份、25 个试点高校和 92 个试点院系。从改革的实践来看，通过三年多的持续努力，高校思想政治工作宏观上实现“省级—高校—院系”三级联动，中观上优化高校育人格局、持续抓实“十大育人”体系，微观上基层院系逐步发力、品牌项目平台层出不穷，师生思想政治状况不断向上向好，思想政治工作呈现出新局面。

改进方式方法。当前思想政治工作中存在的问题体现在结果上，就是质量和实效的问题，是针对性和吸引力不足的问题。对此，体制机制、工作格局的优化是一方面，更为重要的是，以系统性思维统筹思政工作的责任主体、时间时段和空间方位，不断改进方式方法、探索有效路径，做到潜移默化、润物无声。通过激活全员参与，实现育人主体的互联互助；通过在学生在校学习生活的全过程巧妙植入思政教育元素，实现育人过程的互融互通；通过在课程、科研、实践、网络等多个维度开展思想政治教育，实现育人方位的互补互促。如，新冠疫情发生以来，各地各高校在全力筑牢疫情防控“硬核防线”的同时，积极将抗疫一线斗争转化为学生思想政治教育的“活教材”，创新开展网络思政、心理疏导、志愿服务等工作，上好抗疫“大思政课”，取得了良好的育人效果。

三、以体系建设为载体，铸就思想政治工作“强筋骨”

随着高校思想政治工作质量提升工程的全面实施，“三全育人”综合改革稳步推进，2020 年 4 月，教育部等八部门出台了《关于加快构建高校思想政治工作体系的意见》(以下简称《意见》)，对高校思想政治工作的主线、内容、考评和支持保障等进行了明确规定，推进其进一步纲举目张、走深走实，丰富了思政工作的筋骨血肉。

紧扣育人主线。立德树人是教育的根本任务，也是高校的立身之本，是检验一切工作的根本标准。因此，新时代高校思想政治工作的主题和工作主线就是落实立德树人。把立德树人的总体要求落细落小到办学治校各环节和教育教学各方面，让学科体系、教学体系、教材体系、管理体系都围绕这个目标来设计，教师围绕这个目标来教学。加快构建思想政治工作体系正是以“健全立德树人体制机制”为目标任务，通过坚持和加强党对学校的全面领导，以促进学生成长成才为中心，以理想信念教育为核心，以培育和践行社会主义核心价值观为主线，让高校教学、科研、管理等各个环节中的思政教育元素都得到调动和激发，把立德树人融入思想道德、文化知识、社会实践教育各环节。

明确内容载体。作为党的事业发展的百年生命线，思想政治工作随着党的发展成熟自身也日益成熟。迈入新时代，高校思想政治工作也在延续优良传统的前提下进行着整体性的建构，最终形成了加快体系构建的新战略。此次《意见》中明确高校思想政治工作体系由安全稳定体系、队伍建设体系、评估督导体系等七个子体系组成。每个子体系各有内容、目标和要求，体现着不同的定位、特色和优势。其中，理论武装、学科教学、日常教育、管理服务等四个子体系是以学生为对象、直接对学生进行思想政治引领和行为价值引导的功能性体系；安全稳定体系是以高校本身为对象，维护校园和谐稳定，为高校其他工作保驾护航的基础性体系；而队伍建设和评估督导体系是以思想政治工作自身为对象、保障思政工作各项目标任务得以顺利推进的支撑性体系。四个子体系相互交织、影响，共同发挥作用，以体系合力促进新时代立德树人工程开新局增实效。

重在激励保障。思想政治工作是一个长期性、系统性的工作，除了在观念上引导、在机制上落实，还应强调压实“责任链”，扭转“指挥棒”，在效果上监督，在制度上保障，从而形成一个具有思想政治工作“闭环”，提升工作的科学化和规范化水平。高校思想政治工作体系的构建中，专门指出要把高校党建和思想政治工作作为“双一流”建设成效评估、学科专业质量评价、人才项目评审、教学科研成果评比的重要指标，并纳入政治巡视、地方和高校领导班子考核、领导干部述职评议的重要内容。为提高思政课教师和辅导员待遇，提出一系列支持政策、为网络思政工作、思政和党务人员队伍建设设立一系列专项经费等。这些有力举措既把“软指标”变成“硬约束”，也最大程度调动干部教师育人的积极性、创造性，推动思想政治工作必须做、主动做、认真做。

四、以守正创新为动力，提振思想政治工作“精气神”

推动新时代思想政治工作守正创新发展，是党和国家对高校提出的明确要求。守正创新意味着高校思想政治工作既要坚持优良传统、运用好工作中积淀的智慧和经验，又要体现时代要求，聚焦融入新时代、适应新特点、满足新要求、解决新问题、汇聚新动力、开创新局面，在思想理论建设、基层工作、渠道方法手段等方面提出一系列创新思路和举措，做到因事而化、因时而进、因势而新，使思想政治工作始终精神振奋、永葆生机活力。

筑牢思想理论根基。做好新时代高校思想政治工作，必须抓好思想理论建设这个根本。要坚持用党的最新创新理论武装师生头脑，及时跟进学习习近平总书记重要讲话和指示批示精神，坚持用习近平新时代中国特色社会主义思想铸魂育人。要紧密围绕建党百年历史主题开展理想信念教育，将党史教育与新中国史、改革开放史、社会主义发展史教育相贯通，抓好“四史”宣传教育。要以面对现实问题、做好深层次思想理论问题的答疑解惑为抓手，深入实施思想政治理论课质量提升工程，深化思想政治理论课改革创新，不断增强思想政治理论课的吸引力、说服力、感染力。要把马克思主义的指导贯穿到教育教学全过程，加强马克思主义理论和重点马克思主义学院建设，把高校建成学习、研究和传播马克思主义理论的重要阵地。

创新思政资源供给。要准确把握高等教育普及化阶段对教育资源供给提出的新需求，以创新发展驱动思想政治教育资源从“有没有”向“好不好”转变。建立健全校院领导联系师生、谈心谈话制度，发挥师德楷模、名师大家、学术带头人等的示范引领作用。大力加强课程思政，发挥各门课程的育人功能，将育人导向融入学生教学培养和实践锻炼的全过程。加强互联网思想政治工作载体建设，推动更多教育资源进网络，促进原创网络文化产品生产，提高网络文化产品供给能力。加强中华优秀传统文化、革命文化和社会主义先进文化教育，弘扬民族精神和时代精神，拓展博物馆、校史馆、图书馆、档案馆、科技馆等教育功能，积极发挥开学典礼、毕业典礼等仪式教化作用。完善社会实践、志愿服务活动机制，明确学时学分要求，挖掘和编制“资源图谱”，推动形成“实践育人共同体”。

夯实基层组织基础。思想是“魂”，组织是“形”，组织建设是抓好思想政治工作的坚强保证和有力支撑。要强化党对高校的政治领导，增强高校党组织政治功能，认真抓好《中国共产党普通高等学校基层组织工作条例》贯彻落实，推进高校各级党组织和广大党员特别是领导干部深入领会《条例》精神，严格遵守和执行《条例》规定。要建立健全高校基层党组织，加强党支部建设，优化党支部设置，把党的领导落实到基层。严格落实“三会一课”、民主生活会、组织生活会、党员领导干部双重组织生活等制度，组织开展党员党性分析教育，注重在优秀青年教师、海外留学归国教师、学术带头人中培养和发展党员，加强师生思想引领，充分发挥党支部组织教育管理党员和宣传引导凝聚师生的主体作用。

浅析高校“三全育人”中的隐性教育及实施路径

李湘东
（武汉大学动物实验中心/ABSL-Ⅲ实验室）

2019年3月，习近平总书记在学校思想政治理论课教师座谈会上指出：“要坚持显性教育和隐性教育相统一，挖掘其他课程和教学方式中蕴含的思想政治教育资源，实现全员全程全方位育人。”①习近平总书记的讲话，将显性教育与隐性教育相统一，与实现全员、全过程、全方位育人（简称“三全育人”）紧密结合起来。显性教育指学校有目的、有计划、有组织开展的教育活动。② 高校思想政治理论课教学及日常学生思想政治教育工作是思想政治教育的主渠道、主阵地，承担着显性教育的功能。但高校对隐性教育还缺乏应有的重视和系统的研究，影响了显性教育的效果。要真正做到“三全育人”，需要对隐性教育的内涵、存在的问题及实施路径进行探究。

一、隐性教育的内涵及与显性教育的关系

20世纪初，美国教育家杜威（J. Deway）及其学生教育社会学家克伯屈（W. H. Klpatrick）提出了隐性课程的思想，20世纪六七十年代，国外一些教育家提出了隐性课程的概念。③ 华东师范大学原校长、教育家刘佛年先生指出：它（隐性课程）既不是课内学科课程，也不等于以实践为主的活动的课程，而是一种寓教

① 《习近平总书记在学校思想政治理论课教师座谈会上的讲话》，http://www.gov.cn/xinwen/2019-03/18/content_5374831.htm。

② 佘双好：《办好思想政治理论课须坚持显性教育与隐性教育相统一》，《红旗文稿》2019年第15期。

③ 王新荣：《关于隐性课程的文化学思考》，《煤炭高等教育》2005年第4期。

育于环境的“潜在课程”，是“通过学校的环境，气氛和风气施加给学生的影响，起到教育的作用”①。这也指出了隐性教育的内涵，即通过“潜移默化”“润物无声”的教育方式，对学生进行价值引领。隐性教育受教者有“受教状态的自然性、受教心理的非逆反性、受教过程的愉悦性、受教效用的可持续性”等特点，② 因此，隐性教育在育人中具有独特的价值和作用，它是与显性教育相对应的一种育人实践范式，与显性教育相互联系、互为补充，构成育人实践的统一整体。只关注显性教育，无法达到显性教育应有的效果；只关注隐性教育，教育活动会丧失其价值导向。③

二、隐性教育在高校“三全育人”中的地位

1. 隐性教育是全员育人的重要形式

培养人才是高校最基本的职能，④ 育人是高校的根本任务。所谓全员育人是指，育人不仅是高校思政课教师和专职学生思政工作者的事情，高校专业课教师、其他专业技术人员、行政管理人员、后勤服务人员等高校全体教职员工都有育人的责任。思想政治理论课教师和专职学生思政工作者既承担显性教育的责任，也需要具备隐性教育的能力(如课堂以外教师的言传身教)。其他各类人员则主要是通过隐性教育的形式发挥育人作用。因此，从全员育人来看，隐性教育是高校所有人员育人的重要形式。

2. 隐性教育是全过程育人的重要载体

高校全过程育人指育人贯穿招生、学生培养、毕业全过程。如在招生过程中，实行“阳光招生”，就是对学生实行“自由、平等、公正、法治”价值观的隐

① 邓道宣、罗明礼：《国内外隐性课程研究述论》，《成都教育学院学报》2005 年第 12 期。

② 白显良：《论隐性思想政治教育的受教特性》，《学校党建与思想教育》2013 年第 10 期。

③ 佘双好：《办好思想政治理论课须坚持显性教育与隐性教育相统一》，《红旗文稿》2019 年第 15 期。

④ 潘懋元：《教育的基本规律及其相互关系》，《高等教育研究》1988 年第 3 期。

性教育，对考风考纪的严格要求及对违纪人员的严肃处理，潜移默化地对学生进行了“诚实守信，遵纪守法”的价值引领。在学生培养过程中，各专业课程通过隐性教育的形式，对学生进行“课程思政”。如，文、史、哲专业的学生通过专业课的学习，掌握马克思主义的世界观和方法论；理学、工学专业的学生通过专业课的学习培养学生探索未知、追求真理、勇攀高峰的责任感和使命感及精益求精的大国工匠精神；医学类专业的学生，通过学习树立医者仁心、健康所系、性命相托、护佑生命、大医精诚的医者情怀等。① 学生党建团建、学生会的规范运行、社会实践、第二课堂、班级管理、就业指导与服务等过程，都通过隐性教育，对学生进行着社会主义核心价值观的引领。因此，隐性教育是全过程育人的重要载体。

3. 隐性教育是全方位育人的重要抓手

高校育人涉及课程、科研、实践、文化、网络、心理、管理、服务、资助、组织等全方位，这十大育人体系都需要通过隐性教育的形式体现其育人功能。例如，通过科学研究活动，可以培养学生严谨求实的科学精神、创新和团队合作意识；通过优秀的文化，可以对学生进行社会主义核心价值观的引领，培养学生的道路自信、理论自信、制度自信和文化自信；通过社会实践，可以使学生了解世情、国情、民情，将小我融入大我，使个人的发展与祖国的需要同频共振，在中华民族伟大复兴中实现自己的人生价值；高校现代治理能力，行政管理人员优良的工作作风可让学生切实体会到法治、创新、求实的精神，体会到我党为人民服务的宗旨和风清气正的育人环境；通过“坚持标准，保证质量”，认真做好学生党员发展工作，可以增加学生对党的凝聚力和向心力，实现组织育人的功效等。因此，隐性教育是全方位育人的重要抓手。

4. 隐性教育是育人效果的重要保障

如果十大育人体系中的隐性教育不能与思政理论课和日常思想政治教育的显性教育同向同行，就会导致学生的价值观发生冲突，进而引发思想困惑，使教育效果大打折扣。例如，我们教育学生要有科学精神，坚守学术诚信，但教师中学

① 教育部、中组部、中宣部等：《教育部等八部门关于加快构建高校思想政治工作体系的意见》，教思政〔2020〕1 号，2020 年 4 月 22 日。

术不端的事件却时有发生，如果不及时采取“零容忍”的态度严肃处理此类事件，就会使学生对正面的显性教育产生疑问，甚至有可能效仿老师的做法，投机取巧，显性教育的效果就会大打折扣甚至消失于无形。我们向学生讲授依法治国、依法治校，但在现实学校治理中，却出现违背学校章程，违反相关规定和程序的事情，就会使学生对显性教育产生怀疑，进而可能丧失对公平、正义的信仰，相信“潜规则”能代替规则。我们教育学生要遵守各项规章制度，但有的教师却违规使用科研经费，甚至让学生违反相关规定，设法套取科研经费，显性教育的效果就会荡然无存。隐性育人是育人效果的重要保障。

三、隐性教育在“三全育人”中存在的问题及原因

1. 教育初心不够稳，对隐性教育缺乏足够重视

大学是培养人才的地方，立德树人是其根本任务。高等学校的职能包括人才培养、科学研究、社会服务、国际交流、文化传承与创新，其中人才培养是第一位的、根本的，是高等教育的初心。但部分高校人员有时会淡忘育人宗旨，教育初心摇摆不定，主要表现在工作中重科研，轻教学；重表面文章，轻内涵建设；重短期回报，轻长远效用；重显性成果，轻实际效果；重自己管理方便，轻学生利益诉求等。由于育人的初心不够稳，致使对隐性教育缺乏应有的重视，对隐性教育与显性教育的关系缺乏系统研究，有待进一步开发和利用各类隐性教育资源。

2. 育人意识不够强，对隐性教育缺乏主动作为

与“三全育人”的要求相比，高校教职员工中育人意识不够强的现象还在一定范围内存在。非教师认为“育人是专任教师的事”，育人意识欠缺；专业课教师认为“育人是思政课的事”，不勤于、不善于发掘专业课的思政资源；部分思政课教师重显性教育，对隐性教育关注不够，研究有限。因此，育人主体育人意识不够强，在隐性教育方面不主动，少作为，慢作为。

3. 育人氛围不够浓，对隐性教育缺乏应有共识

在高校部分领域，育人氛围还存在“上热中温下冷”的情况，时时事事处处

育人的氛围还有待形成。因此，对隐性教育的作用、效果、地位共识不够，不同育人主体对隐性教育的自觉意识强弱不一，非思政理论课教师育人意识及隐性教育能力需要提高。

4. 育人素质不够齐，对隐性教育缺乏实施能力

高校教职员工中育人素质参差不齐，隐性教育整体上实施乏力。有的教职工德艺双馨，教书与育人相统一，以德立身、以德立学、以德施教，学高为师，身正为范；有的教职工缺乏育人意识，不主动或不善于利用隐性教育实施育人；极少数教职工“知”与“行”相割裂，说一套、做一套，成为教育的“两面人”，对学生带来负面教育，造成恶劣影响。

5. 育人制度不够实，对隐性教育缺乏切实指导

“三全育人”中有哪些隐性教育资源？各类育人主体的职责是什么？做什么？怎么做？顶层设计的文件很好，到基层如何落实的制度不够实、不够细，缺乏像“八项规定”那样明晰、管用的制度，因此对隐性教育缺乏切实的指导。

四、隐性教育在“三全育人”中的实施路径

1. 坚守教育初心

高校要以立德树人为根本任务，坚守育人初心，牢记育人使命，要尊重教育规律。教育有长期性特点，其教育效果有滞后性，学生培养的好坏，往往在学生毕业后直至很长时间才会显现，有的隐性教育甚至难以形成有显示度的所谓“育人”成果，却对学生价值观的塑造、健全人格的养成大有裨益。著名心理学家潘菽说：“再好的机器或程序课本都不能取代教师的作用。只有从教师那里才能学到‘神采、才气、风度’，才能学到人的品德。”①而教师的“神采、才气、风度”和“品德”就是隐性教育，一个好老师对学生的影响是潜移默化的，令学生终身受益的，这种隐性教育的育人“显示度”是难以描绘的。在育人中要摈弃急功近利的思想，多一份“润物细无声”的定力，避免简单地以短期的显性成绩和材料

① 袁振国：《教育原理》，华东师范大学出版社2001版，第177页。

衡量育人效果。

2. 勇担育人责任

“师者，传道，授业，解惑也”，育人是教师的天职，在“三全育人”的大背景下，育人的主体是高校全体教职员工，每一名在高校工作的同志，都有育人的责任，都要守好一段渠，种好责任田。专业课教师及其他非专任教师工作人员都要明确自己的育人责任，尤其要发挥隐性教育的作用，要认识到：育人从接触学生的那一刻就开始了。要用自己的言传身教向学生传递正确的价值观、人生观，与显性教育同向同行。思想政治理论课教师和学生专职思政工作人员也要充分发挥隐性教育的作用，做到显性教育与隐性教育相统一，做到知行合一。著名教育心理学家邵瑞珍指出：“教师不能为所欲为地表露出情感，相反，应当表达出已为经验和教育所证明有益于学生的情感。”①

3. 凝聚育人共识

首先，要凝聚对育人的共识。高校全体教职员工都要认识到育人的责任。通过广泛的宣传教育，使在高校工作的每一个人都要认识到自己肩负的育人责任，自己的一言一行都在发挥育人作用。其次，要强化对隐性教育的共识。专业课教师和其他非专任教师工作人员要充分认识到隐性教育在育人中的作用，与显性教育同向同行。

4. 强化育人素质

首先，全体高校教职员工都要遵守《高等学校教师职业道德规范》，都要履行育人的责任。育人素质高低与育人主体的认识、责任心和品行相关。其次，要针对不同的育人主体，分类指导，提高其育人素质。对从事显性教育的思想政治理论课教师和学生思想政治教育专职人员，要在提高显性育人素质的同时，善于发挥隐性教育的作用，做到知行合一；对专业课教师，要充分发挥隐性教育的作用，针对专业的不同，挖掘课程里的育人元素，对学生进行价值引领、人格塑造；对行政管理人员，要培养优良作风，提高治理能力，使学生在优良的作风和高效的治理能力中有获得感，进而产生对社会主义核心价值观的认同；对后勤服

① 袁振国：《教育原理》，华东师范大学出版社2001版，第177页。

务人员，要强调用优质的服务质量对学生进行潜移默化的影响。

5. 细化育人措施

首先，广泛宣传，形成浓厚的育人氛围。要广泛宣传“三全育人”，凝聚共识，形成时时事事处处的育人氛围。坚持问题导向，加强对隐性教育的研究、宣传和部署。其次，分类指导，制定明晰的育人职责。针对不同的育人主体，制定不同的育人职责，尤其要研究隐性教育的资源和做法，并体现在不同岗位人员的职责中。职责描述要清晰明了，讲明白“做什么”“怎么做”，关键要管用，可行性、可操作性强。同时列出负面清单，讲明白“不能做什么”。再次，划定红线，处罚师德失范教职员工。教育者要先受教育，育人者以德为先。要站在立德树人的高度，对于师德失范的教职员工，实行“一票否决”，任何姑息、迁就，都会造成“知”与“行”的割裂，引起学生价值观的冲突。最后，榜样引领，表彰育人模范。对在“三全育人”中表现突出的教职员工要给予表彰，榜样引领示范，真正形成全员全过程全方位育人的局面。

从“三全育人”看新时代大学生网络思政教育引领研究[①]

殷昊翔(武汉大学文学院)
吴　棒(武汉纺织大学)

一、网络思想政治教育与课堂思想政治教育对比分析

(一)网络思想政治教育过程学生参与度比课堂思想政治教育高

课堂参与度体现了大学生对课程的感兴趣程度以及老师讲课吸引力程度。参与度高往往能够使大学生学得轻松、愉快。高校进行思想政治教育的目的就是为了让大学生树立正确的世界观、人生观和价值观。对于大学生来讲，思想政治课是乏味的，没有吸引力的，课堂上总是老师台上讲着，学生下面玩着，二者沟通交流甚少。

相较于传统的课堂思想政治教育，网络思想政治教育能够运用自身的特点，拉近老师与学生之间的距离。例如大学生在阅读一篇文章或者观看一段视频后，能够通过各类网络软件的评论功能，写下自己的阅读感悟、观影体会，在线与老师和其他同学甚至其他网友交流互动。“一千个人有一千个哈姆雷特”，网络上的交流与课堂上交流有很大不同：其一，课堂上的思想政治教育是老师与学生的对话，二者所处的地位有所差异，但在网络平台，每个人在法律的规则内都是平等的，能够畅所欲言；其二，数量众多的在线网民，分享自己的心得体会，能够

① 本文系武汉大学2022年辅导员研究课题《基于网络思政的大学生意识形态教育对策分析》的研究成果。

产生更大的思想碰撞。网络上的交流让大学生愿意主动加入其中，分享自己的体会，从而大大加强思想政治教育的参与度和互动性。

(二)网络思想政治教育过程中教学形式比课堂思想政治教育更多样

传统的课堂思想政治教育形式单一，老师讲、学生听，学生处于被动灌输状态，这也是大学生对思想政治教育课提不起兴趣的主要原因。新时代高校需要更多样的教学方式来迎合当代大学生的特点，要让“老师讲、学生听”变为老师学生一起讲，要让大学生被动去学变为主动去学。

课前，老师提前发布预习作业，要求学生通过网络查找资料了解相关内容；课堂上，学生们将查到的信息与老师同学一起分享，大家一起交流；课程结束老师可以通过各类软件去布置课后作业，代替传统的提交论文这一固定作业模式。例如，要求学生通过微信公众号去发布一些思想政治教育方面的小知识，在这个过程中大学生自身实践，经过编辑、排版、推送、互动等环节，既加强了自我的动手能力，也学习了思想政治教育的理论知识；或者通过短视频的形式去表达对于某一事例的看法与体会，以生动的画面去感染更多人。在课后实践过程中，大学生对于思想政治教育的学习由被动变为主动，使思想政治教育真正地融入大学生教育的思想，形成正确的引领模式，从而达到高校思想政治教育入脑入心入行的目的。

(三)网络思想政治教育过程中观念碰撞比课堂思想政治教育更为显著

传统的课堂思想政治教育过程中，老师课堂讲授的大多是自身理解和前人传授的世界观、人生观、价值观，课堂上对于文化、价值观念几乎没有改变。这一方面减少了大学生观念不正的可能性；但另一方面，由于文化、价值观念的单一，也就导致了大学生自身的很多可能性的消失。

在网络思想政治教育过程中，大学生通过网络能够获取海量的信息，这些信息时时刻刻都在影响大学生的观念。观念的碰撞主要存在于信息筛选的过程，能够筛选出利于自己发展的信息，自身就有提高，筛选能力不够的有可能就被不好的观念所影响。这也就体现出网络思想政治教育比课堂思想政治教育在教育的过程中的观念碰撞更为显著。“新疆棉”事件、“俄乌”事件等信息的产生，都会在一定程度上影响大学生的心理站位。这种观念的碰撞一方面有可能导致大学生转变原有的观念并朝着不好的方向发展；另一方面，观念碰撞的过程，也是大学生自身锻炼心理的过程，经过一次次的锻炼，会让自身的意志力更强大。

二、大学生网络思想政治教育不足之处

习近平总书记强调，“理直气壮唱响网络主旋律，巩固壮大主流思想舆论，是掌握互联网战场主动权的重中之重”①。活跃度高、创造力强、思维能力广是大学生鲜明的特点。在日常的网络使用过程中，为了突出自我的特性，大学生的价值观可能会偏离正确的轨道。“培育和弘扬核心价值观，有效整合社会意识，是社会系统得以正常运转、社会秩序得以有效维护的重要途径，也是国家治理体系和治理能力的重要方面。”②目前，大学生网络思想政治教育主要存在以下不足。

（一）网络环境中信息错综复杂，大学生缺乏判断能力

大学生自身缺乏判断能力主要有两个原因：第一，网络世界信息错综复杂，现代技术对于信息的筛选并不十分完善，导致大学生在网络世界遨游的过程中，或多或少地受到不良信息的影响。最主要的体现就是网站突然弹出来的小广告，或是一些网络游戏广告，或是一些理财产品广告等。网站对于各类广告无法形成消除这就让很多大学生无意间浏览了一些不良信息，进而影响大学生的判断力。例如本来是要浏览文献的，突然网站弹出一个游戏界面，有可能就会影响大学生接下来的操作。这就是网络环境带来的，一方面方便了大学生获取信息，一方面却又在考验着大学生自身的判断能力。

第二，大学生自身意志不坚定导致判断能力缺乏。高校诈骗已经不是什么新鲜词，此类事件很多高校都有发生。诈骗类型太多，但主要还是大学生自身意志

① 中共中央宣传部、中共中央党史和文献研究院、中国外文出版发行事业局编辑：《习近平谈治国理政》（第一卷），外文出版社 2014 年版，第 154 页。

② 中共中央宣传部：《习近平新时代中国特色社会主义思想学习问答》，学习出版社、人民出版社 2021 年版，第 325 页。

不坚定，对骗子的话听之任之。在一些案件中大学生损失钱财，一些严重的案件中生命安全都受到了威胁，为此，大学生自身的判断能力在这个网络信息错综复杂的社会就显得尤其重要了。

(二)网络思想政治教育缺乏集中引领，导致大学生认知偏差

目前，大学生网络思想政治教育已经受到了社会的重视，但是教育的标准没有统一，即大学生应该形成怎样的网络思想政治素养没有明确的界定。究其原因，教育大学生主体自身价值观的不同导致引领的偏差。高校上层领导对价值观的不同会加于思政课老师身上，思政课老师自身对价值观的感受又会加于不同学生身上，最终就形成了很多不同价值观混合在一起的现象。教育主体无法统一价值观这个概念，受教育的客体也就无法得到有效的认知。

在网络思想政治教育过程中，例如爱国主义、集体主义等优秀的价值观应该成为大学生网络思想政治教育过程的主要价值观，而不是携带教育主体自身的个人色彩的思想教育价值观念。大学生网络思想政治教育缺乏集中引领，会造成大学生价值观的错乱。

(三)网络思想政治教育缺乏足够重视，大学生往往躲避网络的思想教育

在当今社会，思想政治教育在一定程度上没有得到有效的重视，更不用说网络思想政治教育。现实生活中，大学生的思想政治教育不仅仅是教师的职责，也是大学生周边每个人的职责，但是事实上关于大学生思想政治教育都“算在了”大学思政课老师身上。而在虚拟的网络社会中，大学生网络思想政治教育跟任何一个在线的网民都可能存在联系，在这个过程中，很多网民却没有充当这个身份，他们在网上不负责任的言语常常影响大学生的价值观念。

对于大学生自身来说，他们往往也没有把思想政治教育当回事儿，甚至常常躲避思想政治教育。一般来说，高校思想政治教育课都是通过上大课的方式，这也就给大学生旷课、逃课提供了更有利的机会。而在网络思想政治教育过程中，由于大学生得不到对方的真实身份，在一定程度上就减少了对其教育的可能性。

三、以“三全育人”加强大学生网络思想政治引领

(一)高度重视网络思想政治教育，号召全员引领

全员引领包括大学生的父母、其教育工作者、身边的同学及其朋友、社会人士。

父母是孩子的第一任老师。一句“妈妈洗脚”的公益广告语至今都深入人心，“父母是孩子最好的老师”明显地突出父母对于孩子思想道德引领的重要性。首先，父母要关注大学生的价值导向。在大学生成长的路上提供经验，让他们少走弯路，甚至不走弯路，部分父母要摒弃“教育是老师的事”这种错误观念。其次，父母应该尽可能地提供和睦的家庭环境。科学研究证明，家庭环境不和睦的大学生在性格上多会孤僻，并且犯罪概率也会上升。

老师是大学生成长路上的引路人。一方面大学老师应该系统地讲授网络思想政治的理论知识，从大学生使用网络的目的出发，对其价值观进行正确的引导，避免大学生进入价值观误区；另一方面大学老师应该以身作则，自觉养成良好的网络思想政治品德，所谓上行下效，老师不能自觉遵守相应的品德规范，又拿什么来要求自己的学生。习近平在北京大学师生座谈会上曾指出：“过去讲，要给学生一碗水，教师要有一桶水，现在看，这个要求已经不够，应该要有一潭水。”①近年来，大学老师利用社交软件骚扰学生的事件时有发生，既影响了高校的声誉，又在大学生群体间产生了不好的影响。为了提高大学生网络思想政治的素养，大学老师应该坚定自己的师德，为自己的学生树立良好的榜样。

朋友是黑暗里的一盏灯。大学期间，朋友是大学生之间相处最久的人，也是对大学生自身影响最大的人，特别是同一个寝室的室友。而无论是普通朋友、同学还是室友，对于大学生而言，都可能改变他的生活习性和品德习性。例如，同在一个宿舍，如果有一个室友整天沉迷于网络游戏，这个时候同宿舍的室友就应该及时地帮助他树立正确的价值观，而不是和他一起沉溺网络游戏。每年高校都会报道某宿舍全体学生保研某高校之类的信息，这就是相互影响的正确方式，共

---

① 《习近平在北京大学师生座谈会上的讲话》，中共中央党校网：https://www.ccps.gov.cn/xxsxk/zyls/201812/t20181216_125673.shtml。

同成长，共同提高。

除了父母、老师、同学，大学生也会在学校之外结识不同的人，特别是在网络社交过程中遇到的各类价值观异同的人。大学生处于价值观不太成熟的阶段，这个阶段很容易受其他价值观的影响。为此，在日常的网络社交过程，针对网友自身的言论，特别是在与大学生对话的过程中，一定要对其产生正确的舆论导向，为其树立正确的价值观和良好的网络思想政治品德规范。

(二)分析网络思想政治教育的形式，实施全过程引领

大学生网络思想政治教育应该贯穿大学的全过程，大致可分为理论期、融合期、实践期。

理论期主要是指大学刚刚入学那段时间和大一阶段，这个阶段进行的网络思想政治教育多数也是一些理论知识。理论期是最重要的阶段，大学生网络思想政治的世界观、人生观、价值观大多在这个阶段成形。大学生作为未来社会主义的建设者和接班人对于网络思想政治教育方面的知识更要学深、学透，要把理论知识牢记于心，为将来在工作生活中的应用打下良好的基础，特别是针对互联网专业的学生，更要加强网络思想政治的建设，要把网络道德和网络观念立实、立正。

大二、大三是大学阶段的理论与实践相融合的阶段。以实践成果来举例：无论哪门学科，最终的实践成果都是以作品或者论文的形式来呈现，但在这个过程中，有的大学生就会通过互联网这个大平台去剽窃作品或者购买论文，这就是网络思想政治教育的不完善。为此，各高校一方面要加强对知识产权的保护，另一方面，也是最重要的方面，要在学生的实际学习和实践过程中，加大对于网络思想政治教育的引导，减少通过网络进行的学术违规行为。

实践期囊括整个大学阶段。大四阶段的大学生面临就业还是继续深造，无论是其中的哪一种，都是对未来的一种期许。就业就意味着从校园步入社会，在日常的工作中所运用的网络思想政治教育理论都是从学校获得的，现在只是运用，而也只有运用；深造就意味着与网络思想政治教育的再一次碰面，也意味着对知识的深化。大四是人生的又一个岔路口，无论选择哪一个都是自身的实践过程，也是自我实现的过程。

(三)了解网络思想政治教育的特点，完成全方位引领

网络思想政治教育是一个长期性、复杂性的过程，运用合适的方法才能取得

良好的成效。通过互联网技术将网络功能与网络思想政治教育相结合，能够有效地促进大学生网络思想政治素养的提升。

1. 网络社交与网络思想政治教育融合

手机的普及使得人与人之间的关系更加亲近，但是同时也更加遥远。关系更加亲近是指交流更加便捷，通过不同的软件实现即时的沟通；而遥远则是指人们心与心的距离。教育工作者进行大学生网络思想政治教育的目的就是拉近大学生与他人心灵上的距离。将网络思想政治教育与网络社交融合，最重要的一个先决条件就是教育者与大学生处于平等对话的地位。因为在网络社交过程中，平等、及时的互动能够大大提高思想政治教育的效率和效果。教育者通过网络社交工具，切实了解受大学生的学习和生活上的问题，能够及时掌握其思想的变化，例如大学生通过微信发的朋友圈的内容，其字里行间表现出的所思所想。在尊重和理解的前提下，为大学生提供最准确的指引，在一定程度上提高大学生的思想道德修养。

2. 网络购物与网络思想政治教育融合

网络购物已经成为当下大学生主流的购物方式，其方便快捷的支付和物流服务是吸引大学生的主要原因。网络购物与网络思想政治教育看起来没有联系，深入研究，其内在联系却十分密切。消费观是网络思想政治教育的重要部分，就目前大学生的消费观来看，拥有正确消费观的大学生少之又少，盲目攀比的心理占据着大多数大学生。通过网络思想政治教育与网络购物的融合，研究大学生网络购物的消费特点，进而了解大学生的网络购物心理，教育大学生形成正确的消费观和价值观。

3. 网络娱乐与网络思想政治教育融合

网络娱乐是大学生使用网络最主要的原因之一。其中最主要的就是网络游戏，手游的蓬勃发展更是提高了网络娱乐的使用率。一方面网络娱乐会消磨大学生大部分的业余时间，甚至学习时间，但是从另一方面来看，网络娱乐也是进行大学生网络思想政治教育的绝佳阵地。以深受大学生喜爱的手游“王者荣耀”为例，在这款游戏当中，游戏设计者根据中国历史上的各类英雄人物做出模型，加之对游戏人物皮肤的优化，融入了深厚的中国传统文化，这在一定程度上使大学生受到了文化的熏陶；还有游戏当中不定时推出的皮肤设计大赛、大学生"5v5"对抗赛等活动，把集体主义和爱国主义等教育内容全部融入了游戏当中，让大学生在享受游戏乐趣的同时，也提高了自我的思想道德修养，轻松地在网络虚拟实践中受到教育。

4. 网络学习与网络思想政治教育融合

网络学习是一种不同于传统课堂教学的全新学习方式。网络学习与大学生网络思想道德教育的融合，能够充分地整理和收集信息，清晰地呈现思想政治教育的主要知识点，提高大学生网络思想政治教育的效率。因此，在大学生网络思想政治教育过程中，可以运用多种网络学习方式来创新教育机制。网络教学与传统课本教学融合是当前高校进行授课的主要方式，让多媒体信息与课本知识相结合、课程知识与大学生思想层次问题相结合；建立健全大学生心理咨询网络平台，为大学生提供相应的学习资料和讨论区，方便大学生获取最新资讯以及心理健康咨询，全方位为大学生成长成才服务。

(四)明确网络思想政治教育的创新性，确保创新引领

实事求是是马克思主义的根本观点，而创新是教育事业的根本动力，为此不同高校应该根据自身的实际情况和特点来进行网络思想政治教育建设和创新。武汉大学人文历史底蕴深厚，特色鲜明，大学生网络思想政治教育建设走在高校的前列，具体来说：

武汉大学网络思想政治教育的创新点可以用几个关键词来概括：

第一个是"真融合"。通过互联网的功能与思想政治内容相融合，充分发挥互联网传递性、自由性、实时性、交换性、共享性、开放性六个特点。传递性的融合主要是指教师对学生思想政治教育内容的传递；自由性的融合是指在网络思想政治教育过程中教师与学生处于自由状态，相比于传统的课堂教学，更少了些束缚，无论是自身的自由还是授课内容的自由；实时性的融合体现在网络的实时性与信息变换的实时性，即教师可以通过互联网得到最新的咨询或者案例，在授课过程中进行讲解；交换性的融合主要表现在师生之间信息交换的便利；共享性的融合就是课程的多次利用，通过互联网，可以将课程录制下来，让更多的学生和教师受益；开放性的融合体现在全球化，任何人都可以通过互联网进入课堂进行交流。

第二个是“出互联网产品”。这里以《马上见》栏目为例。“马上见”的意思是两位马院老师与其他一位专业课老师进行面对面交流，通过互联网的模式供学生观看。《马上见》的创造过程如下：首先选定对话学科。充分利用武汉大学多学科的优势，对话的学科范围广。其次，选定对话嘉宾。每一个学科里都有自带流量、自带气场、深受学子拥戴、表达能力超强的学者，通过《马上见》的专业能力和态度，可以给对话的嘉宾带去价值。然后，征集对话主题。根据嘉宾的学科背景，确定对话串讲。在主持人、串讲人、对话嘉宾明确以后，在全校大学生范围内征集选题。再次，聚焦 3 至 5 个选题。接着，创作对话脚本。用自然的语言谈出有深度的内容。嘉宾谈的内容有价值，主持人及串讲人谈的内容有价值，双方交流交锋的内容有价值，主要观点有学理支撑、立得住且积极正面。最后，录制对话视频。用视频讲故事，成片质量达到宣传片水准。内容好，形式也好。把武大的美丽风景和人文底蕴、嘉宾的一颦一笑和睿智学识都融在作品里。

第三个是“出理论文章”。即在通过互联网进行一系列活动的同时，最终是以文章的形式评价内容过程，其中为代表的是陈慧女老师带头的青年学术团队，不仅在网络思想政治教育过程中内容建设得好，最终出的文章也十分优秀。

认识世界的目的是去改造客观世界。武汉大学在大学生网络思想政治教育过程中，首先清楚了互联网与思想政治教育的交汇点，将互联网的特点与现实教育过程的实际情况完美融合，达到了真正的“融合”；其次，充分利用了自身的优势，发动周边学院一起，充分调动了老师们的积极性，也增加了学生们的参与性；最后，通过一支优秀的教师队伍对教育成果进行把关，让文章的理论性更强。通过对武汉大学案例的了解，各高校应该充分发挥自身的特色，创造性地将互联网的优势转化为思想政治教育建设过程中的有力工具。

(五)明确网络思想政治教育的目的，实施目标引领

1. 自身品德的建设

浇花要浇根，个人品德的败坏必然导致社会道德的败坏。沉迷网络游戏的根源是大学生对于个人价值的迷茫，无法在现实世界找到自己的定位。对大学生自我价值的迷失，在网络思想政治教育建设的过程中可以通过转移注意力的方法来解决，引导学生的网络世界不仅有网络游戏，还有很多丰富内涵的东西。从学生

感兴趣的游戏入手，游戏的组成部分不只有玩，还有设计游戏、运营游戏、宣传游戏等，通过相关专业知识为学生讲解网络游戏的创造过程，吸引学生对专业知识的渴求，进而从“网瘾”中走出来；或以游戏为例，对游戏中的场景和人物进行详细分析，挖掘其中的思想政治元素，从侧面让大学生了解更多文化艺术，找到自己的兴趣点，体现自身价值。

2. 社会价值的引领

网络世界是一个虚拟的社会，与真实社会一样，对他人的诚信是实现社会价值的重要环节。网络交易是现在很流行的交易方式，和传统的交易相比，虽然提供了便利但同时也存在风险。在网上做兼职的一些大学生，低价购买一些商品，然后再转价卖出去，赚取其中的差价，但是卖出去的价格与现实的商品价值是不对等的，从某种意义上来说就是欺骗消费者、不诚信的表现。网络世界也需要和谐，需要人与人之间的信任。通过网络思想政治教育，教师可以为学生讲解许多网络诈骗的案例以及汇总一下案例件数，从心底里激发学生对于诈骗行为的警惕和厌恶，提升学生自我的道德素质，充分理解和谐社会创造中诚信的重要性。大学生的德行“立”住了，人才能“树”起来。

3. 形成文化自信的价值观

“你是中国人吗?”“你爱中国吗?”“你愿意中国好吗?”这是 1935 年，南开大学校长张伯苓在开学典礼上向全体师生问的三个问题。当代大学生受着网络文化和不同国家文化的冲击，对于国家层面的思想政治价值观念难免会有所影响，说到底就是大学生对本国文化的不自信。“对马克思主义的坚定信仰、对中国特色社会主义的坚定信念，坚定道路自信、理论自信、制度自信、文化自信”①才能积极为当代中国做出新贡献。例如电影行业，即便目前中国电影技术有很大的提高，但是就票房这一依据来说，美国大片依旧占据着重要的市场份额。而大学生作为电影市场最大的消费群体之一，所写的影评会对接下来观影的人有很大影响。在这个过程中，大学生更多的是去看特效和场景，对于电影文化可能关注甚少，由此片面地认为中国的电影无法和美国的电影相比。在网络思想政治教育过程中，通过教师对电影文化的梳理和解读，让大学生了解中国的电影文化，加强

① 《党的二十大报告》，共产党员网：https://www.12371.cn/special/20da/bg/。

对本国文化的自信，加强爱国精神，践行社会主义核心价值观。

在立德树人方面，各高校要清楚地理解，进行起点引导、过程引导、方法引导、创新引导、目标引导培养出的大学生，必须树立共产主义远大理想和中国特色社会主义共同理想，这才是我们进行大学生网络思想政治教育的初衷和决心。

高校心理委员胜任力模型探究

黄轶雯(武汉大学政治与公共管理学院)
马　鑫(武汉大学大学生心理健康教育中心)

近年来，随着科技、生活的快节奏发展，学生就业竞争压力日益加大，人际关系日趋复杂，对大学生适应社会、构建关系、应对挫折都提出了更高的要求。同时由于大学生正处于生理成熟但心理发展尚未成熟的特殊阶段，其因环境变迁、学业压力、人际冲突等而引发心理危机的情况越来越多。大学生的心理问题已然成为一个社会热点问题。然而，心理健康师资力量与学生需求的不平衡现象愈演愈烈。在这一背景下，基于朋辈辅导体系，同时结合中国高校自身特点，创造了极具中国特色的心理委员制度。①

心理委员制度起源于朋辈辅导模式。朋辈辅导模式是由非专业心理工作者经过选拔、培训和督导向其同年龄受助者提供具有心理咨询功能的人际帮助过程。② 心理委员制度在现有的班级学生干部设置的基础上，延续了朋辈辅导的工作模式。心理委员需关注班级成员心理健康动态，对存在轻微心理问题的同学提供心理健康方面的建议。同时班级心理委员也是心理健康教育活动的组织者，通过在班级中宣传心理健康知识、开展心理健康活动，为班级形成良好的心理健康氛围。班级心理委员通过学习相关心理健康知识，掌握心理调适方法，从自身出发，在班级内起到心理健康示范作用。③ 心理委员是高校心理健康教育工作的重

---

① 易思佳：《高校心理委员胜任力模型构建与问卷编制》，江西师范大学硕士学位论文，2014 年。

② 徐浪：《关于培训高校心理委员开展朋辈心理辅导的探索》，《现代交际》2020 年第 9 期，第 27~28 页。

③ 闫娟丽、周生江：《新疆某高校心理委员胜任力调查分析》，《护理研究》2013 年第 28 期，第 3121~3122 页。

要力量，是高校心理健康服务体系的重要组成部分。因此，心理委员队伍的构建和培养对高校心理健康教育工作的推广起着至关重要的作用。

一、心理委员制度的优势性与必要性

相比于心理健康教师，心理委员在心理健康教育知识宣传、及时了解学生危机、组织心理健康教育活动上具有天然的优势。

1. 时间优势

学生心理危机的产生往往需要经历一个发展的过程。相较于师生间的接触，班级心理委员作为班级一员，有更充分的时间来观察和了解学生的心理动态。这也给发现危机情况、及时反应提供了时间条件。

2. 距离优势

相较于师生间在年龄、角色、位置上的差异，班级心理委员往往更容易获取相关信息。由于生活空间、学习场所的高度重叠，班级心理委员与其他同学间物理和心理距离更近，更易获得同学们的信任，建立起牢固的情感维系和同盟关系，为心理援助、知识传播奠定了关系基础。

3. 角色优势

心理委员来自广大学生群体，因处于同一人生阶段，在了解当前阶段自身心理特点的基础上，更能理解该阶段学生群体的一致性心理困惑，避免过度理性的评判和机械性分析式的助人行为，为助人工作提供了共情基础。在理解的基础上心理委员还能将自身心理调适的成果分享给其他同学，从而达到助人自助的目的。

4. 影响优势

班级心理委员源于学生群体，服务于学生群体。所以班级中其他同学更愿意接受来自心理委员的信息和知识，其在心理健康意识的宣传上效果更好，覆盖面更广。同时班级心理委员可以将自身实践的经验分享给周围同学，发挥其示范作用，引领学生学习心理健康知识、学会关爱自己和帮助他人。

二、心理委员职责与核心能力

目前对于心理委员的角色定位，职责划分尚未有统一的说法。综合国内研究者对于心理委员工作职责的总结，主要包括以下几个方面：其一，在班级中宣传心理健康知识，增强学生心理健康意识，传播积极心理健康理念。其二，对班级同学心理状态保持积极关注，对重点关注人群，以及学生中危机情况及时向辅导员或心理健康教师进行预警和反馈，做到迅速反应。其三，配合学校整体心理健康工作，根据班级同学需求，定期组织特色心理健康活动。其四，对于有轻微心理困扰的同学，运用心理健康教育知识进行朋辈辅导，初步疏导其心理困扰。其五，积极参与心理委员相关培训，了解基本心理健康知识、掌握基本助人技能，熟悉团体辅导活动技巧，全面提升工作能力。①

同时，专门针对心理委员胜任力方面的研究仍十分有限，对于心理委员的选拔还处在依靠经验阶段，缺乏统一的标准。心理委员需要培养的核心能力也说法不一。前人的一些研究通过开放性问卷得出高校心理委员胜任力概括为人格特质、工作动机、心理健康领域的知识和技能水平这些方面。② 例如，李海洲等人的研究中将心理委员胜任力总结为自我认知、心理特质、动机、自我管理能力、组织管理能力、知识结构、沟通协调能力等七个因素。③ 也有研究认为一些个人化因素也会对其胜任力产生影响，例如心理委员的性别、年龄甚至道德意识都会成为影响其核心能力的因素。④⑤

---

① 李笑燃：《关于高校班级心理委员制度建设的思考》，《内蒙古师范大学学报》(哲学社会科学版)2009 年第 2 期，第 32~35 页；蒋善、徐震虹、施玉琴：《高校班级心理委员角色定位问题的探析》，《新课程研究(中旬刊)》2011 年第 12 期，第 153~154 页。

② 马越：《高校学生干部胜任特征模型的构建与验证研究》，辽宁师范大学硕士学位论文，2010 年。

③ 李海州、杨盈、丁芳盛：《高校班级心理委员胜任特征实证研究》，《浙江海洋学院学报》(人文科学版)2011 年第 4 期，第 51~56 页。

④ 熊强：《大学生心理委员胜任力模型建构》，湖北大学硕士学位论文，2010 年。

⑤ 易思佳：《高校心理委员胜任力模型构建与问卷编制》，江西师范大学硕士学位论文，2014 年。

三、心理委员作用发挥现状分析

1. 心理委员工作认可度较低，工作积极性不够

心理委员相关工作因其内容、方式的特殊性，造成在学生中知晓度不高，学生对其认可度不高。究其原因，首先，因为心理委员自身储备知识有限，能够提供的帮助有限。其次，因其工作内容，方式的特殊性，学生因为隐私等考虑，即使遇到心理困惑，也不愿告知心理委员。① 最后，因为对心理委员工作职责的陌生，学生在遇到心理相关困惑可能直接求助辅导员或是班长，心理委员很难对本职工作产生认同感和成就感，反映在心理健康教育工作中便是缺乏一定的工作动力和示范影响。

2. 选拔制度过于简单，评价体系不完善

心理委员因其岗位职责的特殊性，所以对其性格特质、自身素质、核心能力上都应当有一定要求。但一般在心委选拔上不会考量学生性格特质、心理状态是否适合。同时由于缺乏对心理委员核心能力的认识，对于心理委员所必须具备的素养、技能要求缺乏一个相应的评价体系对其工作进行衡量。心理委员考核激励制度不完善，不利于带动心理委员的工作热情。

3. 缺乏系统化培训，心理委员知识储备不足

因缺乏对心理委员的明确定位，对其核心能力的要求相对模糊，所以对心理委员提供的培训都缺乏针对性，很难实现心理委员专业化提升。现阶段提供的培训多流于形式，且培训时间有限，缺乏连续性。同时培训的内容过于理论化，使得心理委员无法将其直接应用于实际工作中。而针对一些实际问题缺乏及时指导，无法达到由下至上的培训需求得到满足。

4. 心理委员管理体系混乱，缺乏常规指导

作为班级学生干部之一，心理委员应与其他班干部一样受到班主任、班级导

① 胡贺军：《新时期高校心理委员专业化提升路径探究》，《科技风》2020 年第 11 期。

师、院系团委的管理。但心理委员因其岗位职责的特殊性，处于心理健康教育，危机联动机制基础环节，应由院系辅导员直接管理。这容易导致岗位职责模糊，在对心理委员队伍的日常管理上出现混乱。对于心理委员自身而言，日常学生工作上遇到困惑，需要向上寻求指导时也会犯难。这种管理体系上的混乱，使得其自身对岗位难以产生身份认同。

四、高校心理委员胜任力模型探究

胜任力的概念最早由哈佛大学教授麦克利兰(1973)提出，是组织行为学和人力资源管理中的重要概念。① 该概念用于衡量与工作绩效相关联的个人特质和行为特征，包括知识、技能、能力和特质。这为心理委员工作的探索提供了一种可量化的视角。作为大学生心理健康教育的重要参与者，心理委员必须具备助人工作中的核心能力。从心理健康教育工作的实际要求而言，心理委员只有在活动组织、知识宣传、特殊群体关注、朋辈互助、危机反馈等诸多环节中胜任相关工作，才能发挥其在心理助人上的功能，提高心理健康教育的成效。参见图1。

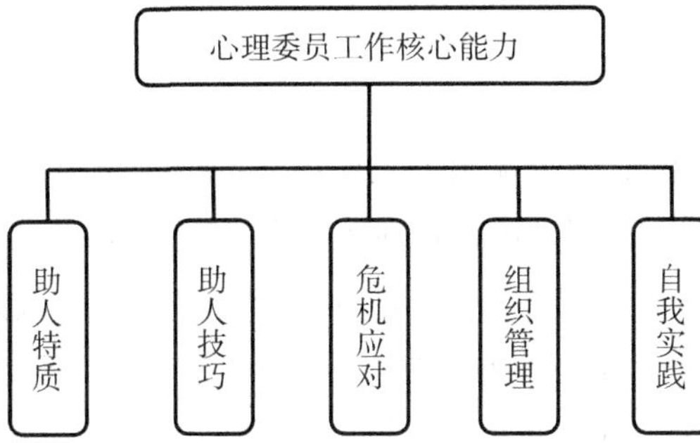

图1　高校辅导员危机干预核心能力模型

1. 助人特质

心理委员所承担的工作本质是一种朋辈助人的工作。作为助人者，心理委员

① 谢诗敏：《新时代背景下高校心理委员胜任力现状与培养对策研究——以长沙民政职业技术学院为例》，《长沙民政职业技术学院学报》2020年第2期。

自身需具备一些良好的性格特质，有利于开展工作，提高心理健康工作的效果。在实际工作中心理委员需要表现出较高的宜人性，有着一定的亲和力，能够获得学生群体的信任。同时心理委员对他人的情绪变化应当是敏感的，面对同学的求助需要始终保持热情。前人的研究中探索过人格特质与心理委员胜任力间的关系，研究发现神经质性人格对心理委员胜任力水平有较大影响。① 姚小燕的研究也将人格特质作为胜任力衡量的一个方面。② 相比于助人的技能可以通过后天学习获得，性格特质在短时间内很难改变，因此对于心理委员的选拔应考量并重视个人特质的影响。

2. 助人技巧

对于心理委员而言，掌握必要的助人技巧有助于推进班级心理健康教育工作。心理委员在实际工作中，需要积极关注班级中其他同学的心理动态。当同学遇到心理困惑求助时，心理委员应在尊重他人的价值和隐私的基础上，保持共情的状态，理解和体会受助者的感受，不妄加评判。而要达到以上助人工作的要求，需要心理委员学习倾听的技巧，训练共情的能力，增强对他人积极关注的意识，掌握一定的心理健康知识，方便给予受助者一定的建议。

3. 危机应对

近年来在高校学生危机干预相关工作中，不断强调"寝室—班级—院系—学校"的四级危机干预联动机制。班级心理委员作为该机制的基础环节，一直被期望发挥重要作用。心理委员因其在角色、时间、距离上的优势能够有条件发现潜在危机，并及时做出反应。对于心理委员而言，对学生群里中可能提示的危机信息进行识别，并在第一时间将学生危机信息上报班级导师和辅导员，配合院系辅导员开展工作。心理委员掌握危机信号识别相关的知识，了解心理危机初始应对的措施，对于预防学生危机情况、及时发现和干预学生心理危机有着十分重要的意义。③

---

① 闫娟丽、周生江：《新疆某高校心理委员胜任力调查分析》，《护理研究》2013 年第 28 期，第 3121~3122 页。

② 姚小燕：《基于胜任力视角下的班级心理委员队伍建设》，《中国电力教育》2011 年第 16 期，第 170~171 页。

③ 徐浪：《关于培训高校心理委员开展朋辈心理辅导的探索》，《现代交际》2020 年第 9 期，第 27~28 页。

4. 组织管理

心理委员在实际工作中需要开展如心理班会、团体辅导等心理健康教育活动，以配合高校心理中心进行心理健康宣传，扩大教育实效。而心理健康教育活动是否能顺利开展、取得教育效果取决于心理委员对班级人员的组织，以及对活动过程的管理。李海州等人的研究中强调了高校班级心理委员组织管理能力的重要性。① 易思佳在其提出的心理委员胜任力模型中也将组织能力纳入心理委员核心能力中。心理委员在开展具体活动中需要对班级人员进行组织，构建班级凝聚力，在班级内形成一定的影响力。同时心理委员也是活动的管理者，应当建立科学、高效的工作体系，做好学生活动项目管理，利用班级资源，有效推进活动开展。

5. 自我实践

在过往的研究中，对于心理委员工作职责和角色定位中，不少研究者提到心理委员的自我实践。有学者提出心理委员应当是自我成长的示范者，② 也有学者强调心理委员在心理健康方面的示范作用，应当是心理成长的先行者，心理健康的践行者。③ 心理委员作为心理健康教育网络中直接接触学生群体的重要部分，充当着心理健康意识传播者的角色。在班级中通过宣传心理健康知识，开展心理健康活动为班级形成良好的心理健康氛围。④ 同时为了在班级内起到示范带头作用，心理委员自身当践行心理健康的知识，掌握自我调节的技术，从自身出发将积极的经验在班级中分享。

五、结语

心理委员处于心理健康教育的最前沿，是学生危机干预联动机制的最基础的

① 李海州、杨盈、丁芳盛：《高校班级心理委员胜任特征实证研究》，《浙江海洋学院学报》(人文科学版)2011 年第 4 期，第 51~56 页。

② 李笑燃：《高校班级心理委员制度建设的思考》，《内蒙古师范大学学林教育》2008 年第 34 期，第 54 页。

③ 蒋善、徐震虹、施玉琴：《高校班级心理委员角色定位问题的探析》，《新课程研究(中旬刊)》2011 年第 12 期，第 153~154 页。

④ 易思佳：《高校心理委员胜任力模型构建与问卷编制》，江西师范大学硕士学位论文，2014 年。

一环。心理委员在其中承担着非常重要的职责。高校心理委员制度有其优势和必要性。培养专业化的心理委员队伍，提供连续系统化的培训和指导能够让高校心理健康教育工作的积极作用得到最大化的推广。而构建心理委员胜任力模型将成为队伍建设的关键。依照胜任力模型对心理委员队伍进行科学选拔，才能让符合岗位职责，工作要求的个体脱颖而出。依照胜任力模型向心理委员提供有针对性、系统性的培训，才能保障心理委员队伍的专业化发展。

从心理委员个人角度而言，心理委员工作是充满挑战的。心理委员自身要通过培训，实践，将心理健康知识进行有效转化。通过提升岗位胜任力，在组织活动，知识宣传，助人工作等环节中获得积极反馈，最终完成对心理委员身份的认同，达到心理委员角色的自我实现。

高校心理委员实践现状探索及对策探究①

马鑫　聂玉秀　刘迪　张晗　赵成毅　盛紫琼
熊壮　闫丽萍　黄轶雯
(武汉大学大学生心理健康教育中心等)②

一、前言

近年来大学生心理危机事件频发。高校大学生因人际关系，学业竞争，就业压力，导学矛盾等诸多因素影响出现不同程度的心理困扰。大学生心理健康问题受到全社会的关注。教育部早在2001年颁布的《关于加强普通高等学校大学生心理健康教育工作的意见》(教社政〔2005〕1号)中就强调大学生心理健康问题的重要性。尽管如此各高校专业人员短缺远达不到满足在校学生心理健康需求的条件。③

2004年天津大学率先在校内实行班级心理委员制度，并迅速在各大高校中产生巨大影响。2005年教育部直属高校大学生心理健康工作会议上也指出，重视学生心理互助体系建设，帮助学生建设心理健康协会、社团，支持学生开展心理互助等活动，充分调动学生自我教育积极性。2011年在《普通高等院校学生心

① 本文受湖北省高校学生工作精品项目(2020XGJPX2003)资助。

② 马鑫，武汉大学大学生心理健康教育中心；聂玉秀，武汉大学大学生心理健康教育中心；刘迪，武汉大学外国语言文学学院；张晗，武汉大学电气与自动化学院；赵成毅，武汉大学泰康医学院；盛紫琼，武汉大学动力与机械学院；熊壮，武汉大学经济与管理学院；闫丽萍，武汉大学经济与管理学院；黄轶雯，武汉大学政治与公共管理学院。

③ 马建青、欧阳胜权：《高校心理委员的发展历程及价值》，《思想理论教育》2020年第6期。

理健康教育工作基本建设标准》(教思政厅〔2011〕1 号)中明确要求高校配备健全的校、院、班级心理健康教育工作网络。各级各部门应当有明确的职责分工和协调机制。高校应充分发挥学生在心理健康教育工作中的主体作用，充分调动学生自我认识、自我教育、自我成长的积极性和主动性。正是在这一大背景下，我国高校心理委员队伍迅速壮大。根据 2018 年发布的《心理委员工作蓝皮书——心理委员工作研讨会十二载》的统计数据显示，我国高校心理委员预估超过 74 万人。①

心理委员制度是基于朋辈辅导模式在本土化的演变。班级心理委员作为学生干部之一，承担着关注班级成员心理健康动态、识别异常情况、预警可能出现的学生心理危机、宣传心理健康知识、组织开展心理健康教育活动、疏导同学日常困扰等工作职责。② 心理委员制度的普及极大地缓解了专业师资与学生日益增长的求助需求间的矛盾。作为高校心理健康教育工作辅助力量，心理委员制度进一步完善了高校心理健康服务体系。

虽然心理委员制度在我国高校中已实行多年，但在实际工作中仍存在选拔机制不完善、心理委员胜任力不足、缺乏针对性系统培训、心理委员自身认同感低等问题。③ 本文正是基于以上问题和思考，对心理委员制度实践情况进行探索，为未来研究和教育实践提供参考和建议。

二、研究方法及对象

本研究主要关注心理委员制度实践情况及工作现状，采用开放性问卷调查的形式对心理委员的角色定位、工作职责以及成长需求等方面进行了信息收集。本研究还探索了高校心理委员对于胜任力的认知，为进一步凝练胜任力模型，构建完整的心理委员朋辈培养体系提出了相应的建议。

---

① 詹启生：《心理委员工作蓝皮书——心理委员工作研讨会十二载》，天津大学出版社 2018 年版。

② 蒋善、徐震虹、施玉琴：《高校班级心理委员角色定位问题的探析》，《新课程研究(中旬刊)》2011 年第 12 期，第 153~154 页。黄晓芳：《高校心理委员有效工作模式探讨》，《大学教育》2014 年第 1 期。

③ 胡贺军：《新时期高校心理委员专业化提升路径探究》，《科技风》2020 年第 11 期。

1. 对象

本研究对某高校422名本科心理委员进行问卷调查，有效收集问卷346份，回收率为82%。本次参与问卷调查的被试中男性151人，占样本量的43.6%；女性195人，占样本量的56.4%。理科专业74人，占样本量的21.4%，文科专业66人，占样本量的19.1%，社科专业33人，占样本量的9.5%，工科专业133人，占样本量的38.4%，医科专业40人，占样本量的11.6%。

2. 研究工具

本研究主要采用开放性问卷、个人信息调查表、知情同意书等研究工具。研究所采用的问卷由心理教师团队及研究助理讨论商定而成。问卷要涉及对心理委员角色定位、工作职责、核心能力等相关部分内容。

3. 数据处理

来访者数据信息，除人口学变量以外，都需要经过质性编码后才能用于统计。编码过程是将有意义单位,① 概念以及核心类别出现频率进行记录，采用SPSS18.0对其进行量化数据分析。

三、结果及讨论

1. 人口学统计

本研究是对心理委员制度实践现状等方面进行的探索性研究，所以被试要求至少拥有一年心理委员工作经历。被试群体中拥有1年工作经历的有288人，占样本量的83.2%，拥有两年工作经历的有43人，占样本量的12.4%，拥有三年工作经历的有12人，占样本量的3.5%，拥有四年工作经历的有3人，占样本量的0.9%。根据生源地情况，其中21.4%的被试来自农村，38.4%的被试来自城镇，40.2%的被试来自城市。

---

① 曾词正、章小雷、张月：《扎根理论及其在心理学中的应用》，《中国医学创新》2013年第6期，第105~107页。

从描述性统计结果显示，被试成为心理委员往往是由多因素共同促使。其中，想要帮助他人、对知识好奇、承担班级任务为主要原因，也会有被试报告因自身存在心理困惑、想要学习知识进行自助而成为心理委员的，如表 1 所示。

表 1　成为心理委员的因素

什么原因促使您成为心理委员？	A. 对知识的好奇	57.8%	D. 被推选的结果	12.7%
	B. 想帮助他人	73.1%	E. 自身困境/自助	18.8%
	C. 承担班级任务	53.8%	F. 其他	7.5%

2. 心理委员的角色定位

通过问卷收集被试对于心理委员角色的认知。结果显示，参与研究的被试对于作为心理委员角色的认知集中于助人者的身份。同时大部分被试认为心理委员应当是知识宣传者、自我实践者。对于活动组织者的角色，也有接近半数的被试表示认同，如表 2 所示。

表 2　对心理委员角色的认知

您认为心理委员的角色应当是什么？	A. 知识宣传者	76.9%	D. 自我实践者	56.1%
	B. 活动组织者	49.7%	E. 其他	13.3%
	C. 班级助人者	91.9%		

基于对心理委员的角色定位，进一步考察被试对于心理委员工作职责的认识。量表结果显示，与角色定位契合，更多被试认为心理委员应当关注学生心理动态，宣传心理健康知识，对同学日常困扰进行疏导，并组织心理健康教育活动等。①② 同时对于危机情况的发现和预警，有近七成的被试认为在心理委员的工作职责内，如表 3 所示。

① 蒋善、徐震虹、施玉琴：《高校班级心理委员角色定位问题的探析》，《新课程研究（中旬刊）》2011 年第 12 期，第 153~154 页。

② 黄晓芳：《高校心理委员有效工作模式探讨》，《大学教育》2014 年第 1 期。

表 3　心理委员的工作职责

您认为心理委员的工作职责是什么?	A. 宣传心理健康知识	86.7%	E. 参加心委培训交流	57.2%
	B. 关注同学心理动态	91.9%	F. 危机情况及时预警	68.8%
	C. 组织心理健康活动	70.8%	G. 其他	10.1%
	D. 疏导同学日常困扰	86.1%		

采用开放性问卷收集被试对于心理委员具备的性格特质的认知进行收集。根据开放性编码的步骤，对相关文本进行逐句的阅读，抽取意义单元，通过有意义单元表征被试对于心理委员性格相关概念的理解。结果得到21个概念词，例如亲和、善于觉察、耐心等。最后对21个概念词进行进一步归纳获得7类核心类别(见表4)。

表 4　心理委员的性格特质

核心类别	概念词	频次	比例(%)	频次排序
情绪稳定	情绪稳定	5	1.6%	19
	冷静	6	2%	16
	心理素质高	8	2.6%	12
理智觉察	细腻	20	6.6%	5
	敏锐	13	4.3%	10
	善于觉察	37	12.1%	2
	理性	2	0.7%	21
责任心	负责	16	5.2%	8
	认真	4	1.3%	20
外倾性	活泼	7	2.3%	15
	外向	6	2%	16
	善于交流	40	13.1%	1
	热情	9	3.0%	11
宜人性	耐心	27	8.9%	4
	包容	6	2%	16
	亲和	32	10.5%	3
	友善	8	2.6%	12

续表

核心类别	概念词	频次	比例(%)	频次排序
助人性	乐于助人	15	4.9%	9
	爱心	8	2.6%	12
积极性	乐观	17	5.6%	7
	开朗	19	6.2%	6

对于心理委员性格特质的认知，大部分被试在开放性问卷中提到亲和、温和、亲切等，认为心理委员的性格特质应当具备宜人性。这与前人对于心理委员性格特质的研究结果是一致的。① 受访者在开放性问卷中提到“心理委员应当是有亲和力的，让周围同学愿意与你倾诉”。同时心理委员性格特质中需要具备外倾性，对人热情，能与周围同学建立关系，善于沟通，“外向活泼，善于沟通”，“和同学要关系好，能带动班级节奏”②。

被试也谈到心理委员需要保持觉察，“细腻敏锐，能及时注意到同学的异常心理状态”。这也与心理委员的工作职责关联，“及时发现异常情况，去干预，准确上报预警”。此外，不少被试在开放性问卷中也提到“心理委员自身心理素质要过硬”，“情绪稳定，面对各种情况能够冷静应对”。这符合心理委员作为心理健康的实践者的定位。前人的研究中也提到情绪稳定性对于助人者在助人工作中的影响。③ 由此看来心理委员性格特质与其工作职责息息相关，在进行人员选拔时需要考虑被选拔者的性格特质是否与心委角色匹配。这既关系到心理委员在实际工作中是否能发挥专业作用、履行相关职责，也关系到其个人是否能从心理委员的工作获得胜任感、成就感，进一步完善角色认同。

3. 心理委员核心能力要求

关于心理委员培养内容，同样通过对开放式问卷文本提取并归纳意义单元，

① 熊强：《大学生心理委员胜任力模型建构》，湖北大学硕士学位论文，2010 年。

② 闫娟丽、周生江等：《大学生心理委员人格特质与胜任力的相关分析》，《护理研究》2013 年第 8 期。

③ 闫娟丽、周生江等：《大学生心理委员人格特质与胜任力的相关分析》，《护理研究》2013 年第 8 期；闫娟丽：《石河子大学心理委员胜任力现状调查与人格相关研究》，石河子大学硕士学位论文，2013 年。

得到心理委员对于培训成长关注的五个方面：自我实践、助人技巧、危机应对、品质特质、组织管理。多数被试在开放式问卷中提到对于心理委员核心能力的理解，都强调了心理委员作为助人者的角色定位和工作职责，更看重心理委员在助人技巧方面的培养。这与之前的一些研究对于心理委员胜任力的定义是一致的。① 被试在开放性问卷中提到“良好的沟通能力和语言技巧”，“提升共情能力与沟通能力”。被试在助人技巧方面将沟通和共情视作更为重要且基础的技巧。被试也会在问卷中强调心理委员自我实践，被试认为心理委员需要“能够自我调节情绪”，“自我实践，调整心理状态”，如表 5 所示。

表 5　心理委员核心能力

核心类别	概念词	频次	比例(%)	频次排序
自我实践	自我调节	6	8.9%	4
	自我认知提升	3	4.4%	5
助人技巧	共情	7	10.4%	3
	沟通能力	10	14.9%	1
	倾听	2	2.9%	9
	观察	3	4.4%	5
危机应对	疏导干预	10	14.9%	1
	危机识别	3	4.4%	5
品质特质	真诚信任	2	6.1%	9
	耐心	3	4.4%	5
组织管理	组织能力	2	6.1%	9

这与被试对于培训计划的反馈结果对应。反馈结果显示心理委员最关注于常见心理问题的识别方面的主题培训，其次是对于人际沟通能力上的提升。此外，超过五成的被试对于危机情况的识别与应对、助人技巧以及素质拓展能力提升更为关注，如表 6 所示。

① 范晓鸽：《高校心理委员助人技能提升研究》，河北工业大学硕士学位论文，2021 年。

表 6　在心理委员成长计划方面所关注的主题

对于心理委员成长计划，您关注的主题是？	A. 素质拓展能力提升训练	55.5%	E. 心理班会策划与组织	36.7%
	B. 危机情况识别与应对	54.1%	F. 团体活动技能培训	32.4%
	C. 常见心理问题	78.9%	G. 助人技巧培训	58.1%
	D. 人际沟通能力培训	69.4%	H. 心理委员自我照顾	34.7%

四、高校心理委员队伍建设改进对策

1. 引入胜任力模型，健全心理委员选拔制度

目前高校对于心理委员的选拔多是自荐或民主选举的形式。选拔方案多是基于工作内容。这样的选拔方式更偏重个人知识、助人技能、动机的考察，而忽略了对个人特质、自我实践等方面的考量。相较于其他班级干部，心理委员因其工作职责特殊性，不仅需要具备专业化的知识和助人技能，还需要考察其人格特质和自我实践方面是否能胜任心理委员的工作。所以在心理委员选拔过程中引入胜任力模型才能选拔出与岗位要求匹配的学生干部，提高心理委员的工作实效①。

2. 整合培训需求，形成培训体系

通过多种方法调研，了解高校和学生群体对于心理委员工作的实际需求和期待，帮助建立更符合学校实际情况，心理委员需要的培训体系。同时参考胜任力模型，制订具体培训计划，要以高校心理委员胜任力的因素作为基础，有针对性地帮助心理委员提升助人技巧，掌握助人知识，增强组织管理能力，提高自身素质。② 此外，根据培训主体特点提供丰富多样化的培训。例如，对于不同年级、

① 谢诗敏：《新时代背景下高校心理委员胜任力现状与培养对策研究——以长沙民政职业技术学院为例》，《长沙民政职业技术学院学报》2020 年第 2 期；谢丹、王晟寰：《心理委员胜任力调查分析与对策探究》，《成才之路》2021 年第 30 期。

② 梁圆圆、周惠玉、厉月：《高校心理委员胜任力现状调查与对策研究》，《黑龙江教师发展学院学报》2021 年第 40 期。

不同学科的心理委员，其呈现出的心理特点不同。① 所以培训侧重点当有所不同，差异化培训可以提高心理委员实际工作与学生日常困扰的贴合度，有效提升助人成效。

3. 落实反馈机制，提升心理委员身份认同

心理委员因其工作内容多为“隐性的”“软性的”②，所以在学生群体中影响力较低，其身份认同易受到影响，易产生无价值感和工作倦怠感。所以心理委员的考核和反馈机制非常重要。一方面应强调心理委员的使命感和身份认同，另一方面需强化心理委员的工作责任意识。高校应结合心理委员实际工作情况，单独制定考核标准，结合考核结果对表现优异的心理委员予以表彰；积极开展如“十佳心理委员”“心理班会大赛”等评选活动，以评促建，大力宣传心理委员工作，激发心理委员工作积极性。同时鼓励心理委员参与系统化培训进行专业学习，颁发身份认证，提升其身份认同和归属感。

4. 打造支持平台，联动互助体系

构建心理委员沟通交流群、联合会。帮助心理委员在遇到工作困惑时能够及时提供互助。同时支持平台也方便心理委员将先进经验、知识、技能、自身体验等进行内部交流分享。促进合作意识内部循环，达到班级与班级、学院与学院、学部与学部互联共通，资源共享。此外，通过支持平台，让心理委员通过交流获得情感支持，获得组织归属感。

同时，加强心理委员队伍与高校中其他助人队伍互通合作，形成一个紧密的朋辈助人体系，既可集中力量办大事，又可相互学习、更好地完成自身任务，共同构筑起学生群体心理健康第一防线。

① 易思佳：《高校心理委员胜任力模型构建与问卷编制》，江西师范大学硕士学位论文，2014 年。

② 胡贺军：《新时期高校心理委员专业化提升路径探究》，《科技风》2020 年第 11 期。

坚持社会主义办学方向
全面落实导师立德树人职责

刘屹颖
（武汉大学研究生院）

坚持社会主义办学方向，是习近平总书记在全国教育大会上提出的九个坚持的重要论述之一，反映了社会主义高等教育的“中国特色”，是新时期高校工作的行动纲领和基本遵循，为立德树人的教育发展指明了方向。坚持社会主义办学方向，就是要求把立德树人的成效作为检验学校一切工作的根本标准，努力培养一代又一代拥护中国共产党领导和我国社会主义制度、立志为中国特色社会主义奋斗终身的有用人才。

截至2022年9月，武汉大学共有3831名研究生指导教师（含附属医院医师），其中1973人具备指导博士研究生资格，博士研究生在读人数与指导教师人数总体生师比为4.6：1，3521人具备指导硕士研究生资格，硕士研究生在读人数与指导教师人数总体生师比为5.8：1。“人才培养一定是育人和育才相统一的过程，而育人是本。人无德不立，育人的根本在于立德，这是人才培养的辩证法。”①武汉大学坚持以习近平新时代中国特色社会主义思想为指导，将立德树人工作贯穿在研究生导师培训和学习的全过程，引导研究生导师厚植爱国情怀，强化价值引导，落实研究生培养各个环节导师立德树人责任。按“四有好老师”“四个引路人”的要求，落实导师立德树人，并将其贯穿于导师队伍建设的始终。

一、出台一系列文件，规范导师岗位责权

切实加强师德师风建设，把立德树人作为导师的首要职责，也制定了一系列

① 习近平：《在北京大学师生座谈会上的讲话》，《人民日报》2018年5月3日。

文件，并且把它落到实处。

根据《教育部关于全面落实研究生导师立德树人职责的意见》等文件精神，结合我校实际，学校陆续出台《研究生导师第一责任人制度的实施意见》《全面落实研究生导师立德树人职责的实施细则》等文件，严格政治要求，明确导师权责，完善导师评价标准，健全责任追究机制，努力使导师成为先进思想文化的传播者，党执政的坚定支持者。

学校要求导师在研究生培养各环节认真落实文件规定，要求导师必须坚持正确的政治方向，努力提升研究生思想政治素质，培养研究生创新能力、实践创新能力，增强研究生社会责任感，指导研究生恪守学术道德规范，优化研究生培养条件，注重对研究生人文关怀，关注研究生就业。

为落实教育部《关于加强博士生导师岗位管理的若干意见》，武汉大学出台《关于加强研究生导师岗位管理的实施意见》，并要求各培养单位组织导师们学习。文件要求各院系要把立德树人职责履行情况作为研究生导师考核的根本依据，制定考核办法。实行导师岗位分类考核，严格政治要求，规范研究生导师指导行为，明确导师岗位权责。要求老师做学生为学、为事、为人的示范，促进学生成长为全面发展的人。完善研究生导师岗位退出机制。对违反准则、违背师德、行为失范、未能切实履行岗位职责的导师予以严肃处理。

通过这些制度建立交心谈心、工作联系、导师预审鉴定等一系列指导过程中的制度规定，以学生为本，构建新型的导学关系，强化导师对学生的指导、引导作用，把研究生导师第一责任人的要求落细落实。

二、建立三级导师培训机制，把师德教育摆在导师培训的首位

武汉大学将师德教育摆在导师培训的首位，筑牢政治根基，建立了国家、学校、培养单位三级培训机制，构建新聘导师岗前培训、在岗导师定期培训、日常学习等多方面相结合的多渠道、多层次的培训体系。培训以政治理论、师德师风、政策法规、规章制度、改革举措、指导方法、科研诚信等内容开展专题教育，并设立合适的交流平台，促进学科间、导师间的交流与合作。

研究生院组织全体研究生导师、研究生收看全国科学道德和学风建设宣讲报告会。要求研究生导师以身作则，发挥引领作用，秉承科学精神，培养研究生严

谨认真的治学态度和求真务实的科学精神，自觉遵守科研诚信与学术道德，强化研究生学术规范训练。学校每年都会开展新遴选导师上岗培训，全体导师培训，学院教学副院长培训等。邀请相关专家给新遴选导师作报告，宣讲习近平总书记关于研究生教育的重要指示精神。助力研究生导师尽快适应新的岗位，使导师熟悉国家和学校有关学位与研究生教育的政策法规和规章制度，熟悉研究生培养过程的各个环节，有效提升导师指导能力，更好地承担起研究生培养指导者和引路人的责任。近些年学校在引进科研人才的同时，也注重培养教师的师德，让德才兼备的教师不断充实师资队伍，更好地把学生培养成一流人才。学校组织新遴选博导参加国家教育行政学院"科学规范导师指导行为 建设一流研究生导师队伍"的专题教育。要求导师完成22学时课程，并提交一份学习心得体会。

通过这些培训，来着力建设追求卓越、矢志一流的导师队伍，引导广大研究生导师积极投身高等教育强国实践和立德树人本职，不断提高育人的能力和水平，引导导师以德立身、立德立学、以德施教，切实提升导师在研究生培养工作中的崇高使命感、责任感、荣誉感和自觉性。

三、规范导师遴选过程，不断完善导师招生上岗条件

学校建立了信息管理系统，严控导师遴选过程。导师是研究生培养的第一责任人，学校把政治标准和师德师风作为导师遴选、导师上岗的必要条件，落实师德"一票否决"。严格研究生导师遴选，把思想政治素质、师德师风和职业道德的审核作为导师遴选的首要审核环节，不合格者不得进入后续遴选程序。2021年，学校建立新的研究生管理系统，把导师思想政治素质、师德师风和职业道德的审核，作为导师遴选审核首要环节。在导师中形成重视思想政治素质的氛围，严格研究生导师遴选，坚持公正公开，切实履行选聘程序，从严选聘研究生导师，确保研究生导师选聘质量，力求建设一支德学双馨、造诣精湛的研究生指导教师队伍。

完善导师招生上岗资格条件，加强导师招生资格审核与管理，努力使导师担起研究生健康成长指导者和引路人的责任。政治素质过硬和师德师风高尚是导师遴选和上岗招生的首要条件。研究生导师应具有深厚的学术造诣和执着的学术追求，熟悉国家研究生教育政策，能够胜任指导研究生的工作。坚持公正公开，切实履行选聘程序，从严选聘研究生导师，确保研究生导师选聘质量。实行评聘分离、动态上岗，建立导师招生资格定期审核和动态调整制度，当年在读研究生达

到一定数量限额后不再招收新生。

四、健全导师激励机制和荣誉体系，发挥先进典型示范引领作用

研究生导师是研究生培养的第一责任人，承担着培养高层次创新型人才的使命。我们要塑造一支坚定拥护和贯彻党的社会主义教育方针、积极引导学生成长成才的教师队伍。研究生导师既要有深厚的学科专业素养，更要有过硬的思想政治素质；既要有热爱教育的定力，更要有淡泊名利的坚守；既要学为人师，更要行为世范。要带头践行社会主义核心价值观，自觉增强立德树人、教书育人的荣誉感、使命感和责任感，做学生健康成长的指导者和引路人。近些年武汉大学坚持人才强校战略，以“破五唯”为导向，破除制约教师发展的条条框框，把师德师风、教育教学和人才培养情况作为评价的主要内容，坚持以能力、质量、贡献评价人才，全面提高教师队伍的整体素质。学校建立健全了一系列激励示范机制，树立了一批深受爱戴的研究生导师典范。

学校 2010 年起每年评选“我心目中的好导师”，目前共 130 名优秀导师获评；2012 年起设置研究生教育杰出贡献奖（2018 年更名为“研究生教育杰出贡献校长奖”），截至目前共 33 名师德高尚、业务精湛的研究生导师获奖。研究生导师是研究生培养的第一责任人，承担着培养高层次创新型人才的使命，是学生成长路上的引路人。武汉大学梁子湖湖泊生态系统国家野外科学研究观测生态站教师团队、武汉大学古籍整理研究所冷门绝学传承团队，教书育人、敢为人先、淡泊名利、甘于奉献，把爱国之情、报国之志融入祖国改革发展的伟大事业之中，先后入选第一批、第二批“全国高校黄大年式教师团队”。

通过这些举措，努力提升研究生导师的责任感、荣誉感，以及尽好责任的紧迫感，营造“当好引路人，争作大先生”的良好育人氛围，树立了新时代政治素质过硬、业务能力精湛、育人水平高超的高素质教师队伍形象，体现了武汉大学对于师德师风建设的重视，也为不断加强研究生导师队伍建设提供了有力支撑。

提高办学质量的关键在教师，推进高校内涵建设的关键在教师。武汉大学要培养一流的人才，必须依靠一流的师资队伍。研究生导师们要在夯实学术功底、锻造学术能力的同时，进一步回归教师的初心本位，做“立德树人”的担当者，成为学生健康成长的指导者和引路人。

试论新形势下女大学生思政教育的意义、内容与目标

冯新悦

（江苏师范大学马克思主义学院）

一、新形势下开展女大学生思政教育的意义

我们党拥有悠久的女性思政教育传统，正如学者指出的那样，回顾近代以来中国女性解放的历史进程，中国共产党在领导人民进行新民主主义革命和社会主义革命、建设以及改革开放的过程中，将女性思想教育融入知识教育、职业技能教育和家庭美德、社会伦理教育之中，使广大女性在经济独立、社会地位提升之后，自觉融入国家、民族发展的洪流。① 不过，以辩证唯物主义的视角来看，过往的优良传统并不意味着可以完全解释当下的新情况，由于女大学生思政教育对象已经随着国家社会的发展而发生了深刻的变化，必须在新形势下重新审视和总结女大学生思政教育的独特意义。

近年来，伴随着社会经济的飞速发展和政府投入的增加，我国的教育质量日益提升，高等教育规模不断扩大。据统计，随着高等教育的普及，2022 年，本科教育（包括职教本科）在校生规模已经达到 1906 万人；在研究生层次，在校生规模达到 333.2 万人，其中，博士研究生已经达到了 50.9 万人。② 高等教育获

---

① 申文昊：《新时代高校思政课中女性思想教育的重要意义》，《四川师范大学学报》（社会科学版）2021 年第 6 期。

② 《中华人民共和国教育部"教育这十年 1+1 系列发布会"第十五场》，http://www.moe.gov.cn/fbh/live/2022/54875/。

得整体发展的同时，女性接受高等教育的比例也在逐年上升，到2020年，高等教育在校生中女性研究生人数为159.9万人，占全部研究生人数的比重达到50.9%，相比2010年提高了3.1个百分点；普通本专科、成人本专科在校生中女性数量分别为1674.2万人和450.6万人，占比分别达到51.0%和58.0%，相比2010年数据各提高0.1个和4.9个百分点。① 女性学生数量在高等教育各层次中的占比均超过50%，意味着我国在保障女性合法权益特别是女性受教育权方面取得了极为耀眼的成绩，同时也表明，在校女大学生已经成了社会建设的一支重要后备力量。

女大学生作为一个人数庞大、思想活跃、知识水平高、社会责任感强的群体，越来越频繁地在家庭、校园、网络空间等社交情境下积极发声，对社会的塑造能力正日益显现。对这样一个年轻群体进行思想道德培育和政治意识培养，引导她们形成热爱祖国、热爱党、热爱人民的思想道德观念，养成良好的心理素质和个人修养，对于国家的发展、社会的进步和中华民族伟大复兴事业都有着极为重要的意义。从微观的层面来说，女大学生正处于心理敏感、自我认同需求强烈的关键成长阶段，做好女大学生思政教育工作，有利于提升她们的心理健康水平，使高校工作更加顺利地开展，也使她们能够在走出校园后及时适应社会环境。从中观的层面来说，如今很多行业、领域和组织机构中有着大量的女性身影，教育、文秘、销售等第三产业更是以女性为主导力量，而高校是女性进入职场前接受思想政治教育的最后一站，高校唯有做好女大学生思政教育工作，才能为社会输送更多合格的建设者，补充新鲜血液。从宏观的层面来说，大学生的思想政治动态对于社会思潮、社会风气都有着深刻的影响，没有思政教育工作的顺利推进，就没有国家民族的振兴，没有女大学生思政教育的成功，社会就无法均衡发展。

由于男性和女性在心理发展阶段方面存在较为显著的差异，女大学生群体的心理特征和思想动态，与同龄男性相比必然有着自己的面貌和特色。因材施教是教学活动中最为重要的方法和原则之一，性别差异的客观存在，要求思想政治教育工作者必须将性别问题纳入考量，在进行教学设计安排时要有性别视野，以富有针对性的教学内容和教学目标完善女大学生群体的思政教育工作。

---

① 国家统计局：《中国妇女发展纲要（2011—2020年）》终期统计监测报告，2021年12月21日。

二、现阶段女大学生思政教育的重点内容

(一)引导女大学生树立正确的世界观、人生观、价值观

世界观是人们对整个世界及人与世界关系的总体看法和根本观点，如果把人的思想观念视为一个有机系统，世界观就是这个系统中居于最高层次的部分，因此，世界观教育在人的整个教育过程中也占据着极为重要的地位。在高校思政课的视角下，世界观教育的实质就是将马克思主义世界观转化为武装学生头脑的一种科学思维方式，并且使这种科学思维方式成为学生在今后的人生道路上解决实际问题的、切实可用的理论武器，简言之，就是要让学生能够掌握和运用马克思主义的世界观和方法论。

人生观是人在成长过程中逐渐形成的关于人生的目的、态度、理想和路径的根本看法和观点。大学生处在人生的重要阶段，人生观的可塑空间很大，可供选择的人生目标和人生道路很丰富，但需要正确对待的人生诱惑也很多，尤其是许多女大学生涉世不深，很容易走上人生的弯路。高校思政教育工作者要真正担负起责任来，正确引领、时时纠偏，才能帮助她们养成正确的人生观，塑造健全的人格精神。

引导女大学生树立正确的价值观，归根结底是要帮助她们培育社会主义核心价值观。思政课是培育青年学生社会主义核心价值观最直接、最有效、最有力的主渠道，应当坚持用发展着的中国化的马克思主义指导社会主义核心价值观宣传实践，通过开展思政教育，把“培育什么样的价值观”同思政课“培养什么样的人”结合起来，有针对性地弘扬好爱国主义精神、民族精神和时代精神，帮助女大学生确立和巩固理想信念。

梁启超在《少年中国说》中写道：“少年智则国智，少年富则国富；少年强则国强，少年独立则国独立；少年自由则国自由；少年进步则国进步；少年胜于欧洲，则国胜于欧洲；少年雄于地球，则国雄于地球。”年轻人的世界观、人生观、价值观决定了整个社会未来的价值取向，而大学阶段又是人们世界观、人生观、价值观的重要形成期，只有抓住了这一形成期，适时进行良好的思想政治教育，才能抓住社会的未来，培养出一批又一批思想端正、信仰坚定、态度积极、心理健康的社会主义接班人，形成普遍乐观向上、奋发有为的社会风气。女大学生不

仅是社会建设中坚力量的重要组成部分，也将成为社会的细胞——每一个家庭的重要支柱，通过开展思政教育，培养“三观”正、心灵美的女大学生，帮助她们扣好人生的第一粒扣子，不仅能够发挥塑造当下社会风气的作用，也将深刻影响国家和民族的长远未来。

(二)引导女大学生树立正确的职业观、家庭观、消费观

女大学生正处于人生的转折期，在走出大学校园后很快就要承担起选择职业、组建家庭和经营生活的任务，必须在大学阶段做好人生规划，因此正确职业观、家庭观和消费观的树立十分必要。当今社会上的职业选择越来越多元化、行业生态变化越来越剧烈，家庭观念在社会风气的影响下正经历变动和重塑，人们的消费观念也在现代化、城市化、商业化的历史进程中不断演进，总之，关于人的现实生活的各个层面都处于新时代新形势之下，呈现出新样态新特点。思政教育工作的关注重点不仅包括世界观、人生观、价值观这样的“大是大非”，也包括贴近现实生活的种种思想动态，在职业观、家庭观和消费观方面对女大学生进行帮助和引导，是当下思政教育的一个重要方面，值得引起思政教育工作者的重视。

劳动是人的存在方式，职业是人的立身之本，一个人的职业选择和职业生涯规划很大程度上决定了他的自我价值能否得到实现，而做好职业选择和职业生涯规划的第一步就是确立正确的职业观。对于当代女大学生来说，拥有正确的职业观意味着三个方面的观念培育：首先是要充分认识到女性参与社会生产的重要性，抵制传统观念中的一些糟粕部分，树立自立自强的观念和信心；其次是要正确看待不同职业的价值，依据自身的处境和特点，谨慎择业，尤其要注重发挥性别优势，扬长避短；最后则是要兼顾短期形势和长远发展，兼顾个人利益和社会责任，将自己的理想、爱好、技能与国家和社会的需要结合起来，在充分保障个人基本权益的前提下，做到能吃苦、讲奉献，到祖国最需要的地方去，超越自我，实现价值。

树立正确的家庭观对于当代女大学生来说极为重要。古人云“修身齐家治国平天下”，一个人唯有管理好自己、管理好家庭，才能对国家对社会作出更多贡献，对于新时代的男性和女性来说，这样的人生发展次序都是适用的。在家庭观问题上，思政教育应当着重引导三个方面。一是引导女大学生正确看待原生家庭问题。对于心理健康受到原生家庭影响的女大学生，要鼓励她们勇于直面问题、

解决问题，走出原生家庭的阴影；对于拥有良好家风的女大学生，应当鼓励她们积极继承和发扬家风。二是引导女大学生正确看待恋爱和婚姻问题，一方面是要教育她们自尊自爱，避免因婚恋问题干扰学业、事业乃至人生规划；另一方面也要帮助她们建立正确的认识，对于爱情和婚姻不要盲目接受，也不应有意抵触。三是引导女大学生正确看待家庭责任问题，做好组建家庭后与伴侣共同管理财务、分担家务、赡养上一代、抚养下一代的充分准备。

以思政教育帮助树立正确的消费观，就是要引导女大学生量入为出、理性消费，帮助她们建立起积极健康的消费观念，抵制消费主义、拜金主义、享乐主义的不良影响。女大学生是大学生群体中的消费主力军，应当予以积极、正确的引导。具体来说，首先是要进行消费观念教育，使她们主动拒绝过度消费、从众消费、盲目消费和铺张浪费；其次是要进行消费信用教育，帮助她们了解信用记录体系的建立过程及其重要意义，引导她们理性评估自身的收入水平和还款能力，珍惜信用记录，杜绝超出自身能力范围的超前消费；最后是要进行消费法律教育，以案例教育警示她们远离小额贷款、网购刷单、消费诈骗等违法犯罪行为，做遵纪守法的消费者，净化校园环境。

(三)引导女大学生树立正确的性别意识和性别观念

性别可分为生理性别和社会性别，生理性别由性染色体决定，而社会性别则是带有心理学意义和文化意义的概念，是指通过社会学习得到的与男女两性生物性别相关的一套规范性群体特征和行为方式。① 从这个层面上来说，生理性别是确定的、客观的，社会性别则具有模糊性，并因文化环境的不同而表现出形态差异。引导女大学生树立正确的性别意识和性别观念，具体来说包括三个方面的内容：一是树立追求平等的性别意识和观念，二是树立尊重差异的性别意识和观念，三是树立注重协调的性别意识和观念。

树立追求平等的性别意识和观念，即向女大学生强调男女性别的平等和独立，帮助她们正确认识自己的性别身份，珍视自己的性别权利和尊严。要教育女大学生勇敢地对侵犯性别权利的行为说不，使她们学会在家庭、职场等多种情境下辨识和抵制性别不平等现象，学会运用法律武器维护自身权益。同时，也要教育女大学生在维护自身合法权益的过程中，坚持以事实为依据、实事求是，讲法

① 方刚：《性别心理学》，安徽教育出版社 2010 年版，第 11 页。

律、讲证据、讲程序，不应利用性别身份谋取不当利益、损害女性形象。

树立尊重差异的性别意识和观念，即是要使女大学生正确看待和接纳自己身为女性的种种特点，不要被社会观念后天塑造的刻板印象所束缚，也不要忽视乃至敌视先天、自然的性别差异，一味追求突破生理极限的所谓“平等”。当代女大学生在婚恋、消费和学习等情境下的女性意识觉醒令人振奋，但随着近年来极端思潮的扩散，一些否定客观规律的错误言论甚嚣尘上，追求性别平等被歪曲成两性在方方面面的同质化。应当使女大学生认识到，差异不等于优劣，不顾性别差异、不尊重两性特点的同质化，其本质并非性别平等，反而是男权崇拜的变形产物。

树立注重协调的性别意识和观念，即是要使女大学生意识到男女分工合作的重要性，既强调平等又强调团结。要让女大学生在尊重性别差异的基础上，从性别的角度理性审视男女在社会中的特点和角色定位，合理看待与性别问题相关的社会现象，对那些在极端思潮影响下挑动性别矛盾、性别对立乃至性别仇恨的言论和行为予以自觉抵制。要使女大学生充分认识到，以中国式现代化实现中华民族伟大复兴的光辉事业，离不开最广大人民群众的共同奋斗，要在党的团结带领下积极进取，减少社会内耗，共筑光明未来。

三、女大学生思政教育的主要目标

在当前的新形势下，开展女大学生思政教育工作，引导她们树立正确的世界观、人生观、价值观、职业观、家庭观、消费观以及性别意识和观念，是为了培养新时代的女性建设者和接班人，增强她们的使命担当，为建设社会主义现代化强国、实现中华民族伟大复兴贡献力量。具体而言，这种思政教育的主要目标有三。

首先，是要做好思想引领，健全女大学生人格，帮助她们成长为心理健康、积极向上、独立自主、自尊自爱的新时代女性。思政教育的核心是铸魂育人，要培养健全人格、提高道德修养、铸造理想信念，保障心理健康是最基础的要求。由于现代社会生活节奏快，人们精神压力普遍偏大，尤其是处于人格转型期的女大学生，心理往往比较敏感，社会认同、自我认同和自我实现的需求也都较为强烈，因此心理健康面临威胁的概率较高。女大学生思政教育工作的开展，要以充分认识现实困难为前提，一方面，努力建设一支有理想信念、有道德情操、有扎实学识、有仁爱之心的教师队伍，坚持以学生为中心，创新思想政治工作方式方法，着力解决女大学生思想问题与实际困难；另一方面，也要认识到引领、帮助不等于进行全天候、保姆式的管理，要注重激发女大学生成长成才的内生动力，帮助她们提高心理能量，学会解决自己的问题，从而形成人格培养的正向循环。

其次，是要做好价值引领，通过思政教育提高女大学生整体道德素质和法律意识，改善社会风气，弘扬文明精神。思政课程是高校教学体系中与个人修养培育关系最为密切的课程，不同于以“成才”为目标的专业教学，思政教学的核心目标是“成人”，这一目标的具体实现程度难以量化，需要付出非常多的时间、精力和耐心，甚至要推进全员、全过程、全方位育人，方能取得一定成效。思政教育工作者应当努力开展思想品德教育、普法教育、优秀传统文化教育和社会主义核心价值观教育，引导女大学生遵纪守法，修德弘文，自觉践行社会主义核心价值观。

最后，是要做好政治引领，将年轻人的青春活力和创造热情引导到中华民族伟大复兴的事业上来。要让包括女大学生在内的全体青年学子认识到，党的事业是最光辉、最伟大的事业，为党的事业奋斗、为中华民族伟大复兴奋斗是最光荣的使命。相比同龄男性，多数女大学生往往更关注身边的事物，对于时事政治、大局大势的兴趣不够浓厚，从人类学的角度来说，这种性别差异是旧石器时代以来漫长进化的产物，是由远古时代狩猎、采集的分工决定的；但从历史文化的视角来看，这种差异不是与生俱来的生理差异，而是在文明发展过程中逐渐形成的一种不易察觉的社会规训。① 因此，在当今男女平等的性别环境下，女性的关注倾向可以通过教育和培训予以重塑，而女大学生正处于精力旺盛、学习能力强、观念习惯逐渐成形的关键时期，引导女大学生关注时事政治、树立远大理想信念是思政教育工作者义不容辞的责任。应当在思政课堂中精心设计，使女大学生对“两个大局”——中华民族伟大复兴的战略全局和世界百年未有之大变局的时代坐标有所认识，引导她们深入了解党史、新中国史、改革开放史、社会主义发展史，体察世情、国情、党情，深刻领会习近平新时代中国特色社会主义思想，做识大局、尊法治、修美德的新时代新女性。

① 侯淑萍、焦丽英：《科学发展视域下的教育心理学研究》，中国书籍出版社 2019 年版，第 33 页。

教学改革与实践篇

泛读、精读与研读

——关于读书治学的点滴体会①

陈　伟

（武汉大学历史学院）

两个星期前，刘超书记跟我说，希望我跟同学们谈一谈治学心得。有机会跟同学们见面、对话，我当然愿意。不过，刘超书记出的这个题目让我有压力。因为比起讲某个具体的学术问题，这个题目不容易讲好。这几天，我把自己读书、做研究的体验作了一个大致的梳理，准备用“泛读、精读与研读”的题目，跟大家交流。说得不清楚，甚至不对的地方，欢迎质疑、讨论。

泛读与精读是两个相对存在的概念，大概在中学时代就会接触到。前者是就阅读面而言，希望通过广泛的阅读，拓宽知识面。后者是就阅读的深度而言，希望通过系统、深入的阅读，在某个或某些领域达成比较专门的学养。

我是1978年考入武汉大学考古专业，通称78级。经过“文革”期间的书荒，一步跨进大学，对学习机会的珍惜，对阅读的渴求，真实而迫切。我和我的同学们一样，除了宿舍和教室，去得最多、待得最久的地方就是图书馆或者阅览室。晚上有时停电，大家往往端着小板凳，找没有停电的朋友宿舍或者外面路灯下看书。大学期间一般阅览的书，主要有两类，一是各门课程指定的参考书，二是中外名籍。对于像我这样后来从事专业学术工作的人而言，本科期间这样不带功利意识、自由广泛阅读的体验，后来很难再有，想起来很怀念。

大概从大二起，我的学术兴趣逐渐集中到商周至秦汉这一时段，因而开始有计划地，比较系统、仔细地阅读相关书籍。《春秋左传》《国语》《战国策》《史记》《汉书》《后汉书》，以及《尚书》《诗经》《三礼》《论语》《孟子》《水经注》等古代典

---

① 2022年4月28日下午，武汉大学第十九届历史文化节开幕。武汉大学人文社科资深教授陈伟老师做了题为“泛读、精读与研读——谈谈读书治学的点滴体会”的专题讲座。

籍，基本都是用带经典注释的版本仔细通读。近代、当代学者的著作，像《观堂集林》《史林杂识》《古史辨》《先秦诸子系年》，也都在本科期间认真拜读过。精读这些经典，帮我构建起对远古历史的基本理解和知识储备，有时还可能在具体研究中受到触发，导致有意义的发现。这里举一个例子。

郭店楚简《语丛一》中有两枚简，整理者以为不存在关联，分别编为 31 号（“礼因人之情而为之”）和 97 号（“节文者也”）。我在读《郭店楚墓竹简》的时候，感觉古书中有类似说法，通过数据库检索，查到《礼记·坊记》说：“礼者，因人之情而为之节文，以为民坊者也。”据此判断，这两枚简应该相连，读作“礼因人之情而为之节文者也”（“文”字比较怪，当时尚未释出。我将这两枚简与古书对读后，多位学者相继释出“文”字）。1999 年 10 月，在郭店楚简国际学术研讨会上，我在发表中讲了这一发现。李学勤先生当即指出，这样连读一定是对的。作为《郭店楚墓竹简》一书的审订者，裘锡圭先生也指出：“陈先生的意见无疑是正确的。我们由于没有注意到《坊记》的那句话，把简文系联错了……通过郭简的释读，我们深刻地认识到，像我们这种古书不够熟的人，在释读简帛佚籍时，必须随时翻看有关古书，必须不怕麻烦地利用索引书籍和电脑做大量的检索工作，尽最大努力去寻找传世古书中可以跟简文对照的语句。”（裘锡圭：《中国出土古文献十讲》第 8 页，复旦大学出版社 2004 年版）裘先生非常谦虚、严谨，他对古书的熟悉程度比我们强很多。我能发现这一问题可以说是因为两重幸运，一是早先读过的古书印象在读这些竹简时刚好被激活，二是我从 1997 年开始使用电脑，并且不久就从一位朋友那里拷贝到十三经全文数据库，能够轻易查证有点印象的文句。有点巧的是，我拷贝的十三经数据库，正是裘先生的一位学生送给那位朋友的。

关于研读，《汉语大词典》解释说：“钻研诵读。”列举的辞例是《聊斋志异·胡四娘》和鲁迅的一篇文章，可见这个词的出现不是太早。我在这里使用“研读”的概念，希望包含这样一层意思：具有研究意识的阅读。与精读相比，研读或者说具有研究意识的阅读，具有自身的特征。以个人的体会，建议注意三点：

第一，以问题为导向。这里所说的问题，可以是学术界存在异议而尚未得到圆满解决的，也可以是自己通过阅读、思考新发现的问题。以问题为导向选择阅读对象，可以说研读是以问题为导向的阅读。

一般而言，学术界悬而未决的问题，大多是因为目前还不具备妥善解决的条件，处理起来比较麻烦，也不容易有突破。作为初学者，不一定要去碰它。相反，自己发现的问题，可能同时也触碰到某些处理问题的线索，通过努力，有可能取得进展。即使不能解决问题，发现新的问题，本身就是贡献。我们评价某个人的学术能力，通常关注发现问题、分析问题、解决问题的能力。

是否善于发现问题，大概同时取决于两个因素：系统的学术训练和敏锐的质疑精神。有的人训练不错，什么都知道，但缺乏质疑精神，人云亦云，不大可能有好的成果。反之，缺乏必要的训练，随意猜疑，也难以提出有价值的问题。可以说，在受到基本的学术训练之后，问题意识、质疑精神是最宝贵的学术品质。

我们可能面临的问题，有的在文本层面，有的在内涵层面，有时这两个层面的问题还彼此关联、互动。作为历史学者，在阅读史籍时，应该首先对文本层面的问题保持警觉，不能轻信现有的解读。我在大学期间，喜欢读《古书疑义举例五种》。这五种以清代学者俞樾所撰《古书疑义举例》为基础，加上刘师培、杨树达等人的增补、校录，条理古书行文的体例，并对一些传讹、误读加以剖析，可以帮助养成阅读古书的正确姿态和对现存文本的审视眼光。

第二，围绕所要考察的问题，尽可能全面检索、阅读有关原始文献、研究文献，梳理、推敲资料，寻找解决问题的线索和证据，酝酿突破困局、开辟新境的思路。如果说泛读、精读都是以文献为单位，如一套书、一本书、一篇文章，阅读目的是了解其中的内容；研讨的对象则可能是若干书的有关章节，或者若干篇论文的有关段落，目的是找出这些资料或解读内在关联，寻求破解问题的钥匙。

第三，读书往往与笔记伴随，因而人们常说“不动笔墨不读书”。研读中，尤其应该留意把发现的问题、围绕问题查阅资料的要点、剖析问题的思路等，记录下来，并尝试整理。这样既把研读过程记录在案，便于覆验、补充，也是聚焦问题、整理思绪的有效方式。这是完整意义上研究的基础和初步，而有心得、有发现的札记本来就是学术著述的一种形式。顾炎武的《日知录》，赵翼的《廿二史劄记》，顾颉刚的《史林杂识》，都是札记性的名著。

对于大学本科期间是否应该写作、发表论文，存在不同的主张。我个人认为，受功利驱动，去写无病呻吟的东西，确实没意思；但若有好的发现，不写、不尝试发表，则又太可惜。

这里，我想简要介绍一下自己在大学时一项研读，作为对研读理念的具体集释。

大三时，我对《鄂君启节》发生兴趣。《鄂君启节》是楚国怀王下令为名字叫启的鄂邑封君制作的免税文件，涉及楚国交通地理、税收制度，分车节、舟节两种。1957 年 4 月，安徽寿县农民在县城东郊丘家花园发现。第二年，郭沫若先生发表《关于鄂君启节的研究》(《文物参考资料》1958 年第 4 期)，认为鄂在今天的武昌。“自鄂往”是说从武昌出发。把从鄂出发后最先涉及的地名“”释为“沽”，读为“湖”，以为“殆指东湖”。把“逾”训为渡过。认为“逾”指“过湖”，逾汉、逾江，是从此岸渡至彼岸。

随后 20 多年，谭其骧、于省吾、商承祚、黄盛璋等古文字或历史地理学家，都有讨论。郭沫若先生的说法，得到一些修正，如谭其骧先生指出汉代鄂县在今鄂城而不是武昌，裘锡圭先生把“往”订正为“市”，但没有遇到根本上的质疑。日本学者船越昭生教授提出鄂指汉西鄂县，在今河南南阳地区，但未作具体论证，没有人相信。当时，我把鄂君启节的材料和这些研究论文反复阅读、揣摩，认为鄂无论是在今天的武昌还是鄂城，都不可能通过横渡某个湖泊而进入汉水。郭沫若先生的意见，虽然为多位学者信从，其实存在矛盾。我尝试收集、比较古文字字形，发现“”字的右旁，除了可能是“古”字之外，还与“胄”字的偏旁类似，因而也可能是“由”字。大四下学期，1982 年 3—5 月，我在宜城作毕业实习，带着一本《说文解字注》通读。一天晚上，读到“𠫓”部“育”字。《说文》：“养子使作善也。从𠫓肉声。《虞书》曰：‘教育子。’”段玉裁注：“《尧典》文。今《尚书》作‘胄子’。考郑注《王制》作‘胄’，注《周官・大司乐》作‘育’。王肃注《尚书》作‘胄’。盖今文作‘育’，古文作‘胄’也。”这显示胄、育两个字古音相近，可以通假。当时我眼前一亮。因为汉西鄂县治位于今南阳市北的古淯水(今白河)岸边，从那里出发，沿淯水而下，正好进入汉水。其中的“逾”，与指逆水而行的“上”相对而言，应该是指顺水而下。在毕业前夕，我在这些研读的基础上写成自己的第一篇论文，后来在《江汉考古》1986 年第 2 期发表。语言文字学家、北京大学原副校长朱德熙先生在他所写的《鄂君启节考释(八篇)》一文中(《纪念陈寅恪先生诞辰百年学术论文集》，北京大学出版社 1989 年版)称这一意见“十分正确”。回想起来，我以出土文献，尤其是简牍为主要学术领域，和这篇习作或者说跟大学期间的研读的体验有很直接的关系。

育家国情怀，做经世学问

——新文科背景下历史学人才培养模式探索与实践

杨国安　王　萌

（武汉大学历史学院）

一、问题的缘起：新时代历史学人才培养的新要求

新文科建设作为新时代国家教育战略的重大部署，对于高校历史学人才培养工作具有重要指导意义。探索构建新文科背景下具有新时代中国特色、中国风格、中国气派的历史学人才培养模式，是我们史学教育工作者的光荣使命与神圣职责。

而在我国高校中，传统的历史学人才培养模式存在诸多问题，其中较为突出的有如下弊端：其一，知识传授方式比较单一。传统教学偏重于课堂讲授，课本知识与社会实际联系较弱。学生对于民众生活的丰富性、多样性、多元性认识有限，历史学习与生活体验之间存在隔阂。其二，科研创新意识相对薄弱。不少学生对科研道路望而生畏，对历史文献解读、学术综述撰写等缺乏必要训练，对跨学科知识融合的必要性认识不够，科研素养欠缺、创新能力不足。其三，被动学习现象较为突出。在以教师为主体的传统教学模式下，教学方法多为灌输式。尤其在疫情期间，学生在线上教学与科研实践中往往处于被动接受地位，自主参与性不够。其四，社会服务意识尚待加强。受社会浮躁风气与功利思想影响，部分学生片面追求高分与排名，推崇个人主义，服务社会、集体、他人的意识不强。

针对上述问题，近年来，武汉大学历史学院教学改革团队依托本学科雄厚的教学师资和坚实的学科平台，以立德树人为根，以学以致用为本，以实践教育为基，以历史学核心素养“家国情怀”为育人理念，以引导学生做“经世学问”为培

养目标，以成人教育引领成才教育，致力于培养德智体美劳全面发展、堪当民族复兴大任的卓越历史学拔尖人才。本教改项目自2010年开始实施，2018年完成，经4年实践检验，成功构建“四位一体”历史学人才培养新模式，取得显著成效。

在探索过程中，本团队坚持教书和育人相结合、言传和身教相统一、潜心问道和关注社会相融通，将“家国情怀”理念融入专业建设。经过实践，学生科研创新和社会实践能力显著提升，涌现出一批胸怀家国、奋发有为的新时代好青年。团队在课程规划、教改研究、平台营建、资政建言等方面获得广泛关注与良好反响。

二、解决的路径：“四位一体”历史学人才培养新方法

为了适应新文科背景下历史学人才的新要求，我们着力构建了“四位一体”的人才培养新模式。所谓“四位一体”，即举“四措”、行“四法”、创“四新”，培育具有“经世致用”学问、“知行合一”品格、“德能兼修”情怀、“海纳百川”胸襟的“四有”历史学人才。

具体而言，通过创立“三段式报告会”制度，推行“体验代入”法，将“专业文献阅读→研究现状分析→论文选题论证”三个科研训练阶段有机结合，树立科研报国新理念；通过组建口述史团队，力行“实践下沉”法，鼓励学生走向基层社会、开展口述访谈，记录广大民众的生活经历和人生感悟，创建社会实践新模式；通过打造混合式一流课程体系，倡行“自主互动”法，将课堂延展至网络，实现“有网即能学”“在线随时问”“有问必有答”，开拓授业育人新阵地；通过共享跨学科优质教学资源，创行“学科融通”法，大力推进学科互通、知识共享，搭建学科交叉新平台。相关举措分述如下。

1. 推行“体验代入”法，创立“三段式报告会”制度

该举措借鉴现代西方大学小班化“seminar”制度的概念与形式，参考中国学术研讨会的流程与规范，特别考虑到历史学科对培养学生科研能力与专业素养的要求，结合学院已有的“学年论文制”“学术导师制”，在班主任或辅导员的组织下，以学生报告为主体，以学术导师点评为指引，以师生互动为延伸，将“专业文献阅读→研究现状分析→论文选题论证”三个科研训练阶段有机结合并付诸实践。

报告会第一阶段为“读书报告会”，侧重扩大学生对专业文献的阅读量；报告会第二阶段为“研究综述报告会”，注重培养学生综合分析某一选题研究现状的能力；报告会第三阶段为“学年论文报告会”，旨在培养学生分析研究现状、发现学术问题、解决学术问题的能力。学术导师全过程点评、指导，将学生逐步引入学术之境。

“三段式报告会”制度的核心理念，在于使学生体验代入“研究者”角色，使他们既能从学术报告、导师点评中得到规范的科研训练，又能在专业领域范围内自主选择报告主题，充分表达学术观点，激发学术灵感，碰撞思想火花。

2. 力行“实践下沉”法，组建团队开展口述史活动

本学科通过持续举办“历史文化节”，推行“学长制”，深入贯彻“以生为本”的育人理念，取得良好成效。口述史通过搜集和使用口头史料来研究历史，作为本学科在新文科建设道路上的重要突破口，鼓励学生“走向历史现场”，结合地方实际，积极开展田野考察；提倡学生“眼光向下”“行动下沉”，撰写“普通人的小历史”。

近五年来团队成员率领学生遍历湖北、重庆二十余市县，采访三峡考古工作者上百人，体会考古人为三峡文物保护工程付出的努力与经历的艰辛；深入武汉各社区，通过访谈各年龄段的铁路工人，考察中华人民共和国成立以来武汉铁路工人生活的变迁，勾勒中国铁路交通事业的发展历程；对武汉市汉正街小商品市场进行全面调研，挖掘老商号的历史底蕴、倾听小商贩们在这条商业街的奋斗历史，切身感受改革开放时代中国小商品市场的潮起潮落。通过开展口述史活动，很好地调动了学生学习“新中国史”“改革开放史”等课程的积极性，极大地激发了他们的专业自豪感与家国情怀。

3. 倡行“自主互动”法，打造混合式一流课程体系

自2010年起，本学科相继开设“中国史Seminar”“出土文献与民间文献通论”等实践性课程，以学生为主体，开展启发式、讨论式、参与式教学，极大地提高了学生的学习自主性。近年来，团队利用“珞珈在线”“学习通”、国家和武汉大学“虚拟仿真实验教学课程共享平台”等，积极开拓教学新空间，充分发挥互联网优势，实现教程“有网即能学”，鼓励学生“在线随时问”，要求教师“有问必有答”。团队成员通过打造“简明中国史”“中华文明史”“近现代中外关系”等一批高

质量线上线下混合式课程，形成结构齐整、内容丰富、特色鲜明的一流课程体系。

近年来，本团队通过建设基于现代信息技术支撑的线上优质课程，不仅加强本专业学生对于历史知识的认知，提高他们对历史问题的研判能力，而且通过线上分享向社会传播，为社会民众提供精神食粮，使他们感受历史课堂的魅力。国家级精品课程“中国古代史”与国家级线上一流课程“简明世界史”在“中国大学慕课”“爱课程”等网络平台全面上线，主讲教师精心打磨课件，授课严谨而不失活泼，相关视频获得大量点击，受到社会各界广泛好评。

4. 创行“学科融通”法，共享跨学科优质教学资源

本团队包括中国史、世界史、考古学三个专业的教师，共同构建了历史学跨学科教学资源共享体系。本学科鼓励历史学专业学生学习“美国史”“法国史”“日本史”等区域国别史课程与“世界文明史”“世界经济史”“世界军事史”“第二次世界大战史专题”等世界史专业特色课程，鼓励考古学专业教师开设科技考古、文化人类学、博物馆学等前沿课程和讲座，系统全面讲授国内外新兴考古学理论，积极将中国史与世界史、考古学课程融为一体，为拓宽学生知识面服务。

本团队遵循王国维“二重证据法”精神，依托安徽固镇、湖北石首走马岭、黄冈寨上、武汉盘龙城、襄州凤凰咀遗址等田野考古实习基地，将课外实践与课堂教学有机结合，共建跨学科协同育人平台；又充分利用本学科考古学专业实验教学平台、简帛研究中心、民间文献保藏研究中心，在实践教学中引导学生亲身感触文物、出土文献、民间文书中蕴含的丰富历史信息，利用新史料，采用新方法、开创新史学，培养具有更宽广视野的历史学人才。

三、特色与创新：“四位一体”历史学人才培养新探索

总体而言，通过上述四种方法，在贯彻立德树人的根本任务，实现新文科背景下培养一批适应新时代要求的全面发展的高素质人才方面，起到了重要的作用。通过理论与实践、知识与技能、德育与智力的有机结合，实现了历史学人才培养模式的创新和实践。

1. 经世致用，树立科研报国新理念

通过“三段式报告会”，以“成果”促教学，强化学生科研创新意识，培育了一批以服务国家重大战略为目标的大学生创新创业训练项目，发表了多篇有学术价值和社会意义的高水平论文，提升了学生的科研能力与自信心；实践表明，“三段式报告会”在形式、方法、制度设定上，符合历史学科育才的内在规律，是课堂教学的重要延伸和拓展，是构建新文科背景下历史学人才培养模式的新路径。

2. 知行合一，创建社会实践新模式

口述史要求在采访问题设计、影像采集合成、采访报告撰写等环节皆由学生自主完成。以口述史活动为试点的社会实践新路径，将课堂延伸至社会，使学生切实体会民生，将书本知识运用于实际访谈中，树立其“为生民立传，为国家存史”的治史信念，培植其服务社会、人民、乡土的胸襟情怀，不仅弥补了历史学习与现实生活之间的隔膜，而且更好地调动了学生学习“新四史”课程的积极性。

3. 德能兼修，开拓授业育人新阵地

新冠疫情打断了原本的教学节奏，线上教学的普及引发了教与学革命，对学生学习的自主性与课堂教学的互动性提出更高要求。伴随互联网与人工智能技术的飞速发展，传道授业解惑已不限于实体课堂，网络平台成为讲好人类文明史的新阵地。疫情初起之际，教学团队率先开展线上教学，结合课程思政理念，将习近平总书记关于历史科学的重要论述及其精神有机融入课程教学全过程，积极向社会传播正能量，大力弘扬中华优秀传统文化，在增进学生知识的同时，精准落实立德树人根本任务，起到了令人瞩目的示范效应。

4. 海纳百川，搭建学科交叉新平台

学科交叉与融合，是新文科建设的重要手段。参与组建新文科建设国家级重要平台“文化遗产智能计算文科实验室”。通过学习世界史专业相关特色课程，学生跟踪中外文明互鉴等前沿课题，回应国家战略重大需求；研读出土文献（简帛、敦煌吐鲁番文书等）、民间文献（族谱、碑刻、契约等），增强学生史学素养，吸收人类学、民族学、社会学等学科理论方法，拓展学生的学术视野。在倾听、沟通与交流过程中探求历史真相、感悟历史规律，着力培养学生多维度、创新性思维。

四、成效与价值："四位一体"教学模式的推广应用

"四位一体"的历史学人才培养模式，既是赓续武汉大学历史学院长期秉持的以学生为本、重视本科生实践教学的优秀教风，也是为了适应新时代而不断创新实践教学模式的阶段性成果，并且在实践过程中产生了突出的成效。

1. 学以致用，学生综合素质显著提升

其一，科研创新能力突出。以"三段式报告会"为代表的学术活动在提高学生科研能力与兴趣的同时，带来多样化科研成果。近五年来，学生公开发表学术论文数十篇，荣获"全国史学新秀奖"9项(一等奖1项、二等奖5项、三等奖3项)、第二届"海国图志奖"2项(一等奖1项、二等奖1项)，居全国和湖北省高校同类学科前列；学生承担国家级大学生创新创业训练项目28项，位居全校前列。一些学生经深造后，成为双一流高校历史学科青年学术骨干。

其二，社会实践能力过硬。在师生通力协作下，口述史团队获批3项国家级大学生创新创业项目，均以优秀等级结项；2017—2019年，团队在全国大学生口述史大赛中分获一二三等奖，在2019年湖北省第十二届"挑战杯"大学生课外学术科技作品竞赛中获特等奖、2020年第十六届"挑战杯"全国大学生课外学术科技作品竞赛中获二等奖等荣誉。此外，学生社会实践团队以第一名成绩荣获"湖北十佳大学生社会实践团队"等，成绩斐然。2020年受疫情影响而在线上开展的"历史文化节"浏览量逾50万人次，为"学习强国"等平台大力推荐。

2. 心怀家国，学生社会服务意识有效增强

其一，学生将"家国情怀"内化于心，外化于行。近十年来，本团队成员担任班主任的班级，连年荣获"武汉大学先进班集体""武汉大学先进班集体标兵"称号；2016级历史学基地班积极宣讲党的政策，获评团省委"百生讲坛"活力团支部。

其二，涌现一批乐奉献、勇担当、有作为的新时代好青年。2016年李龙俊因跨国捐髓获"第十一届中国大学生年度人物"入围奖。疫情期间，学生桂祎明

身居海外，心系祖国，积极动员意大利华人华侨为武汉等地捐赠大量医护物资；周川又硕士研究生毕业后，远赴广西百色从事小学支教，被媒体誉为“用自己瘦弱的肩膀撑起中国乡村教育的未来”；马雨聪主动报名武汉大学“云陪伴”志愿关爱一线医务人员子女行动，其相关事迹为央视新闻联播所报道。

其三，建言献策受到肯定，志愿者服务蔚然成风。口述史团队关于“持续推动三峡文物的展示研究”“加大对三峡地区非物质文化遗产的保护力度”等建议，受到多家省级单位明文采纳或肯定。调研活动受到《湖北日报》《长江日报》等媒体高度关注，在社会上引起广泛影响。一些学子自愿担任陕西历史博物馆和中山舰博物馆讲解员、积极参与湖北省博物馆展陈、义务参加社区防疫工作等，受到各界普遍认可。

3. 立德垂范，团队成果推广示范效应充分显现

多方推进课程改革与学科平台建设见成效。在课程建设上，本团队将“家国情怀”理念融入“中国社会史”“新中国史”等课程教学中，培养学生爱家、爱乡、爱国情怀；精心打造“新四史”之“中华人民共和国史”“改革开放史”等慕课，讲好新中国故事；弘扬中华优秀传统文化，《中国文化史》获首届国家级教材二等奖；“中国古代史”等4门课程入选国家一流本科课程，“简明世界史”获评国家级一流线上线下混合式本科课程。

积极与吉林大学、山西大学、湖北省博物馆、云南文物考古研究所等多家单位开展教学资源共享和教学方式协同创新，引起行业高度关注；团队成员受邀参加全国公众历史会议，并向华中师范大学附属一中师生传授口述史访谈技巧，为新疆大学历史学院筹建考古专业建言献策，受到好评与赞誉。

在教改研究上，“‘三段式报告会’制度的设计与实践”获省部级学生工作精品重点项目立项；团队成员撰写并发表了一批教改论文，其中部分成果获得竞赛奖励。在成果推广上，探索“本硕博”贯通式培养试点，本团队推行的本科教育质量建设综合改革、研究生“一月一会”研讨制等，获校级教学改革与导师育人方式创新项目立项，为学校宣传部门大力推介。在学科平台建设上，成员主持湖北省名师工作室，本团队成果助力学院先后入选“双万计划”“强基计划”“拔尖计划”。

资政要报为政府部门采纳。团队成员撰写的关于中外关系、中日历史问题、中国传统文化等方面的要报，为中国社会科学院、全国社科工作办、湖北省相关

部门采纳。

以“文化认同”为主题开展对台工作引起反响。受武汉市台办委托，团队主持人编著的《江夏黄在台湾》，以家族血脉亲情为纽带，促进两岸文化认同，在海峡两岸引起广泛关注。团队成员组织或参与海峡两岸文创论坛、“中山·黄埔·两岸情论坛”等，为增进两岸文化认同发挥重要作用。

强化田野考古实习，培养拔尖考古人才

余西云　张昌平　李英华　王　洋　单思伟
（武汉大学历史学院）

考古学以考古发现与研究为核心，田野考古是现代考古学最基本的特色，以地层学、类型学建构的资料体系和时空框架，是考古学研究的出发点，也是考古学科学性最重要的体现。只有掌握了考古学收集资料、分析资料、解读资料的基本能力，才能从事考古学研究、文化遗产保护、博物馆陈列展示、保管、研究等相关工作，才具备用考古遗存进行科研、对遗存进行阐释、讲好文化遗产故事的能力。考古人才的培养，田野考古实习是基础，是核心，是关键环节。学生只有通过了田野考古实习的训练，才能掌握考古学研究的流程，掌握关键的概念、核心技术和基本方法，才有可能登堂入室，成为合格的考古人才。

武汉大学考古学科的本科教学培养方案以田野考古为中心进行组织安排：第一、第二学年，除了安排一般的通开课、公选课，主要的专业课就是考古学通论和田野考古方法论，一个是帮助学生建立基本的时空框架，熟悉考古学研究领域和研究课题，了解考古以往的研究成果；一个是让其熟悉田野实习的基本概念、基础技术、基本方法、一般流程等。然后在第五学期是整个一个学期的田野考古实习，为15个学分。

田野考古实习是对学生的一个全方位的训练，第一，要求学生掌握田野考古的流程，特别是考古发掘和室内整理的流程、掌握各项技术要领；第二，学生能够深入理解并掌握地层学和类型学等考古学基本方法，这不仅是考古学研究的关键，也是文化遗产保护和博物馆展示利用的基础；第三，田野考古实习，要求学生充分接触社会实际，培养吃苦耐劳的精神，培养团队合作的精神，学会与社会不同阶层的人打交道，在各种条件下生活、工作。

我们主要从田野考古实习基地、实验室硬件建设和优化课程教学理念两个角度解决教学问题。

一、建设田野考古实习基地，为教学科研打造坚实平台

田野考古实习基地是获取科研资料、推进科学研究的重要平台，也是人才培养的关键环节。田野考古实习基地，也可以为实习的学生提供一个相对良好的生活环境。武汉大学考古实习基地均采用与当地文物部门合作共建的方式推进。先后建设了安徽固镇，湖北石首走马岭、黄冈寨上、武汉盘龙城等田野考古实习基地。目前田野考古实习基地建设的重点是襄州凤凰咀遗址，从 2020 年秋季开始启动运行。

襄州凤凰咀田野考古实习基地

二、依托田野考古教学，提高学生科学素养

田野考古实习，按照理论联系实践，课堂教学与田野操作相结合的原则，组

织教学活动。教学活动与科学研究相结合；学习知识与提升能力相结合；钻研业务与接触社会相结合。在田野考古实习基地，老师与学生长期同吃、同住、同工作，交流和讨论随时进行，对学生进行全方位的培养。在教学组织上，将田野考古发掘的流程进行分解，在测绘、布方、刮面、划线(判断地层和遗迹单位)、判断早晚、清理遗迹、收集标本、写日记、绘图、照相、写记录、室内整理等环节，逐一指导。把地层学和类型学等考古学基础方法的训练作为教学重点，每天组织现场观摩，结合学生实习中出现的各类现象进行讨论，要求每个学生发言，然后指导老师进行总结。小会是我们重要的教学方式，引导学生参与、动手、观察、思考，掌握每个环节的技术要领。培养学生吃苦耐劳的精神；培养学生的团队合作的精神；培养学生自我管理能力。

三、将科技考古与田野考古有机结合，充分发挥田野考古“蓄水池”的作用

最近五年，武汉大学考古学科大力引进科技考古师资，将最新科技方法与手段引入田野考古发掘教学，大力开展跨学科研究，既让学生在田野考古实习过程中掌握了科技考古资料收集方法、有关的分析技术和研究理念，又为学术研究本身源源不断地提供了资料和动力，使得科研可以反哺教学，使武汉大学考古学科的科学研究能迅速跟进并达到国内外前沿水平，真正发挥了田野考古这一“蓄水池”的作用。

创新主要体现在依托田野考古实习基地推进田野考古实践教学活动的教学模式，落实聚落考古的田野考古理念，大量引入新科技，让科研反哺教学，取得了很好的教学科研成果，我们主要从以下几个方面入手：

首先，依托田野考古实习基地组织教学。目前在建的重点基地是湖北襄阳凤凰咀遗址实习基地，软硬件设施建设比较完善，能够有效保证教学工作的有序开展。

其次，贯彻聚落考古的田野考古理念。以往的田野考古，比较侧重揭露遗存之间的叠压、打破关系，进而揭示遗存之间的早晚关系，在后续的研究中也偏重关注文化历史过程。我们在近年的田野考古实习中，积极探索中国遗址条件下的聚落考古方法，改进田野考古工作规程中要求的主要操作要点“刮面划线”，也就是根据土质、土色、包含物区分不同的堆积物的做法，强调遗址全部由遗迹

(包括地层)构成，发掘就是要从遗址中判断出不同遗迹以及不同遗迹之间的空间联系，尽可能判断出遗迹组和聚落面，复原当时的生活场景和细节，将历史重建置于实物遗存的基础上。思考如何尽可能完整地揭示遗存之间的情境，也就是兼顾遗存之间的时间与空间联系，不仅关注遗存反映的文化历史，而且关注遗存反映的社会组织。我们摸索出了一整套如何进行开放式发掘、如何判定遗迹组、如何揭露聚落面等的操作方法，具有学术上的引领作用。

最后，将田野考古发掘与实验室科学研究有机结合，真正做到教研相长。积极引进新的科研技术、开拓新的研究领域。我们对各类遗存全面收集，开展动物考古、植物考古、人骨考古、冶金考古、景观复原和环境考古，也借助武汉大学遥感测绘学科的优势，采用全站仪、RTK 等测绘技术，对遗址进行激光雷达扫描、3D 复原等。武汉大学开发的考古数字化管理系统也在武大考古实习基地试用并向全国推广。武汉大学的这些考古实习基地正在成为多学科交叉的平台。

经过几年的推进，取得了比较好的教学、科研效果，也取得良好的社会效益和社会反响，主要有以下几个方面的收获：

第一，安排了最近几年武汉大学历史学院考古系全部的本科生、留学生和部分研究生的田野考古实习课程，取得很好的教学效果。接受新疆大学、云南大学、华中师范大学、安阳师范学院的部分同学参与田野考古实习，支援兄弟院校考古学科的发展。

第二，承担了一系列重要的培训任务。2017 年承担了湖北省文物局的文物干部培训班，2018 年承担了湖北省台办的两岸考古夏令营活动，都得到了受训学员的高度赞扬。

第三，成为前沿科研成果的“蓄水池”，依托田野考古发现，近五年出版专著 8 部，在《中国社会科学》《考古学报》《考古》及 SCI/SSCI/A&HCI 等期刊发表高水平论文 60 余篇。盘龙城、走马岭两个考古项目先后获得国家社科基金重大课题立项。

第四，成为重要的社会服务平台。盘龙城考古实习基地为盘龙城遗址公园建设提供了坚实的学术支撑。凤凰咀考古实习基地积极服务当地的文旅产业，所在的闫营村 2021 年入选全国美丽、休闲村镇。凤凰咀和盘龙城等实习基地的教学科研成果被央视、人民网、中新网、光明网等重要新闻媒体广泛报道，考古实习工地也接待了大量社会各方面的访客。

新文科背景下历史学本科拔尖人才科研能力培养与提升刍议：以武汉大学为例[①]

郑　威

（武汉大学历史学院）

习近平总书记在致中国历史研究院成立贺信中强调，新时代坚持和发展中国特色社会主义，更加需要系统研究中国历史和文化，更加需要深刻把握人类发展历史规律，在对历史的深入思考中汲取智慧、走向未来。历史学科要想繁荣发展，充分发挥知古鉴今、资政育人作用，培育史学拔尖人才是关键。拔尖人才的培育，同时也是新时代高等学校历史学人才培养的必然趋势，对国家和民族的兴盛具有十分重要的意义。培养有大才、有理想、有担当，能够肩负起中华民族伟大复兴大任的史学拔尖人才，是我们史学教育工作者的光荣使命与神圣职责。

2020年11月3日，教育部主办的新文科建设工作会议研究了新时代中国高等文科教育的创新发展举措，发布了《新文科建设宣言》，标志着新文科建设的全面启动。《新文科建设宣言》提出，要推动文科教育的模式创新，“以培养未来社会科学家为目标，建设一批文科基础学科拔尖人才培养高地”。武汉大学历史学科是国家首批历史学人才培养与科学研究基地，经过数代人的奋斗与积累，已经形成了一支专业布局与年龄结构合理的教师团队，具有雄厚的科研实力与完备的教学条件，建立起了严格规范的本科人才培养体系。在全面推进新文科建设的背景下，需要在力争成为文科基础学科拔尖人才培养高地方面有所作为。

① 本文为教育部2022年度基础学科拔尖学生培养计划2.0研究课题“新文科背景下历史学拔尖人才科研能力的培养与提升”(20222129)、武汉大学2023年本科教育质量建设综合改革项目“新文科背景下历史学专业拔尖人才培养改革与实践”成果。

学界目前关于新文科背景下史学拔尖人才培养的研究成果已较为丰富，相关论述有《新文科背景下的史学研究与人才培养》《历史学本科拔尖人才跨学科培养的模式建构与实践探索》《“新文科”理念下的历史学本科人才培养路径初探》《新文科视野下史学本科人才培养的挑战与应对》《新文科背景下如何讲好中国“历史故事”》等①。不过，这些研究或集中于宏观的论证，或集中于对新技术、跨学科方法在拔尖人才培养中的应用，而几乎未见有关历史学拔尖人才科研能力培养与提升方面的专门探讨。有鉴于此，本文拟以武汉大学历史学本科专业教育为例，就历史学拔尖人才科研能力的培养以及如何进一步提升方面略作讨论，不当之处，敬请指正。

一、实施路径

从较为普遍的历史学专业人才培养模式来看，课堂知识讲授过多但研究素养培养不足，学生学术创新能力低下的问题仍客观存在。如何寻求创新，提升本科专业拔尖人才的科研能力，仍面临着重要挑战。培养以中华民族伟大复兴为己任的历史学拔尖人才，需要改革创新教学与科研实践方式，改变学生处于客体接受地位，充分发挥学生的主观能动性，培育他们的科研探索精神、团队合作精神。我们建议从以下三个方面入手：

第一，创新拔尖人才培养机制。就武汉大学历史学本科专业而言，施行多年的“本科生学术导师制”“学年论文制”等科研实践路径，目前逐渐流于形式，学生和导师重视程度均不足。面对这一现象，应总结其成效与不足，深化改革，将学年论文与课程论文、大学生创新创业训练项目报告、毕业论文等环节紧密结合，促使导师在选修课程、课外阅读、学习方法、论文写作等方面为学生提供一对一指导，以激发学生科研兴趣，为拔尖人才培养提供长效机制。

---

① 参见陈春声：《新文科背景下的史学研究与人才培养》，《中国高等教育》2021 年第 1 期；马敏、薛勤：《大数据历史与新文科建设》，《新文科教育研究》2021 年第 1 期；梁志、陈书琦、李欣颐：《历史学本科拔尖人才跨学科培养的模式建构与实践探索》，《中国大学教学》2022 年第 4 期；梁志、章义和、李晔梦、赵晋、谷继坤：《“新文科”理念下的历史学本科人才培养路径初探》，《历史教学问题》2020 年第 5 期；阎琨、段江飞、张雨颀、吴菡：《拔尖人才培养的价值定位和实现路径》，《大学与学科》2022 年第 3 期；姜萌：《新文科视野下史学本科人才培养的挑战与应对》，《中国大学教学》2021 年第 5 期；何玉红：《新文科背景下如何讲好中国“历史故事”》，《西北师大学报》（社会科学版）2019 年第 5 期。

第二，拓展科研实践途径。武汉大学历史学院在推行多年的“本科生学术导师制”“学年论文制”基础之上，在部分班级中创新实施了“三段式报告会”制度，这一制度在实践中取得了较好的效果，值得在各专业推广实行。“三段式报告会”制度指的是在班主任的组织引导下，以班级为单位，学生通过代入“历史研究者”的角色，分三个阶段循序渐进走上史学研究道路①。这一制度充分考虑历史学科对培养学生综合能力与专业素养的要求，以学生报告为主体，以学术导师点评为指引，以师生互动为延伸，将“专业书籍阅读→研究现状分析→论文选题论证”训练路径有机结合起来并投射于学习实践。学术导师手把手地牵引、教导，将有兴趣的学生逐步引入学术之境，积极鼓励学生撰写高质量论文，申报大学生创新项目。

第三，转变课堂教学方式。在以教师为主体的传统历史学教学模式下，教学方法以课堂讲授为主，学生在教学与科研实践中处于被动接受地位，尽管经过四年专业课程学习，仍存在研究素养欠缺，创新能力不足的问题。而历史学作为一门人文社科基础学科，对于史料解读的训练必不可少；同时，在建设新文科的背景下，亟须培养理论性知识和跨学科综合素养。在这种情况下，课堂教学方式的改革刻不容缓，要将“必须学”转变为“我要学”，“沉默者”转变为“表达者”，充分调动学生对专业学习的积极性，提高学生的学术创新意识，让学生对科研道路不再望而生畏。这需要授课教师和学生的双向努力，也是历史学拔尖人才科研能力培育的重点和难点问题。

二、培养方法

在具体的教学与科研实践中，我们建议特别考虑历史学科对培养学生综合能力与专业素养的要求，鼓励拔尖学生在学术导师的指导下开展史学研究，学术导师全过程点评、指导，将学生逐步引入学术之境，促进师生交流，鼓励学生学有恒心，在科研道路上稳步前进。

第一，多元学习方法相结合，切实提高拔尖学生史学研究能力。在学术导师

① 关于“三段式报告会”制度的介绍，引自第九届湖北省高等学校教学成果奖特等奖“育家国情怀，做经世学问——新文科背景下历史学人才培养模式探索”（主持人：杨国安）相关论证支撑材料。

的指导下，通过撰写高质量史学论文、申报大学生创新创业项目、参加史学新秀奖评比等全国历史学本科生重大赛事，培养拔尖学生勇于探索、敢于挑战、锐意进取的科研精神，锻炼科研能力。通过组织拔尖学生与优秀导师座谈会、学术论文专家匿名评审、论文答辩等形式，深化“本科生学术导师制”“学年论文制”改革，切实起到提升学生史学研究能力的效果。

第二，充分发挥学生的科研主体性，引导学生做学术研究的新主人。无论是“学术导师制”“学年论文制”还是“三段式报告会制”，其核心精神都在于提升学生的科研主动性，培养学生自主科研的能力。学生于专业领域范围内可自主选择主题，形式灵活多样，充分尊重他们的主体性，能从师生交流、论文写作、学术报告、点评中得到学术训练，能充分表达自己的学术观点。在学术导师的组织引导下，鼓励拔尖学生进入学术殿堂，让学生转换角色，做科研的新主人，使他们不仅能从学术报告、导师点评中得到规范的科研训练，而且能在专业领域范围内自主选择报告主题，充分表达自己的学术观点，师生之间、同学之间各抒己见，相互砥砺，共同进步。

第三，将专业学习和社会实践相结合，提升田野调查能力。读万卷书之外，还必须行万里路，这样才能学以致用，在实践中提升科研，用实践反哺科研。在导师和班主任的指导下，带领学生走向社会、走向田野，在史学田野调查、实习实践中反刍书本知识，知行合一，坚固治史信念，提升科研能力。

第四，形成多样化的学习或研究成果，以科研产出成果，以成果鼓励科研。学年论文、调查报告等多样化的学习成果，经导师指导修改之后，可逐渐完善成为高质量学术文章。成型之后，可向纸媒和数字媒体投稿，力争能够发表于各类史学专业学术杂志，以及具有广泛影响力的学术公众号，在以科研产出成果的同时，也可将成果作为促进科研的重要动力，实现良性循环。

近几年来，武汉大学历史学院本科各专业同学和弘毅学堂人文班历史方向同学多次荣获“全国史学新秀奖”“海国图志奖”等本科生史学研究奖项，居全国和湖北省高校同类学科前列；学生承担国家级、省级大学生创新创业训练项目多项；毕业同学选择读研比例高，在推免优秀本科生方面成绩卓著，所荐学生大多升入国内名校。总体而言，史学拔尖学生科研创新能力基础良好，只要方法得当、路径可取，提升科研能力的前景可期。

同时，武汉大学历史学科先后入选“双万计划”“强基计划”和基础学科拔尖学生培养计划2.0基地，是国内少数成功申报以上三个国家级人才培养项目的历史学科，历史学专业建设与教学研究成绩显著，获得主管部门的高度认可与社会的广泛赞誉，已具备很好的实施基础。

新文科建设特别强调综合性的跨学科学习，以达到知识扩展和创新思维的培养。就历史学本科专业拔尖人才的科研能力培养而言，我们必须贯彻新文科的理念，注重理论与实践相结合、多措并举，这样才能在史学拔尖人才科研能力的培养与提升上推陈出新，培育高质量史学科研后备人才，取得显著育人成效，产生良好的学术、社会影响及示范效应。当然，在实施过程中，还必须广泛听取学术导师和拔尖学生的反馈意见，总结经验与不足，进一步优化科研训练方法，不断予以完善。

强化课堂教学　弘扬优秀传统文化

晏昌贵
（武汉大学历史学院）

近若干年来，地不爱宝，华夏大地出土了许多有关古代数术的简帛古书，通过学者研究，逐渐揭开了古代数术的神秘面纱，人们发现，中国古代数术涉及古代天文学、数学等自然科学知识，天圆地方的宇宙模式和宇宙观念，阴阳五行的思维模式等多方面内容，是华夏传统文化的重要组成部分。如何通过课堂的教学方式，使学生去粗取精、剔除糟粕取其精华，从而达到弘扬中华民族优秀传统文化的目的，一直是我在教学中思考的重要问题。

一、多样化的教学方式

毫无疑问，课堂教学是本科生教学的主体，但如何使课堂教学丰富多彩，激发学生的学习兴趣和学习热情，则是每一个教学者需要思考的问题，尤其是在新形势下，网络发达，资讯繁多，学生可以通过多种手段获取所需的知识，教学者若不留意新兴媒体，很可能落后于时代，导致教学效果不佳，学生兴趣不大，甚至使学生厌烦。为此，我们需要做到以下几点。

1. 做好预判，“领先”网络

应该说，当今发达的网络，为人们提供了更多的获取知识的途径。但网络知识往往鱼目混珠、泥沙俱下，为此，需要老师作出正确的辨别，告诉哪些知识是正确的，但需要深入了解；哪些是错误的，而需要批判鉴别。在这方面，老师需要走在网络的前面，时时更新自己的知识结构，在专业知识上比网络先行一步，起到“预流”的作用。当然，这就要求老师对本门课程所涉及的知识有更专精的研究。

2. 科学运用现代教学手段和教学工具

众所周知，现代大学教学，PPT 成为最重要的教学工具和手段，但 PPT 并非万能，PPT 由于形式和内容限制，往往导致老师讲述缺乏完整逻辑链，学生也疏于做笔记，所以在教学实践中，还需辅以其他形式。我在“中国古代数术文化”课的教学中，往往辅以适当的板书。在疫情期间，通过建 QQ 群、微信群等方式，提前布置课前预习、课后答疑等方式，和学生充分交流，强化课堂教学效果。

3. 增强教学互动，活跃课堂气氛

传统教学方式，往往是老师在课堂上讲，学生在下面听和记，在新形势下，这种传统教学方式往往难以取得好的教学效果，尤其是通识课教学，学生来自各不同的院系，对所讲述的内容的理解程度不一，程度好的学生往往自以为已经知道了，程度差的学生又不知道老师在讲些什么，普遍兴趣不高。怎样调动学生的兴趣、活跃课堂气氛，是一个迫切需要解决的问题。

在“中国古代数术文化”的课堂教学中，为了调动学生的积极性，活跃课堂气氛，我更多地让学生参与其中，让学生自己讲，师生互动，教学相长。

比如，在讲解《周易》时，对于易卦的成卦过程，我先讲解《周易》的成卦原理和演卦方法，然后请学生上台自己演示，这时候，学生往往热情高涨，参与和积极性很高，课堂气氛一下子活跃起来。通过自己亲手演算，不仅掌握了《周易》的成卦方法，还深入理解了《周易》的结构，对太仪生两仪、两仪生四象、四象生八卦的生成过程有了切身体会和充分认识。

再比如，梦占是最古老的数术，《汉书·艺文志》归于数术的“杂术”之列，所谓“众占非一而梦为大”①，而梦，是每个人都会做的。对于梦占，在古代，无论中外，都是作为一种预兆；1899 年，弗洛伊德发表著名的《梦的解析》一书，第一次从精神学和心理学的角度，全面系统地对梦做了科学研究，他的结论是，梦是欲望的实现。在古代，梦是指向未来的；而弗洛伊德则认为，梦是指向过

① 参见李零：《兰台万卷：读〈汉书·艺文志〉》，三联书店 2011 年版，第 195 页。

去。更有意思的是，弗洛伊德认为，自己才是自己的梦的最好的解梦师。① 我提前一周布置作业，让学生上台讲述自己的梦，学生参与的程度和活跃的气氛都超过了想象。通过这样的互动活动，不仅活跃了气氛，还大大激发了学生们进一步了解弗洛伊德精神现象学的热忱，对古代梦占有了进一步认识。

二、多角度弘扬优秀传统文化

“数术”又叫“术数”，是中国古代文化的重要组成部分，包括的内容十分广泛且复杂，既有积极正面的优秀传统，也不乏一些封建糟粕，如何正面弘扬其中优秀的传统文化，是我们面临的重要课题。

1. 数术与古代科技

最早研究中国古代数术的北大教授李零先生曾称数术是古代的“高科技”②，这话虽然说得有些过激，但中国古代关于科学技术的内容确实属于数术的范畴。在现存最早的目录学著述《汉书・艺文志》(源自刘向、歆父子的《七略》)中，班固将天下已知的知识分为六种，即：六艺、诸子、诗赋、兵书、数术、方技，前三种属于人文社会科学，后三种属于自然科学。在“数术略”中，又分为六类：天文、历谱、五行、蓍龟、杂占、形法，其中的“天文”即古代的天文学；历谱主要是关于历法的知识，其名包括《许商算术》和《杜忠算术》。今天所谓数学，在古代也属于数术。中国古代的四大发明，指南针源于古代的式占，火药来源于炼丹术，都跟古代的数术方技有关。

二十八宿是中国古代划分星空的坐标体系，与西方的黄道十二宫并列为两大天文学源头。除中国以外，在古代印度，也有类似于二十八宿的星空划分方法，被称为“纳沙特拉”(nakshatra)，在阿拉伯则被称为“马纳吉尔”(al-manāzil)，这三种“二十八宿”都来源于月亮在恒星间的运行周期，有着共同的来源。但三者的名称和具体划分并不完全一致，比如中国的角宿，在古印度《宿曜经》中称为“珠子”，斗宿(指南斗)在《宿曜经》中称为“象牙”，等等。此外，中国的二十八宿往往从角宿开始，而印度则始于昴宿。然则二十八宿起源于何时、何地？目前

① [奥]西格蒙德・弗洛伊德著，亦言译：《梦的解析》，广东人民出版社 2021 年版。
② 李零：《中国古方术考(修订本)》，东方出版社 2000 年版，第 17~18 页。

还是一个争议较大、有待进一步解决的问题。阿拉伯的“马纳吉尔”出现较晚，不是竞争对手。有人主张二十八宿起源于印度，有人主张起源于中国，还有学者在巴比伦楔形文字中找到二十四个“月站”，其中可以确定十六颗距星。这二十四个“月站”与中国二十八宿相合的只有三个，与印度“纳沙特拉”相合的有十个。因而也有人主张二十八宿起源于古巴比伦。

1978 年，湖北随州擂鼓墩发现著名的曾侯乙墓，出土文物中有一件漆衣箱，在箱盖上书写有完整的二十八宿名称(图 1)，它们按顺时针方向分布四方：角、阬、氐、方、心、尾、箕，斗、牵牛、婺女、虚、危、西萦、东萦，圭、娄、胃、矛、毕、雌、参，东井、与鬼、酉、七星、张、翼、车。这是全套二十八宿名称没有问题。曾侯乙墓中还出土一件大镈，是楚王送给曾侯乙的葬器，上面有铭文“唯王五十又六祀”，学者考证为楚惠王五十六年，即公元前 433 年。曾国在当时是依附于楚国的小邦，名不见经传，二十八宿只是绘在箱盖上作为装饰，由此可见二十八宿在战国中期已经成为相当普及的天文学知识了。这件器物是目前全世界发现的二十八宿年代最早的实物证据，它将我国古书记载的完整二十八宿的年代提早了两个世纪，亦表明二十八宿起源于中国，是弘扬中国优秀传统文化的具体实例。①

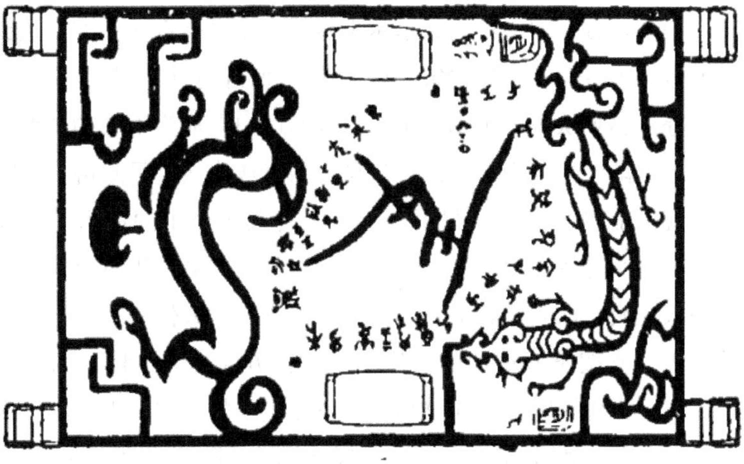

图 1　曾侯乙墓出土二十八宿星象图

① 参见冯时：《中国天文考古学》，中国社会科学出版社 2010 年版，第 351~370 页。

2. 数术与古代哲学思想

《汉书·艺文志》"数术略"的"蓍龟"，"龟"是指龟卜，"蓍"是指《易》占，《周易》既是一种占筮书，但在汉以后又成为"六经"（或"九经""十三经"）之首，对儒家思想产生重大影响，在古代中国哲学思想中占据重要地位。龟卜和筮占，是最古老的占卜形式，影响中国古代思想既深且巨，法国著名汉学家汪德迈曾专门研究这两种占卜方式对中国古代思想的影响，写下《中国思想的两种理性：占卜与表意》一书。①

阴阳五行是古代数术的基本构架，汉以后的目录学著述，多以"五行"概指数术或术数，但同时，阴阳五行也是中国古代思想的大本营。在《汉书·艺文志》中，"诸子略"中有阴阳家，"数术略"中也有"阴阳类"，哲学与数术，在中国古代很难截然分开。

至于中国传统的道家和道教，与数术的联系更加紧密。老子强调"负阴抱阳"，早期道教经典《太平经》，其中不乏数术的内容。在考古出土的数术文献《日书》中有许多关于"禹步"的描述，而"禹步"正是道教重要的法术仪式。

3. 数术与民间文化

从历史发展进程看，中国古代数术越来越从庙堂之高走向江湖之远，龟卜蓍占在商周时期占居王室庙堂，到唐宋以后流落民间江湖；而一些具有科学理性成分的天文历法等内容被从数术中剥离出来，开路门户，成为王室的禁脔；数术则成为民间小道，逐渐演变成为一种民俗现象，数术成为研究民间俗文化的对象。

在考古发现的战国秦简简牍帛书中，有一种关于生子的占术，睡虎地秦简《日书》甲种自题为"人字"的简文，上为图下为配图文字，从图像看，春夏图象征阳，秋冬图象征阴，取阴阳和谐之意。十二地支分列人体各部位，其中春夏图从手部开始，十二支按子丑寅卯的次序，顺时针方向排列；秋冬图则从足部开始，错二个地支，亦作顺时针方向排列。图下是生子的占文。类似的图像亦见于马王堆帛书《胎产书》，北京大学藏汉简有《占产子》，随州周家寨汉简称《禹汤生子占》。类似的"生子占"图文在后世亦有流传，美国学者司马富（Richard Smith）

① ［法］汪德迈（Leon Vandermeersch）著，金丝燕译：《中国思想的两种理性：占卜与表意》，北京大学出版社 2017 年版。

曾引述一件清道光年间“历书”中的“黄帝四季诗”，为四个站立人像，分别表示春夏秋冬四季，十二支布列于人体各部位①。现代彝族《玄通大书》之“春夏秋冬耿纪”亦与之类似。港澳地区的一种《李宪章通胜》，有一种“轩辕黄帝四季诗”，日本《平成二十六年神宮館家庭暦》则称之为“皇帝四季の占い”。可见此类知识源远流长，一直未曾断绝，并流传东瀛，成为民间文化交流的重要物证。

三、结语

“求木之长者，必固其根本；欲流之远者，必浚其泉源。”中华优秀传统文化是中华民族的精神命脉，是涵养社会主义核心价值观的重要源泉，也是我们在世界文化激荡中站稳脚跟的坚实根基。我们可以通过“中国古代数术文化”课程多样化的教学实践，去其糟粕，取其精华，从而达到弘扬优秀传统文化，增强文化自觉和文化自信的目的。

① Richard Smith：The Legacy of Daybooks in Late Imperial and Modern China，in Donald Harper，Marc Kalinowski eds.，*Books of Fate and Popular Culture in Early China*：*The Daybook Manuscrpts of the Warring States*，*Qin*，*and Han*. Brill，2017. p. 153.

“全球史”课程思政案例及其教学实践

潘迎春

（武汉大学历史学院）

近年来，课程思政作为高校培养人才的一个重要教育理念越来越受到重视。2020年5月，《高等学校课程思政建设指导纲要》中指出：“全面推进课程思政建设是落实立德树人根本任务的战略举措。”为了解决高校培养什么人、怎样培养人、为谁培养人的问题，各高校已经全面开展了课程思政建设，将立德树人贯穿于高校教学工作的全过程，做到全员育人、全程育人、全方位育人。立德树人成效已纳入高校工作的各类评估考核体系中，如全国学科评估、“双一流”建设、本科专业评估、一流专业与一流课程建设等，可谓是检验高校一切工作的根本标准。课程思政成为新时代高校课程改革与探索的新的增长点。

各高校各学科都非常重视课程思政建设，开展了专业教学中的课程思政研究与探索，将价值塑造、知识传授和能力培养三者有机融为一体，把思想政治教育有机融入各类课程。“各门课都要守好一段渠、种好责任田，使各类课程与思想政治理论课同向同行，形成协同效应。”①

截至2022年12月，用“课程思政”作为篇名在中国知网上检索出36952篇文章，可见近年来研讨课程思政的文章之多，发表时间主要集中在2017—2022年，而且是逐年成倍增加。在此搜索结果的基础上，再增加“历史”一词进行高级检索，仅搜索到72篇文章，其中有一半以上还是关于高中、初中历史教学中的课程思政，有关高校历史教学中的课程思政的文章不多。可见，对于高校历史教学的课程思政研究与实践总结存在明显不足。

① 习近平：《把思想政治工作贯穿教育教学全过程，开创我国高等教育事业发展新局面》，《人民日报》2016年12月9日。

2020年5月，教育部关于印发《高等学校课程思政建设指导纲要》的通知里，明确指出了高校历史类课程思政工作的内容重点。历史学专业课程教师要在课程教学中帮助学生掌握马克思主义世界观和方法论，从历史与现实、理论与实践等维度深刻理解习近平新时代中国特色社会主义思想。要结合历史专业知识教育“引导学生深刻理解社会主义核心价值观，自觉弘扬中华优秀传统文化、革命文化、社会主义先进文化”。

历史学教育承担着“究天人之际，通古今之变”的重要使命，在新时代更肩负有传承人类文明与中国传统文化的重大责任。历史类课程的教学具有课程思政的天然优势，研究与探索课程思政的教学与实践也是历史专业教师的使命与担当。武汉大学世界史专业的“全球史”课程教学团队近年来在课程思政建设方面做了一些探索与努力。

专业课程是课程思政建设的基本载体。“全球史”课程的教学目标是在唯物史观和“人类命运共同体”理念的指导下，通过回顾从史前到20世纪末的全球化过程，旨在让学生了解人类社会的起源、发展和衍变，重在理解从分散到整体的世界历史大势。我们教学团队深入梳理了“全球史”课程的教学内容，结合世界史专业课程的特点、思维方法和价值理念，深入挖掘课程思政元素，完善教学内容设计，编撰课程思政教学案例，将“文明互鉴”“人类命运共同体”等主题，爱国主义、家国情怀、科学精神、批判性思维、法治意识、求真务实等核心素养融入教学内容，润物无声地教育学生树立正确的价值观、世界观和人生观。

一、案例一：“文明互鉴”

“文明互鉴”主题是全球史课程讲授中的重要内容之一。在讲授古代东方文明的灿烂成就时，如美索不达米亚地区苏美尔人使用楔形文字在泥板上书写，古代埃及人在纸草上书写象形文字，我们及时加入中国古代甲骨文的书写及其汉字演变等内容，让学生理解中华文明的源远流长。在欧洲启蒙运动一节中，介绍伏尔泰、魁奈等启蒙思想家吸引借鉴了来自中国的哲学思想、儒家伦理与政治制度。

伏尔泰作为18世纪法国启蒙运动的领袖和导师，同时也是宣传中国文化的最著名代表。他在为后人留下的97册之巨的《伏尔泰全集》里，赞扬并主张效法中国的言辞，俯拾皆是。尤以1760年出版的《风俗论》，推崇中国达于登峰造极之境。这部书几乎汇集了当时所能收集到的有关中国情况的各种知识，字里行间处处洋溢着对中国文明之古老而伟大的热情讴歌。他极力推崇中国的传统哲学。他曾说："世界的历史始于中国"，当中华文明已然昌盛、发达之时，欧洲人"还只是一群在阿登森林中流浪的野人呢"。伏尔泰认为，中国人讲的"理"或"天"，既是"万物的本源"，也是中国"立国的古老"和文明的原因。尤其受到伏尔泰推崇的是中国哲学中的一切都是超自然的，没有任何"神奇的意味"，"中国人的历史从一开始起就写得合乎理性"。《风俗论》以平等的态度对待世界各民族的历史，被认为是一本真正意义上的世界史。1755年8月，伏尔泰根据传教士翻译的中国元曲《赵氏孤儿》改编的法文版《中国孤儿》在巴黎法兰西剧院公演，引起轰动。他一改过去以中国为题材的歌剧仅为娱乐观众，而希望引起一种道德的影响，让人们从此剧本中了解中国人的性质，胜过所有关于中国的论述，能更充分地把中国人的形象显示在法国人面前。《中国孤儿》的公演，不仅把欧洲盛极一时的"中国趣味"推向新的高潮，而且广泛传递了伏尔泰对中国道德和文明的看法。

法国另一位启蒙思想家、经济学家、重农学派的领袖魁奈把中国作为理想王国而执着追求，并强烈感染了重农学派的其他成员，向欧洲人灌输中国的政治法律精神，被尊为"欧洲的孔子"。魁奈非常赞赏孔子的学说，专门以"孔子的简史"为题，撰写了十多页的有关孔子生平的介绍。他还在其著作中多处流露对孔子的景仰和高度评价。在他的影响下，法国重农学派的经济学家们"言则必称孔子"。

在启蒙时代，法国是欧洲文化发展的重要中心。这股由法国逐渐兴起的"中国风"随着启蒙思想的传播在欧洲大陆愈演愈烈，一时间，欧洲大陆到处劲吹"中国风"。18世纪中法两国文明互鉴的历史在近年来中法两国领导人的互访中得到了实证。2019年习近平主席访问法国，法国总统马克龙赠送给习近平主席一件珍贵的国礼——1688年《论语导读》法文版原著。该书原名《孔子与王家科学》，作者是17世纪法国医生和教士弗朗索瓦·贝尼耶。这部著作的原著目前仅存两本，一本存放于巴黎吉美博物馆，一本作为国礼赠予中国。这件文物被认为是开启欧洲汉学的标志，见证了中法文明互鉴的悠久历史，目前已由中国国家图书馆收藏。

二、案例二："人类命运共同体"与"家国情怀"

在全球史教学中，专门设计了"人类命运共同体"与"家国情怀"主题的教学环节。2020年抗击新冠疫情以来，我们在讲到中世纪晚期、近代早期世界各地区之间"跨文化互动"时，改变了以往只把14世纪黑死病在欧洲的肆虐及其危害作为宗教改革的背景，而是结合中国，特别是武汉人民抗疫的亲身感受，查找相关史料及研究成果，重新设计教学内容。把"黑死病的肆虐与西欧的集体抗疫"作为单独一节课集中讲授。历史上人类遭遇了鼠疫、天花、流感、伤寒、梅毒、埃博拉、SARS等无数对人类命运和历史进程产生巨大影响的严重流行病。"人类的历史即其疾病的历史。"但对人类历史上疫病史的研究却常被称作史学研究的"漏网之鱼"，即主要指史学工作者受传统史学的影响，在潜意识里有意或无意地将疫病史研究归属于医学门类研究，而很少关注疫病在历史发展进程中所扮演的角色。本节课以人类历史上最惨烈的一次瘟疫"黑死病"的传播为线索，让学生开拓视野，学会从不同角度去理解全球史，从全球史的角度去考察，几百年前那场"黑死病"是如何传播的、各地区采取了哪些抗疫措施等。

14世纪中叶"黑死病"席卷了整个欧洲大陆，造成人口锐减。此后，鼠疫并没有从欧亚大陆消失，直到19世纪中后期，它仍肆虐于东欧、巴尔干半岛、西亚和北非等地。但是，西欧是一个例外。早在1656—1721年，西欧诸国就先后走出鼠疫的阴影。奇怪的是，当时的西欧人并未发明出医治鼠疫的药物，他们对这种疾病的起因和传播渠道也不清楚。鼠疫为什么会在西欧突然消失呢？这是西方疫病专家、历史学家长期争论的问题。多数专家学者认为这与西欧有组织的抗鼠疫行动有关。15世纪末16世纪初民族国家在西北欧兴起，为集体性抗鼠疫行动提供了组织上的保证。瘟疫的肆虐传播对人的健康与生命安全造成了重大威胁，会导致人们心理恐慌和社会秩序混乱，甚至使人类文明面临难以延续的危机。当代学者客观分析了黑死病等瘟疫的肆虐传播其影响并不完全是消极的。首先，在抗击鼠疫的斗争中，西欧人逐渐摆脱了宗教的束缚，开始以理性的眼光看待人和世界。其次，通过抗击鼠疫的斗争，西欧人学会了组织自己，从而大大提高了人类征服自然的能力。正因为如此，西方不少权威教科书将"黑死病"作为西欧从中世纪向近代过渡的转折点。①

本节课的思政目标是观照现实，结合中国当时的疫情防控，旨在让学生们理性对待疫情，科学防控，坚定中国道路的自信心，树立人类命运共同体的理念。

三、案例三："法治意识"

深入开展法治教育，培养学生树立法治意识也是专业课堂进行课程思政的重要内容。在世界历史长河中，法制建设一直是不同地区不同时期的治国理政重要的内容。为了帮助学生理解世界两大法系之一的罗马法大陆法系的演变，我们在不同章节里都会讲述并厘清成文法典的渊源与传承，从古代的罗马最初的十二铜表法，到拜占庭帝国的《查士丁尼法典》，再到近代法国的《拿破仑法典》。特别是讲到法国大革命之后，资产阶级启蒙思想家的理想和学说在法律建设中加以实践，充分体现在拿破仑主持制定的《法国民法典》中。

法律的制定基于对法国国情的清醒认识，回应民众的政治经济诉求。17世纪法国启蒙思想家们猛烈地批判着封建的社会制度和政治制度，要求建立一个理性的社会和国家，摧毁旧制度的法国，建立一个资本主义制度的新法国。经济上日益强大的资产阶级迫切要求政治上的权利平等与经济上的自由发展，农民要求废除封建义务。法国大革命之后，拿破仑在1799年雾月政变之后登上法国政治舞台，主政法国长达15年。

帝国期间，在一批法学家的帮助下，拿破仑以其卓越的军事指导才能与至高的政治权威主持了新法典的制定，陆续颁布了五部法典：《法国民法典》(1804)、《民事诉讼法典》(1806)、《商业法典》(1807)、《刑事诉讼法典》(1808)和《刑法典》(1810)。这些法典是大革命的胜利成果和法国启蒙思想结合的产物，从法律上维护和巩固了资本主义所有制和资产阶级的社会经济秩序，用法律语言记录并保卫了大革命的成果。它们保障法律平等，所有法国公民拥有同样的公民权利。其中《法国民法典》影响最大，是拿破仑治国的根本大法，在围绕法典草案召开的102次讨论会中，正在领导战争的拿破仑亲自参加了97次。1807年和1852年，这部沉淀了启蒙思想和大革命精神的《法国民法典》曾两次被命名为《拿破仑法典》，既是对拿破仑贡献的肯定与纪念，也是拿破仑的荣耀。拿破仑在其生命

① 向荣：《集体行动与近代早期西欧鼠疫的消失》，《光明日报》2003年7月。

的最后岁月里还回忆道：“我真正的光荣并非打了40次胜仗；滑铁卢之战抹去了关于这一切的记忆。但是有一样东西是不会被人忘却的，它将永垂不朽，那就是我的民法典。”事实也确实如此，历经两个多世纪的风雨，这部法典一直沿用至今，现在依然是法兰西共和国的现行法律。这是近代资产阶级革命以来制定的第一部民法典，对欧美各国民法典的制定都产生了重要的影响。

这部《拿破仑法典》的重大历史意义在于它以资产阶级的法治专制代替了封建的愚昧专制，在于它结束了以往(包括法国革命以来)各个时期法律的混乱现象，建立了第一个统一的完整的近代民法体系，它宣布资产阶级的私有制神圣不可侵犯，承认土地制度变革的既成事实，确保农民的土地所有权。恩格斯说，《拿破仑法典》是一部“典型的资产阶级社会的法典”。它“以法国大革命的社会成果为依据并把这些成果转变为法律”。《拿破仑法典》对于巩固和发展资产阶级的所有制关系，促进法国资本主义的发展，创立资产阶级的法律制度体系都有着重要意义。在该《法典》颁布后的对外战争过程中，拿破仑又把这一法典的许多条文和原则推广到广大被征服地区，从而对欧洲许多国家的法律制度都产生了重大影响，为世界资本主义国家法典的制定提供了范本。

罗马法诞生于古代罗马社会早期简单商品经济环境之中，作为古代世界最发达的法律体系，其中蕴含的理性、平等观念适应了当时商品经济的发展。西欧中世纪晚期，罗马法得以复兴。而到近代新的历史条件下，颁行于1804年《法国民法典》继承了罗马法的自然法精神，承袭了罗马私法的结构体系与法律术语发扬光大，成为适应资本主义经济社会的民法的典范，并且传播到世界，成为各国制定民法的榜样，深刻影响了后世的立法实践。如《德国民法典》就是在法国民法典的基础上，在德意志完成统一之后的新的历史条件下制定出来的。

我们在讲到法国民法典的制定及其历史影响的时候，要联系中国民法典的编纂实践。如何借鉴、吸收法国民法典的立法经验，立足于中国的国情，对于中国编纂自己的民法典工作具有历史借鉴意义。在注重引进西方先进法律思想的同时，要重视与中国传统文化、社会主义核心价值观相结合。2021年1月1日开始施行的《中华人民共和国民法典》明确规定，将“弘扬社会主义核心价值观”作为一项重要的立法目的，体现坚持依法治国与以德治国相结合的鲜明中国特色。确立了平等、自愿、公平、诚信、守法和公序良俗等民法基本原则，同时还体现了习近平生态文明思想，将绿色原则确立为民法的基本原则，规定民事主体从事民事活动，应当有利于节约资源、保护生态环境。

四、案例四："爱国主义精神"

在课程思政教学设计中，我们还充分挖掘了爱国主义精神元素。在讲授法国大革命时，注意到诞生于法国大革命的法国国歌《马赛曲》。当法国大革命拉开帷幕，受到欧洲封建国家的军事围攻，1792 年，法国遭受了奥地利、普鲁士联军的入侵。正当祖国处在危急之中，7 月马赛国民自卫军一路高唱《莱茵军团战歌》，浩浩荡荡地向首都巴黎开进。这首歌不久前刚刚由鲁日·德·利尔创作完成。后被称为"马赛曲"。《马赛曲》极大地鼓舞了法国民众的革命热情，击退外国干涉势力组成的反法联盟，在推翻君主专制、建立共和国的斗争中发挥了重要作用。1879 年 7 月 14 日，《马赛曲》被正式确定为法国国歌。1879 年、1946 年、1958 年通过的三部法国共和国宪法皆定《马赛曲》为共和国国歌。

我们在课堂上简要介绍《马赛曲》的诞生经过，同时播放法国影片中有关《马赛曲》的片段，让学生们感受法国民众的革命热情，保卫祖国的坚定决心。让同学们认真体会那些慷慨激昂的歌词："前进，祖国的儿女们，光荣的日子已来临！我们受尽专制压迫，暴政之旗掀起血腥！你可听到鬼哭狼嚎，敌军到处霸道横行？鬼子们正步步逼近，要杀你们怀中亲人！公民们，拿起枪！跟队伍，上战场！向前进，向前进！血债血来偿，把敌人消灭光！"

无独有偶，中华人民共和国的国歌《义勇军进行曲》的诞生与法国国歌的历史有异曲同工之处。每次讲到这里，我也会简要提及田汉、聂耳创作《义勇军进行曲》的经过。同样，这首激动人心的歌曲诞生在 1935 年中华民族危亡的关头，广泛传唱于同仇敌忾的抗日烽火中，对于激励中国人民的爱国主义精神起了巨大的作用。在 1949 年新中国成立之际，9 月 27 日中国人民政治协商会议第一届全体会议确定《义勇军进行曲》为代国歌。2004 年 3 月 14 日，第十届全国人大二次会议通过了《中华人民共和国宪法修正案》，正式确定《义勇军进行曲》作为国歌。课堂上师生共同重温那些激昂的歌词："起来，不愿做奴隶的人们！中华民族到了最危险的时候，每个人被迫着发出最后的吼声！起来起来起来，我们万众一心，冒着敌人的炮火，前进前进前进进！"每当这时，学生们的情绪受到极大的感染，课堂效果达到一个高潮。通过对两首歌曲的诞生及成为国歌的历史进行对比，可以激发学生们的爱国主义精神，

以上课程思政教学案例均与讲课内容密切相关，将思政元素巧妙嵌入课堂讲

授之中，与世界史内容天衣无缝地融为一体。在讲授过程中，教师把握好力度与方向，不会让学生们的思考偏离主线，反而能引导学生对所学的世界史知识的思考上升到一个新的高度，同时也帮助学生更好地理解“文明互鉴”，体会人类命运共同体，感受家国情怀，增强法治意识，激发了学生的爱国主义精神，真正做到了专业课程与思政教育同向同行，相互融合，相互促进，起到了春风化雨，润物无声的教育效果。当然，要使课程思政充分融入每一堂课，需要挖掘更多更好的思政元素，收集更多的案例，打造课程思政案例库，才能取得更好的育人效果。

新型助教模式与通识课教学

王　萌

（武汉大学历史学院）

武汉大学作为综合型教学科研单位，研究生导师“身兼两任”，既是研究生的学术导师，也是本科生的课程教师。伴随武汉大学“教”与“学”革命的展开，通识课作为大学成人教育的重要阵地，大部分的研究生导师都会参与此类课程教学工作。以笔者为例，自2019年起，即承担一般通识课“荆楚文化通论”、核心通识课“近现代中外关系”的课程教学。在从事通识课教学的过程中，笔者不仅认识到大学通识教育对于成人教育的重要意义，也感受到上好此类课程的不易。对于站在本科教学一线硕博士研究生导师而言，兢兢业业上好每堂通识课，既是使命，也是责任。言传身教，莫过于授课。研究生导师如何利用本科通识课课堂，对研究生发挥“立德树人”的效应，是近年来笔者关注的一项重要课题。新型助教模式的创设及其实践，则是笔者在此方面探索的成果。

一

众所周知，通识课教学侧重于“通”，讲求面向全校各专业本科生，选课学生人数众多且来自“五湖四海”，授课教师一般对其“来者不拒”；通识课教学还注重师生互动，授课教师往往通过小班研讨的形式来开展教学工作。如何调动学生自主学习的积极性，提高他们的学习能力，激发他们的创新意识，是对通识课授课教师的一大考验。在实际授课过程中，笔者面对百余人的课堂，时常感到有心无力，难以充分保证教学质量。新型助教模式，系笔者针对通识课教学工作的实际需要而创设。

新型助教模式，即由笔者指导的研究生协助笔者上好通识课，全程参与一门通识课的教学工作，以此充分体验通识课教学的诸环节。新型助教模式的探索，着力于使研究生通过代入“助教”角色，培养他们的责任意识、服务意识，提高他们的专业素养、锻炼他们的表达能力。目前，我校研究生担任的助教工作，主要协助导师批改作业、为本科生课余答疑等，形式较为单一，研究生参与课堂教学的“存在感”并不强，“立德树人”的效果也有限。研究生不过是导师课堂教学的“配角”，而并非“主角”。笔者旨在探索一种新型的助教模式，也即导师通过使研究生“上讲台”的形式，使之切身感受为人师者的责任、使命与光荣。这对于培育研究生的责任意识、服务意识，提高他们的专业素养、锻炼他们的表达能力，无疑具有积极意义。

另外，新型助教模式的设想由来有自。近年来，笔者对于高校人文社科专业班主任工作的新模式、研究生导师与研究生学术互动平台的建设等课题，进行了一系列摸索，取得了若干成果。如《“三段式报告会”的设计与实践》获批湖北省班主任精品项目重点项目、《“一月一会”研讨制的设计与实践》获批武汉大学研究生教学改革项目等。在这两个项目的建设过程中，笔者发现，如何通过“体验”培育研究生的责任意识、服务意识，更好体现导师“传、帮、带”效应与“立德树人”精神，是应作进一步延伸的课题。以学校通识课教学工程的蓬勃开展为契机，新型助教模式也是基于以上思考与前期基础而创设的。

二

新型助教模式以笔者指导的4位研究生(博、硕)为试点，通过团队内部协商与课程资源协调，每位研究生作为助教，旁听并学习笔者主讲的一般通识课“荆楚文化通论”。在笔者的安排下，每位研究生助教结合课程相关进度，充分备课，面对授课对象本科生群体，主持2~3场的小班讨论，课后由导师就讨论内容、教姿教态、表达能力等进行点评，促进研究生研讨组织水平的综合提升。参与通识课教学的研究生助教，在课程结束后召开总结会议，交流经验，分析不足，作为未来制度化建设的实践基础。

“荆楚文化通论”系笔者每学期开设的一般通识课，选课者众多。荆楚文化博大精深，先秦以来延绵不绝，就读武汉大学的学生，对于所处区域文化之渊源与衍生发展之过程，有必要进行深入了解。这门课程希望学生通过了解先秦至近现代荆楚文化的历史变迁过程，感受区域文化之魅力，培育其对所居乡土之热爱，切实感受两湖地区先贤所创造的文化的深度与广度，从而使其树立扎根荆楚大地、服务荆楚大地的意识。这门课程安排2次小班讨论，以同学眼中的荆楚文化为主题，让他们精心准备课件，并在小班讨论中展示。4位研究生出色地完成了助教任务，他们在担任助教的过程中充分发挥自身学科知识优势，充分利用网络平台等手段，与本科同学积极沟通与互动，全过程融入线上线下课堂教学，达到良好的示范效果。在实践中，新型助教模式逐步制度化，其工作内容得到进一步明确：(1)助教应全程跟听一门课，做好课堂签到、作业收集等日常性事务；(2)助教应组织至少2堂随堂讨论课，担任主持并点评同学讨论；(3)在QQ群、微信群、公众号中积极与同学围绕教学内容展开互动。新型助教模式要求研究生助教全程参与课程建设，落实对课堂的常态化管理，并在与本科同学的互动中体现即时性。最重要的是，作为新型助教模式的评价体系，既来自授课教师的评价，也来自授课对象的评价，以及助教同学的自我评价。

目前，新型助教模式经过2轮实践，取得一些经验。笔者认为新型助教模式相较目前武汉大学施行的研究生助教制度，具有如下创新或特色之处：

第一，新型助教模式能够成为通识课教学的有机补充。体验式教学，是目前我们研究生教育中的薄弱环节。通过亲身主持课堂讨论，研究生不仅能够从中获得教学经验、提升知识水平与表达能力，也能从中理解为人师者“授道传业”的光荣与责任。上好一堂小班讨论课，是提高研究生知识水平与督促他们责任意识的一条有效途径。

第二，研究生从导师课堂教学的“配角”变为“主角”。目前研究生助教工作形式较为单一，大多协助导师批改作业、线下问答等，新型助教模式不仅能够有效推动导师、研究生、本科生的三向互动，而且有助于提升研究生对助教工作的认同感。

第三，新型助教模式既是“实践育人”的活动，也是“立德树人”的工程。针对研究生助教服务意识不强等问题，全过程担任助教工作，起到充分调动研究生积极性的作用。研究生在此过程中学有所授，积极备课、认真应对、对于提升他们的工作面貌颇有裨益。

未来，随着更多研究生同学参与新型助教模式，以及更全面地融入通识课教学工作，新型助教模式或将进一步制度化。另一方面，笔者也发现这一模式存在值得进一步改善之处，如研究生助教的评价机制与绩效奖励如何结合，研究生助教能否真正意义上代替教师上课，研究生助教的工作量如何合理认定等问题，都需要在总结经验的基础上进一步摸索完善。

三

新型助教模式在实践中的效果，体现于参与者——研究生的自我工作评价中。2020 级博士研究生申晴、2020 级硕士研究生杨自立担任 2021 年第 1 学期“荆楚文化通论”的助教工作；2021 级博士研究生胡耀、2020 级硕士研究生张海龙担任 2021 年第 2 学期该课程的助教工作。笔者每次课后都收集他们担任“荆楚文化通论”助教的感悟和心得，他们的一些认识值得借鉴，以下做部分摘录。

2020 级博士研究生申晴的感悟：

> 很荣幸有机会担任“荆楚文化通论”选修课的助教。这是我第一次以助教老师的身份参与课堂教学活动，这使我感到很新奇，同时，这次的助教工作让我受益良多：首先，王萌老师在课堂上精彩绝伦、生动形象的讲述，使我和同学们充分领略了荆楚大地独特的历史人文魅力。其次，这次助教工作给了我一个全面了解教学工作的窗口，通过参与王老师的课堂教学，我了解了整个教学工作的全部过程，从开始的如何备课，如何维持课堂秩序，如何组织语言有逻辑有条理地讲好课，到最后课程结束后组织学生考试，每个细微的环节我都参与了，可以说，我对课堂教学工作有了全面的认识。作为一个毕业后即将踏上教师岗位的博士生，这些课堂经验是弥足珍贵的。最后，通过这次助教活动认识了很多优秀的武汉大学的本科生们，同学们求知若渴的精神，让我更加明确了老师教师工作的责任和义务，即“赠人玫瑰，手有余香”。期待我也有“桃李满天下”的那一天。

2020 级硕士研究生杨自立的工作心得：

> 担任“荆楚文化通论”课助教的经历，于我而言，收获颇丰。一方面作为求学者，我获得了学识。课堂教学传授的知识，我和其他同学一道接受，所以无论是楚辞、汉绣还是湖北美食，荆楚文化的种种内容我都有了一定的了解。另一方面，作为教师，我通过课上课下与同学们接触，洞见了本科生丰富多彩的生活，了解了本科生的所思所想，积累了与本科生相处的经验。

我认识到对待学生要宽严适中，既要设身处地地为他们考虑，但在处理有关教学的原则性问题时又得一丝不苟，如此方无愧于教师的职责。总的来说，选择担任助教，是我作出的正确选择。

2021级博士研究生胡耀对助教工作的思考：

2021—2022学年第二学期，我担任了导师王萌老师全校通识教育选修课程“荆楚文化通论”的助教，基本完成了各项任务，达到了主讲老师的工作要求。总结本次助教工作，我有三点体会：一是做好辅助工作。我在老师指导下，积极主动做好课堂考勤、试卷批改、成绩统计等任务，减轻老师工作负担，同时在随堂听课和辅助工作中锻炼自身教学能力。二是把握正确导向。我试讲了三节课，在试讲过程中，加深了自己对教学工作的理解，在充分备课、讲解史实的同时，也注重将思想政治教育贯穿其中，培育本科生正确的历史观；三是认真点评答疑。助教与本科生之间年龄差距小，更易交流，除了在课堂上进行作业点评外，还应做好课后答疑，提高本科生学术水平。

2020级硕士研究生张海龙对助教工作的思考：

本学期担任“荆楚文化通论”课程的助教，主要任务包括随堂的点名签到、期中作业的批改、课程展示的主持、试卷的批阅等工作。在此次担任助教的过程中，我除了获得了一些课程相关知识外，更多的是学习了许多教学经验，通过与学生们的交流沟通，我协调和处理事务的能力得到了锻炼，为同学服务的意识得到显著增强。除此以外，在工作之中暴露的不足之处，我也及时反省并改正，提高了自己的工作能力。总之，通过本学期的助教工作，我更加了解了教师这个职业，老师除了要把知识传授给学生，更要关心和理解学生，要根据学生们的具体情况做到因材施教。虽然以后不一定会从事教师这个行业，但此次助教的经历，无论对我今后的学习还是对我以后的工作都有很大帮助，我明白了要在实践中改正自己的缺点，提升自己的能力，努力做到更好。

可以看到，4 位助教同学的感悟和心得大多从自身的工作经历出发，并非为了应付而作的“官样文章”。他们能够感受到作为一名教师的崇高职责以及注意到工作中与他人的相处之道，并且认为这段助教经历对于他们未来的职业生涯具有重要的启示意义，都对新型助教模式表示肯定，体现这一模式确具“立德树人”效果。

精心组织，科学管理：疫情防控特殊时期的2018级中国史专业本科实习

姜望来

（武汉大学历史学院）

2021年高温暑热的6月，正值新冠疫情防控的特殊时期，同时大三学年下学期的2018级中国史专业也迎来本科阶段重要的实习实践环节。如何在严格执行防疫政策、保证学生安全的同时，组织同学们按期、扎实、正常地进行本科实习，成为摆在历史学院面前的一道必须完成的难题。在学院党政班子统筹、协调、领导下，在学工负责老师和班主任老师全力参与下，在全体同学积极配合下，最终2018级中国史专业高质量地顺利完成本科实习任务。本人作为本次本科实习的领队老师，全程参与这一过程，对之有较深的感触和体会，故略加以反思和记录，以期为历史学院以后的实习工作保存和提供一个特别的案例。

一、精心组织

实习首先面临确定合作单位的困难。按照往年惯例，历史学院本科实习一般皆安排在湖北省外或武汉市外进行，但在疫情时期，外出风险极大，交通管制不便，因此学院果断决定本次实习就近在武汉进行。在历史学院党政主要领导刘礼堂书记、刘安志院长高度重视和亲自过问、指导下，本着务必保证学生安全和最大限度促进学生专业和综合能力提升的原则，由学院副书记刘超老师牵头具体推进实习协调工作，由学院党政办公室主任屈路明老师、学生工作办公室主任周翠云老师与龙萌老师、班主任陈曦老师、副班主任姜望来老师与考古系宋海超老师等负责联系，最终商定与湖北省博物馆合作完成实习任务。

确定合作单位工作之后，陈曦老师和姜望来老师迅速和湖北省博物馆办公室

负责对接实习工作的宋梦老师联系、沟通，和学院学工办老师协商、合作，确定具体计划和安排：6月15日至24日，武汉大学历史学院2018级中国史专业38位同学，在历史学院统一安排下，赴湖北省博物馆进行为期十天的实习；由姜望来老师担任领队，研究生助管熊晓磊协助，负责实习日常管理工作；由周翠云老师和龙萌老师负责协调后勤保障工作。

二、科学管理

统一出行，控制风险。因疫情防控政策要求和实习单位性质所决定，学生不能在湖北省博物馆住宿，必须每日往返于博物馆和学校之间。博物馆距离武汉大学约6千米，虽然不算太远，但每日交通出行及相应安全保障成为难题。学工办周翠云老师和龙萌老师立即协调、申请，安排由学校大巴早晚负责专车接送学生，领队老师全程跟车，上车之前和下车之后清点人数，保证每一位同学跟随集体统一行动，保证每一位同学人身安全和防疫安全。因实习第一天安排的接送大巴比较老旧，存在一定安全隐患，领队老师及时反映，学工办老师立即向学院反映，并迅速协调在第二天更换了新的大巴。又因疫情原因，学生们不能外出就餐，经与湖北省博物馆办公室商议，组织实习同学在内部平台统一订餐，并协调提供就餐场地以及午休场所。整个实习期间，严格执行领队老师跟车制度和请假报备制度，无一同学单独出行，无一例风险情况出现。

分组实习，轮流上岗。出发之前，陈曦老师和姜望来老师与省博实习负责部门协商，大致确定实习岗位类别分为三类(社教岗，主要负责临时讲解；市场岗，主要负责对观众进行问卷调查及分析；文保岗，主要学习文物保护和修复)，相应的实习学生也需分成三组。在充分征求同学们意见的基础上，将38位学生预先分成三组，分配到三个不同的岗位，并根据中国史专业的特点，将人员和时间分配尤其向文保岗位倾斜；实行各组轮换制度，保证每位同学都有机会先后在三个不同岗位上实习锻炼；每组设小组长，分别由班长陈铭同学、团支书于尚波同学、学习委员向洲瑶同学担任小组长，负责每组日常管理以及与领队老师随时沟通。实习后期，又根据湖北省博物馆方面对于前期实习情况的反馈和学生们普遍希望增加更多进入文物库房观摩学习机会的状况，又将三组人数进行了调整。三位小组长也确实都能力出色、态度认真、做事负责，很好地配合领队老师完成了各项任务。

专业实践和社会实践相结合。实习团队严格遵守文博单位管理和操作规范，极其重视文物安全，整个实习期间无一例意外发生。所有同学皆在三个不同岗位经受锻炼，无论是作为临时解说员进行专业讲解，还是作为市场调查人员开展观众问卷调查与分析，或是跟随博物馆专业人员学习文物保护和修复的理论和实践知识，各方面的积累和收获都颇为丰富，从而在本科毕业之前完满地完成了专业与实践相结合的实习课程。尤其在文物库房和文物修复室学习环节，同学们惊喜地遇见好几位武汉大学毕业而在省博物馆工作的前辈校友或者学院老师的家属，对于实习学生倍加照顾，悉心指导，为学生们展示介绍了众多的馆藏文物包括一些平时在展厅难以见到的珍贵文物。总体上，通过实习，同学们对于中国古代文化的高度发达、先民的无穷智慧、地下遗物与纸上遗文互证的特殊意义、出土文物的多姿多彩、文物保护的紧迫重要等方面，皆有直观而较深入的了解，对于增强文化自信、拓展学科视野、提升责任意识有莫大的好处。

三、小结

2021 年 6 月 15 日早上，武汉大学历史学院 2018 级中国史专业赴湖北省博物馆实习正式开始，6 月 24 日下午，38 位同学全部顺利完成实习任务集体返回学校，结束疫情防控特殊时期丰富而平静的实习。通过学院的精心组织、负责老师的科学管理，加之以 2018 级中国史专业同学们严肃的态度及出色的专业素养、良好的沟通能力以及全面的综合素质，在使同学们自身社会经验和专业知识两方面都得到很大提升的同时，既赢得湖北省博物馆相关部门、相关老师的认可和好评，也向社会大众展示了新时代武汉大学中国史专业学子朝气蓬勃、积极求索、德才兼备的良好风貌。十天实习，为时虽短，收获则多，相信将对同学们以后的学习、工作产生良好的影响。本人作为实习班级的副班主任老师，第一次担任实习工作的领队老师，对于中国史专业本科实习的重要性有新的认识，对于实习过程中依靠团队协作、发挥学生主动性、根据实际情况及时沟通调整等也有深刻体会，这也是本人多年教学与研究工作中的一次难忘经历。

学科通开课“中国古代历史文献及史料学”(历史文献学专业)教学新构想[①]

鲁家亮　雷海龙

(武汉大学历史学院、武汉大学简帛研究中心)

武汉大学中国史一级学科下属二级学科“历史文献学”，自2002年起招收硕、博士研究生，其培养目标即定位为“为出土文献领域，尤其是战国秦汉简牍的整理与研究培养专业型人才”。2005年，武汉大学简帛研究中心(以下简称为“简帛中心”)创设，并于2006年纳入湖北省人文社会科学重点研究基地，此后历史文献学专业的研究生培养工作就主要由简帛中心承担，并逐渐形成了显著特色，即“坚持简牍文本整理与多学科综合研究相互促进、传统治学方法与现代技术手段有机融合、本土学问与国际学界深度合作”。[②]

在研究生培养的课程设置方面，依托简帛中心的师资与科研力量，通过近20年的发展，逐渐构建起以六门主干课程为核心的课程体系，它们分别是“中国古代历史文献及史料学”“简牍文献学”“古文字学”“甲骨文与金文研读”“战国出土文献研读”和“秦汉出土文献研读”。其中“中国古代历史文献及史料学”为学科通开课。

武汉大学中国史一级学科硕士培养课程体系中，针对刚入学的研究生共开设3门学科通开课，可分为两类。一类是“中国史研究前沿”和“中国史研究方法导论”，前者介绍中国史研究的各个断代、领域中的前沿课题，后者偏重上述断代、领域的具体研究方法传授，这两门课程往往由中国史一级学科内的多位教师共同

① 本文为武汉大学研究生精品课程“中国古代历史文献与史料学”建设项目阶段性成果；受教育部2022年度基础学科拔尖学生培养计划2.0研究课题“新文科背景下历史学拔尖人才科研能力的培养与提升”(20222129)资助。

② 参见《武汉大学简帛研究中心概况》，简帛网：http://www.bsm.org.cn/?gaikuo/。

承担，每人一讲，其目的在于让中国史学科新入学的硕士研究生对整个中国史研究的概貌、方法和前瞻性领域有一个整体了解，弱化专业细分后所带来的研究视野或研究方法的制约。

另一类即“中国古代历史文献及史料学”，它由各个二级学科具体落实，多由一位教师承担教学任务，具体实施起来，各个二级学科在内容和方式上差异明显。如多数断代史、专门史方向，主要是对本领域所涉主要历史文献进行介绍，并引导学生展开史料解读与相关史学问题的研究，其落脚点偏重历史问题的解决。具体到历史文献学，其研究对象主要是“历史文献”，重点在文献特别是以简牍为主的出土文献的整理，同时兼顾历史问题的研究。

因此，历史文献学学科的“中国古代历史文献及史料学”课程包含的教学内容更多，具体来说可归纳为四个方面：第一，传统历史文献学的基本理论与方法；第二，战国秦汉时期的主要传世历史文献及其研读方法；第三，战国秦汉时期的主要出土文献及其整理、研读方法；第四，以上述文献为基础的先秦、秦汉史研究入门。这些内容由一门课程、一位教师来承担，不可避免存在局限，而需要针对具体的培养对象，依据现有师资力量，以及其他院系、学科方向的课程设置情况，进行综合的调配与平衡。

具体来说，我们有以下举措来解决课程建设所面临的局限：

第一，通过新设课程、依托已有课程两种途径，来分担“中国古代历史文献及史料学”的部分教学内容，避免重复讲授。在新设课程方面，2011 年起，新增专业必修课“简牍文献学”，该课程参考传统历史文献学的理论框架，结合简牍特点，全面系统地介绍出土简牍的文献学价值及其研究方法，理论性较强。2023 年起，拟新增“中国古代基本史籍阅读与指导(先秦秦汉)”，以承担其“战国秦汉时期的主要传世历史文献及其研读方法”这部分的教学任务。新增课程剥离了“中国古代历史文献及史料学”的部分教学内容，从而为该课程开展更具特色教学内容设计与调整提供了空间。

在依托已有课程方面，我们依据新入学研究生以往的学习经历，提供两套不同的解决方案。其一，具有历史学、文学等相关背景的研究生，主要是通过选修本校文学院的相关研究生课程，来扩充“传统历史文献学的基本理论与方法”等方面的内容，具体可包括版本、目录以及校勘等三方面的专业知识。① 作为深入

① 此三种知识为中国古典文献学的核心与基础，可参见张舜徽：《中国文献学》，河南人民出版社 1982 年版，第 53~162 页。

的扩展，建议进一步选修音韵、训诂学方面的课程,① 以完善自己的知识体系。其二，跨专业考入的研究生，则主要通过选修、旁听本院相关本科课程，来夯实本专业的基础，这方面的课程主要包括“历史文献学”“中国古代历史典籍导读(先秦秦汉部分)”“出土文献与民间文献(一)”等，在学有余力的基础上，可以参考第一套解决方案做选择性的知识扩充。在具体的落实环节上，各研究生导师针对每位同学的具体情况，提供选课参考意见，为其量身定制培养方案。

第二，整合本学科在职教师优势资源，组建更为高效、稳定的教学团队，充分发挥各自专长，设计更具特色的教学内容，及时、全面地体现战国秦汉简牍文献领域的发展概貌。

2021 年，主讲教师已有意识地通过举办“青年学者讲堂”的形式来扩充教学内容，增加内容的特色与前沿性，具体涉及秦汉简牍所见的律令、医药、数术、行政、书籍制度与文化等 5 个方面，在方法上则关涉简牍形制、书手与书迹、文献对读、多学科方法交叉使用等,② 取得了良好的效果。但是存在邀请对象具有一定的随机性，讲授内容不够稳定，难易程度不易整体把控等问题。根据实际情况，2022 年做出进一步的调整，即从本学科实际出发，着手组建稳定的教学团队，调整整个课程的授课内容与方式。

新组建的教学团队由历史文献学学科的 5 名教师组成，其中教授 2 人、副教授 2 人、特聘副研究员 1 人。年龄结构上，老、中、青结合，在教学经验和方法方面可起到传、帮、带的作用；知识结构上，5 位教师的专业一致，具体研究方向则各具特色，并有一定的交叉，保证课程内容广博、专精兼备，又能做到有机关联与衔接，整体风格基本一致。

调整后的“中国古代历史文献及史料学”课程共计 32 课时，需 11 周完成教学任务。调整后的授课内容包含 2 大板块，即专题讲授与实践教学，涉及 3 种教学

① 简牍文献的整理以文字的释读为基础，而字音、字义与字形的关系密切，是文字释读所必须具备的基础性知识，前辈学者在古文字学相关概论中多有专门章节论及“形、音、义”的关系，如李学勤《古文字学初阶(插图本)》，中华书局 2019 年版；裘锡圭《文字学概要(修订本)》，商务印书馆 2021 年版；林沄《古文字学简论》，中华书局 2012 年版。

② 相关系列新闻报道，参见与闻：《周海锋博士在简帛研究中心作学术讲座(“青年学者讲堂”第一讲)》、《周琦博士在简帛研究中心作学术讲座(“青年学者讲堂”第二讲)》、《孙闻博博士在简帛研究中心作学术讲座(“青年学者讲堂”第三讲)》、《王强博士在简帛研究中心作学术讲座(“青年学者讲堂”第四讲)》、《贾连翔博士在简帛研究中心作学术讲座(“青年学者讲堂”第五讲)》，简帛网 2021 年 10 月 13 日、10 月 20 日、11 月 4 日、11 月 10 日和 11 月 22 日。

方式。具体如表1所示。

表1 “中国古代历史文献及史料学”教学内容表

序号	教学内容	教学方式	授课老师	学时分配
1	第一章 战国简帛书籍与古文字和古文献：(一)导言；(二)历史上战国简帛书籍的主要发现与整理研究；(三)现代战国竹简书籍的主要发现与整理研究	讲授为主，提问和讨论为辅	李天虹	3课时
2	第一章 战国简帛书籍与古文字和古文献：(三)现代战国竹简书籍的主要发现与整理研究；(四)战国简帛书籍的学术价值	讲授为主，提问和讨论为辅	李天虹	3课时
3	第二章 楚简与楚国物质文化：(一)导言；(二)楚简遣册的整理与研究；(三)楚国物质文化图说	讲授为主，提问和讨论为辅	刘国胜	3课时
4	第三章 楚简中的楚王族史料概说：(一)导言；(二)楚简所见两周时期楚王族的政治、军事和外交；(三)楚简所见战国时期楚王族的占卜与祭祀	讲授为主，提问和讨论为辅	刘国胜	3课时
5	第四章 秦汉简牍文献所见律令体系：(一)导言；(二)秦简所见法律的形式、内容与结构；(三)汉简所见法律的形式、内容与结构；(四)秦汉律令关系	讲授为主，提问和讨论为辅	何有祖	3课时
6	第五章 秦汉简牍文献所见司法实践：(一)导言；(二)秦汉“奏谳”书；(三)秦汉“鞫”书；(四)东汉“解”书	讲授为主，提问和讨论为辅	鲁家亮	3课时
7	第六章 出土文献与秦汉基层社会：(一)导言；(二)出土文献所见考察秦汉基层社会的四条路径；(三)个案研究：里耶秦简所见秦代基层社会	讲授为主，提问和讨论为辅	鲁家亮	3课时

续表

序号	教学内容	教学方式	授课老师	学时分配
8	第七章 出土文献与秦汉文书行政：(一)导言；(二)玺印与封泥在行政中的运用；(三)简牍文书的分类、结构和传递方式	讲授为主，提问和讨论为辅	黄浩波	3课时
9	第八章 特邀讲座	讲授为主，提问和讨论为辅	李天虹主持	3课时
10	实践教学一 简帛数字资源与图像处理技术：(一)出土文献与古典文献数据库的介绍与运用；(二)简帛图像处理技术与常用软件的运用	演示、提问、实际动手操作	鲁家亮主持、雷海龙协助	2课时
11	实践教学二 简牍实物的观摩与考察：保存状态；尺寸；物质信息；文字风格；书写格式；收卷方式	观摩、提问、讨论	鲁家亮主持、雷海龙协助	3课时

本课程的专题讲授共计8次，由5位教师承担，在内容的设计方面突出了简牍学领域研究的重点、热点、前沿以及自身的学术特色。已发现的中国古代简牍的时代主要集中在战国、秦汉时期，因此课程的前4次偏重战国，后4次偏重秦汉。对于已发现的简牍，根据其内容，目前学界主流的意见是分为典籍和文书两大类。① 据此，课程组在教学内容的安排上也加以体现，如第1—2章主要与典籍类简牍有关，第3—4章典籍和文书大体并重，第5—7章的重点则是文书类简牍。同时，简牍学是一门多学科交叉型学科，② 与不少学科联系紧密，因此，在课程内容的设计上还要尽量体现与其他学科的联系。如整个课程内容均与古文字学、文献学相关涉，这两个学科的内容在第1章的教学安排中尤为明显；正常情况下出土简牍也都属于考古资料，第2章即突出了简牍学研究与考古学的关联；③ 第4章和第5章主要关涉法制史的研究，这也是目前秦汉出土文献与秦汉

① 关于此种分类，可参见李均明、刘国忠、刘光胜、邬文玲：《当代中国简帛学研究(1949—2019)》，中国社会科学出版社2019年版。

② 杨振红：《简帛学的知识系统与交叉学科属性》，《河南师范大学学报》(哲学社会科学版)2016年第5期，第101~102页。

③ 考古资料对简牍文献整理的作用十分重要，裘锡圭先生有多篇文章专门讨论，见裘锡圭：《中国出土古文献十讲》第四讲《出土古文献与其他出土文字资料在古籍校读方面的重要作用》，复旦大学出版社2004年版，第93~185页。

史研究领域的一大学术热点；第3、6、7章则凸显了利用简牍资料展开历史学的研究。

此外，课程组考虑到2021年开展“青年学者讲堂”的良好效果，专设了“特邀讲座”的环节，邀请简牍学研究领域的海内外学术名家来分享自己的研究心得与体会，或由优秀的在读硕、博士生作课堂专题报告，以加强学术交流，引导课题意识，在增加授课内容的广度、深度的同时，也可以让新入学的研究生领略不同风格学者、前辈学长的风采，开阔眼界，树立榜样，调动学习的积极性。2022年秋，课程组邀请到古文字学会会长、吉林大学吴振武教授作“漫谈治学与论文写作”的心得分享。①

实验教学是本课程的另一项重要变革。简牍文献的特殊性，决定其人才培养需要最大限度地接触出土实物资料，强化史料整理的动手能力。中国古代发现的简牍文献，如孔宅壁中藏书、河内老屋藏书、汲冢书等，② 其原物均已不存，只能通过间接的文献记载了解其实物的部分情况。现代发现的战国秦汉简牍则得到了较好的保护和展示的机会，作为简牍研究者可以对其近距离进行观察，了解其形制方面特征，这些特征主要包括但不限于简牍的材质、尺寸、契口、编绳、收卷方式、书写格式等，学界将其纳入简牍物质形态的研究范畴，③ 成了新的学术生长点。因此，在对简牍学知识进行系统的讲授时，如能引导新入学的研究生，对简牍实物进行近距离的考察，有助于加深他们对所学理论知识的理解与领悟。课程组将利用两湖地区简牍资源丰富的区位优势，在条件允许的情况下，将课堂搬到收藏、陈列简牍的博物馆或出土简牍的考古现场，向学生介绍简牍从出土、清理、入藏的全过程及注意事项，帮助学生突破纸质简牍报告在呈现简牍物质信息方面存在的局限。

将现代计算机与信息化技术引入学术研究，已是学界的共识，简牍学领域也

---

① 相关新闻报道，参见与闻：《吴振武教授为简帛研究中心2022级研究生新生作学术讲座》，简帛网2022年9月23日。

② 汉武帝末年“孔宅壁中藏书”，见于《汉书·艺文志》等书；汉宣帝时期的“河内老屋藏书”见于王充《论衡·正说》；晋武帝太康二年（公元281年）的“汲冢书”见于《晋书·束皙传》。

③ 参见武致知：《试论早期中国阅读模式的形成：〈用曰〉〈引书〉的使用和制作》，《简帛》第22辑，上海古籍出版社2021年版，第86页。蔡万进先生则认为这些内容多数属于简牍文化学的范畴，见氏著《简帛学的学科分支新论》，《中国史研究动态》2016年第2期，第43~44页。

一直紧随这一潮流，如南京大学文学院曾举行两次专题讲座“古文字电子资料入门”“古文字常用软件入门”来介绍这方面的技术。① 简帛中心从成立之初就将“简帛图像的数字化与简帛文献的数据库建设”作为其四大学术方向之一，② 并积极展开实践性探索，其与香港大学中文系合作开发的“中国古代简帛字形辞例数据库”持续更新至今；③ 配合简帛中心在研重大项目，多位教师在简牍图像采集与制作、古文字造字与优化、大型简牍数字资源数据库制造与开发等领域积累了相当的经验与心得。通过新增实践教学环节，使每位研究生掌握简牍学研究所需的实用技术，并配合简帛中心“中国古代简帛字形、辞例数据库”“简帛文献综合数字平台”的研发，提供演练的平台，为简牍学领域培养出实际动手能力强、专业基础过硬的复合型专业人才。

以上是我们对历史文献学学科“中国古代历史文献及史料学”课程的新的教学构想方案，通过调整，强化该课程“学科通开课”的基本定位。与“中国史研究前沿”和“中国史研究方法导论”两门覆盖“中国史”一级学科各领域的学科通开课类似，调整后的“中国古代历史文献及史料学”力求达到对“历史文献学”二级学科主要研究内容的覆盖。在“历史文献学”六门核心课程体系之内，则将该课程定义为基础性前导课程，其与理论类课程“简牍文献学”“古文字学”相互配合、同步展开，共同为后续的三门研读性课程“甲骨文与金文研读”“战国出土文献研读”和“秦汉出土文献研读”提供前导性知识。未来拟通过数年的建设，将“中国古代历史文献及史料学”建设成适应中国史一级学科、历史文献学二级学科不同层级需求的学科通开课，打造一门历史文献学专业研究生精品课程，更好地支撑起本专业研究生培养的课程体系。

① 相关信息见“南大古文字”公众号，2020 年 10 月 29 日、2022 年 1 月 19 日。

② 见《武汉大学简帛研究中心概况》。

③ “中国古代简帛字形、辞例数据库”的入口地址为 http://www.bsm.org.cn/zxcl/login.php。

历史学专业本科生集体实习的实践与思考

黄　楼

（武汉大学历史学院）

集体实习是大学生走出象牙塔、正确认识社会、积累实践经验的重要环节。历史学专业学生的集体实习往往选择博物馆、档案馆等文化事业单位。集体实习人数多，持续时间长，地点常选择在远离校园的外地，对带队老师也有较高的要求。2022 年 6 月 20 日至 7 月 1 日，武汉大学历史学院 2019 级历史学基地班、世界史试验班 48 名同学奔赴襄阳进行毕业实习。实习地点一处是襄阳市襄州区文旅系统，共接收学生 40 人。另一处是距襄州区 35 千米之外的龙王镇政府，共接收 8 位学生。本人有幸作为带队老师之一，在带队实习过程中感触很多，现将相关经验和个人思考分享如下，以供参考。

一、集体实习出发前的准备工作

集体实习是一个较长时期的学习过程，不少学生是第一次长时间离开校园，出发前需要进行一些相应的准备工作。历史专业集体实习内容多与文化、教育、宣传等有关，在知识储备方面进行一些必要的准备工作。

第一，充分掌握实习目的地的相关信息。除实习的交通、住宿、商场等生活信息，集体单位的基本情况外，对当地的文化、历史、风俗等也应预先做一些了解。我们此次实地襄阳是著名的历史文化名城，即便是龙王镇这么一个小镇，也有非常悠久的历史，闫营村凤凰咀遗址出土大量数千年前的陶器。当地文化工作者先后出版了《龙王古今》《龙王神韵》等介绍龙王镇历史文化的书籍。预先了解当地的风俗文化，对快速适应新环境大有裨益。

第二，补习本校、本院的相关知识。由于文教系统的特殊性，本科生的集体实习很大程度上也是高校与地方文化单位之间的一种交流活动。实习单位往往会询问学校的规模、优势专业、就业形势等社会上较为关心的问题。带队老师如果平时只注重教学、科研，面对咨询时反倒说不清楚，道不明，这是不应该的。实习出发之前，最好有针对性地进行“补课”，努力把集体实习变成高校宣传的一张名片。

第三，主动对参与实习的同学进行摸底排查。经过三年左右的校园生活，师生之间、同学之间已经较为熟悉，集体实习面临重新安排住宿等新问题，仍需一些特别的准备。向辅导员了解同学们的性格、家庭情况等，对需要关注或照顾的同学，大体做到心中有数。另外，实习单位往往会主动邀请进行联欢会、篮球比赛等联谊活动，了解哪些同学有文体方面的特长，预先准备一些节目。

第四，明确实习纪律，制定较为周密的计划表。出发前需制定较为严密的实习守则，通过动员大会、班会等形式充分传达至每位同学。在住宿、分组等方面，充分尊重同学们的意见，安排小组长清点人数，妥善安置喜欢熬夜或有抽烟习惯的同学，降低发生冲突的潜在风险。

二、实习期间需要注意的几个问题

学生集体实习报到之后，就是较为漫长的实习阶段。同学们一般能遵守实习纪律，顺利完成集体实习，个别同学会从最初的新奇到渐有倦怠情绪。带队老师要注意观察同学们的表现，与实习单位安排的指导老师多做沟通。在实习过程中，有以下几点需要注意：

第一，端正态度，克服精英思想。大学生过去被视为天之骄子，现在越来越多的人接受高等教育，即便是最基层的乡镇，也不乏大学生的身影。例如我们实习的龙王镇政府，镇党委宣传委员、组织委员都是研究生毕业的年轻人。不论是带队老师，还是实习的同学，都应始终保持谦虚的学习态度。

第二，积极协助实习单位做些力所能及的工作。集体实习对实习单位正常的工作多少会有一些影响。实习的师生应积极承担实习单位的一些工作，将集体实习变成互惠互利的事情。分配在博物馆的同学运用我们所学的屈家岭文化和石家河文化的历史知识及考古学知识，编写襄州凤凰咀文物的故事集。分配至档案馆的同学对当地民俗文化的整理与电脑录入工作，分配在龙王镇的师生配合当地推行的“美丽乡村”计划，走访当地村庄，进行村志的调查和材料搜集工作。这些活动得到实习单位的欢迎，合作得非常愉快。

第三，多关心港澳台籍同学。港澳台学生可以较好地融入内地的校园生活，但是集体实习期间，面对基层的善意关注往往会有一种不适感。部分港澳学生还存在听不懂地方方言等问题。带队老师对他们要多加关注，避免不必要的误解。

第四，同本单位保持充分的联系沟通。本科生集体实习是学生培养的重要环节，除带队老师外，还会安排相应的领导专门负责。带队老师社会经验不足，遇事不管大小，都应及时向学院反馈。对于一些口头承诺，由于主客观环境的改变，也可能会有调整。所以一定要再次请示汇报，确认能够落到实处。

第五，留意本单位的财务报销制度。不同学校的财务报销制度会有细微的差别，异地集体实习是一种特殊情况，可能会因缺乏具体的财务规定，返校后面临报销困难等问题。涉及异地租用车辆、集体用餐等较大开支时，一定要及时同相关主管部门联系。

三、集体实习与党建工作

集体实习一般在大三年级举行，有不少同学光荣入党。集体实习期间如果充分发挥团委、学生党员的模范带头作用，往往能事半功倍。襄州区文旅局在市内，条件较好，龙王镇则地方偏远，被认为条件艰苦，生活不便。实习预报名时，主动要求去龙王镇的，绝大多数是学生党员或预备党员。此次集体实习活动顺利举行，同党员学生的支持和带头作用是分不开的。

受疫情影响，2019 级本科生学生党建活动较少，集体实习期间同学们参与了当地文旅系统和地方政府主办的党建活动。6 月 24 日，同学们至龙王镇襄阳市书法家协会创作基地参加“瀚墨庆七一，喜迎二十大”书法交流活动，其后在龙王镇“庆七一重温入党誓词硬笔书法比赛”活动中，每位学生党员都认真提交了自己的入党誓词。6 月 27 日晚，全体实习同学至凤凰咀考古基地参观，并与湖北省豫剧团一起举办了“武大 · 襄州文旅联谊会”，这是襄州区文旅局送文化下乡和“庆七一，报党恩”系列文化活动之一，许多当地人民群众观看了演出。特别值得一提的是，周末休息时间，部分同学还自发地去襄阳烈士陵园扫墓，这是我没有想到的。年轻人有信仰，国家才能有希望。在同实习单位交流时，他们也表达了同高校一起组织一些党建或团建工作的愿望。由于时间短促，此次实习未能充分展开，略有遗憾。

总之，集体实习是本科生结束课堂理论学习，非常重要的社会实践环节，同学们增强了对社会的了解，增进了同学们的友情，提升了班级的凝聚力。对带队老师来说，也是一次重要的能力锻炼，是一段极为宝贵的人生经历。

历史学本科生知行合一素质培养的必要性与途径①

薛梦潇
（武汉大学历史学院）

习近平总书记在全国高校思想政治工作会议上发表重要讲话时强调："青年要成长为国家栋梁之才，既要读万卷书，又要行万里路。社会实践和社会活动是学生的第二课堂，对开拓学生眼界和能力，充实学生社会体验十分有益。"②中国古代的学者作为不同于"劳力者"的"劳心者"，也非常重视实践的价值。早在《尚书》中就提到"非知之艰，行之惟艰"，《左传》亦曰"非知之实难，将在行之"，直到王阳明提炼出"知行合一"之说，认知与实践始终是中国传统哲学和史学探讨的话题。

史学工作者身为历史的记录者和研究者，也有必要将认知与实践相结合。古代史学家司马迁在《太史公自序》中就明确写道，在他少年时代"二十而南游江、淮，上会稽，探禹穴，窥九疑，浮于沅、湘；北涉汶、泗，讲业齐、鲁之都，观孔子之遗风，乡射邹、峄；厄困鄱、薛、彭城，过梁、楚以归。于是迁仕为郎中，奉使西征巴、蜀以南，南略邛、笮、昆明"。③《史记》之所以被称为"其文直，其事核，不隐恶，不虚美"的实录，④ 与司马迁"罔罗天下放失旧闻，王迹所

① 本文为教育部2022年度基础学科拔尖学生培养计划2.0研究课题"新文科背景下历史学拔尖人才科研能力的培养与提升"(20222129)、武汉大学2023年本科教育质量建设综合改革项目"新文科背景下历史学专业拔尖人才培养改革与实践"成果。

② 《习近平在全国高校思想政治工作会议上强调：把思想政治工作贯穿教育教学全过程 开创我国高等教育事业发展新局面》，《人民日报》2016年2月9日。

③ 《史记》卷130《太史公自序》，中华书局1959年版，第3293页。

④ 《汉书》卷62《司马迁传》，中华书局1962年版，第2738页。

兴，原始察终，见盛观衰”的涉猎广博有密切关系。

职是之故，大学历史学专业的本科生在完成课堂学习和阅读古今文献的同时，还需要加强社会实践。近几十年来，党和国家高度重视大学生社会实践活动，包括武汉大学在内的几乎所有高校，都将社会实践作为必修课程。如今在新形势下，大学生社会实践活动有必要在形式上、内容上和精神层面向更深层次发展。

一、历史学专业学生知行合一的培养方向

习近平总书记在全国高校思想政治工作会议上发表的重要讲话，深刻回答了高校培养什么样的人、如何培养人以及为谁培养人这个根本问题。在学校思想政治理论课教师座谈会上，习近平总书记讲话又指出：“用新时代中国特色社会主义思想铸魂育人，引导学生增强中国特色社会主义道路自信、理论自信、制度自信、文化自信，厚植爱国主义情怀，把爱国情、强国志、报国行自觉融入坚持和发展中国特色社会主义事业、建设社会主义现代化强国、实现中华民族伟大复兴的奋斗之中。”①大学生的认知、理念、道德履践和实际行动也应围绕这一宗旨予以培养和规范。总而言之，要坚持马克思主义指导地位，贯彻习近平新时代中国特色社会主义思想，把立德树人作为中心环节，全面提升人才培养质量，为中国特色社会主义事业培养更多德才兼备、全面发展的建设者和接班人。

（一）“知”的层面

毫无疑问，历史学专业的学习和研究，必须以熟读大量典籍史料为基础，否则史学研究即成空中楼阁。掌握史料之后，由于古人去今日已有数千年之远，其时代之真相极难推知，而我们现今可依据的史料，可能不过是当时所遗存的最小之一部分，欲借此残余断片，以窥测研究对象的全部结构，就必须与立说之古人处于同一境界，“对于其持论所以不得不如是之苦心孤诣，表一种之同情”。②

然而，就史论史或仍只是史学研究的一般境界，形诸论著的文字背后似还应

① 中共中央宣传部、中共中央党史和文献研究院、中国外文出版发行事业局编辑：《用新时代中国特色社会主义思想铸魂育人》，《习近平谈治国理政》（第三卷），外文出版社 2020 年版。

② 陈寅恪：《金明馆丛稿二编》，上海古籍出版社 1980 年版。

有历史观照。我们引以为据的史料，其实是记忆与遗忘之间不断竞争的结果。即使是被立为权威的正史，也无法抵御当时环境的影响，甚至胁迫。因此，面对初入大学的本科生，教师在传授知识信息的同时，注重培养学生的史识，即史料分析与史料批判的能力，而不是对史籍记载盲目尽信。

与此同时，历史观照还应表现在通古今之变上。中华文明史具有多元一体、兼容并蓄、绵延不断的特征。我们今天的国家状态与制度、文化，都可以不同程度地溯及以往历史。古人已有言："以史为鉴，可以知兴替。"历史学专业的学生，"通古"是为了更好地"知今"。从古至今，也不是只有中国一家在文明史上一枝独秀，世界各国都曾先后为人类文明的推进作出贡献。在全球化的今天，更是已然形成人类命运共同体。因此，历史学专业的学生，不仅要"知己"，也要"知彼"；不仅美己之美，美人之美，而且也要通过中外历史，了解自身与他者的不足，既要打破天朝上国的盲目自大，更要消除近代屈辱史下的妄自菲薄，保持高度的道路自信、理论自信、制度自信、文化自信。

武汉大学历史学院设有中国史、世界史与考古学三个一级学科。新生入校之后，在本科阶段须完成中国通史、世界通史与考古学概论等必修课程，这些课程能有效地帮助学生通古知今、知己知彼。此外，历史学院还特别重视"四史"教育。习近平总书记指出："要把学习贯彻党的创新理论作为思想武装的重中之重，并同学习党史、新中国史、改革开放史、社会主义发展史结合起来。"党史是中国共产党的领导不断走向成熟的实践史，新中国史是中国共产党推进建设新中国的实践史，改革开放史是中国共产党推进社会主义制度自我完善和发展的实践史，中国共产党是引领世界社会主义发展的重要政治力量。"四史"内容各有侧重，但整体讲的就是中国共产党为人民谋幸福、为民族谋复兴、为世界谋大同的实践史，中国共产党的领导是"四史"的主线。① 因此，历史学专业的本科生需要更深刻地学习"四史"。

（二）"行"的层面

初入高校的学生，此前近二十年的成长环境，基本限于家庭和学校，读书升学几乎是唯一目标。而高等教育有必要改变学生一心只读圣贤书的状态，为学生踏入社会做好衔接工作。专家已指出立德树人是一项复杂的系统工程，其中学校

---

① 陈胜云：《什么是"四史"？为什么要学"四史"？》，东方网 2020 年 5 月 11 日。

是立德树人的主阵地，教师是立德树人的引路人，社会是立德树人的软环境。完成立德树人根本任务，需要整合学校、教师、社会各方面的力量，形成协同育人的机制，实现全员育人、全过程育人、全方位育人。① 大学生在指导下参与社会实践，就是学校、教师与社会协同的最主要方式。社会实践既能有助于促进大学生认识社会、了解国情民生，也是对高校课堂教学与专业学习的良好配合。

无论是为毕业后工作做准备而参加的企事业单位实习，还是由校团委、学生会组织的大学生三下乡、基层志愿活动，抑或由学工部组织的勤工俭学等活动，以及由学院组织的暑期社会实践，宗旨和总领都是实践中国特色社会主义核心价值观。大学生社会实践必须与时代主题同行，使“中国梦”与“我的梦”融为一体，使个人理想同社会发展相结合。② 大学生社会实践也要体现为人民服务的精神，在公益事业中提升个人情怀，增强社会责任感、国家认同感、文化自豪感，并将社会主义的优越性无限扩大。

近期，“内卷”与“躺平”成为热门话题。青年大学生在考研、就业、生活上面临的社会压力越来越大，一些学生投入激烈的内卷中，而一些学生则主动或被迫选择躺平。无论哪一种处理方式，可以说确为个人选择。但从社会进步发展的角度看，躺平或许无法带来更多社会效益，但仅仅为竞争而竞争，令人看不到希望的内卷，同样不能促进社会进步。大学生在社会实践过程中，不能仅看到社会残酷的一面，也不应在浅尝社会残酷性后一味抱怨或就此躺平。如何让学生既意识到社会竞争的激烈，又能带着良好的心态及美好的憧憬投身实践，学校与教师必须给予他们正向的指引，在指引过程中贯彻服务国家、服务人民的精神。

综上所述，对于历史学专业本科生的培养，在知与行两大层面，都必须用新时代中国特色社会主义思想铸魂育人，鼓励学生将读书与实践有机结合，不负韶华，砥砺前行。这样才能培养出道德高尚、专业扎实、实践能力强的有益于国家和社会的知识群体。

二、关于历史学专业学生教学与社会实践形式的几点建议

笔者在 2017—2021 年，曾担任武汉大学历史学院 2017 级本科中国史班班主

---

① 靳诺：《坚持立德树人 培养优秀人才》，《光明日报》2017 年 4 月 10 日。

② 王振杰：《论特色社会实践对大学生价值观的塑造》，《教育理论与实践》2021 年第 4 期。

任。下文拟结合个人带班经历，提出关于本专业学生教学与社会实践形式的若干建议，以期能对大学生知行合一素质培养略有些许助益。

(一)班级学生中存在的主要问题

1. 部分学生学习兴趣不浓厚

班上共有学生 49 名，大部分是通过高考志愿调剂进入历史学专业，因此对历史学缺乏兴趣和了解。加之高中时期的学习方法已不适应于大学教学，不少学生出现焦虑烦躁情绪。大学一年级的两次期末考试中，均有为数不少的学生出现成绩不及格现象，且多为专业必修课(如中国通史、古代汉语)成绩不合格。这直接影响到后来的硕士研究生推免资格，也使部分学生的学习信心受到打击。

2. 学习自觉性、自律性不强

大学一二年级以必修课学习为主，课程量较大，课后需要完成任课教师布置的作业。这两年之中，学生基本能够跟上教学节奏。从三年级开始，由学生自主选修课程。此时，学生已走出高考的高压状态，距离大学毕业尚有两年时间，因此身心较为放松，部分学生开始丢失自觉性，无法自主妥当安排时间。男生打游戏、女生沉迷电视剧的现象较普遍。

3. 自我预期和自身能力之间存在差距

几乎每一位学生都曾是高中学校里的佼佼者，进入大学之后，都怀有对未来的美好期许。但由于对历史学缺乏浓厚兴趣、学习方法不得当、课后研学不刻苦，并抱有得过且过的心理，不少学生并未能扎实掌握专业知识。在社交方面，少数学生也不甚积极，更多地沉浸于自我世界。专业技能和沟通能力的不足，加之新冠疫情发生以后就业、考研形势均更为严峻，导致临近毕业时，无论在择业就业、考研升学方面，还是在学位论文写作方面，约有一半的学生遇到挑战和困难。

4. 心理素质与受挫能力有待加强

极少数学生因个人遭遇或家庭因素，入学之前便有不同程度的心理问题。此外，大部分学生在高中阶段成绩优异，但进入大学新环境后重新“洗牌”，曾受到高中教师看重的学生，在大学学习中成绩不理想，内心产生不平情绪。跟随指导教师撰写学年论文和毕业论文时，有些学生无法达到导师要求，受到导师批评，无法控制自己情绪。在学院领导、导师开解之后，情绪逐渐恢复平静。

(二)以“行”促“知”的建议

上述问题具有一定普遍性，在学院其他年级学生中，也有不同程度的体现。其中，除高考专业调剂学院无法直接操控外，其余或尚有改进空间。对此，笔者建议，以“行”促“知”。目前，除学生个人自谋的就业实习和自主暑期社会实践项目之外，历史学院针对中国史专业学生的社会实践，主要是由班主任带队前往江苏南京第二历史档案馆整理资料，为期半个月。这一实践形式体现了专业性，对学生专业技能的培养有很大帮助。但笔者认为，仍有必要进一步加强历史学专业本科生社会实践训练，拓宽社会实践领域，丰富社会实践形式，最终提高社会实践质量。具体而言，建议如下：

1. 因材施教，在“集体实践”基础上增设“分组实践”

从大三开始，根据毕业论文写作需要，学生已选定不同历史时段、不同专题，并据此选定指导教师。集体前往第二档案馆实习，虽然便于统一管理，在交通、人身安全方面也面临较少风险，但对于研究方向、学习兴趣不一的学生而言，收获程度有大有小：近现代史方向的学生受益较多，对古代史方向的学生则没有太大帮助。鉴于此，似可探索分组实践模式，研究方向相近的学生组成一队，由该研究领域的教师带领，进行不超过一个星期的学术考察。例如，近代史方向的学生前往第二档案馆，中古史方向的学生前往洛阳汉魏时期遗址考察调研。或者，与课堂教学相穿插，联系学院考古系教师，带领学生到考古系主持的武汉盘龙城遗址、襄阳凤凰咀遗址等考古基地参观学习。这一举措有助于提高学生专业学习兴趣。当然，这一方式的实现，在带队师资、安全管理、经费划拨等方面，势必增加风险和难度。

2. 鼓励学生参加能够发挥历史学专业知识的社会实践活动

2020年，受新冠疫情影响，我所带班级未能像以往一样集体到南京第二档案馆实习，而改为各自在家乡县市自主参加社会实践。从提交的报告来看，70%以上学生选择在图书馆实习，承担图书借阅归还和读者引导、咨询等服务。这一类工作不可谓简易、轻松，但似乎并不能充分发挥专业优势。此类实习报告所述心得，大多较为泛泛，社会实践意义未能很好体现。20%左右的学生选择在中小学、教育培训机构担任助教工作。不到10%的学生，前往县委、街道、社区、书店实习，直接面对群众。相比之下，后二者的心得体会明显充盈丰满。

令笔者印象特别深刻也非常感动的是一位来自中国香港的学生X提交的实践报告。她的工作是在中国香港一家运营了40年的二手书店整理书籍和导购。书店出售文史类典籍，与X专业对口，店东Z先生对她在工作中表现的专业素养给予了充分肯定。在“实习单位评价意见”一栏，Z先生写道：“本店最近设置新的陈列书柜，书本需分类上架，书本量多，且重量不轻，搬动费力。X身材并非壮硕，但仍尽力搬动书籍，十分勤快。此谓能武。当有人光顾，如欲购买文史书籍或中学教材读物，X就充分发挥其文史知识学问，当上导购员，向来客推荐合适书籍。此谓能文。此女亦文亦武，若经贵校悉心栽培，他朝定能报效家国，为祖国的发展作贡献！”在如此文雅又不失幽默的评价中，笔者为这位学生学有所用及武大的教学成果感到欣慰。

因此，笔者建议学院鼓励学生更多投身于文史教育相关岗位进行社会实践。在用人单位的肯定中，学生也能获得一定成就感，提升对本专业的信心。

3. 引导学生深入基层

中国的史书虽大多记载的是帝王将相的历史，但人民群众却是真正的历史创造者。专业教学中，教师经常指导学生透过历史看到人，看到这些历史创造者的艰辛、痛苦、智慧和伟大。如前所述，笔者班上10%的学生曾在基层各部门实习，他们亲身经历了基层公务员的辛苦工作，目睹了基层群众的愤懑与纯朴。其中一位学生W在“心得体会”一栏提到，他在实习中方深刻感受到本学院L教授著作中“他们出生，他们受苦，他们死亡”一句的内涵。同时，他也在实习中被基层工作者的尽职尽责所感动。另一位学生则表示，通过社区实习，他确立了服务基层的信念。

现今，扶贫脱贫、乡村振兴已取得了举世瞩目的成就。这些成就的取得，根源于中国共产党的领导、基层干部的付出和人民群众的拼搏。这是我们亲身经历的历史。课堂教学告诉学生中国文明曾经到达的高度，现实又告诉学生伟大的中国人民将获得更大的成功。大学生服务于国家、社会和人民正当其时。如果能创造更多机会，让学生接触基层群众、服务于基层群众，将有助于他们更好地理解历史，更有助于培养学生树立脚踏实地的作风、热爱国家的情怀，以及服务人民的信念，将论文写在祖国的大地上，将个人命运与国家前途相合轨。

以上建议举措，一可以提高学生专业学习兴趣，使书本知识与历史遗物结合起来；二可以增进同学间、师生间的友谊和团结，在社会实践中互相帮助、照顾；三可以体察国情民生，拓展大学生的人生格局，让信念从口号转化为实际行动，使“我的梦”与“中国梦”相联共通。此外，各类社会实践活动也提供给大学生行走、奔跑、搬动、劳作的机会及挫折教育的机会，有助于增强体魄，锻炼意志，提高心理素质，成长为强大而有爱、有知识的青年。

综合上述，历史学专业要注重培养学生知行合一的素质，在知与行两个层面，都要坚持马克思主义指导地位，贯彻习近平新时代中国特色社会主义思想，把立德树人作为中心环节，全面提升人才培养质量，为中国特色社会主义事业培养更多德才兼备、全面发展的建设者和接班人。通过加强社会实践，丰富实践活动形式，鼓励大学生深入基层，发挥专业优势，服务于国家和人民群众。

（原载于周叶中主编《推进专业内涵发展 提升专业建设质量：武汉大学2021年“教与学的革命”珞珈论坛优秀论文集》，武汉大学出版社2022年版）

关于在明史教学中增加有关西北边疆内容的一些想法

焦堃

(武汉大学历史学院)

笔者自进入高校担任教职以来，一直从事明史的研究和教学工作。在多年的课程教学中，笔者不断改进教学思路方法和现有的教学体系，以帮助学生对于明代历史的整体状况及发展历程建立起更加全面、准确的把握和理解。为此，笔者在教学过程中一直坚持阅读除教材之外的明史领域的学术论著，尤其是明代通史类的著作，利用其中价值较高的部分对教材内容形成有益的补充，以拓展和优化教学内容，在讲授内容中反映学术界最新的学术成果。经过多年的摸索，笔者在明史教学内容的设计和优化方面已经有了一定的心得。然而，笔者仍然发现，当前通行的明史教学体系和内容、包括学界关于明代的通史性论述尚有不够完善之处，需要在将来继续加以改进。笔者所注意到的问题之一，便是当前对于明代西北边疆历史状况及治理经验的讲述和总结普遍比较薄弱，导致学生难以对明代西北边疆的整体情况形成较为清晰的观念。

根据我国著名历史地理学家谭其骧先生等人所确立的原则，18 世纪 50 年代清朝完成统一之后、19 世纪 40 年代帝国主义入侵以前的中国版图，是几千年来历史发展所形成的中国的范围；历史时期所有在这个范围之内活动的民族，都是中国史上的民族，他们所建立的政权，都是历史上中国的一部分。按照这一标准，主要包括今天的新疆地区和部分中亚区域在内的西北边疆地区在明朝统治期间(1368—1644)的历史发展，是中国历史不可或缺的组成部分，也应当是明代历史研究和教学的对象之一，而明代在这一地区存在的政权情况及其与明朝中央政府之间的关系，自然应当是探讨和讲授明史之际不可或缺的内容。然而以笔者所见，当前国内的明史教材以及涉及明代历史的通史性著作中，对这方面内容的论述大多较为简略，有的甚至付之阙如。此种状况反映在明史教学中，导致的局面便是课堂讲授中大多也对明代的西北边疆草草带过，甚或闭口不谈，学生因此也无法全面把握明代中国历史疆域内的完整格局，造成知识点和知识结构的欠缺。有鉴于此，笔者不揣固陋，在本文中尝试探讨如何在明史教学中增加关于明代西北边疆地区的讲授内容。在笔者看来，要让学生比较全面、扼要地把握明代西北边疆地区的前后历史状况和发展脉络，至少应在教学中向其介绍和讲解以下几个方面的内容：明代西北边疆地区的整体局势；关西诸卫的设置状况以及哈密问题的由来和解决；西域诸政权与明朝中央政权之间的朝贡贸易和使节往来。以下即在各小节中分别对这几个问题加以简单论述。

一、明代西北边疆地区的整体局势

经过元末大乱和群雄并起的混乱时期，出身红巾军势力的朱元璋讨平各地军阀政权，定都南京建立明朝，并派出北伐军，将元顺帝逐出大都，推翻了元朝的统治。这是元明之际广为人知的历史，也是在课堂教学中重点讲授的内容。然而明朝取代元朝建立统治之后在其北方，尤其是西北边疆地区所面临的形势，在很多历史书籍和课程教学中讲述得却不够详细，导致学生往往对明代西北边疆的整体格局缺乏基础性、框架性的知识。

从历史的角度来看，元、明两朝的鼎革与之前的隋、唐以及后来的明、清嬗代相比，在实际情形上有着相当大的区别。唐朝建立时，隋朝的统治已经土崩瓦解，其残余势力要么很快被彻底消灭，要么被吸收进新王朝；清朝入关时，明朝已被李自成的军队推翻，几个南明小朝廷亦旋被剿灭。然而明朝取代元朝时，并没有能够将元朝的军事力量和上层统治阶层彻底消灭，而只是将最上层的蒙古统治者驱逐出了中原。元顺帝从大都出逃后途经上都而遁入漠北高原之蒙古故地，形成了所谓北元政权，依然保有着相当强的力量，能够持续地对明朝构成威胁。甚至元朝残留下的不少地方势力，在明朝建立后相当长的一段时间依然在负隅顽抗，让明朝耗费了相当的精力。而更为重要的是，在元朝以西，当初还存在着由蒙古人统治的四大汗国，与元朝共同构成了所谓蒙古帝国的势力范围。元朝被明朝推翻的同时，其他几大汗国大多走上了分裂、衰落的道路，但元朝之外的蒙古人势力并没有就此彻底消亡，其残余力量在部分地区又延续了相当长的时间。就明代西北边疆地区来说，明朝从其建立之初，在西北方向上就要面临蒙古帝国残余势力构成的压力，这种情形一直持续到明末。因此可以说，有明一代，在大部分时间内都要不断承受来自北方和西北方向的蒙古势力的相当沉重的压力，仅靠明朝自己的军事力量无法彻底消除这些威胁。这也是造成明朝的边疆经营策略在整体上转向退缩、保守的重要原因。

明初征讨各地元朝地方势力的明朝军队，在西北方向上只沿着河西走廊推进到了今天的甘肃省西端，也就是嘉峪关一带，便不得不止步不前。从嘉峪关再往西，进入今天的新疆之后，是元朝分封的诸王的势力范围，以及四大汗国中的察合台汗国的领地。差不多与元朝的灭亡同时，察合台汗国也陷入动荡、分裂，最终其领土西部形成了中亚、西亚地区历史上的帖木儿帝国，而其领土东部虽也四分五裂，但在名义上还存在着作为最高统治者的大汗，由此被一些学者称作东察合台汗国①或是察合台后王政权等。这个所谓东察合台汗国内部的汗位也在家族内部几经争夺，同时伴随着统治中心的不断转移。在统治中心从明初的别失八里(今新疆吉木萨尔)迁移到稍晚的亦力把里(今新疆伊犁)后，从明代中期开始，大汗家族中的一支开始向新疆东部地区扩张势力，占据了土鲁番(今吐鲁番)，以此地为中心逐渐强大起来，并最终据有大汗之位，由此东察合台汗国在明代史籍中也开始被称为“土鲁番”。② 明朝在西北边疆所面临的比较大的危机，除了由崛起于蒙古高原西北的瓦剌所导致之外，基本都与土鲁番有关。

在来自蒙古势力的压力较大、自身的军事力量又很难投放到嘉峪关以外的情况下，明朝所采取的经营西北边疆的主要策略，便是设立以关西诸卫，尤其是哈密卫为代表的羁縻卫所作为缓冲地带，配合驻屯在嘉峪关以内的明军形成军事屏障，同时辅以朝贡贸易这一手段，试图从军事和经济两方面对西域诸政权加以控御，对这些政权与明朝中央政府的关系加以调节。

二、关西诸卫的设置以及哈密问题的来龙去脉

如上一节所论，受迫于周边残余的蒙古势力，明朝对于西北边疆，也就是传统上所说的西域地区，并没有能够实现像汉、唐时期那样的直接管辖，而是转而

---

① 关于东察合台汗国的历史概要，可参见魏良弢：《明代及清初土鲁番统治者世系——兼述东察合台汗国之变迁》，《历史研究》1986年第6期，第145~160页。

② 近年学术界对明代土鲁番较为详细的研究有姚胜：《明代土鲁番与“大礼议”研究》，九州出版社2018年版。

采取一些相对间接的手段，试图对这一区域进行控御。其中的重要手段之一，便是在嘉峪关外设置被称作“关西七卫”，或者准确地说应该是“关西诸卫”的羁縻卫所，以其为自身之藩屏，在明廷直接统辖的地区和东察合台汗国之间形成一个缓冲地带。

卫所本是明朝的军队建制，所谓羁縻卫所，便是对少数民族部落加以招抚后，授予其部落上层领袖以卫所军官职衔，对其加以赏赐，并予以准许世袭、准许朝贡等优厚条件，同时要求整个部落向明朝效忠，承担为明朝出兵作战等义务。设立羁縻卫所是明王朝建立后在边疆少数民族地区经常采用的一种统治策略，并非仅见于西北边疆。如在东北女真地区、河西走廊东南的西番地区等地，明朝都陆续设立了不少羁縻卫所。设立于嘉峪关以西的关西诸卫原本与当时新疆地区其他大大小小的割据政权一样，都是蒙古的残余势力。元朝时，受察合台汗国内部政争的影响，一些出自汗国统治阶层的人物前来投靠元朝，被元朝封王，驻牧在河西走廊最西端、今天新疆东部一带。元朝灭亡后，这些源自察合台一系的元代诸王势力便又转而接受明朝的册封，以其为主体形成了明代的关西诸卫。① 在洪武、永乐年间，明朝在嘉峪关以西陆续设置了安定、阿端、曲先、罕东、沙洲、赤斤蒙古和哈密七个卫。到了成化年间，因为罕东卫已经迁徙，又在其地设置了罕东左卫，故前后共有八卫。

从整体上看，在自身军力无法越出嘉峪关向西推进的情况下，明朝选择设立关西诸卫作为藩篱，应当是一个合理的做法。在后来的历史发展中，关西诸卫也确实曾为明朝出过一些力、发挥过一些作用。如当哈密受到土鲁番侵掠、哈密城被土鲁番占据时，赤斤卫、罕东卫便曾经出兵协助夺回哈密城。然而，从整体上来看，明朝在设立关西诸卫后，对这些羁縻卫所的重视程度并不是非常高，对诸卫的管理以及军事支持的力度均非常有限，导致关西诸卫在日益强大的瓦剌、土鲁番等势力的轮番入侵、抢掠之下日益衰微。而诸卫之间甚至各卫内部也时常发生争端和武力冲突，如哈密卫便与沙州、赤斤、罕东诸卫“悉与构怨”，② 安定卫设置后不久便发生严重的内乱，导致部众逃亡。为避开外敌的锋芒，诸卫不得不持续向东迁徙，进入嘉峪关之内寻求明朝的庇护，有的甚至“不知所终”。③ 到明

---

① 关于关西诸卫的来源，可参见程利英：《明代关西七卫探源》，《内蒙古社会科学(汉文版)》2006 年第 4 期，第 45~49 页。

② 《明史》卷三二九《西域一·哈密卫》，中华书局 1974 年点校版，第 8514 页。

③ 《明史》卷三三零《西域二·阿端卫》，中华书局 1974 年点校版，第 8553 页。

朝正德、嘉靖年间，诸卫都已逃散至河西走廊和附近地区，其故地均已被土鲁番等势力所侵占。

明朝建立之初，政治、经济中心均在东南地区，加之北方的蒙古势力依然较为强大，导致朝廷对于经略西域远没有汉、唐时积极，整体战略倾向于退守。关西诸卫虽然是明朝主导设立，但明朝对这些羁縻卫所不派流官、不驻军队、不预纠纷，管理力度非常有限，导致朝廷对其相互之间以及内部的纷争难以进行有效的管控。而遇到外敌入侵时，明朝在对诸卫提供军事援助方面往往也不积极，几乎是任由诸卫自生自灭。这种消极的态度，是导致关西诸卫最终都在土鲁番、瓦剌等势力侵扰下凋零残破、弃地远徙，没有能够充分发挥屏障作用的重要原因。

在关西诸卫之中，哈密卫的地位最为突出，也最受明朝重视。明代经过塔里木盆地南缘的丝绸之路南道已基本不能通行，与西域的往来主要依靠北道，而出嘉峪关之后，扼守北道门户的便是东疆地区的哈密。明朝授予哈密最高统治者“忠顺王”的称号，让哈密卫担负起“迎护朝使，统领诸藩，为西陲屏蔽”①的职责，意欲令其成为明朝的西方重镇。然而，哈密自身实力贫弱，内部各民族集团以及上层统治者之间又都存在矛盾，无法慑服周围的各种势力。在土鲁番崛起之后，因为所处接近，哈密首当其冲地受到土鲁番的侵掠，哈密城屡次为土鲁番占据，甚至忠顺王亦曾叛入土鲁番。明朝虽然屡次想方设法将土鲁番势力逐出哈密，恢复哈密卫原本的地位，但不久之后土鲁番便会卷土重来。进入正德年间，在哈密业已“三立三绝”之后，明朝终于无力再驱逐土鲁番，遂转而采取“闭关绝贡”的政策，禁止土鲁番向明朝朝贡，以此对土鲁番施加经济制裁，结果反而招致土鲁番屡次入侵嘉峪关以内大肆抢掠，西北边疆地区的形势更趋紧张。直到嘉靖初年，明廷才开始改变方针，允许土鲁番朝贡，实质上承认了土鲁番吞并哈密的现实，以此换得土鲁番不再入关侵扰。② 哈密卫的兴废，实际上便是明代关西诸卫历史命运的缩影。

三、西域诸政权与明朝中央政权之间的朝贡贸易和使节往来

除了设立关西诸卫作为自身屏障和缓冲地带之外，明朝另一项用以稳定和调

① 《明史》卷三二九《西域一·哈密》，中华书局 1974 年点校版，第 8513 页。

② 关于哈密问题的由来与解决，可参见田澍：《明代哈密危机论述》，《中国边疆史地研究》2002 年第 4 期，第 12~22 页。

节西北边疆地区形势、维持其与西域诸地方政权关系的重要手段便是朝贡贸易。一般来说，在中国古代历史上，朝贡关系的形成标志着中央王朝与地方政权及周边国家之间宗主、藩属关系的确立，具有高度的政治意义。而在朝贡制度下同时展开的朝贡贸易，则通常对于那些成为中央王朝藩属的政权来说具有极为重大的经济意义。通过朝贡贸易，那些向中央王朝定期或不定期朝贡的政权能够获得巨大的经济利益，对于有些地区来说，朝贡贸易甚至会成为维持政权存续的主要经济来源之一。相比中国内地，明代西域诸地在经济上大多较为落后，加之内地出产的茶叶、丝绸等又是西北边疆地区必需的生活物资和贵重物产，因此自新疆地区起、远至西亚的诸政权无不对朝贡贸易所带来的利润趋之若鹜，连一度与明朝关系极为紧张的帖木儿帝国后来也主动加入向明朝朝贡的行列。而通过与西域诸政权的朝贡贸易，明朝亦能够获取战马等重要物资，以及宝石等奢侈品、珍禽异兽等供宫廷玩赏之物。在这种背景下，明朝与西域诸政权之间的朝贡贸易得以长期维持，而这些政权要稳定地通过朝贡贸易来获取经济利益，就必须在政治上与明朝和好，不对明朝产生军事上的威胁。因此朝贡贸易虽然从表面上看属于经济活动，但同时也是明朝维护西北边疆地区安全稳定的重要手段。明朝在建立之初便多次积极地派遣使者前往西域各地，招抚各个政权、令其与明朝通贡，其中的重要意图便是以此来控制西域地区的局势。后来土鲁番之所以多次攻打并吞并哈密，除了哈密地近土鲁番之外，另一重要原因便在于哈密乃是西域贡使必经之地，控制此地便可以从各地朝贡使团身上捞取好处。而明朝为兴复哈密，一度对土鲁番“闭关绝贡”，结果反而导致土鲁番在失去朝贡贸易带来的经济利益后选择诉诸武力、入关抄掠，直到明朝重新允许其朝贡后方才罢休，这也从反面说明了朝贡贸易在影响西北边疆治理形势方面的重要作用。

明朝禁止民间与朝廷直接管辖之外的地区随意展开贸易，原则上所有与这些地区之间的经济往来都要通过朝贡贸易进行，这使得朝贡贸易的重要性更加突出。而明廷对于各地区政权与自身之间的朝贡贸易都加以严格管理，对进行朝贡的频次、使团的人数、携带的物品、进入明朝直辖范围之后的行动等都有着详细的规定。西域诸政权与明朝进行朝贡贸易，要组成一定人数的官方使团（实则团员多为出钱获得加入使团资格的民间商人），按照明朝规定的频率，间隔一定期间加以派遣，由哈密入嘉峪关，然后在明朝官方的监管及护送下到达北京，朝贡完毕后再一路返回。而这些西域贡使在进入嘉峪关之后，并不是全部都能够继续前往北京。对于入关贡使，明朝会将其分为“起送”与“存留”两类，其中“起送”

为能够继续前往北京朝觐皇帝、献上贡品的人员，只占全部使节团的十分之一、二；而剩下的便是“存留”使节，这些人必须停留在甘肃的肃州(今酒泉)、甘州(今张掖)，等待“起送”使节从北京返回后再一起出关返乡。而在居留肃州、甘州期间，他们除了可以得到当地官府的接待和赏赐外，还可以将携带来的货物在当地售卖，并购买当地商品带回销售，以此获利。明代的肃州、甘州两地居住着大量西域的存留贡使，有的甚至不愿返乡而长期居留。明朝为他们划定了专门的居住区域，允许他们在当地通婚、定居，将那些长期居留的贡使视作本地居民。如《利玛窦中国札记》中便记载：“这些商人中有很多已在此地娶妻，成家立业；因此他们被视为土著，再也不回他们的本土。……每天晚上他们都被关闭在他们那部分城区的城墙里面；但此外，他们的待遇一如土著，并在一切事情上都服从中国官员。”①

大量的西域贡使留居内地，也会带来一些治安上的问题，如携带违禁货物甚至拐卖汉人出境、斗殴杀人等，甚至还有一些留居的西域贡使充当间谍，危害明朝的安全。然而，这些人在内地的商业活动，起到了互通有无、繁荣贸易的作用，也是在经济上联络明朝与西域各地的重要纽带。明朝对待这些人表现出了颇为宽大的态度，这对于争取西域诸地的人心、维持贸易渠道的畅通、进而维护西北边疆地区的稳定都有积极的作用。②

上文从几个方面，论述了明代西北边疆地区的整体形势和明朝为保持西北边疆的安全稳定所采取的主要措施。从整体上来看，明代对于西域的经营，在力度上自然不及之前的汉、唐以及后来的清朝。然而，这也是客观的历史背景和周边局势所导致的结果，并不能完全归因为明朝统治者缺乏战略眼光和能力不足。在受到较大限制的情况下，明朝依然在尝试用多种手段来控制和维持西北边疆的局势，并取得了一定的效果。这些都是需要在明史教学过程中向学生进一步阐明的问题，只有这样，西北边疆地区才不会成为讲述明代中国历史时缺失的一环。以上仅略述笔者的一些想法和见解，浅陋不周之处，还望各位方家不吝批评、指正。

---

① [意]利玛窦、[法]金尼阁著，何高济、王遵仲、李申译：《利玛窦中国札记》，中华书局1983年版，第560页。

② 关于西域贡使入关及存留、起送等问题，可参见田澍：《明代河西走廊境内的西域贡使》，《中国边疆史地研究》2001年第10卷第3期，第12~19页。

全球史的发展与传统世界史教学改革

刘晓莉
（武汉大学历史学院）

一、世界史学科体系的发展

世界史学科体系是基于世界历史发展的客观规律，为揭示世界历史的真实面貌，诠释世界历史的动态发展，而构建的解释框架和研究机制。世界史学科体系是世界史开展教学和科研的重要基础，因此考察世界史学科体系的发展和演变，尤其是全球化对于世界史学科体系的影响，对于世界史的教学和研究不仅是必要的，而且是非常重要的。

世界史学科体系的构建发源于19世纪末20世纪初，由于第二次工业革命带来的科技革新和产业调整，促使世界范围内形成相互联系的经济网络，并促使发达资本主义国家建立起居于上层的国家集团，并通过殖民的方式与居于下层的不发达国家形成统一的网络，于是真正意义上的世界史开始出现。原本只是关注欧美等国家或民族的国别史研究的历史学家，也开始随之将关注和研究范围扩展到欧美以外的地区，对于全球范围内各个地区的历史研究成果逐步扩充，并开始改变以往以国别，尤其是欧美国家历史研究为重心的历史学研究体系，形成新的构建于全球化基础上的世界史学科体系。

随之，20世纪的两次世界大战以及冷战极大地改变了世界，根植于经济交往、政治合作以及文化交流层面的全球化，开始影响到历史学家对于既往历史的解读范式和书写方式。他们将研究领域从最初的传统议题进行了进一步扩展，以往被从人类历史上剔除出去的人类与宏观外界，以及人类与微观内部之间的互动关系被纳入世界史的研究范畴。构建于19世纪末20世纪初的世界史学科体系也随之出现新的变化。以麦克尼尔的《西方的兴起》为代表，全球史学家开始突破原有世界史的研究范式，将整个人类历史作为整体去看待，并且不断在新的研究领域推出成果。美国学者斯塔夫里阿诺斯在其成名作《全球通史》的序言中写道：本书的观点就如一位栖身月球的观察者从整体上对我们所在的球体进行考察时形成的观点，因而与居住在伦敦或巴黎、北京或德里的观察者的观点判然不同。世界史学科体系由于全球史家的突破和创新再次面临调整。

全球史家的理论创新和研究突破主要集中在下述层面：其一，突破原有世界史以民族国家为研究主体构建而成的研究体系，强调跨文化、跨民族和跨地区的交流和互动，致力于在更大时空范围内构建人类历史的发展谱系。其二，突破原有世界史局限于政治、经济、外交等的传统研究主题，拓展新的研究领域，将人类历史放置于全球纵深的宏观大历史时空范围内进行考察，并因而延伸出环境史、疫病史等新的研究主题。其三，突破既往人类历史基于人本主义观念，注重从人类社会内部探析历史发展动因，强调人类对于历史发展主动性和决定性的做法，转而将人类作为自然界其中的有机组成部分，凸显人类与自然之间的相互影响和制约，强调人类对于历史发展的局限性。

全球史概念的提出和相关研究的发展，是历史学对于日新月异的全球化进程的回应，是历史学家对于构建于20世纪初的世界史原有框架的再次革新和调整，更是对构建于17、18世纪，以国别为中心解读历史的历史学的超越。历史学家希望能够超越民族国家体系，从人类历史早期的交流和互动中，从人类历史与自然之间的相互影响中，从大历史的角度出发考察全球化对于人类历史发展的深刻影响，并探究人类历史发展的原动力，以及人类历史与自然之间的联系。

二、全球史与世界史教学改革

伴随全球史观的发展和演变，世界史学科体系的调整和变化，世界史研究领域的扩充，世界史的教学必须要因之进行更新和发展。因此对于传统世界史的教学内容和方式都要进行调整。

由于对历史解读角度和模式的变化，世界史教学内容会顺应其做出调整：其一，对于世界史传统讲授内容的重新解读。例如世界现代史以第一次世界大战、第二次世界大战以及冷战作为划分阶段的方法，这是从民族国家史观角度出发做出的解读。如果从全球史的视角重新解读，我们会发现，1914年“一战”的爆发，

1939年欧战的爆发，以及1991年冷战的终结或许对于欧美大国的影响深远，因为他们构成的欧洲历史被视为世界历史绝对重要的组成部分，或者说欧洲史某种意义上而言就是世界史。但这些重大事件对于非欧地区并不具有划时代的意义。全球史可能更加关注20世纪初，伴随第二次工业革命而来的全球化加速对于人类共同意识的培养产生的影响，关注一战后民族国家被迫让渡部分主权组建国际组织对于人类共同福祉的保护，关注第三次科技革命之后全球化飞速席卷全球引发的诸多全球性问题，关注超越民族国家为主体解决全球性问题的可能性和可行性，以及全球治理观念的发展。

其二，补充全球史学术前沿成果，更新讲授内容。全球史的最新成果集中于世界史研究体系忽视的跨国史，以及人类历史与自然之间关系的内容，例如关于国际组织历史的研究。国际组织萌生于19世纪末20世纪初，是在全球化推动之下为了协调民族国家关系，解决全球性问题而出现的国家之间的联合，或者非国家行为主体之间的联合。国际组织从最初的对于科技和社会事务的关注，发展到对于政治、经济、和平以及安全等事务均有所涵盖的阶段，经历了艰苦的发展过程。国家主权一向被视为神圣不可侵犯、不可分割、不可让渡，但是全球化的发展以及战争给人类带来的巨大伤痛迫使民族国家重新界定国家主权，并且让渡部分主权组建各个层次的国际组织。国际组织开始成为除主权国家之外的主要的行为主体，是独立于民族国家之外的力量，同时也构成人类现代史重要的组成部分。除了植根于民族国家解读体系的世界史传统议题以及延伸议题外，以往被从既有世界史教学中剥离，或者被忽视的人与自然外界以及人与微观内部的互动关系也随着全球史研究的发展被纳入世界史的教学内容，包括环境史、疫病史以及物种史在内的内容分量需要加大。

世界史教学在更新内容的基础上，还需要随着全球史的发展以及教学内容的变化，改变传统的教学方式：其一，需要改变授课老师独角戏的做法，组建教学团队，甚至是跨专业的团队，集中老师的专业知识，以满足全球史关注范围广泛，存在更多边缘学科和交叉学科的要求。教学团队的组建需要相关专业老师对全球史专业的培养目标有非常深刻的理解和充分的交流，不是局限于原有专业领域知识的简单讲授和拼接，而是要将各专业的内容融入全球史的框架内进行有机组合。例如，环境史、疫病史、科技史等主题需要相关专业老师在授课前集体备课，或者请交叉学科的老师对于世界史老师进行专业层面的指导，丰富原有教学内容。其二，教学方式的更新还表现在激发学生学习的积极性和主动性，可以采取老师讲授和学生演示相结合的方式，适当借鉴翻转课堂的做法。相对于从事精专专业教学和科研的授课教师，大学本科阶段的同学专业分化的时间和程度都非常有限，学生对于全球史带有专业交叉性质的内容经常会表现出超乎我们预料的摄取意愿和能力。因此，全球史的教学是非常适合采取讲授和交流相结合的方式的，当然，授课老师知识体系和框架的搭建，以及对于学生课下引导和帮助尤其重要。

伴随全球史的影响，高等院校的世界史教学内容和方式都需要随之进行调整和改进，以适应世界史解读范式的重构、关注视角的转换以及研究主题的增加。

三、世界史教学改革中值得商榷的问题

全球史发展日新月异，对于世界史教学内容和方式提出了挑战，为了回应全球史对于传统教学模式和专题的冲击，世界史教学也在进行相应的改革。然而，世界史教学的改革仍旧存在值得商榷之处。

其一，全球史的发展对于传统世界史构成冲击，甚至世界史的解读范式也被全球史家试图改写。由此，世界史教学的改革需要多大程度上回应全球史的发展成为一个重要问题。例如，关于世界史学科体系的调整工程量非常巨大，人类历史发展的阶段划分以及诠释框架的变化，是否需要在教学中有所体现？现有全球史的教材尚未形成，世界史教学是按照现有教材体例？补充全球史观点？抑或是打破现有教材体例？

其二，全球史新的研究领域和研究课题极大地扩充了原有世界史的内涵，因此，如何在教学中融入全球史家新的研究成果？如何处理新的研究成果与既有教学内容之间的关系，尤其是出现矛盾或者各执一端的情况？全球史研究内容如何经过沉淀和检验被融入现有世界史教学等，都成为需要注意的问题。

其三，国内各个高校对于全球史的关注度有所差异，以南开大学、首都师范大学以及北京外国语大学在推动全球史发展方面投入最大。或许可以考虑，这些高校在世界史教学改革方面做出一些尝试，形成经验推广到其他高校。

总之，世界史教学改革涉及世界史后续人才的培养，世界史教学体系的更新更是重要的举措，都需要循序渐进，慎之又慎。

“全球史”概念的提出以及相关研究的发展，是历史学对于人类全球化发展的一种回应，是历史学这门古老的学科，对于构建于19世纪末20世纪初的既有

世界史体系的突破。原有立足于民族国家和主权国家，专注于政治、经济、外交、文化的既有考察体系，侧重于从国家内部探究发展动力。然而全球化的发展催生了全球意识的萌生，更加关注整个人类的共同福祉，而全球意识和民族观念之间的角力也构成了历史发展的强劲动力。因此全球史家希望关注人类早期超越民族国家时期，进入不同文明共存时期，甚至进入早期人类与自然互动时期，考察人类与自然，以及不同文明之间的交流和互动，从而追溯人类历史发展的根源，探究人类历史发展的动力。

因此，全球史对于现有世界史学科体系的冲击力非常有力，世界史学科体系必须对此做出应对和调整，而世界史教学也面临着在既有学科体系内既定教材和全球史新的研究成果之间的取舍和平衡的问题。世界史教学是培养拥有国际视野，探究历史规律的后备人才的重要基础性工作，改革既是势在必行，改革又要慎之又慎。

人类命运共同体视域下的世界史本科思政改革

尚　洁

（武汉大学历史学院）

2012年11月，党的十八大报告中首次提出构建人类命运共同体的倡议。接下来的十年间，以习近平同志为代表的中国新一代领导集体对何为人类命运共同体，以及如何构建人类命运共同体，从整体上进行了阐发和完善。2017年10月18日，习近平总书记在党的十九大报告中呼吁各国人民同心协力，构建人类命运共同体，建设持久和平、普遍安全、共同繁荣、开放包容、清洁美丽的世界。① 这也表明“构建人类命运共同体”已上升为新时期中国共产党理解和处理国际关系的核心指导思想和基本政策。

这一理念对于我国新时期的世界史研究发展和中国特色史学“三大体系”的构建同样具有指导意义。十九大以来，中国世界史学界围绕“百年未有之大变局”展开了数轮深入的大讨论，讨论的问题也不再仅仅限于人类命运共同体的形成和具体表现，而是进一步深入新形势下世界史学科要如何在“人类命运共同体”理论指导下，由中国学者撰写的完整而系统的世界史(或“全球史”著作)，形成一套完全由中国人自己看待和研究世界和人类命运发展的“世界历史观”，使其超越西方学者传统的“西方中心论”，以及新全球史兴起后的“文明网络”或“经济世界”等视角。这不仅对我国世界史研究提出了挑战，更对世界史学科发展的基础——高校世界史本科教学提出了更高的要求。本文以武汉大学世界史学科，以及世界史本科课程改革为例，阐释新形势下，以“人类命运共同体”理念为指导的世界史课程思政改革的必要性和建设路径。

---

①　习近平：《决胜全面建成小康社会　夺取新时代中国特色社会主义伟大胜利——在中国共产党第十九次全国代表大会上的报告》(2017年10月18日)。

一、从整体世界史观到构建"人类命运共同体"

整体世界史观是由我国著名世界史学家吴于廑先生在改革开放后，率先倡导的世界史研究新路径。吴先生认为世界史学科探索的目标应"在于世界由古至今经历了怎样的历史演变过程，怎样由原始的、闭塞的、各个分散的人群集体的历史，发展为彼此密切联系的形成一个全局的世界历史"。① 为此，吴先生认为世界史不仅应该研究世界各民族、各地区由低级到高级的纵向发展历程，还应该重视在发展过程中，世界是如何实现从相对孤立闭塞，走向紧密联系的横向发展。吴先生对世界历史横向发展的强调不仅打破了此前国内世界史教学长期以来简单堆砌国别史的做法，更有力地回击了基于民族偏见和缺少全局观点，仅以某某民族、某某地区为世界历史中心的思想。

不仅如此，吴于廑先生在为《中国大百科全书·外国历史卷》撰写"世界历史"一文中，不仅以马克思主义史学为基础，系统而公允地评价了人类历史发展中，各民族各地区在世界历史进程中的地位和贡献，还以深邃的洞察力，准确地预言了当今世界所面临的能源日渐枯竭、环境严重污染和破坏等巨大难题。在吴先生看来，世界历史合理的未来必将是资本主义工业世界的蜕变和社会主义工业世界的成长与发展。尽管过程中必然要经历悠长的、曲折艰难的道路，但"黄河九曲，终将流归沧海"。② 当未来的世界能够实现合理的生产、分配，合理地利用科学技术，合理地满足世界各民族、各地区的人类群体及个体不断提高的物质生活和精神生活的需要，人类必将迎来"大同世界"的到来。

这种饱含着革命乐观主义精神，求同存异，追求世界共同发展的理论与"构建人类命运共同体"思想极具契合性。2015 年 9 月，国家主席习近平应邀出席第七十届联合国大会，在纽约联合国总部发表题为《携手构建合作共赢新伙伴 同心打造人类命运共同体》的重要讲话。在谈到当今世界所面临的挑战与问题时，习近平指出"世界格局正处在一个加快演变的历史性进程之中，和平、发展、进步的阳光足以穿透战争、贫穷、落后的阴霾，经济全球化、社会信息化极大解放和

① 吴于廑：《世界史学科前景杂说》，《内蒙古大学学报》（哲学社会科学版）1985 年第 4 期。

② 吴于廑：《吴于廑文选》，武汉大学出版社 2007 年版，第 66 页。

发展了社会生产力，创造了前所未有的发展机遇；同时，恐怖主义、金融动荡、环境危机等问题愈加突出，给我们带来前所未有的挑战。”该如何应对挑战？如何推动世界向着更美好的未来发展？习近平在演讲的最后，给出了掷地有声的答案：“人类生活在同一个地球村，各国相互联系、相互依存、相互合作、相互促进的程度空前加深，国际社会日益成为一个你中有我、我中有你的命运共同体。当今世界，各国相互依存、休戚与共。我们要继承和弘扬联合国宪章的宗旨和原则，构建以合作共赢为核心的新型国际关系，打造人类命运共同体。”①

总之，从整体世界史观到构建“人类命运共同体”思想，可以很明显地看出其背后坚持马克思主义历史唯物论的一致性，以及中国传统文化一脉相承的对“天下为公”“天下大同”思想的继承和发扬。因此，整体世界史观也成为具有中国特色的世界史学科重大理论，被誉为“世界历史新理论在我国的兴起”。② 以习近平同志为核心的党的新一代领导集体所提出的“人类命运共同体”理念不仅很好的契合了新形势下世界历史发展，世界格局迅速变化的新需要，更集中体现了党中央对中国和人类未来命运的深远思考，有着深刻的历史背景和深远的历史意义。构建“人类命运共同体”理念不仅在坚持马克思主义思想的精神内核上与整体世界史观一致，而且在此基础上有进一步的阐发。从传统的“家国天下”观，转变为更具世界主义精神的“命运共同体”观，这不仅进一步打破了中国传统史学与世界历史之间的学科壁垒，而且为未来中国看待国际局势和国际关系指明了方向。

二、在“构建人类命运共同体”理念指导下的武大世界史学科

武汉大学世界史学科由我国著名历史学家吴于廑先生创立，历史悠久，学术底蕴深厚，是经教育部批准成立、最早的一批世界历史研究所。不仅是国家首批世界史博士学位授予点，还率先在国内招收世界史本科生，2000 年开办世界史本科教学改革试验班。自开办以来，试验班始终坚持以吴于廑先生的整体世界史观为教学指导方针，重视语言能力和世界史专业基础训练，培养与国际学术接轨

---

① 习近平：《携手构建合作共赢新伙伴 同心打造人类命运共同体——在第七十届联合国大会一般性辩论时的讲话》(2015 年 9 月 28 日，纽约)

② 刘景华：《吴于廑先生对整体世界史观学术渊源的探讨》，《武汉大学学报》(人文科学版)2013 年第 6 期。

的高质量世界史专门人才。开办二十年来，不仅为国内外知名高校输送了大量高质量的硕、博士生源，还影响并带动了国内世界史专业教学工作的改革与发展。

作为我国哲学社会科学“五路大军”中的重要力量，武大世界史学科在新千年的迅猛发展，既体现了老一辈学者的高瞻远瞩，更反映出国家对世界史认识的不断提升，以及对世界史学科作用和地位的愈加重视。特别是 2011 年，世界史学科成为一级学科，高校世界史学科的办学规模得到了一次全面的提升。在承继吴于廑先生倡导的“整体世界史观”的基础上，武大世界史学科还不断践行构建“人类命运共同体”的理念，坚持将马克思主义基本原理同当下世界格局相结合，与中国具体实际相结合，立足中华民族伟大复兴战略全局和世界百年未有之大变局，加快构建具有中国特色的世界史学术体系和话语体系。在新形势和新局面下，回答好“世界怎么了”“人类向何处去”的时代之题。

历史经验告诉我们，人类历史上，科技和人才总是向发展势头好、文明程度高、创新最活跃的地方集聚。16 世纪的意大利、17 世纪的英国、18 世纪的法国、19 世纪的德国，以及 20 世纪的美国都以其经验证明这一点。当前，世界百年未有之大变局加速演进，人类又一次站在历史的十字路口。只有坚持以马克思主义为指导，坚持社会主义办学方向，全面加强党对高校的领导，全面贯彻党的教育方针，真正实现扎根中国大地，是建设具有中国特色的世界一流大学、世界一流学科的必然要求。

为此，武大世界史学科始终走在教学改革探索的最前沿。不仅在国内首创世界史本科试验班，还在师资配备、课程设置、教材选用、外语学习，以及“请进来、走出去”的开放式办学等方面长期坚持改革尝试，结出累累硕果。其中，世界史试验班教学改革项目“世界史专业国际化、开放式办学模式探索与实践”，以及“创新实践教学模式，培养历史学拔尖人才”分获 2014 年、2018 年国家级教学成果奖一等奖和二等奖。

目前，武大世界史本科培养形成了以古典时代的文本和传承研究、中世纪和近代早期欧洲社会转型研究、近现代西方主要国家(美、德、日、英)历史演变研究、第二次世界大战与战后世界新格局研究、中国领土与海洋边界问题研究等五个主攻方向，优势特色突出。同时，始终坚持育人为本，秉持教学带动科研，科研反哺教学的理念，不断探索新的人才培养模式。真正做到以时代为观照，立足中国实际，解决世界问题；融通中外文化、增进文明交流；传播中国声音、中国思想，让世界更好读懂中国，为推动构建人类命运共同体作出积极贡献。

三、以构建“人类命运共同体”为目标的世界史本科课程改革

武汉大学自2000年开办世界史本科试验班以来，一直致力于世界史本科课程的优化与改革，并在此基础上形成了一套完善的课程改革理念和方法。接下来，笔者将以学生和教师的“双重身份”来简要介绍一下世界史试验班的本科课程改革的经验和方法。①

首先，师资与课程的适配是世界史试验班历来极为重视的问题。习近平曾在中国人民大学考察调研期间指出“好的学校特色各不相同，但有一个共同特点，都有一支优秀教师队伍”。为了保证世界史试验班新生从一年级入学开始，就能够接受一流的大学教育，夯实专业基础。世界史试验班的课程设置以系统化、规范化为原则，力图从一开始就为学生搭建完整的知识结构。为此，在课程师资的安排上，也力求做到“术业有专攻”。以“世界通史”这门本科一二年级的专业必修基础课为例，因课程讲授的时段横跨古典至现代近两千多年的历史，并按照每学期课时量，以历史分期时段为界，划分为“古代中世纪史”“世界近代史”“世界现代史”。每学期按照时段，再分别安排两名教师分别主讲各自研究时段的通史，以保证每名教师对所讲时段的史实和相应科研现状和学术前沿的熟识，真正做到“教学带动科研，科研反哺教学”，实现师生“教学相长”的良性循环。除了通史课程之外，教研室还以世界史学科的优势和主攻方向为依托，开设三大课程系列，包括专门史，如世界经济史、西方政治思想史和世界军事史等；以及地区国别史，如英、法、德、俄、日、美等西方主要国家历史，以及古希腊史等；最后是给高年级学生开始的专题史，如英国妇女史(由外籍教师担任)、中世纪基督教史(外请专家)、国际组织及国际问题专题、现代国际外交专题等。这些专题史通常采用小班研读讨论的“习明纳尔式”进行，为高年级学生毕业后继续在专题领域深造打基础。以上系列课程的主讲教师全部为相关领域的专家学者，以本校教授副教授为主，并定期聘请海内外专家以短期集中授课的形式，来弥补常任教师无法覆盖所有研究领域的不足。

其次，在教材选用上，世界通史课程以吴于廑、齐世荣主编的六卷本《世界

① 笔者2001年考入武汉大学后，就读于2001级世界史本科试验班。2012年博士后出站，调入武汉大学工作后，曾担任2011级世界史本科试验班班主任。

史》为纲，详细为学生们讲授吴先生的“整体世界史观”，并辅之以经典的英文原版教材，以及与各章节段落配套的中英文研究著作(或论文)，帮助学生在了解史实的同时，对相关领域的经典和最新研究有所涉猎。为今后的专业科研奠定基础。

最后，在课堂教学中注重师生互动关系的培养，充分利用多媒体和实践教学手段，善于利用国内外的事实、案例、素材，在比较中回答学生的疑惑，既不封闭保守，也不崇洋媚外，引导学生全面客观认识当代中国、看待外部世界，善于在批判鉴别中明辨是非。

综上所述，当前我国世界史研究正面临着两个“未曾有”的大变革时代：“百年未有之世界大变革”，以及“五十年未有的国际学术界的大挑战”。这为高校世界史学科发展提出了一系列新任务。未来世界史本科课程改革仍需要注意以下问题：

(1)进一步加强对世界文明发展脉络的梳理，为当下世界多元化问题展开溯源研究，为构建人类命运共同体寻找共同的价值观基础。

(2)在“整体世界观”的指导下，开展并促进全球史视野下的文明交流史研究，以史实为基础，讲好世界发展故事，推动新型国际秩序的建立。

(3)以“一带一路”倡议为依托，加强“一带一路”沿路国家和地区研究，促进中国与周边及沿路国家的合作与发展。

(4)关注威胁全球的生态问题，包括流行病、环境破坏，气候变迁等，促进跨国和跨地区研究。

“世界军事史”考核评价探索

张士伟
（武汉大学历史学院）

“世界军事史”课程自2018年年底立项武汉大学“通识3.0”一般课程以来，坚持完善授课内容，探索评价机制，尤其在相对薄弱的考核方面进行了大量的探索。本文试着对过去的做法进行总结，以期为后续教学提供有益的借鉴。

“世界军事史”考核分为平时考核、期中展示与期末考试三项。一般而言，平时考核以思辨性论题为主，以在课堂上形成讨论，并引导学生们对相关问题展开深入的思考；期中考核注重对学生自我学习能力的培养，需要学生自主查找资料，形成论题，并在展示时与同学展开互动；而期末考试则适合更为开放的题目，以让学生结合所学知识能有所发挥，从而达到学以致用的目的。

一、平时考核

“世界军事史”注重平时考核，每次课都有论题提出，讨论贯穿课程始终。一般而言主要包括思辨论题和有关具体案例的讨论。

在思辨论题方面，经常使用的辩题有两个。

第一，在第一节课讲完导论“战争的起源”后，一般会引导学生讨论一个重大命题，即“你认为人类社会未来能够消除战争吗”。①

该辩题涉及几个重要的判断。首先，人类社会的发展演进是伴随着战争的，在文明社会的早期，人类社会就有频繁的战争，战争对人类社会造成重大的破

① 阅读可参考[以]阿扎·加特著，钱铖译：《文明世界的战争》，华东师范大学出版社2022年版；[加]格温·戴尔著，李霄垅等译：《战争》，江苏人民出版社2007年版。

坏，总体上，人们不希望战争的发生。其次，人类社会的战争也助推了部落融合，推动了文明的形成与发展，加快了社会形态的演进，但这是一种被动的进程。再次，在自然界，与人类有密切关系的类人猿也存在着频繁的战争。作为参照，它似乎预示了人类社会的战争会持续下去。最后，战争是人类社会与生俱来的行为，还是受制于时代的局限表达？比如人类社会中曾出现的奴隶制、对女性的歧视等丑恶制度，皆在一定的历史阶段之后作为一种普遍现象淡出了人们的生活。如果战争是此类事物，那么人类社会的未来应该是乐观的。

一般而言，学生对此会有积极的响应，并提出鲜明的观点。不过，对于人类社会未来能否消除战争，多数学生并不乐观。尽管他们也愿意对于未来保持信心，但大多认为，基于各种原因，人类社会的未来无法完全消除战争，人类唯有努力去减少战争。据粗略统计，每年仅有约10%的学生对此保持乐观，他们倾向于认为未来人类社会能够消除战争。一个重要的理由是，自古代社会发展至今，人类社会的战争数量是越来越少的，虽然规模可能很大，但是直接死于战争的人口比例的确是逐步下降。据统计，原始社会的战争死亡率在15%上下，而现代战争不到5%。因此，有理由相信，在未来，人类社会一定能有办法摆脱战争。

第二，涉及对复杂人物的历史评价的讨论。一般常常用到的案例是美国革命期间出现的人物本尼迪克特·阿诺德。他在革命初期是勇敢的革命者，为独立战争的早期胜利如萨拉托加大捷立下汗马功劳，一条腿在战斗中负伤，号称大陆军第一猛将。但在革命后期，却贪图享乐，为了金钱背叛革命，转投英军，与大陆军为敌，成为美国人民唾弃的叛徒，最终凄凉地死于英国。①

有关他的论题设置为"如果萨拉托加战场建个博物馆，该如何记叙阿诺德这样的人物？"大部分同学认为，应如实记载阿诺德的事迹，虽然他后来背叛了革命，但后来的行为并不能抹杀之前的功劳，他曾经在萨拉托加负伤，为战争的胜利立下大功，是客观存在，不应人为抹去。但也有少数同学认为不该纪念他。阿诺德虽然在战争中负伤立功，但他后来的行为使他站到了美国的对立面，为整个民族所不齿，这样的人物不应该纪念。

而实际情况则是，美国人在萨拉托加战场上还是给阿诺德立了纪念碑，不过该碑比较特殊，并不是普通意义的纪念碑。石碑正面呈现的是一条腿，一条被子

---

① ［美］詹姆斯·莫里斯著，符金宇译：《美国军队及其战争》，世界图书出版公司2013年版，第25页。

弹击中的腿，为美国革命负伤的腿，而再无有关阿诺德的其他标识。人们都知道这腿的主人是谁，但就是不提他的名字。美国人对他的矛盾看法也体现在下面的一段对话中。阿诺德叛变后，曾与一名被俘的大陆军上尉进行过交谈。他问道："如果我被俘，我的命运应该是怎样的?"看着阿诺德身穿大陆军军装时被射伤的腿，这个被俘的囚犯回答说："他们会砍掉你在魁北克和萨拉托加受伤的那条短腿，以战争的所有荣誉安葬它，然后将你的其余部分吊在绞刑架上。"①这段对话与后面的纪念碑在理念上可谓不谋而合。这个处理也给学生以很好的启发，相对于他们之前提出的看法，在历史唯物主义的认知上会更进一步。

在具体案例方面，则会设置相对具体的辩题，如军事战场的谋略等，此类题目对于喜欢军事战争的同学有很大的吸引力。

比较常用的一个案例是如何攻陷一座中世纪城堡，在讨论时会以 13 世纪初法军围攻加亚尔城堡为例。在讨论之前，会系统讲述中世纪城堡的构造，防御与攻击手段，不同时期出现的不同武器等。具体到加亚尔城堡，会介绍它的修建背景、特色、功能及法国围攻它的原因，同时向学生展示城堡的形态，它背靠塞纳河，雄踞于小山之上，介绍其防御情况，然后让学生讨论远道而来的法军如何攻陷这一城堡。考察学生对于城堡知识的掌握情况。

另外一个较为常用的案例是 1709 年波尔塔瓦会战中的瑞典国王卡尔十二世对堡垒的攻击策略。在卡尔十二世脚部受伤以后，他对于军队的指挥不像从前那么敏锐和直接。所以，当疲惫不堪的瑞典军队面对俄军布置的 T 字形堡垒时，应该采取怎样的策略就成了一个好问题。这个题目一是可以使学生在深入了解卡尔的基础上，代他做出最符合他的个性以及瑞典军队利益的决定；二是可以检验学生对于 18 世纪欧洲军事史概况的了解与把握情况。

二、期末考试

因为本课系通识教育课程，期末考试并不考死记硬背，不会考查名词解释等具体的知识点，而是重在对时代、军事以及对世界军事史整体认知与理解进行考察，强化追求和平热爱祖国的理念。

---

① Michael Kranish：To Catch A Traitor：John Champe Pursues Benedict Arnold，*The Quarterly Journal of Military History*，2011(Winter).

期末考试的一种方式为情景化模拟。比如某次考试便是让学生结合所学知识，并发挥一定的想象力，选取历史上一场战争中的一个角色(将军或士兵)，描述大概穿着、武器，面对敌军时采用了怎样的战法，结果如何，原因是什么，最后陈述所处时代的军事史特点。这实际上是一个要求比较高的题目，学生既要熟悉所选对象国的军事制度、将军的指挥技艺，还要熟悉军事史的时代特色，将合理的想象贯穿其中，甚至体现出所学专业特色，要答好并不容易。

从答卷看，大部分学生能答出要点，对于题目的把握比较到位。少数学生可以发挥想象力，利用优美的语言、准确的图示，像完成一部作品一样给出答案。他们化身为抵御波斯的希腊重装士兵、温泉关的斯巴达勇士、亚历山大东征中的马其顿军人、汉尼拔手下的久经沙场的非洲士兵、征服者威廉手下的骑士、钓鱼台城的南宋官兵、君士坦丁堡城墙上的热那亚援军、维也纳城下的波兰骑兵、拿破仑率领的狂热的法兰西军人、北征的明军等，深入历史的细节之中，将前人的勇武与情感化作笔下的文字。部分精彩答案摘录如下：

“我是温泉关中的一名斯巴达士兵，我头戴铜盔，一手举木盾，一手挺长矛。在这里，有着来自不同城邦的勇士们，此刻我们都有一个共同的名字：希腊人。或许昨天我们还大打出手，或者我们明天还要兵戎相见，但此刻，我们为了希腊而战，我们为了荣耀而战，斯巴达人就是为此而生！……我们战斗到了最后，矛断了，用盾砸，盾破了，用牙咬。国王在中途被卑劣的弓手射中而亡，我们便为他的遗体而战，终于将他带到一座小山上，我们的人已经所剩无几。他们害怕了，将小山围住，箭雨倾盆而下，我们与国王同在。我们虽然因为当地内奸带路而败，但我们的勇气注定永为后世传唱。”这段话描绘出温泉关战役中斯巴达人的气概，爱国主义的精神贯穿始终。

“我是奥斯特里茨负责南线科尔尼茨防守的一名基层军官。当我的纵队到达火炮阵地时，俄国人和奥地利人，绿色与白色的波浪正一轮一轮地从他们占领的村庄中涌出，我军火炮以极速向他们射击……当掷弹兵们成功突破到俄国人阵线底部时，我发出了纵队变横队的口令。曾经站在队列两侧的步兵转身并单膝跪地成为前排，纵队从中央开始一分为二，火力宽度瞬间增大。俄国人的侧翼遭此打击，不由得一边放枪一边仓皇后退。‘前进，我们胜……’一阵温热，我摸摸胸口，曾经雪白的手套，如今只余殷红。‘前……’血管堵住了气管，我扑了下去，意识也逐渐远去。耳边传来的脚步声，先是向敌人的，后是向我们的，但都逐渐黯淡下去，没有力气了。‘皇帝……妈妈……’”描绘出法国独特的横队与纵队转换，拿破仑对于火炮的使用，以及他在法国士兵中所享有的崇高威望。

“我受到罗马教皇的雇佣和委托，前往君士坦丁堡帮助抵御土耳其人的进攻。当我到达这座古老的城池时，城下的景象令我内心对敌人的轻视和对胜利与赏赐的兴奋平息了下来：战马嘶鸣、人声鼎沸、塔楼林立，攻城器械数不胜数，敌人头顶的金属头盔和手中的刀剑枪矛所反射的光芒比太阳还要耀眼刺目，旌旗连成一片如一块绸布令天地失色，我终于意识到这酬劳没有想象中那么容易。我内心暗自苦笑，并用脚轻跺地面，只希望这座古老的城墙足够结实，就像以前一样坚持到胜利来临的那一刻。同时，我向上帝默默祷告，愿这座雄伟要塞的不破神话能够在此役中再度传诵。”描绘出土耳其对于君士坦丁堡志在必得的做法，以及君士坦丁堡举世无双的城墙，它曾经保佑该城千年不倒。

“‘天哪，这是什么？’我们仿佛感受到了死亡之神在向我们伸手。敌人运来了一门巨炮，那幽深的炮膛即使隔了这么远，我依然感受到了其中的幽寒瘆人。‘轰！’犹如世界末日到来，接下来的连续炮轰，已令我们无暇自顾，仿佛一群等死的人……我身负重伤，眼看胜利遥遥无期，城破近在眼前，我知道时辰已到，当我被抬上小船驶离港口时，我仿佛看到这座‘千年不破要塞’神话的终结。”描绘出在近代早期火炮在攻城中发挥的巨大作用，它将终结城墙对于城堡的守卫。

“我是一名据守在钓鱼台城墙上的士兵，头戴笠帽，身着铁甲，脚踏长靴，在此地驻守已经半年多了。当时蒙古铁骑的声音踏破了这崇山秀水的美丽，乌泱泱的大军一直延续到山脚，给人以极大的震撼，好在修筑在山巅上的钓鱼台本就是一座用以防御的堡垒，许多守军虽然惊慌，但防御的调配仍然井井有条。在狭隘的山地上，蒙古人设法铺开他们的攻城器械，但在我们射箭、投石的干扰下无法成功。无奈之下，他们选择了围城……我以为日子会这样持续下去，直到有一天忽然听到蒙古人号角响成一片，与以往不同的是，蒙古人这次是如潮水般退去，很长一段时间都没发起进攻。很快传来消息，他们的首领在进攻时被我方巨石砸中。原来我们打死了蒙古大汗！”描绘出蒙古攻城的景象，以及南宋守军击杀蒙古大汗的史诗一幕。

“我看到了我的朋友维奇，他的水手服已经破了，衣服上有一块一块的黄色斑驳，那是海水的反复结晶染上去的。我只想打完这场仗就回去，想办法给家人谋下一顿的面包。这条巨大的战舰，装载了4门11英寸的大炮，以及许多6英寸、5英寸和3英寸的小炮，个个都像火药筒一样，随时‘嘭’就炸了……不知什么时候，一声‘准备战斗’让我们一个激灵，所有的人心里都慌慌的。我看到了远处的烟，他们在，转向！我已经能听到主炮隆隆的炮声了。在这个时候，他们在转向。这是以后被称为东乡平八郎回转的一次战术，但是，当时的我，只觉得不可思议，觉得他们疯了，他们在自杀。但这种想法没过去多久，就被倾泻而来的炮弹打断了，我们的舱室里满是火焰，是爆炸声和号叫声，是圣母玛丽亚的声音……我晕了过去……我们的失败是理所当然的，我们是一支拼凑的舰队，缺少训练，我们的军官对于礼仪很熟，但不会打仗。铁打的军舰，流水的士兵。”这是日俄战争对马海战中的一幕，日俄两国军人的精神面貌形成鲜明对比。

三、展示设计

课堂展示既是教师教学中的重要环节，也是学生学习的重要组成部分，它体现的是学生主动学习的能力。一般而言，“世界军事史”课堂展示由教师选定主题，需要学生在主题之下自主定题，组成小组，明确分工，查找资料，整理文本，以合适的方式在课堂上呈现。方式不限于使用幻灯片展示，也可加入表演或视频讲解。

最近一次课堂展示题目为历史上的战役，要求每组还原一场历史上的著名战役，小组需分为两方或三方，视战役参与方的数量而定。

有两个小组的表演值得书写。小组一选取希波战争中的经典一役温泉关战役。他们的展示分为两步。首先，使用幻灯片展示了双方兵力对比，利用地图讲解战争过程。其次，该组派出两名同学，分别扮演波斯军与斯巴达军的普通士兵，他们在战场上相遇后进行了一段对话，希腊人借此表达了打败侵略者，保卫家园的决心。表演新颖。小组二则选取拿破仑经典战役奥茨特里村之战。该组同学利用游戏软件还原了战役的一个片段，使用地图、人物卡通形象演示战争进程，对于战役细节的刻画非常生动形象，吸引了绝大部分同学的目光，展示非常成功。

大部分同学对于课堂展示与讨论是欢迎且期待的，他们也乐于参与展示，并与台下的同学展开互动。根据课堂上发放的问卷调查，学生们对于“世界军事史”课程展示提出了一些展望，未来将依照建议予以规划实施。这些建议包括：

第一，以反向模式为特征的“IF 历史”。假如历史上的关键战争结果正好相反，比如马拉松战役中波斯取胜，扎马会战中汉尼拔取胜，波尔塔瓦会战中瑞典取胜，拿破仑最终打败反法联盟，那么历史将往何处演进？亦可将演进的结果与真实的历史相对比。这既是一个有趣的主题，也是一个对学生颇具考验的主题。显然需要学生做比较多的准备。虽然如此，它也是一个能大大调动学生积极性的活动。

第二，就特定战役极具意义的片段进行推演，或请一些同学自愿表演，还原关键的场景或重要的对话，分析战争演进的原因与结果，如果有条件，还可使用简单的反映时代特色的衣服或武器仿品，以增强真实性。期间可营造出战争的紧张气氛，从而使学生体会到战争的残酷性，自觉形成热爱和平的意识。

第三，可探讨每次课上请学生介绍与军事有关的历史事件或历史人物，要求兼具趣味性与知识性。

综上所述，自列入武汉大学通识3.0建设计划以来，“世界军事史”课程便在相对薄弱的考核方面进行了积极探索，力图建立符合通识教育要求的考核方式。课程从课堂讨论、中期展示与期末考试三方面下功夫，兼顾知识性与趣味性，使学生掌握相关军事史知识的同时，能自觉形成爱好和平与热爱祖国的坚定信念，实现通识课程的立项初衷。

构建人类命运共同体视野下的世界史教研新方向

蒋　焰
（武汉大学历史学院）

在中国共产党第二十次全国代表大会上的报告《高举中国特色社会主义伟大旗帜　为全面建设社会主义现代化国家而团结奋斗》中，习近平总书记多次提及了“构建人类命运共同体”这一主题，分别涉及第一部分“过去五年的工作和新时代十年的伟大变革”，第三部分“新时代新征程中国共产党的使命任务”和第十四部分“促进世界和平与发展，推动构建人类命运共同体”。① 这也为我们集中展现出“构建人类命运共同体”这一理念在过去、现在和未来，在党和国家的发展战略中，在实现中国式现代化和创造人类文明新形态等方面所具有的重要地位。在这样的前提下，也必然会对我们的世界史教研工作提出新要求和新任务。作为一个与“构建人类命运共同体”理念密切相关的学科和专业，我们该如何在其指引下，更好地促进和提高我国目前的世界史教研呢？在此笔者不揣浅陋，结合自身体会，谈一点个人想法。

一

近年来，世界局势发生的变化不断加速。各种新的问题和挑战也随之而来。一方面，“互联网、大数据、云计算、量子卫星、人工智能等迅猛发展，人类生活的关联程度前所未有，各国人民前途命运日益紧密联系在一起”；另一方面，“人类面临的全球性问题数量之多、规模之大、程度之深也前所未有，动荡变革

① 参见习近平：《高举中国特色社会主义伟大旗帜　为全面建设社会主义现代化国家而团结奋斗》，《党的二十大报告辅导读本》编写组编著：《党的二十大报告辅导读本》，人民出版社 2022 年版，第 12、21、54、56 页。

成为常态”。① 特别是“恃强凌弱、巧取豪夺、零和博弈等霸权霸道霸凌行径危害深重，和平赤字、发展赤字、安全赤字、治理赤字加重，人类社会面临前所未有的挑战”。② 正如习近平总书记之前所提到的：“当今世界正经历百年未有之大变局。新兴市场国家和发展中国家的崛起速度之快前所未有，新一轮科技革命和产业变革带来的新陈代谢和激烈竞争前所未有，全球治理体系与国际形势变化的不适应、不对称前所未有。”③人类遇到了一系列新的深层次、全方位、长远性问题，世界之变、时代之变、历史之变的特征也更加明显。

“世界怎么了、我们怎么办？”面对这一变化和形势，习近平总书记立足于世界历史发展这一大势，提出了“构建人类命运共同体”这一理念，英明地回应了世界之问、人类命运之问，同时也提出了中国方案。习近平总书记说：“人类命运共同体，顾名思义，就是每个民族、每个国家的前途命运都紧紧联系在一起，应该风雨同舟，荣辱与共，努力把我们生于斯、长于斯的这个星球建成一个和睦的大家庭，把世界各国人民对美好生活的向往变成现实。”④这一理念自提出后，习近平总书记曾多次在一些重要国际场合进行过深入阐释，如 2015 年 9 月在第七十届联合国大会一般性辩论时的讲话、2017 年 1 月在联合国日内瓦总部的演讲以及 2022 年 2 月会见联合国秘书长古特雷斯时的讲话等，产生了广泛的国际影响，⑤ 被写入联合国、

① 《99. 为什么说构建人类命运共同体是世界各国人民前途所在》，《党的二十大报告学习辅导百问》编写组编著：《党的二十大报告学习辅导百问》，党建读物出版社、学习出版社 2022 年版，第 205 页。

② 习近平：《高举中国特色社会主义伟大旗帜 为全面建设社会主义现代化国家而团结奋斗》，《党的二十大报告辅导读本》编写组编著：《党的二十大报告辅导读本》，人民出版社 2022 年版，第 54 页。

③ 习近平：《坚持可持续发展 共创繁荣美好世界——在第二十三届圣彼得堡国际经济论坛全会上的致辞》（新华社圣彼得堡 2019 年 6 月 7 日电），《中华人民共和国国务院公报》2019 年第 17 号，中国政府网：http://www.gov.cn/gongbao/content/2019/content_5401339.htm（2022 年 12 月 30 日）。

④ 习近平：《携手建设更加美好的世界——在中国共产党与世界政党高层对话会上的主旨讲话》（新华社北京 2017 年 12 月 1 日电），中国政府网：http://www.gov.cn/xinwen/2017-12/01/content_5243852.htm（2022 年 12 月 30 日）。

⑤ 习近平：《携手构建合作共赢新伙伴 同心打造人类命运共同体——在第七十届联合国大会一般性辩论时的讲话》（新华社联合国 2015 年 9 月 28 日电），新华网：http://www.xinhuanet.com/politics/2015-09/29/c_1116703645.htm? isappinstalled=0（2022 年 12 月 30 日）；习近平：《共同构建人类命运共同体》，《求是》2021 年第 1 期；《习近平会见联合国秘书长古特雷斯》，《人民日报》2022 年 2 月 6 日第 3 版，人民网：http://paper.people.com.cn/rmrb/html/2022-02/06/nw.D110000renmrb_20220206_4-03.htm（2022 年 12 月 30 日）。

上合组织等国际组织文件。此外，党的十九大报告、新修订的《中国共产党章程》和我国宪法等也将“构建人类命运共同体”写入其中，反映了我国和世界人民的认可和共识。正如有评价所言：“中国特色社会主义进入新时代以来，习近平总书记深刻把握人类社会历史经验和发展规律，汲取中华优秀传统文化的思想智慧，从统筹中华民族伟大复兴战略全局和世界百年未有之大变局的战略高度，创造性地提出并不断丰富发展构建人类命运共同体的重要思想，为人类社会实现共同发展、长治久安、持续繁荣指明了方向、绘制了蓝图。”①

二

2023年伊始，习近平总书记在新年贺词中又一次提到，“今天的中国，是紧密联系世界的中国。这一年……百年变局加速演进，世界并不太平”，我们“坚定站在历史正确的一边、站在人类文明进步的一边，努力为人类和平与发展事业贡献中国智慧、中国方案”。② 其中对构建人类命运共同体理念的再次强调，也更加促使我们对如何推进其与世界史教研深度融合这一问题进行深入思考。

（一）新兴领域的新课题

1. 加强世界文明史教研

构建人类命运共同体的重要内容之一就是尊重各国各民族文明，“促进人类各种文明之花竞相绽放”，③ 维护文明多样性。我们知道，人类各种文明在时间和地域上的分布并不相同，因此形成了具有差异性的不同文明形态。如华夏文明、西方文明、阿拉伯文明、印度文明、波斯文明、非洲文明和东南亚文明等，呈现出多元化特点。而尊重的前提之一是知晓、理解其他文明的历史和特点。这意味着，我们要加强对世界上其他各个文明的研究力量和水平，特别是提高以往

---

① 杨洁篪：《推动构建人类命运共同体》，《党的二十大报告辅导读本》编写组编著：《党的二十大报告辅导读本》，人民出版社2022年版，第73页。

② 《国家主席习近平发表二〇二三年新年贺词》（新华社北京2022年12月31日电），中国政府网：http://www.gov.cn/xinwen/2022-12/31/content_5734452.htm（2022年12月31日）。

③ 《习近平在布鲁日欧洲学院的演讲》（新华社比利时布鲁日2014年4月1日电），新华网：http://www.xinhuanet.com//politics/2014-04/01/c_1110054309_4.htm（2022年12月31日）。

探索较为薄弱的阿拉伯、印度、非洲、拉美等文明的教研水平。不仅如此，我们还要学会在单个文明研究基础上的多文明对比和分析，去寻找人类文明历史进程中的共性价值，从而为构建人类命运共同体提供相应的价值观基础。

2. 推动整体世界史观下的世界交流史和合作史的教研

构建人类命运共同体的另一个重要取向是坚持交流和合作，共同走和平共处、互利共赢之路，最终推动世界和人类的整体发展。习近平总书记早就提到："文明交流互鉴，是推动人类文明进步和世界和平发展的重要动力"，"只要秉持包容精神，就不存在什么'文明冲突'"，就可以"携手解决人类共同面临的各种挑战"。① 整体世界史观强调纵向发展和横向发展相结合的整体和全局的历史。以此为指导，它也肯定了人类历史和文明发展进程中的横向交流，尤其是互鉴、合作的重要意义，关注各个国家、地区、文化之间的交流和影响，分析不同文化、传统的社会之间相互交往的过程，最终揭示这些横向发展如何与纵向发展相结合，对世界和人类文明的整体发展起到重要推动作用。因此，我们应当摒弃以往世界史教研中存在的各种固有偏见，尤其是清除"西方中心论"的不利影响，进一步推进整体世界史观下的世界交流史和合作史教研，特别是写好人类历史上与科学技术、交流媒介等变革密切相关的共同进步的横向交流与合作史，这也与构建人类命运共同体的要求是一致的。

3. 突出疾病健康史、环境史等迫切问题的教研

疾病、生命健康、环境问题等是当下人类社会遇到的最迫切的共同问题，也是构建人类命运共同体理念中涉及的重点方面。正如习近平总书记在《共同佑护各国人民生命和健康》(2020 年 5 月 18 日)、《维护地球家园，促进人类可持续发展》(2021 年 10 月 12 日)等讲话中所提到的，我们也要构建人类卫生健康共同体、地球生命共同体。② 因此，亟须加强当下世界史领域的疾病健康史、环境史等方面的研究。这种研究不仅是探索单一国家或地区这方面的历史，而且也要突破国家、地区界限，从更广泛的大历史视角，讨论自古以来长时段和全球历史发

① 《习近平在联合国教科文组织总部的演讲》(新华社巴黎 2014 年 3 月 27 日电)，中国政府网：http://www.gov.cn/xinwen/2014-03/28/content_2648480.htm(2022 年 12 月 31 日)。

② 中共中央宣传部、中共中央党史和文献研究院、中国外文出版发行事业局编辑：《习近平谈治国理政》(第四卷)，外文出版社 2022 年版，第 415~417、435~438 页。

展进程中的相关问题、对策以及背后所隐含的历史经验和教训。特别是随着世界联系的日益紧密，疾病、健康、环境问题早已超出了国界乃至区域范围，变成了全球性问题，因此也需要尤为关注其中的人类社会的集体性合作行动。比如在考察近现代工业化给全球带来的环境污染治理、各种疫情蔓延导致人类受到生命健康威胁的应对等问题时，都需要重点关注其中的各国、各族群的参与和合作行动，从而给当下的现实治理提供启示。也只有这样，才能从真正意义上减少和消除灾难。

（二）传统研究的新创见

1. 提升国际关系史教研，构建新型国际关系和国际准则

在构建人类命运共同体观念中，习近平总书记明确提出，你输我赢、赢者通吃不是中国人的处世哲学。① 因此，在构建新型国际关系和国际准则中，只能是相互尊重、公平正义、合作共赢。在世界史领域的国际关系史教研中，我们要贯彻和发扬这一指导思想，充分挖掘世界历史发展中的案例和实据，说明这一新型关系并不是无本之源，并且确实在世界历史发展进程中起到过重大积极作用，反之，世界发展则受阻。同时以此为据，特别是以新中国的外交史发展史为例，通过对中美、中俄、中欧、中国与周边国家等关系的研究，向世界展示这一新型关系的重要意义，以及中国遵守这一关系的决心，从而赢得世界广大国家的认同和支持。

2. 聚焦政治史中的政党和政治组织教研，树立国际政党交往的新原则

习近平总书记在二十大报告中明确提到，“中国共产党愿在独立自主、完全平等、互相尊重、互不干涉内部事务原则基础上加强同各国政党和政治组织交流合作，积极推进人大、政协、军队、地方、民间等各方面对外交往”。② 此举树

① 《习近平出席世界经济论坛“达沃斯议程”对话会并发表特别致辞》（新华社北京 2021 年 1 月 25 日电），中国政府网：http://www.gov.cn/xinwen/2021-01/25/content_5582473.htm（2022 年 12 月 31 日）。

② 习近平：《高举中国特色社会主义伟大旗帜 为全面建设社会主义现代化国家而团结奋斗》，《党的二十大报告辅导读本》编写组编著：《党的二十大报告辅导读本》，人民出版社 2022 年版，第 55 页。

立了国际政党交往的新原则，同时也独辟蹊径，从政党和政治组织角度积极推动人类命运共同体的构建。这就要求我们从世界历史角度对世界各国政党和政治组织进行更深入的探研，了解其生成历史、立党章程和政策理念等，从而为进一步的交往奠定基础。这不仅体现在我们对各国共产党、工人党和其他进步力量等世界马克思主义政党、左翼政党和政治组织的考察中，同时也体现在我们对愿意同中国共产党交往的非马克思主义和非左翼政党和政治组织的研究中。在此之上，重点梳理我党和世界各国其他政党和政治组织之间的交流合作关系及其重大影响，为政党交往新原则的树立提供坚实的历史基础。

3. 重视世界经济史教研，建设开放型世界经济格局

经济是人类社会发展的重要基础之一，同时也是构建人类命运共同体的重要维度。正因如此，党的二十大报告中也强调了我国在此方面的观念和态度，即致力于推动经济全球化，推动贸易和投资自由化便利化，推进双边、区域和多边合作，促进国际宏观经济政策协调，共同培育全球发展新动能，反对保护主义和“脱钩断链”等,① 建设开放型世界经济格局。而这也对我们的世界经济史研究提出了新要求。首先，要明确经济史在世界历史研究的重要意义，特别是从世界历史整体发展视角看待其在推动社会发展变迁和国际秩序变化中的重大作用。其次，加强对世界历史中的经济全球化、贸易和投资自由化便利化，以及保护主义等具体问题的教研。最后，深入探究世界历史上经济发展的“动力学”，为培育全球发展新动能助力。总之，通过对世界经济史中重点问题的教研，用历史视角给开放型世界经济格局的建设提供历史根基。

(三)世界历史中的中国与中国方案

1. 深化“一带一路”教研，给出中国方案

构建人类命运共同体观念中的一个核心之意是提供中国方案，而“一带一路”是其中的重要抓手和典型案例之一。因此我们要不断深化“一带一路”研究，

---

① 习近平：《高举中国特色社会主义伟大旗帜 为全面建设社会主义现代化国家而团结奋斗》，《党的二十大报告辅导读本》编写组编著：《党的二十大报告辅导读本》，人民出版社2022年版，第55页。

从世界历史发展角度来说明“一带一路”的历史和意义，包括整体世界史视野下的中国古代“陆上丝绸之路”和“海上丝绸之路”等的历史及其世界性影响。同时在研究方式中鼓励中外合作，从更加具化的跨国史、合作交流史等角度进一步说明“丝绸之路”“一带一路”的重要作用和价值，力争将“一带一路”“打造成合作之路、健康之路、复苏之路、增长之路”，① 从而最终说明中国，特别是中国共产党领导下的中国所取得的成就和贡献不仅是历史性的，也是世界性的。中国共产党领导人民不仅创造了世所罕见的经济快速发展和社会长期稳定两大奇迹，而且成功走出了中国式现代化道路，创造了人类文明新形态，为人类对更好社会制度的探索提供了中国方案。②

2. 建设有中国特色的世界史教研和学科体系

我国的世界史教研一方面受某些传统思维和学科限制，导致中国历史在世界史教研中有所缺位，二者之间出现了人为的分离和割裂；另一方面又受西方理论影响比较大，容易出现人云亦云，一定程度上在国际历史学界缺少话语权。而构建人类命运共同体观念的提出则为我们纠正这些偏差提供了可能。一方面，构建人类命运共同体观念暗含了“中国历史”和“世界历史”的“和”和“同”，中国和世界都不可或缺，所以不能人为地将二者决然分开看待；另一方面，构建人类命运共同体观念的提出植根于5000多年中华文明之上，其本身亦含有一种中国方案和中国关怀，有利于打破西方理论对中国世界史教研的不利影响和束缚，找到一条自我发展之路。正是基于上述两点前提，为我们提出和建设有中国特色的世界史教研和学科体系奠定了基础，即我们既要坚持中国特色的马克思主义理论和方法，打破西方中心主义并立足于中国实际，“发中国之声”，同时也要将中国和世界进一步融合，坚持胸怀天下的世界观，“表全世界和全人类之见”，从而更好地发挥世界史学科在资政育人、沟通中国与世界等方面的重要作用。

---

① 中共中央宣传部、中共中央党史和文献研究院、中国外文出版发行事业局编辑：《习近平谈治国理政》(第四卷)，外文出版社2022年版，第491页。

② 习近平：《在庆祝中国共产党成立95周年大会上的讲话》(2016年7月1日)，中国政府网：http://www.gov.cn/xinwen/2021-04/15/content_5599747.htm(2022年12月31日)。

三

综上可见，世界史作为一个与“构建人类命运共同体”理念密切相关的学科和专业，无论是在新的或传统研究领域，还是在具体问题考察或总体理论、体系创建中，都有着新时代赋予的新任务。而这些新任务的完成又会对“构建人类命运共同体”理念的实践和落实具有重要意义，在提供理论基础、历史经验和现实对策等方面发挥着不可或缺的作用，从而为进一步增强我国文化自信和自强，促使“中国方案”走出国门，推动“构建人类命运共同体”理念国际化等作出更大贡献。

大学的意义——学生指导工作的经验总结

牟伦海
（武汉大学历史学院）

随着全员通过毕业答辩，2016级历史学院世界史试验班完满地结束了四年大学生活。然而史无前例的疫情改变了太多人的命运，对我们每个人都是历史性的冲击。而本届毕业生又适逢疫情之年完成自己的本科学业，其中感受更为深切。回顾与学生共同度过的时光，颇为感慨。尤其是每每回想起学生们生活、学习的光景，总是能够时时遥想当年青春年少时光。作为与学生共度四年时光的指导老师，在完成任务后的轻松感的同时，也不禁从这四年工作中总结大学的意义。

大学四年的意义是什么？我们每个人都有着各自不同的见解。这既是源于我们个人经历的差异，也是因为我们对大学的定位不同，更是由于我们在大学中经历的千差万别。虽然看似每个人都在上相似的课程，但是大学四年留给每个人的都是不一样的，每个人对于大学学习的认识也是不一样的。有的同学延续了高中攀比成绩的心态看待，有的同学将其作为一份高薪工作的前提，有的同学将其作为探究真理的基础，也有人四年浑浑噩噩。而我想这就是每个人现今毕业去向差异的根源。有的同学从事实务工作，有的同学努力考研，有的同学保送硕士，有的则远赴海外留学，有的则是不知所措等，不一而同。这也是大学意义之所在，即你如何在大学期间定义自己，大学就会给予你相应的结果，为每一位大学生提供了一个塑造自我与自我被塑造的平台。

作为指导教师，这里对于学生学习态度及毕业去向差异的理解并没有任何对个体褒贬的感情色彩。读博士及专注于研究绝不是适宜于每个人，恰恰只是一小部分人的工作，也并不是每一份工作、职业都需要高学历。因此，虽然我们每个人都是在武汉大学度过四年，但我想每个人的经历都是不同的，且每个人的经历都是对其本人有着特殊的意义，都有其值得肯定与不足的两面性。而这是今后走向不同的社会领域时会潜意识地影响你的一生。也希望每个人都能够在即将离开校园奔赴自己新的领域之时认真反思、总结自己在大学四年生活的经验教训。作为指导老师，我经常会给学生讲一句话，“在大学读书期间一定要多读书，因为当你离开校园之后就几乎没有时间看书”。大学四年也是给每个大学生进入社会工作之前的最后的试错阶段。没有谁不犯错，但谁也不应该总犯错，更不应该犯同样的错。这也是大学的另一个意义，即大学是一个能够给每个大学生提供四年犯错并认识错误的机会。

在自我反思之中，有的同学对自己肯定多一些，有的同学也许对自己否定多一些。但我想其根源无外乎“自律”上的差异而已。君子“慎独”。我们最难克服的障碍往往就是自己的惰性。慎独，这是值得所有人在自己的人生中应当时刻提醒自己的警句。但是这也并不意味着每个人都能做到极致，同时我们也不应当过分苛责自己。孟子曾言“食色，性也”。人的本性就是想吃好吃的，想看好看的。如果做到所谓“存天理，灭人欲”的极致，那人就不成其为人，这也是非常可怕的。但另一方面，孟子这句话也是告诫我们人性往往是脆弱的，若不加约束地放纵自己随性而为，那也必将一事无成。因此，在今后的学习、生活、工作之中，自己不要过度苛责自己，更不要过度放纵自己，学会把握平衡，学会理性地奋斗。

作为指导老师，自身也深感对学生的指导、教育是一个不断摸索的过程。对于经验的缺乏，自己也总是惴惴不安、诚惶诚恐的心态。我想这种心态与父母对于子女之心也颇有相似之处。父母对于子女之情，我感受到的更多的是一种责任，更多的是忧虑自己的言行是否会对其产生误导，甚至是在潜意识里对其人生带来负面影响。而这种感受对于指导学生而言更是如此。中国的大学生是一个颇为敏感的群体，个性的缺乏以及对于老师的依赖是大学生的一个共通的特征。一旦进入大学，突然从父母与老师的严格管束中解放出来之后往往显得不知所措。正是由此，身为指导教师，自己也应当不断提醒自己的言行，顾及自己的行为是否会误导学生。

我个人是反对整齐划一式教育的。从一开始我就认为学生的个性培养是最重要的。而所谓个性培养的前提就是要给予充分的自由，让其在应对学习、生活各项事务时学会自我理性做出决断，学会摆脱对于他人及组织的绝对依赖，真正成长为一个真正独立的个体。当然，个性培养并不意味着彻底放任不管。每个人的性格都是不同的，每个人面临的问题也是有差异的。因此，我倾向于跟学生单独接触，针对具体的问题谈具体的解决办法。在跟学生的接触过程中，我也发现学生在个人独立程度上也是有着明显的差异。因此，有的同学跟老师接触得多，有的同学跟老师接触得少。这都是可以理解的，没有必要整齐划一给予同样的指导。但无论是跟老师接触多的同学还是接触少的同学，指导教师对学生的心态应当是一致的。

“悟已往之不谏，知来者之可追；实迷途其未远，觉今是而昨非。”总有很多不尽如人意之处，但人生也总是在不断反思积累之中前进。也正是有了跟学生相处的时光，作为指导教师也才能在下一届任期中更好地恪尽职守。这也是身为大学本科生指导教师的意义之一。

那么，大学最重要的是什么？在给学生上课的时候，第一次课我总喜欢讲，本课程的学习相比于知识的掌握，更重要的是如何去认识问题。现代社会是一个信息社会，四年之间所学的知识完全可以抛开课堂自己去看书或者网上学习。那样也许学习进度更快，但那样所掌握的就是一种静止状态的知识，就像一个存储器一样只是知识的存储。今后进入工作岗位，无论是实务还是科研，每个人所面临的问题及解决问题的能力都是书本上找不到的，不然这些问题或能力都可以用机器人取代了。因此，在静态知识的学习之外，在大学期间更重要的是学会分析、解决问题的能力，以便自己今后在新的岗位上独立地解决问题。举一个具体的例子。对于毕业论文的撰写，相当一部分同学都是仓促应对，临近毕业才匆匆交稿。学会写论文的目的就是提升对问题的认识及处理能力。当在新的岗位上面临一些新的问题之时，如果经过训练，那么就能够越过表象对问题看得更加透彻，自然就能提出更有建设性意义的方略。而这就是知识的非功利性与现实的功利性良性结合的好例子。学习知识不能从功利主义出发，但是在实践中往往能够带来功利。

另一方面，学生在大学期间非常重要的一点就是要树立一个健康的人格。什么是健康的人格？即每个人都有个性，而不要整齐划一。一个健康的社会必定是一个包容个性的多元化社会。但是个性不等于特立独行与标新立异。相反，个性强调的是要有自己坚定不移的信念，要有自己处理任何事情都不变的原则。每个人都应当有自己的理想，并要有为之持续奋斗的决心。但是理想的追求不能毫无底线，那样理想就变成了无止境的欲望。

具体而言，学生毕业后面临的最直接考验就是升职加薪问题。追求名利是每个人都应有的权利，这也是真善美的天性使然，是应当鼓励而不是压制。孔子也认为，“富而可求也，虽执鞭之士，吾亦为之”。只要正当凭借自我努力所得，为五斗米折腰亦无不可。且，我们人生的意义就是要在历史上留下自己为社会及人类做出贡献的印迹。正所谓“君子疾没世而名不称焉”。这也是我们每个人应当为之努力奋斗的动力。当然，另一方面，在物欲面前我们要有自己的原则与操守。孔子在此之外对此做了限定，即“如不可求，从吾所好”。如果追求富贵名利有违自己的理念，那么我们应当坚持自己的理念，纵然会为此失去一些东西。正所谓：“邦有道，贫且贱焉，耻也；邦无道，富且贵焉，耻也。”

疫情给毕业生带来了巨大的影响，但对于学历史出身的人而言，我们是最经得起这种冲击的。对此我们不仅不应该有丝毫的垂头丧气，相反，经历这样历史性的重大事件之后，每个人都应该学会懂得更加珍爱生命，更加勤奋努力。我们历史出身的学生，更能理解历史上多少盛衰荣辱，无数王朝更迭的“无常”性与不变的人性坚守“永恒”性的鲜明对比。而这正是人成其为人，并能不断推进文明的繁荣进步，而不是在文明之中消亡的根源所在。

历史学本科教学中研究性教学模式初探
——以“世界近代史”课程为中心

杜　华
（武汉大学历史学院）

2005年，钱学森先生提出一个振聋发聩的疑问：“为什么我们的学校总是培养不出杰出的科技创新人才?”这个所谓的“钱学森之问”引发了国内教育界的广泛思考。对肩负着培养创新人才重担的高校而言，这个问题尤其具有分量。近年来，随着国际形势的巨变，国家对创新型人才的需求更是日趋强烈。如何提升本科教学的质量，已然成为国内高等教育界普遍关注的问题。教育部在2019年9月29日颁布的《关于深化本科教学改革，全面提高人才培养质量的意见》指出，高校应该“增加学生投入学习的时间，提高自主学习时间比例，引导学生多读书、深思考、善提问、勤实践。合理增加学生阅读量和体育锻炼时间，以适当方式纳入考核成绩”。

如何才能把教育部的建议落到实处呢？研究性教学或许是个可行的路径。2016年，我来到武汉大学历史学院工作之后，开始尝试把研究性教学模式应用到本科教学之中。2018年，我获得了武汉大学的教学改革项目，进一步尝试在“世界近代史”课程中实施研究性教学改革。经过3年实践，摸索出一些经验，先总结如下，以求教于方家。

一、研究性教育改革的缘起

20世纪80年代，美国社会对一流研究性大学的本科教育现状提出两方面的质疑。其一，现行本科教育模式以教师的“教”为中心，忽略了学生在教学过程的主动性。其二，研究性大学的研究生教育和本科生教育完全割裂，其出色的研究性教育经验并未被采用到本科生教育之中。其三，教师的教学与科研割裂开来，教学成为机械性的体力劳动，与科研无关。受此影响，哈佛大学、斯坦福大学等一大批研究性大学相继开展了研究性教学模式改革，并取得了显著成就。①

近20年来，美国主要的研究性大学普遍在本科教育中采用研究性教学模式。与传统的教学模式相比，研究性教学有几个基本特点。第一，教育的基础不是单向地向学生传授知识，而是激发学生的学习兴趣，培养学生的问题意识和创新能力。第二，学生不仅仅是信息的接收者，同样也是知识的探索者和建构者，需要获得更多的从事研究的机会。第三，教师应把教学与研究结合起来，以研究推动教学，并以研究的精神来对待教学，实现教学的"学术化"。

虽然近年来，我国不少学校开始引导和鼓励本科生科研，并尝试在部分课程上实施研讨班教学，但是研究性教学在本科教学中所占据的比重和所发挥的作用均有待提高。而且，由于中美在教育环境和传统方面存在很大差异，美国的经验也很难完全搬到国内。所以，从中国的具体语境出发，探究研究性教学这一本科教育模式的可能性，是颇有现实意义的。

我从2016年开始教学工作之后，就发现与我自己本科的时候(2004—2008)相比，历史学院的学生组成发生了比较大的变化。一是学生的整体的知识储备、思维能力和眼界视野均比十年前提高了不少。这背后的原因，我并没有做深入研究。据我的推测，这可能得益于两个原因：网络技术的飞速发展，让学生们能够接触到更多的信息；大学扩招时代结束，国内顶尖大学普遍缩减招生名额，学生的质量更有保障。二是很多同学对历史学和人文社会科学怀有浓厚的兴趣。我自己本科的时候，一届学生中超过一大半都是从其他专业调剂过来的，大部分同学对历史学确实没什么兴趣。但是现在的情况有了不少改观。虽然大部分同学的第一志愿不是历史学，但是历史学起码是其志愿中的一个。而且，据我的观察，这四年来，每一届都有部分学生本身就对历史学非常感兴趣，而且有不俗的知识储备。他们中大多是通过自主招生进入武大的，还有一些则是第一志愿考入学校

① 何振海：《重建本科教育：美国研究型大学本科教育改革的经验及启示》，《高等理科教育》2005年第6期，第15~18页；潘金林、龚放：《教学方法改革——美国研究型大学本科教育改革新方向》，《国际与比较高等教育》2008年第10期，第87~91页；马莉萍、周姝：《美国研究型大学本科教育改革举措及其成效评估——以斯坦福大学为例》，《教育科学》2016年第6期，第90~96页；庄丽君、刘少雪：《美国研究型大学本科教育改革现状及其个案研究》，《清华大学教育研究》2008年第4期，第43~48页。

的。总体来看，历史学院本科生对历史学普遍具有兴趣，也有一定的知识储备，可以进行研究性学习。

二、教学改革的对象与目标

从2016年开始，我一直承担“世界近代史”[“世界通史(二)”]课程的一半授课任务，因此我将这门课作为改革的具体目标。这门课为专业必修课，共72课时，我承担其中36个课时的课程。授课时间为每个学年的春季学期，授课对象主要为一年级本科生，以及部分大二或大三的补修生，每年的总人数大概80至100人左右。课程所讲授的内容是从启蒙时代(17世纪后期)到第二次工业革命(19世纪后期)的世界历史。这门课是历史学院的最重要的基础性骨干课程之一，在知识积累、兴趣引导和专业发展等方面，对学生影响很大。

选修这门课的学生具有几个明显的特点。其一，处于从高中到大学的过渡阶段，对大学的学习方法和特点已经有所了解，但是并未完全掌握。其二，对专业的历史学开始产生兴趣，有好奇心，但是对该学科的特点和研究方法还较为陌生。其三，学生的视野、兴趣、能力和素质已经开始出现较为明显的分化。因此，这门课对于学生来说具有重要意义。如果学生转型得当，就可以顺利适应大学生活，对本专业产生浓厚的兴趣，即便将来不走上学术道路，也能通过相关的训练，习得历史学专业的特殊技能。相反，如果转型失败，则可能无法适应大学生活，甚至对本专业失去兴趣。而传统的以教师教授为主的教学方式，虽然有助于知识框架的搭建和知识基础的积累，但忽视了学生在教学过程的主动性，使学生对历史学的特点、性质、方法和前沿缺乏了解，也就无法体会到历史学的魅力和性质，会让不少同学认为历史学“无聊”“埋首故纸堆”“毫无社会价值”。所以，我决定在这门课上实行研究性教学改革。

教学改革的基本目标有三。一是提升本科生对历史学的兴趣，帮助他们了解历史学的性质和特点。二是引导那些对历史学有兴趣的学生成长为史学人才的后备军。三是帮助大部分学生初步了解和掌握历史学研究的基本方法，提高他们的文献搜集与整理能力、文字表达水平和批判性思考的能力。具体的目标如下：首先，打破以讲授为主的传统教学模式，最大限度地提高学生对于课程的参与度，增强学生对于专业课学习环境的归属感，并帮助学生在学习层面上顺利完成从高中到大学的过渡。其次，引导和激发学生研究兴趣，培养学生发现和解决学术问题的能力，提升学生的语言表达能力和学术写作能力，并让学生初步了解历史学研究的基本方法和理念。再次，尽量让学生了解历史学的最前沿理论和知识，并初步培养学生的跨学科视野，让学生意识到其他学科与历史学之间的交互性。最后，在传统的教学模式下，记忆力好、应试能力强的学生容易取得好成绩，不利于培养学生的创新精神和问题意识，我试图使创新能力成为考核学生的重要标准。

三、具体的改革措施

1. 更新课件和讲义

从2006年开始，我每年都会对课件进行不同程度的更新。更新主要沿着三个方向展开：一是增加原始文献，丰富课堂的历史“现场感”；二是增加对学术前沿的介绍，激发学生从不同角度思考问题；三是启发学生思考在学术和现实领域均有意义的重大问题。

比如，在讲述启蒙运动的时候，教科书一般只强调其积极影响和正面价值，比如对理性精神的高扬，对人们思想的解放等。在讲述这些内容的同时，我会有意识地补充一些新的研究，启发同学们思考历史问题的多重面相。比如，启蒙思想家推崇世界主义，开始以平等的目光观察其他问题，但是近年来西方学术界从国际史的角度出发，对启蒙思想家与奴隶制的关系进行了重新研究，发现很多的启蒙思想家是支持奴隶制和种族主义的。启蒙时代是推崇科学的时代，但是新文化史的研究表明，启蒙时代也是催眠术和伪科学盛行的时代。我会找来相关的原始文献，与同学们一起讨论相关的问题，帮助大家理解历史的复杂性。

在讲述美国革命和法国革命的时候，我会适当介绍不同时代的学者对革命的起源、性质和影响的解释，尤其是近年来的最新学术研究。在讲述《独立宣言》的影响时，我会介绍美国学者波林·梅(Pauline Maier)的经典之作《美利坚圣经：〈独立宣言〉的再造》(Pauline Maier, *American Scripture*: *Making the Declaration of Independence*, Vintage Books, 1997)，告诉同学们，《独立宣言》最初只是一份针对英国政府的外加文件，在美国革命和建国初期并不重要，它后来之所以成为一个可以与联邦宪法媲美的神圣文本，因为它是被历史上的美国民众不断“再造”的。在讲述美洲的独立运动时，我会着重向同学们介绍1791—1804年的海地革命，分析其在大西洋世界的资本主义发展史和种族观念演变历史中的重要地位。对这些知识的介绍，旨在帮助学生理解历史知识的相对性，尤其是历史与现实之间的深刻关联。

2. 课堂讨论和“研究性作业”

从 2017 年开始，我根据“世界近代史”课程的大纲，综合考虑学术重要性和学生的兴趣，选定 8 个主题，由学生参与讨论。所选择的主题一般比较宏大，可以涵盖 3~4 次课程的内容，且问题本身容易引发争论。其中，在 2017 年，我设计的问题包括：(1)论新大陆的发现对旧大陆饮食结构与餐桌文化的影响。(2)论人文主义和宗教思想对文艺复兴意大利艺术成就的塑造。(3)论文艺复兴与科学革命是否提高了欧洲人的知识和道德水平。(4)论《威斯特伐利亚和约》的遗留问题对于欧洲的不利影响。(5)美国的国旗为什么用星星指代各州？从近代早期以来西方社会的思想和政治变迁的角度来回答。(6)浅析启蒙运动和法国大革命的复杂关系。(7)浅论工业革命对西方人的社会观念的影响。(8)浅析奴隶制在大西洋世界兴衰的过程及其对大西洋世界政治经济的影响。同时，让学生分组，选择其所感兴趣的主题。学生可以向老师请教必读的基本书籍，参考性的原始文献和论著、基本工具书、其他查阅路径等。所有小组集中讨论，以论文的形式集体完成作业。

在过去，这门课的课程作业一般是书评。但是我发现，书评这种方式的考察，存在一些问题。一是两极分化严重，大部分同学根本不知道如何写书评，有些同学在态度上存在问题，只有少数同学可以写作不错的书评；二是同学们普遍不知如何写书评，很多同学往往写成“读后感”，而且书评作业敷衍的空间比较大，不少同学往往改写一下书的前言和后记，就草草了事；三是书评提供的训练有限，尤其是无法培养学生的文献搜集和整理能力、学术规范和学术对话能力。

与之相比，研究性作业具有以下优点。首先，与课程的契合度大，可以帮助同学构建知识体系，思考重大的历史问题。其次，研究性作业可以以团队形式弥补个体能力的不足，同学们可以一起进行资料搜集、翻译和写作的工作，也可以充分“利用”老师，请老师提供建议和资料，与老师讨论相关的问题。最后，研究性作业可以为学生提供更多的专业学术训练。据我的观察，学生们对研究性作业的欢迎度还是挺高的。不少同学认为，在完成研究性作业的过程中，他们发现学术研究其实是一个挺有意思的事情，需要足够的创新精神，与我们当前的生活也紧密相连，不像之前想象的那么枯燥、古板和脱离现实。

3. 指导学生进行学术翻译

我从 2017 年开始，有意识地指导学生进行学术翻译，目前已经指导将近 15 名本科生翻译了 12 篇英文文章，其中大多发表于“澎湃新闻”和中国美国史研究会的官方网站。

之所以要做这件事情，主要是因为我在指导世界史试验班的学生进行学年论文和毕业论文写作的过程中，发现很多同学不仅英文的阅读水平很差，而且中文写作能力极低，词汇匮乏、语句口语化、缺乏逻辑等问题非常严重。就我自己的成长经历来看，我觉得翻译是解决这两个问题的有效手段。于是，我开始尝试寻找一些专业性和理论性不是太强的英文文章，自己向作者征得版权许可之后，请感兴趣的同学翻译，然后我再仔细校对，与同学共同讨论相关的问题。

就目前来看，翻译工作的成效还是不错的。首先，翻译确实让同学们认识到自己在英文阅读和中文写作方面存在的不足，提高了他们的中英文能力。参与过翻译的同学，在学年论文写作和其他的学术活动中，普遍有不错的表现。其次，我们翻译的一些文章，不仅提供了一些新的学术资讯，也带来了国外学者对相关问题的最新思考，所以在国内的学术界和大众传媒中产生了一定的影响，这无疑增加了同学们的学习兴趣和自信心。尤其需要指出的是，自新冠疫情以来，我指导学生翻译了一组关于疾病史和种族主义的文章，共 5 篇，总计超过 4 万字，发表于澎湃新闻和中国美国史研究会官方微信公众号，引发了不错的反响。(这 5 篇文章分别是:《如何认识“种族”：先超越“看得见”的种族定义》《解开关于“种族”的谜题：“种族”的概念起源与历史》《流行病期间的仇外浪潮为何在历史上反复出现》《奴隶、殖民者与死亡之舟：黄热病的第一次全球大爆发》《种族、免疫资本与权力：瘟疫之下新奥尔良的艰难岁月》)

四、经验与反思

经过几年的摸索，我愈发认识到，研究性教学对于研究型大学的本科历史教育，具有重要的意义。

首先，虽然以史学为代表的人文学科面临经费不足、生源不够、毕业生难以找到工作岗位等问题，但是解决问题的方法不是将人文学科的教学职业化的，而是应固守人文科学的特点，将求知视为教育的首要目标，以更为专业的训练，帮助学生培养该学科的核心能力。

其次，在传统的以教师讲授为中心的教学模式下，记忆力好、应试能力强的学生容易取得好成绩，不利于培养学生的创新精神和问题意识。“阅读—讨论—研究性作业”这种研究性教学方法，可以有效避免上述弊端，帮助学生完成从任务型学习到自主性学习的过渡，认识到历史学学科的特点和价值。

最后，对世界史专业的学生而言，学术翻译是有效的训练方式。难度适当的学术性翻译不仅可以提升学生的英文阅读能力和中文写作水平，也能帮助他们了解学术前沿，建立对自己和学科的自信。

总体来说，研究性教学更重要的意义是，可以在一定程度上打破高等教育领域内教师与学生、授课与学习、教学与科研相互割裂的局面，让老师与学生之间形成更为密切的互动，以老师的专业素养来“涵化”学生，以学生的好奇心和求知欲来激发老师，真正形成教学相长的局面。

但是，实施研究性教学也面临一些问题。比如，班级人数太多，且没有助教，难以进行深入讨论；课程的跨度大，内容多，能按时讲完大纲内容尚且不易，难以抽出充足的时间引导学生进行研究性学习；学生的水平和层次有差异，对讨论和作业的投入程度有差别；如何细化给学生的评价，也是个难题；学生经验有限，在学生分组、课堂讨论、激发学生积极性等方面都存在问题。当然，其中最明显的问题就是教学与科研之间的悖论。研究性教学其实是对老师的学术水平、组织能力和负责精神的全面考验。要想出色地完成一门研讨班课程，所耗费的时间和精力会远超以课堂讲授为主的课程。但是，目前国内的高校在职称晋升、人才头衔的评比等方面，基本上不将本科教育的质量计算在内。而且，年轻老师普遍遇到“非升即走”的压力，发表论文是头等大事，无力从事研究性教学。当然，如何解决教学和科研之间的张力，既融合二者之长，又相互促进，可能是国内外研究型大学普遍遇到的难题，需要我们深入地反思和不断摸索。

考古文博类创新创业课程建设探索与实践

——以武汉大学“文博技术与产品创新”课程为例

李　洋
（武汉大学历史学院）

自《国务院办公厅关于深化高等学校创新创业教育改革的实施意见》（国办发〔2015〕36号）（下文简称为《意见》）文件公布以来，全国各地不同办学层次的高等学校都将创新创业教育改革作为推进高等教育综合改革的重要举措，完善创新创业教育课程体系是其中的关键环节之一。在此背景下，高等学校创新创业课程建设及其研究工作正在积极开展。然而，目前关于考古文博类创新创业课程建设与研究的报道较少。“保护第一、加强管理、挖掘价值、有效利用、让文物活起来”的新时代文物工作方针，对科技赋能文化遗产保护传承，探索文化遗产活化利用提出了创新需求。与此同时，国家正在大力倡导发展包括文博创意产品开发在内的文化产业。文化事业和文化产业的迅速发展对考古文博专业人才的需求更加迫切，人才供给相对不足。由此可见，考古文博类创新创业课程的建设，对完善创新创业课程教育体系，对提升大学生创新能力，对拓宽考古文博专业毕业生创业就业，对繁荣发展文化事业和文化产业，对创新文化遗产保护传承利用均具有重要意义。

一、开设考古文博类创新创业课程的必要性

（一）创新文化遗产保护传承利用的需要

考古、文物、博物馆这三个密切相关的领域都是以文化遗产为主要工作和研究对象。“文物承载灿烂文明，传承历史文化，维系民族精神，是老祖宗留给我

们的宝贵遗产，是加强社会主义精神文明建设的深厚滋养。保护文物功在当代、利在千秋。”党的十八大以来，习近平总书记高度重视文物保护和文化传承，尤其强调创新对文化遗产保护传承利用的重要意义和时代价值。2019 年 8 月 19 日，习近平总书记在敦煌研究院座谈时的讲话中提道：“要持续加大投入，运用先进技术加强文物保护和研究，不断改善工作生活条件，为科研工作者开展研究、学习深造、研修交流搭建更好平台，提高科研队伍专业化水平。”2020 年 11 月 14 日，习近平总书记主持召开全面推动长江经济带发展座谈会时指出：“要保护好长江文物和文化遗产，深入研究长江文化内涵，推动优秀传统文化创造性转化、创新性发展。”2022 年 7 月 8 日，在中国国家博物馆创建 110 周年之际，习近平总书记给中国国家博物馆老专家回信，指出：“希望同志们坚持正确政治方向，坚定文化自信，深化学术研究，创新展览展示，推动文物活化利用，推进文明交流互鉴，守护好、传承好、展示好中华文明优秀成果，为发展文博事业、为建设社会主义文化强国不断作出新贡献。”

2021 年 11 月 8 日，国务院办公厅印发《“十四五”文物保护和科技创新规划》，这是落实“十四五”规划《纲要》的国家级专项规划之一，进一步明确构建产学研用深度融合的文物科技创新体系，全面提升文物科技创新能力，切实发挥科技创新引领支撑作用。

（二）繁荣发展文化事业和文化产业的需要

文化产业在《中华人民共和国国民经济和社会发展第十三个五年规划纲要》中明确为国民经济支柱性产业。《中华人民共和国国民经济和社会发展第十四个五年规划和 2035 年远景目标纲要》专门设立第三十六章“健全现代文化产业体系”。2021 年，文化和旅游部发布《“十四五”文化产业发展规划》，提出“‘十四五’时期我国文化产业仍处于大有可为的重要战略机遇期”。

近年来，文化产业被国家作为优化经济增长方式、转变经济结构的重要战略性产业而获得优先和重点发展政策支持。在文化和旅游部、国家文物局的政策激励下，博物馆、考古所等文化文物机构围绕如何“让文物活起来”这一主旨，开展形式多样文化创意产品开发实践，“考古热”“博物馆热”“非遗热”“古籍热”蔚然成风，国潮国风成为年轻人新时尚。相关领域也因此迎来高速发展期，创意是文化创意产业链的关键战略环节，同时对于技术与产品的创新需求日益增加。

(三)创新人才培养的需要

创新人才是构建产学研用深度融合的文物科技创新体系的重要保障，也是提升文物科技创新能力的关键支撑。文化事业和文化产业的迅速发展对考古文博创新人才培养提出了更高的要求。目前，考古文博创新人才培养面临的困难主要体现在两个方面。

一方面，考古学本质上是一门基础人文学科，但其研究理念和方法技术却具有文理交叉的性质，在对古代遗存进行分析研究的过程中，不但需要多种仪器设备，也需要与具有多种知识背景的人员密切合作、协同创新，文物考古部门十分重视考古专业人才的宽广视野、多学科背景及较强的实践、科研能力。有学者认为，考古文博专业的人才培养应该走高投入、高质量、小规模的“精英培养”路线。① 因此，开设具有学科或专业特色的创新创业课程对于考古文博专业学生的创新能力培养意义更大。

另一方面，对于大多数非考古文博专业的学生而言，即使在武汉大学这样的综合性大学里，考古文博领域对于大多数其他专业的学生仍然具有神秘感，他们对于文博技术与产品创新知之甚少。扩大到社会公众层面，他们对考古文博工作存在神秘化、妖魔化、片面化等错误认识。② 这种认知偏差，导致非考古文博专业学生较少主动参与考古文博创新创业活动。

由此可见，现有的人才培养状况无法满足考古文博领域日益增加的创新创业需求。

(四)完善创新创业课程体系的需要

有研究者指出现有的创新创业课程体系呈现以下特点：(1)形式多样性；(2)内容渗透性；(3)实践应用性。③ 考古文博类创新创业课程的特性基本符合这些特点与需求。首先，专业特色鲜明，能够丰富创新创业课程结构和授课内

① 韩国河：《关于考古学人才培养的思考》，《郑州大学学报》(哲学社会科学版)2014年第6期。

② 祝晓东、上官荣光：《从“牛肉汤”看公众考古还需加强》，《中国文物报》2017年2月4日第7版。

③ 雷园园：《地方高校创新创业教育课程体系的构建》，《科技创业月刊》2015年第8期。

容。其次，授课对象广泛，既可以促进本专业学生在专业学习中激发创新灵感，又可以拓展非专业学生的知识面。最后，实践应用性强，考古文博专业本身就非常重视实习实践教学，强调学生实践能力的培养。因此，开设考古文博类创新创业课程有利于完善现有的创新创业课程体系。

二、考古文博类创新创业教育的现状

考古文博类创新创业教育的总体状况可从以下三个方面考察。

(一)课程开设情况

笔者对国内 5 所高校①考古学或文物与博物馆学专业培养方案调研后，发现各专业培养方案均强调创新能力的培养，但尚未设置课程名称包含“创新”或“创业”的考古文博类创新创业课程。当然，高校创新创业课程的大量开设始于《意见》公布以后的 2016 年，且新开设的创新创业课程多为通识类课程，有可能不会出目前公布的专业培养方案中。此外，国家高等教育智慧教育平台②上名称含有“文物”的课程 5 门，“博物馆”的课程 6 门，“考古”的课程 18 门，“非物质文化遗产”的课程 4 门，小计 34 门③考古文博类课程中未见创新创业类课程。

(二)创新创业训练项目和比赛开展情况

目前主要的创新创业训练项目和比赛包括：国家级大学生创新创业训练计划项目、“挑战杯”全国大学生课外学术科技作品竞赛、“互联网+”大学生创新创业大赛等。

大学生创新创业训练计划项目：由于每年获批项目数以万计，仅以笔者所在武汉大学为例，2020 年以来，考古学专业本科生申请获批国家级、省级、校级大学生创新创业训练计划项目各 1 项，共计 9 位本科生参与其中，约占在校生 20%。

“挑战杯”全国大学生课外学术科技作品竞赛：通过官网作品库④查询，以

① 包括北京大学、吉林大学、山东大学、西北大学、四川大学等高校。

② 国家高等教育智慧教育平台：https://higher.smartedu.cn/。

③ 其中 1 门课程名称同时含有“考古”和“文物”。

④ “挑战杯”全国大学生课外学术科技作品竞赛官网作品库，包括：大众作品、十一届科技国赛、十二届科技省赛、十二届科技国赛、第八届创业国赛、第十三届“挑战杯”国赛等作品，http://www.tiaozhanbei.net/project/。

“文物”为关键词，作品 8 项；以“博物馆”为关键词，作品 4 项；以“考古”为关键词，作品 3 项；以“非物质文化遗产”为关键词，作品 24 项。这些作品级别多为省赛作品，类别多为哲学社会科学类社会调查报告和学术论文。

“互联网+”大学生创新创业大赛：通过全国大学生创业服务网项目库①查询，以“文物”为关键词，项目 147 项；以“博物馆”为关键词，项目 271 项；以“考古”为关键词，项目 20 项；以“非物质文化遗产”为关键词，项目 1016 项。绝大多数项目未注册公司，也未获得投资。

上述创新创业训练项目和比赛的开展情况表明，大学生对从事考古文博领域创新创业活动有一定热情，从事的创新方向以“非物质文化遗产”为主，兼顾“博物馆”“文物”“考古”等。创新成果以调查报告和学术论文为主，有创业意向的大学生较多，但实际开展创业活动的大学生人数较少。

（三）创新创业教学研究情况

平和光等人对中国知网（CNKI）（2001—2015）收录的 1323 篇关于创新创业教育的学术论文进行分析后，发现没有涉及考古学、文物与博物馆学，甚至历史学的相关论文②。这反映出考古文博领域的创新创业教学研究尚处于起步阶段。

三、考古文博类创新创业课程建设的实践

现以笔者主持建设的“文博技术与产品创新”课程为例，对考古文博类创新创业课程建设的实践进行简单介绍。该课程是 2016 年新开设课程，当年入选武汉大学“创新创业专业特色课程”建设项目③，2018 年入选第二批“武大通识 3.0”课程建设项目④，2016 年至今以通识课的形式授课 5 次，选课学生 286 人。

“文博技术与产品创新”基本情况如下：

---

① 全国大学生创业服务网：http://cy.ncss.org.cn/search/projects。

② 平和光、杜亚丽：《我国创新创业教育研究现状探究——基于中国知网（CNKI）数据库（2001—2015）相关文献的计量学分析》，《现代教育管理》2017 年第 6 期。

③ 获得校级资助经费 2 万元。

④ 获得校级资助经费 5 万元。

1. 课程学时

32学时(2学分)。

2. 授课人员

校内教师2位、外聘行业专家2位(每位外聘行业专家各上1次3课时的课程)。

3. 课程内容

主要介绍考古文博领域创新活动的理念与需求，通过相关领域新技术、新产品研发的经典案例分析展开教学内容，结合外聘专家授课和创新实践教学等多种形式介绍考古文博领域创新的方式和途径。

4. 课程目标

培养学生从事考古文博领域创新、创业活动的兴趣与意识，使其熟悉该领域技术与产品创新的理念、需求、方式和途径等基础知识，建立起合理的知识结构，了解目前该领域创新、创业活动的优秀案例及其成功机制，从而使其具备从事相关领域创新、创业活动的理论基础、创新思维能力、实践能力和跨学科团队合作能力。

5. 授课对象

全校兴趣学生和考古专业学生。

6. 教学方式

概念讲授、案例分析、实践展示等。

7. 考核方式

(1)考勤(15%)：随机点名三次，一次未到扣5%，三次均未到取消总成绩；
(2)成果展示(15%)：创新创业实践活动成果展示，以创新创业小组为单位考核；
(3)课程论文(70%)：内容可包括：实践报告、技术创新应用、产品研发、相关题材文艺作品、创新(创业)计划等，3000字以上。

从授课情况看，基本教学任务都顺利完成。笔者为考察授课规模对本课程授课效果的影响，有意识地选择了不同的授课规模，4次小班(21~41人)，1次大班(150人)。小班教学较大班教学有更多的讨论时间，尤其是成果展示部分，小班教学可以保证每位同学有机会参与展示，相应的师生之间交流、生生之间交流更充分。不过由于小班人数有限，学生的专业背景不及大班丰富，多学科、跨学科协同创新的模式开展情况逊于大班。总体而言，小班教学更符合本课程创新创业课程的属性，理想的授课规模为35~45人。

四、考古文博类创新创业课程建设的思考

结合考古文博类创新创业教育的现状与笔者的初步实践，对考古文博类创新创业课程建设有以下思考：

(一)明确课程定位

自《意见》公布以来，各高校高度重视创新创业课程的建设，据不完全统计，以“创新创业课程建设”为主题词，在中国知网(CNKI)上进行统计检索发现，截至2022年12月，中国知网共收录期刊论文884篇，其中847篇是2016年1月后发表。从目前状况看，《意见》公布以来经过数年建设，创新创业课程体系逐渐完善，但新开设的创新创业课程多为通识课，课时量较少，课程的作用、辐射面及影响力有限，大学生创新创业能力仍有提升空间。

具体到考古文博类创新创业课程，对于非考古文博专业的学生而言，作为通识课的考古文博类创新创业课程能够起到拓展知识面的作用，而对于考古文博专业的学生而言，考古文博类创新创业课程是专业课程体系不可或缺的一部分，对于创新能力的培养有不可替代的地位。因此，考古文博类创新创业课程应根据授课对象的不同因材施教，最终建立多层次、立体化的考古文博类创新创业教育课程体系。

(二)强化师资力量

创新创业教育对指导教师的知识结构、学术水平、人文素养、实践经验以及教学方法提出了更高的要求。目前，多数考古文博专业指导教师的知识结构较单

一，横向跨学科领域的宽度不足，尤其是缺乏创业实践经验，虽然能够胜任专业课程的讲授，但开设优质的创新创业课程相对困难。另外作为通识课的创新创业类课程地位较低，仅靠一两位教师很难保证建设出高质量的课程。加之政策或措施等不到位，教师新开设或讲授创新创业课的积极性普遍不高。当然这也是其他领域创新创业课程在师资力量方面普遍存在的问题。①

聘请校外行业教师是对于现有师资力量行之有效的补充。校外行业教师需要了解和掌握相关行业的发展趋势，了解行业工作对所需人才在素质、知识、能力等方面要求，具有丰富的实践教学经验、行业从业经历、行业从业资格的理论知识，能够满足创新型人才培养的需要。

（三）探索共享课程

考古文博专业师生人数规模均偏小，而各高校在不同研究领域或方向上的优势各异，共享课程可以解决教学资源分布不均衡的问题。相比于网络授课的方式，考古文博类创新创业课程因其实践性更适合线下授课的方式。各高校可以采取暑期学校共享课程的方式，整合资源共同开设考古文博类创新创业课程，既可以实现优质资源的高效利用，又可以弥补现有师资力量的不足。对于学生而言，培养其创新能力和扩大知识面的同时，还可以接受不同高校的创新精神和创业文化的熏陶。

（四）结合实践活动

考古文博专业本身就很重视实践教学活动，这与创新创业教育的实践应用性特点不谋而合。因此，考古文博类创新创业课程实践教学学时设置上应较一般的专业课程或通识课程比例更高。同时，积极鼓励选课学生以结课作业为基础，参与大学生创新创业训练计划项目、“挑战杯”全国大学生课外学术科技作品竞赛、“互联网+”大学生创新创业大赛等各级别的创新创业活动或比赛。

（五）重视教学研究

考古文博类创新创业教学研究滞后于课程建设的现状是显而易见的。创新创

① 谈晓辉、张建智、关小舟等：《大学生创新创业课程建设研究与探索——以中南大学能源学院为例》，《创新与创业教育》2015 年第 6 期。

业教学研究虽有相通之处，但由于考古文博学科的专业特殊性，简单借鉴其他学科已有创新创业教育成果未必能起到他山之石的作用，甚至会适得其反。因此，在建设考古文博类创新创业课程的同时，及时反思与总结相关经验得失显得非常重要。在此基础上，组织学术会议开展课程建设的经验交流活动，有利于不同高校的教师展开相关的教学研究合作。

五、结语

考古文博领域的研究对象虽然是古老的文化遗产，但是其作为当前高速发展的文化事业和文化产业的一部分，其创新需求日益增加，尤其体现在对创新型人才的需求。考古文博类创新创业课程建设是改革创新型人才培养的重要途径之一。在论述开设考古文博类创新创业课程必要性的基础上，通过对考古文博类创新创业教育现状的调查，结合武汉大学“文博技术与产品创新”课程的建设实践，提出从课程定位、师资队伍、共享资源、实践教学、教学研究等方面进一步完善考古文博类创新创业课程，构建适宜创新人才培养的教学环境，重点培育大学生创新能力和创业意识，以创新型考古文博人才服务国家繁荣发展文化事业和文化产业的需要，以科技创新引领文化遗产保护传承利用，切实践行“保护第一、加强管理、挖掘价值、有效利用、让文物活起来”的新时代文物工作方针。

关于旧石器考古专业人才培养的思考

周玉端
（武汉大学历史学院）

旧石器时代考古是整个考古学科中最为国际化的一个研究时段，因为它关注的问题本身就是全球性的、跨区域的人类及其文化现象。比如人类起源与演化，现代人的起源与迁移，旧石器时代早期阿舍利技术现象的阐释等重大课题，都需要跨区域乃至全球视野。欧洲是世界旧石器考古最为发达的地区，与欧洲发达国家相比，中国的旧石器时代考古的整体实力尚有一定的差距。不过，得益于中欧学术交流和留欧学生的归国，这种差距在最近十几年已逐步缩小。尤其是前沿性的研究方法被引入国内，比如分子生物考古、旧石器技术等前沿研究方法得到本土发展，产生了一系列的重要成果。在此背景下，如何高效、高质地培养中国旧石器考古专业人才是一个需要思考的问题。本文梳理了中国旧石器考古专业人才培养历史，结合当前旧石器考古研究的特点和国外相关的学生培养经验，对中国旧石器考古专业人才培养提出相关的思考，希望能够为促进中国旧石器考古的发展提供可能的思路。

一、中国旧石器考古人才培养的历史与收获

1. 1949 年以前旧石器人才的培养方式

旧石器考古学首先发展于 19 世纪中期的欧洲，并在欧洲人殖民世界的过程中得到传播,① 中国旧石器考古学的产生也与此背景有着密切的关系。1921 年，

① ［英］格林・丹尼尔著，黄其煦译：《考古学一百五十年》，文物出版社 2009 年版，第 1～10页。

法国神甫桑志华在甘肃庆阳发现我国第一批(3件)地层出土的石制品，打破了中国无旧石器时代的传说，标志着中国旧石器考古的大门正式被打开。① 桑志华在中国考察25年，行程主要在北方地区。不过，桑志华的探险考察工作并不是直接以培养中国考古人才为目的，而是广泛收集动物、植物以及古生物化石标本等，并将其存放在天津崇德堂，它是天津自然博物馆的前身北疆博物院的雏形。②

20世纪20年代末，周口店的考古发掘与研究揭开了中国"实践式"旧石器人才培养的序幕，同时还奠定了中国旧石器时代考古学的基础。1927年，中国地质调查所与北京协和医学院签署系统发掘周口店的协议，筹备成立负责周口店发掘与研究的中国地质调查所新生代研究室。但是当时由于中国人才匮乏，外国专家主导着当时的考古研究，如步达生是加拿大籍人类学家，北京协和医学院解剖系主任；德日进是法国古生物学家、天主教耶稣会神父；魏敦瑞是德国解剖学家和体质人类学家。中国方面则以地质学家和古生物学家杨钟健先生为代表。

1927年北京大学地质系毕业的裴文中先生到北京地质调查所工作，1928年被派往周口店参加古生物化石的发掘工作。在周口店的考古工地，裴文中不仅仅发掘到中国猿人第一个头盖骨，还发现了人工打制石器的存在。这为裴文中先生从一个地质学毕业生转型为一名考古学家提供了重要契机。在考古工地上，裴文中不仅有机会向经常到周口店指导发掘工作的德日进学习古生物学知识，其研究发现的石制品也得到了后者最先的肯定。中国另一位旧石器巨擘贾兰坡先生也受到德日进学术思想的巨大影响。

1929—1931年，周口店的考古发掘陆续发现一些石制品，这些石制品的原料为脉石英。由于脉石英不是理想的石器原料，难以识别其人工属性。为证明这些石制品的人工属性，裴文中创造性地开展了模拟实验，进而对比人工与非人工制品的使用痕迹，最终认为遗址发现的属于石器。这些发现和研究结论最先得到德日进的支持，但是步达生和杨钟健却不同意这个看法。于是，德日进建议邀请法国史前学会会长的步日耶先生来华鉴定。1931年步日耶应邀来华，在周口店

① 高星：《中国旧石器时代考古学的昨天、今天与明天》，高星、侯亚梅编：《中国科学院古脊椎动物与古人类研究所20世纪旧石器时代考古学研究》，文物出版社2002年版，第3~9页。

② 刘扬、侯亚梅：《法国学者对中国旧石器考古学的贡献及其相关遗址的研究进展》，《文物春秋》2012年第4期。

观察了出土的石器标本，确认石器的人工性质，并对裴文中的开创性研究予以了充分的肯定。① 正是由于这次相遇，裴文中得以于1935年赴法国巴黎索邦大学和人类古生物研究所攻读步日耶的博士。其博士论文的题目为《自然现象在史前人类使用的硬岩的破碎与修理中的作用》(*Le Rôle des phénomènes naturels dans l´éclatement et le façonnement des roches dures utilisées par l´Homme préhistorique*)，1937年完成博士论文答辩后，裴文中先生回国，并成为中国旧石器考古的领导者。

与国家贫穷、经济落后的时代背景形成鲜明对照的是，新中国成立以前的中国旧石器考古人才的培养却是处于国际前沿的，培育出两位对中国乃至世界旧石器考古都有着巨大影响的大师级人物：裴文中和贾兰坡两位先生。就他们的成才方式而言，可以说是在实践中学习理论知识，将理论与实践结合起来成才的典范。当然，能够向国际著名学者学习知识也是他们成才的捷径。贾兰坡先生曾经动情地说："那时，我还是一个年仅23岁的年轻人，职务是一个练习生，和德日进之间是没有多少话可说的。但是，这位身材高大的科学家对人的态度是那样和蔼可亲，对年轻人的培养是那样不遗余力和循循善诱，使我很快就消除了初次见面时产生的拘谨。""……报告写完之后，交给德日进神父，改动很多。在大约二十页的英文稿上，他几乎逐句逐字地加以修改，每页都密密麻麻地留下他那秀丽的字体。可以相信，改那份稿子比他自己动手写要费力得多。但他为了帮助青年一代成长，是那样的不遗余力。"②另外，这个时期成长的旧石器人才具有扎实的、多学科的、前沿的背景知识，如古生物学、旧石器考古学、地质学等，为新中国成立后中国旧石器专业的独立发展奠定了宽广的、良好的基础。

2. 1949—1990年旧石器人才的培养方式

与其他众多学科类似，新中国成立以后的旧石器考古学科发展是比较独立的，与外部世界的深度交流比较缺乏。这一时期的中国旧石器考古学主要是在裴文中和贾兰坡两位学科领导人物的引领下，进行了独立自主的探索。一方面，大量旧石器遗址在整个国家被发现和研究；另一方面，年轻一代的本土旧石器学生被逐渐培养成才。同时，多学科的旧石器考古研究在周口店遗址开展，如放射性

① 高星：《德日进与中国旧石器时代考古学的早期发展》，《第四纪研究》2003年第4期。

② 贾兰坡：《我和德日进神父》，贾兰坡、黄慰文编：《发现北京人》，台湾幼狮文化事业公司1996年版，第235~237页。

测年、古环境和古气候研究、遗址形成过程分析等，体现出当时中国旧石器考古的较高水平。① 在这个过程中，旧石器人才的培养方式注重综合与实践能力的培养，如对地质学、考古学、古生物学和古人类学等学科知识的全面学习，参与遗址的考古发掘和材料整理等，虽然培养方法比较粗犷，但是远没有现在学科细分之后的“隔行如隔山”之感。以张森水等先生为代表的旧石器专业人才开始成长，并在后来对中国旧石器考古的发展和学术研究做出了重大贡献。

但是，由于旧石器专业师资力量太少，加之专业人员主要集中在中国科学院古脊椎动物与古人类研究所，而绝大多数设有考古专业的高校却没有旧石器考古方向的老师，这种状况导致旧石器人才培养的渠道太少，旧石器考古人才培养很受限制，非常不利于旧石器人才梯队建设。

3. 1990 年以后的人才培养方式

在 20 世纪 90 年代，中国旧石器考古再次迎来欧美学者在中国开展合作考古发掘与研究的机遇，西方先进的考古发掘技术、理念和研究方法在中国得到了系统引进与实施。首先，中—美泥河湾东谷坨遗址和贵州盘县大洞的合作发掘开启了中外旧石器国际合作的大门。在野外发掘和室内研究的过程中，中国学者不仅仅与国外学者实现了平等交流与对话，更学习到了国际旧石器学术界的前沿技术，许多参与中外考古发掘与研究项目的年轻学生，有的有机会继续出国学习深造，有的甚至获得了国外大学的博士学位，后来逐渐成为中国旧石器研究的中坚力量，他们有着更加宽阔的学术视野，对国际前沿的了解也更加迅速，外语水平也更好。

除了利用国际合作研究项目培养旧石器人才之外，随着 20 世纪 90 年代之后形成的留学潮，也有一些学生是直接通过高校出访欧美大学和研究机构，从而掌握国际前沿研究方法与理论。日益增多的国际合作与学术交流，极大地拓宽了旧石器专业人才的培养路径，此时国内能够培养旧石器博士人才的高校和机构仍然非常少，而国外高校的出现为中国学生提供了更加宽广的选择。这阶段国外学成归来的旧石器人才目前已经成为中国旧石器考古的领导力量，为中国旧石器的国际化发展作出了重大贡献。

① 关莹：《周口店发现与发掘大事记》，《化石》2011 年第 4 期。

二、当代旧石器考古学科的特点

旧石器考古与晚段考古相比具有更强的国际性，更加需要全球性的视野。旧石器考古学研究包含的内容非常广泛，比如人类的技术、行为、文化、社会、思想和宗教，比如人类的起源、演化、迁移、基因交流等，再如人类存在的气候、环境、资源和年代背景等。对应这些研究内容，许多学科在旧石器考古中都有参与，比如第四纪地质学、古人类学、物质文化研究、年代学、动物考古、环境考古、分子考古等，多学科合作研究是当代旧石器考古的鲜明特色。这种学科特点对旧石器人才培养提出一些具体的要求，尤其需要合作和分享精神，具有组织协调能力，除了专攻某个研究领域外，还需要对其他相关的领域有一定的了解。旧石器研究的内容众多，单个高校或科研机构难以包含全部研究分支，多数情况下都只有某一个方面的研究实力比较突出。在这种情况下，学生的知识储备会变得很有限，研究视野和思路会有所局限。另外，想要具备国际化和全球性的视野对学生的语言水平也提出了相应的要求。除了国际通用的法语和英语外，最好还能够掌握一门研究地域中使用的当地语言，这样能够更加便于与当地人沟通，与当地人建立起友好的合作关系。

三、目前国内旧石器人才培养上存在的问题

虽然目前国内旧石器学科已经得到长足发展，但是人才培养还存在体系不完善、师资匮乏、学生数量少等问题，其中很大程度上是历史原因和旧石器专业小众导致的。在人才培养的形式和内容方面存在很多值得改进的地方。

首先，师资力量薄弱，缺少顶层设计。目前全国开设考古学本科专业的高校已经有数十所，但是具备旧石器考古方向师资力量的高校大概只有 10 所，而这些高校中往往只有 1~2 名旧石器考古的教师。这种小众的师资构成与晚段的考古力量相比有很大的差距，非常不利于旧石器考古学人才的培养。因此，旧石器方向的学生数量相比而言也很少。在制度层面，还没有顶层设计来平衡不同考古时段的师资储备。

其次，教学授课内容涉及面狭窄，对世界各地的旧石器历史和研究进展不太了解，知识体系比较落后，课程体系不完善。由于具有国际视野的旧石器师资数

量太少，导致旧石器考古专业的授课内容比较单薄，很多知识的传授停留在20世纪80年代以前的结论和认识。由于中国旧石器考古学家多数局限于某个小范围的研究材料，对其比较熟悉，而对国内其他地区或国外的考古材料不太了解，没有太多机会接触和研究世界其他地区的考古材料，导致其在国外考古中没有话语地位，对世界其他地区的旧石器文化不了解或只有简单的了解。这也间接导致难以培养具有国际视野和对话能力的人才，更加难以掌握相关研究领域的话语权。

再次，由于旧石器考古需要使用英语、法语等国际性学术语言，这要求有针对性地将这些外语加入旧石器专业人才培养的课程体系。英语和法语是旧石器考古专业文献最多的语言，其中旧石器基础性理论都是用法语书写的，在国际交流学习中，研究者需要掌握这两门外语才能在学术对话中自由发挥。虽然，多数的中国旧石器学者都能够使用英语，但是最为核心的理论和方法都是法语书写的，法国是旧石器研究的前沿和风向标，因此也需要掌握法语。但是，目前能够学习旧石器专业知识的同时，加强对法语和英语学习的学生属于凤毛麟角。

最后，缺乏前沿的旧石器考古实习基地。目前各大高校本科生的田野考古实习基地多为新石器时代遗址或年代更晚的遗址，而以旧石器考古工地为实习基地的高校几乎没有，这是多方面原因导致的。很多学生经过田野实习之后就决定是否从事考古工作，但是他们并没有经历过旧石器遗址的考古发掘，旧石器发掘与晚期遗址的发掘有很大不同，很多学生还没有真正了解旧石器遗址就和它们告别了。野外旧石器遗址的发掘和研究可能更能体现其专业性和特色，而打制石器实验更能够激发学生的学习兴趣。需要采用各种可能的方式吸引年轻学子加入旧石器考古的队伍中，提高培养学生的数量与质量。

四、国外旧石器人才培养的可借鉴之处

法国是世界旧石器考古人才培养的摇篮。法国国家自然历史博物馆正式创建于1793年法国大革命期间，其主体植物园的前身是1635年就已经建立的皇家医药园。目前它是集展览、研究生教学和学术研究为一体的综合体，是世界考古学界享有崇高学术声誉的学术机构。

法国国家自然历史博物馆内设有研究生院，虽然它只能接收研究生，但是其旧石器考古的基础性课程仍然是非常完善成体系的。与旧石器考古专业方向有关的课程非常全面，数量多达近三十门课，涉及地质学、年代学、古环境、古生

物、石器研究等不同的方面，既有基础理论课，也有具体的研究前沿课。课程内容涉及世界各地的考古材料，比如非洲大陆、欧洲、近东、南亚、东南亚、东亚、美洲等，从旧石器时代早期到旧石器时代晚期都有讲授。这与其全球视野和强大的师资力量也是密不可分的，目前该博物馆从事旧石器相关方向的研究人员和老师近百人，数十个考古队分布在上述各个地区。虽然不是所有的员工都有固定编制，但是通过合同制等方式能够灵活吸收其他机构的研究人员，从而形成庞大的研究人员体系。如此优质强大的师资为人才培养提供了便利的条件，其生源不局限于法国和欧洲，而是来自世界各地，学生的研究视野也自然会变得非常开阔。也许值得我们的借鉴之处是，在师资方面可以增加灵活度，直接或间接聘用具有国际视野的国外青年考古人才来华讲授课程，弥补本土师资力量的不足，课程体系不完善等问题。另外，吸收来自欧美和第三世界国家的青年学生来华学习是一个可能的扩大生源的途径。法国国家自然历史博物馆为学生提供了多种游学的途径，鼓励学生在学期间到其他学校和科研机构交流访问，提供世界范围内田野考古实践的机会。这些都为学生的快速成长提供了良好的外部条件。

在学制方面，法国硕士的年限只有两年，与国内三年制的学术型研究生相比，他们学生的培养周期更快，时间更加紧迫。但是这似乎并没有影响到研究生的质量。在两年读书期间，研究生需要完成两篇学位论文，第一篇是第一学年末，需要参加正式答辩，第二篇是毕业论文，也需要参加答辩。两篇论文对字数都有要求，通常是 80 页以上，因此论文的质量也有一定的保证。学生必须非常专注于学习才能够顺利达到毕业的要求。虽然我国也有两年制的专业型硕士，但是从事学术研究的往往是三年制的学术型硕士，这无疑拉慢了青年成才的速度。在学制和培养速度方面也许我们还有可以提升的空间。法国旧石器研究者往往依附于国家科研中心(CNRS)的某个实验室，每个实验室有系统的人员配备、研究队伍和特定的研究方向，实验室可以高效地整合相关研究领域的资源。研究生尤其是博士生通常也会被纳入实验室管理，是实验室不可或缺的组成部分，承担着重要的科研任务，同时也享有利用实验室硬件资源的便利条件，这也为旧石器考古人才的培养提供了重要支撑。

五、结语

2021 年，中国旧石器考古专业委员会委员数量突破 100 人，旧石器考古人才梯队初具规模，是中国几代旧石器考古学人不断努力的结果，也是未来继续生长枝繁叶茂的基础。但是这个规模与法国、日本等国家还有很大的差距，与中国巨量的旧石器文物资源相比还很不相称，需要努力赶上。法国国家自然历史博物馆在师资、学生培养方案、实验室设置(不仅仅是置备硬件设施，更重要的是软环境的顶层设计)等方面存在不同程度值得我们学习借鉴的方面，本文对其做了简单的介绍。

旧石器考古人才的培养需要国家的支持，也需要高校和科研机构的重视与平衡。目前中国已经发现的旧石器时代考古遗址的数量达到2000多处，涵盖距今200多万年至1万年前后的各个时间段，① 新的考古发现仍然层出不穷，大量的考古资料等待科学的、系统的研究。为更好地服务于中国考古学学术发展战略，提升中国学者的话语权，一流的国际旧石器人才的培养是中国旧石器考古的重任。

中国近百年的旧石器考古历史也表明，只有秉持开放的态度，人才培养的国际化，才能促进中国旧石器考古学的全面发展，平等地与国外学者进行对话，在人类起源、现代人起源、东西方旧石器文化异同等重大科学问题上提出中国观点，发出中国声音。

---

① 徐欣：《中国旧石器时代遗址数据分析》，中国科学院研究生院硕士论文，2012年。

历史上的民俗与民俗中的历史

——一般通识课“简牍与秦汉文化”中的民俗文化运用

黄浩波

（武汉大学历史学院）

“简牍与秦汉文化”是“武大通识3.0”课程中的一般通识课，所属领域为“中华文化与世界文明”。课程教学理念与课程目标，有以下几点：一是通过对秦汉简牍内容的解读，让学生了解早期中国的文化与文明；二是结合《史记》《汉书》等传世文献，与秦汉简牍对比阅读，勾勒秦汉时期的基层社会风貌；三是通过阅读与分析简牍材料，提升学生的古文阅读能力，使学生获得关于早期中国灿烂文明的具体认识，了解民族文化的早期形成阶段，树立正确的历史观。本课程的开设，将充分发挥历史学与考古学，尤其是以简牍为依托来了解秦汉的社会文化与社会生活的教学研究特长，努力将简牍材料转化为生动的历史场景。通过本课程的开设与讲授，希望学生能对简牍时代有所认识，初步了解秦汉时期的社会风貌，初步建立起历史时空框架，并形成基本的判断鉴赏能力与人文修养，树立积极向善的价值观，培养“目光向下”关注现实生活的精神，提升民族文化的自豪感。

在纸张发明之前，竹木简牍在中国历史上曾长期作为书写载体，目前出土的秦汉简牍在数量颇多，所记内容相当丰富，涉及当时社会生活的方方面面，足以补充同一时期传世史料的匮乏。借由秦汉简牍文献的记录，可以重返当时的历史场景，窥见更为细腻、鲜活的历史面貌。作为面向全校不同专业学生的一般通识课，虽然秦汉简牍所记内容包罗万象，但是课堂讲授不可能面面俱到，因此本课程拟选取任课教师有研究心得的部分，结合学生的学习兴趣，带领学生研读精心挑选的简牍材料，并在研读中引导学生理解其中的历史文化信息，作为了解秦汉历史文化的窗口。“简牍与秦汉文化”课程共32学时，包括教师课堂讲授30学时，学生展示活动 2 学时。

考虑到课程名称中的“简牍”与“秦汉”均与当下学生的现实生活相去遥远。简牍相关的知识往往过于琐细而且专门，选课的学生多为本科一二年级，专业背景各不相同，若是过多讲授简牍相关知识，则学生不容易理解，更无法保证课程内容的通识性与趣味性。加之秦汉距今两千多年，现实生活中已经很难见到秦汉时期的遗迹，学生很难对“秦汉”有直观的感性认识。因此，课程的内容设置紧扣“文化”二字。为了保证课程的通识性，增加课程的趣味性，整个课程的教学设计，大量引入民俗文化的内容，引导学生从历史中理解民俗的演进，在民俗中体会历史的沉淀。

首先是在课程内容设计中注重将授课内容与相关的古今民俗进行联系。为此，在课程讲授的几个专题中，每一讲都努力发掘其中的民俗文化元素，通过各种形式或多或少讲述秦汉时期的相关习俗——“历史上的民俗”，同时引入相关的现代民俗文化的内容，引导学生感受“民俗中的历史”。第一讲“简牍时代以及秦汉简牍的主要内容”，在讲授简牍制作过程的“杀青”环节，不仅引用古籍中的相关记载和文天祥《过零丁洋》“人生自古谁无死，留取丹心照汗青”的著名诗句，而且从网上找到了现今人们修治竹子时烤竹子的视频，通过视频中人物的介绍，学生很容易就能理解制作简牍时“杀青”环节的作用所在：一是预防虫蛀，二是修直定型。第二讲“秦汉时期的姓氏与名字”，秦汉之际姓氏观念的转变是必须讲授的知识点，但是内容艰深，借助少数民族地区的命名习俗以为参照，则能使学生易于理解。秦汉时期的“爆款名字”颇能体现当时的民风民俗，在逐一分析各个“爆款名字”的含义以及背后的风俗之余，联系现今各地的常见“小名”，则可见秦汉时期“爆款名字”与现今各地常见“小名”之间一脉相承的内在联系，让学生感受到“秦汉”距离我们现在的生活并不遥远。第三讲“爵：秦汉时期的身份与相关文化”，结尾处介绍汉代人们因对爵的追求而留下诸多画像石、雕像，在引介邢义田先生关于汉代画像“射爵射侯图”与“猴与马”造型母题艺术形象的研究之外，① 由其“谐音梗”进而延伸到近年因高考而兴起的“必胜客”“旗开得胜”“指定(紫腚)行”等“新民俗”。第四讲“岁时伏腊：秦汉时期的节庆与祭祀”，重点讲述秦汉民众最重要的两大节庆——腊日与伏日，及其相关祭祀活动。该讲本

① 邢义田：《画为心声：画像石、画像砖与壁画》，中华书局 2011 年版，第 139~196、514~544 页。

身就是关于秦汉时期的民俗活动，通过讲述节庆时候的各种活动，将其与当今生活中的新年、六月节的相关习俗及祭祀活动与之对照，简要梳理从秦汉腊日到现今腊八节的演变，从秦汉初伏、中伏、后伏到今日六月节、中元节的演变，让学生从中可以感知中华民族世代相传的敬天法祖精神。第五讲“秦汉时期的出行：手续、方式与信仰”，讲述秦汉时期与现今差别甚巨的出行手续、出行方式与出行信仰，其中出行信仰一节也属于“历史上的民俗”，包括出行择日、祠道、紧急出行的破解之道等，可与当今时代的择日习俗、跨火盆习俗等相比照、联系。祠道习俗则不仅可与中学语文课《荆轲刺秦王》中荆轲悲壮辞行一段的细节对读，还可以在唐诗宋词等文学作品描述的临别饯行、长亭送别、都门帐饮等临行习俗中看到余绪。第六讲“秦汉时期的死亡与税收”，由著名的谚语“唯死亡和税收不可避免”引入，以秦简记载的两个“死而复生”的故事为主题框架，介绍秦汉时期民众关于死亡的信仰，并根据两个故事中都有提及的死人在地下也须服徭役和缴赋税，延伸到当时人们“事死如生”的观念，介绍秦汉时期普通民众所要承受的徭役与赋税。其中关于葬俗与死后世界的信仰部分，将秦汉时期与现今时代进行了多方面的对比。

其次是学生展示活动部分，要求学生根据教师讲授示范的方法，介绍自己家乡的某一个节庆活动或者习俗，并努力挖掘其中可能存在的历史因素，尽可能结合课程内容。过去的两个学期，有多达 80 余名选课同学介绍了全国不同地域的节庆活动或民俗活动，不但在课堂上制作成视频或者课件展示，而且还形成了文字稿，取得了良好的效果，也受到了学生的积极评价。学生的展示，一方面让来自五湖四海的同学感受到了祖国各地不同的风土人情，也感受到了统一多民族国家在某些民俗上惊人的一致性，从空间与时间的广度上体验到中华文化的同与异，对中华民族文化生生不息有了最为直观的感受。另一方面，也让学生有机会深入了解自己生长于斯的乡土及其历史文化。从学生的反馈意见来看，多数学生感慨于自己此前对家乡的历史与文化竟是如此无知，还有学生感慨于自己的家乡曾经在历史上赫赫有名，还有学生感慨于终于理解家乡各类节日繁琐祭祀背后的文化内涵。种种感慨，无一不增加学生对家乡的热爱，增进对传统文化的感情。此外，学生展示形成的文字稿和制作的视频、课件等资料也可以成为教师备课的素材库，借此机会搜集到了更多的民俗文化素材，可以作为下一次备课的参考材料或授课材料，形成教与学的良性循环互动。

民俗与历史，本就有着密切的关联。中国现代民俗学的奠基人就是著名的历史学家顾颉刚先生。[1] 顾颉刚先生有言“要研究古史的内部，要解释古代的各种史话的意义，便须应用民俗学了”。[2] 因而，在中国古代史教学中，尤其是在与现今悬隔数千年的古代史教学中，充分应用民俗文化，或可打破时空的阻隔，拉近我们与历史的距离，让历史变得亲切可感。

---

① 王文宝：《现代中国史学和民俗学的奠基者顾颉刚——纪念顾颉刚先生诞辰 110 周年》，《西北民族研究》2003 年第 1 期。

② 顾颉刚：《我的研究古史的计划》，《古史辨》(第一册)，上海古籍出版社 1982 年版，第 214 页。

“近代中国社会变迁”国情课程质量分析报告

吴文浩

（武汉大学历史学院）

为进一步提高2022学年第一学期“近代中国社会变迁”课程教学质量，课程教学小组先后设计了两次调查问卷，作为课程教学辅助手段。在具体实施过程中，我们坚持课程思政的导向，将中国近代史教育与爱国主义教育结合在一起，尤其是针对港澳台地区学生的实际情况，有针对性、有计划性地调整授课模式及课程重难点，充分发挥课程教学的理论意义和现实价值。

一、调查问卷设计

（一）调查问卷设计原则

本次调查问卷采取的是匿名形式，对参与学生的个人信息进行严格保密，以保护受访者的隐私，严格遵守了学术伦理要求。在问卷首页醒目处，我们设置了醒目的提醒标识，告知调查问卷的形式、内容和目的，确保学生能够放下心理包袱，如实填写调查问卷，以帮助我们收集到真实、有效的调查信息。

调查问卷设计的内容，主要来自既有的课程教学积累，在对以往课程教学总结的基础上，结合当下时政热点及选修本课程学生的情况，我们对调查问卷内容进行了合理安排和灵活调整，确保调查问卷既能够呈现出本课程内容，体现出鲜明的学科本位特征，又能够与时俱进，反映出时代的变化。

在问卷调查环节，我们借助“问卷星”平台发放调查问卷。调查问卷共分两次发放：第一次是在9月3日，也就是学期开始之初，主要是掌握选课学生的基本情况；第二次是在11月15日，也就是学期结束之时，主要是掌握课程教学效果，并对课程教学质量进行评估。在整个问卷发放和回收过程中，我们对调查数据进行严格保密，确保不会泄露任何调查数据。

总之，本次调查问卷的内容设计和实施流程，我们都严格遵守了学术规范，确保问卷调查的真实性和有效性。

(二)调查问卷设计结构

本次调查问卷的设计，主要是考虑到港澳台本科生的特殊教育背景及中国近代史课程建设需要两个维度，因此在题型设计上具有如下特点：

首先，调查问卷包含单选、多选和论述题三种类型，既有客观性较强的题型，可以帮助我们快速掌握港澳台学生对中国近代史的知识储备及教学成效，同时又有偏向于主观性的论述题，能够让我们看到港澳台学生内部的多样性和丰富性。

其次，调查问卷内容涵盖了个人基本情况、中国近代史知识以及参与课程学习的感受。通过这种设计，可以帮助我们快速掌握每位同学的课程学习情况，保证获取信息的信度和效度。

最后，第一次调查问卷侧重于基本情况摸底，掌握选课学生对中国近代史的了解情况，以更好辅助教学内容安排；第二次调查问卷偏重于教学效果评估，了解选课学生，尤其是港澳台学生的学习情况及对课程的评价。

(三)调查问卷设计内容

两次调查问卷均是 30 道题目，主要内容包含四个方面：

一是学生基本情况，包括生源地、接受高中教育的地点、中国近代史学习情况、课程性质以及个人学习中国近代史的情况。

二是单选题，主要测试学生对中国近代史的掌握情况，题目均以中国近代史基本知识为主。

三是多选题，相比于单选题，多选题题目难度有所增加，进一步测试学生对中国近代史的掌握情况。

四是论述题，了解不同学生在中国近代史学习中的差异性和复杂性，充分发掘学生在学习中国近代史中的主体性和能动性。

(四)调查问卷设计目的

第一，准确了解港澳台学生对中国近代史的学习情况，使得教学具有针对性。通过调查问卷的形式，掌握港澳台学生的学习基础，从而合理安排课程内容，明确教学重难点，提升教学的效果。相比于静态的、单一的课程评价，本次调查问卷希望动态地呈现出港澳台学生学习中国近代史课程的过程性特征，同时从立体的角度展示出港澳台学生在学习中国近代史课程中的主体性特征和多样性特点。

第二，对教学过程及效果进行测评，服务于课程持续性建设。通过对本学期课程的测评，进一步摸清教学的情况，吸收有益的经验，弥补存在的短板，方便我们做好后续课程的开设工作。

第三，针对特定教学对象，提升国情教育和课程思政的效果。“中国近代史纲要”作为一门基础性课程，面向全体本科生。考虑到港澳台学生的实际情况，特开设“近代中国社会变迁”这样一门国情课程，是为了使港澳台学生充分认识到“中国共产党为什么能、马克思主义为什么行、中国特色社会主义为什么好”，更好培养港澳台学生的爱国主义精神，增强港澳台学生的中华文化认同和中华民族认同，充分发挥国情教育课程的功效。

二、调查问卷设计结果分析

（一）问卷回收情况

在回收调查问卷后，我们对调查问卷结果进行了细致整理，保留有效问卷，剔除无效问卷，最后得出有效的样本量。总体情况如下：

第一次调查问卷发放 82 份，回收 70 份，有效问卷 70 份，无效问卷 0 份。

第二次调查问卷发放 82 份，回收 70 份，有效问卷 64 份，无效问卷 6 份。

（二）基本情况

1. 生源地

第一次调查问卷，共计 70 名学生，中国大陆（内地）学生 8 名，中国香港学生 19 名，中国澳门学生 26 名，中国台湾学生 17 名。从最初选课的学生来看，中国大陆学生占 11.4%，港澳台学生占 88.6%，如图 1。

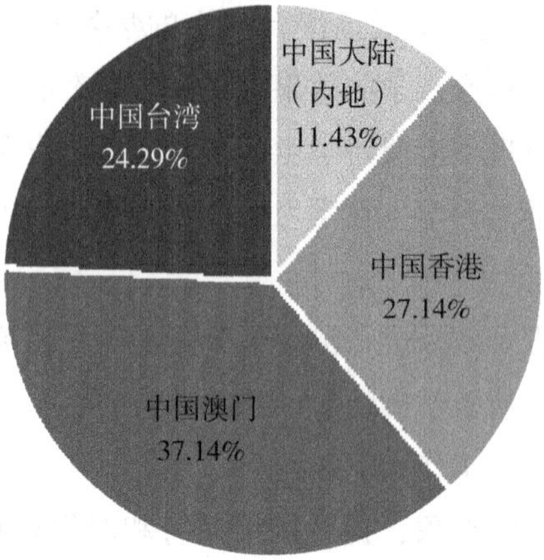

图 1　第一次调查问卷生源地

其中，35 名学生在中国大陆接受高中教育，1 名学生在中国台湾接受高中教育，8 名学生在中国香港接受教育，26 名学生在中国澳门接受教育。通过数据对比，部分中国香港、中国澳门和中国台湾学生在中国大陆接受高中教育。只有 1 名中国大陆同学在中国澳门接受高中教育。

第二次调查问卷，共计 64 名同学，中国大陆学生 8 人，中国香港学生 16 名，中国澳门学生 25 名，中国台湾学生 15 名。大体来说，大陆学生占比 12.5%，港澳台学生占比 87.5%，如图 2。

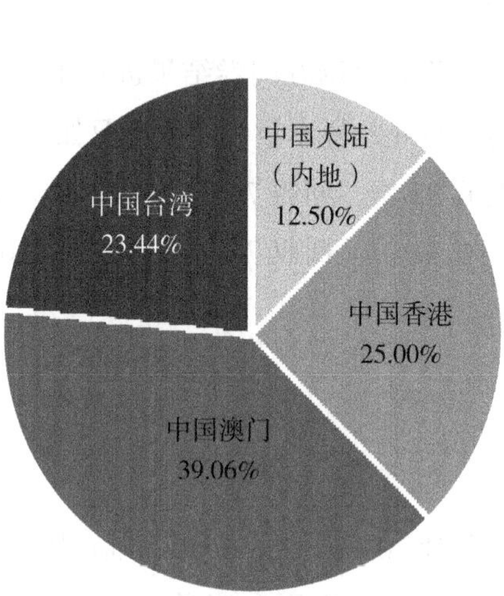

图 2　第二次调查问卷生源地

其中，27 名学生在大陆接受高中教育，7 名学生在中国台湾接受高中教育，8 名学生在中国香港接受教育，22 名学生在中国澳门接受教育。通过数据对比，部分中国香港、中国澳门和中国台湾学生在中国大陆接受高中教育。只有 1 名中国大陆同学在中国澳门接受高中教育。这与第一次调查问卷情况基本相符合。

整体而言，大约 40%的学生在异地就读高中。其中，中国澳门学生相对比较稳定，基本在本地接受高中教育。而中国香港、台湾学生在大陆就读高中情况较为普遍，中国大陆已经成为中国香港、台湾学生接受高中教育的重要目的地。

2. 学习中国近代史相关课程情况

(1)课程学习。

调查得知，80%的学生在初高中阶段学习与中国近代史相关的课程，而有 20%的学生没有接触过专业的中国近代史课程。经过数据比对，主要是澳门学校没有开设或者较少开设与中国近代史相关的课程。

其中，在初高中阶段开设的中国近代史相关课程，71. 4%是必修课，28. 6%是选修课。

(2)课程满意度。

针对高中阶段接受的中国近代史教育，24. 32%的学生表示很满意，41. 34%的学生表示满意，30. 04%的学生表示一般，4. 30%的学生表示不满意，如图 3。

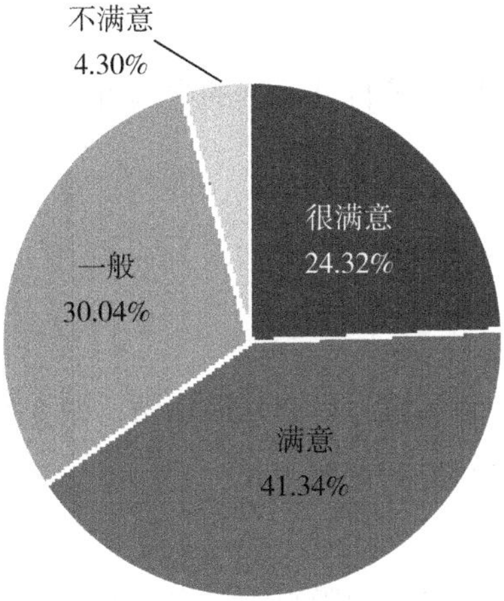

图 3　高中阶段中国近代史教育满意度

大体而言，对高中阶段接受的中国近代史教育持满意态度的学生约为65.5%。就教育成效来说，这一数据相对偏低，显示出高中阶段中国近代史教育存在明显的不足。

3. 对中国近代史了解情况

调查数据显示，在自我评估对中国近代史了解程度方面，4.88%的学生表示非常了解，36.58%的学生表示较为了解，51.21%的学生表示一般了解，7.31%的学生表示不太了解，如图4。

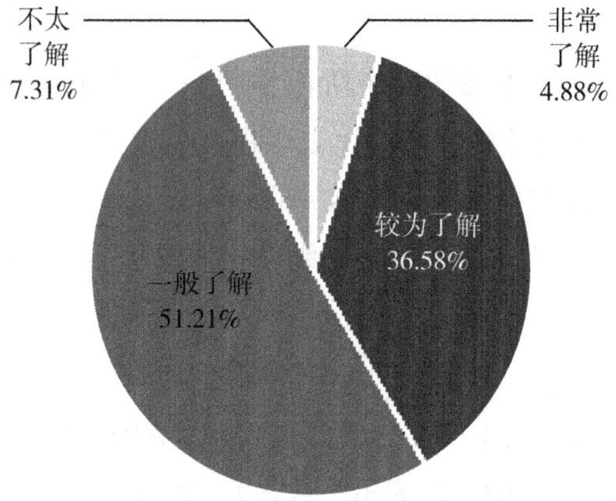

图4　对中国近代史了解程度

在主观题中，学生们回忆了自己了解的中国近代史，主要集中于著名历史人物和历史事件，具体如图5。

4. 学习中国近代史的其他渠道

(1)实地参观。

很多同学有实地参观的经历，主要是博物馆、纪念馆、烈士陵园等，这对他们学习中国近代史有一定的帮助，如图6。

(2)影视剧。

近些年来，涉及中国近代史的影视剧较多，而且社会影响力较大，这对学生了解中国近代史知识有很大帮助作用，如图7。

图 5　学生关于中国近代史知识的云词图

图 6　学生参观与中国近代史相关场所的云词图

图 7　学生观看与中国近代史相关影视剧的云词图

5. 总体评价

接受本次问卷调查的学生以港澳台学生为主，排除部分学生主观因素的影响，从本次调查问卷数据中，我们可以得出如下结论：

(1)在高中阶段，港澳台学生接受中国近代史课程教育的比率大概达到80%。虽然，这一数据比率相对较高。但是，学生明显对高中阶段的中国近代史教育不满意。

(2)经过自我评估，绝大部分学生，尤其是港澳台学生对中国近代史了解程度不深，相关知识较为匮乏。

(三)中国近代史知识掌握情况

1. 选修“近代中国社会变迁”课程前

按照时间顺序，在第一次问卷中设置15道与中国近代史知识相关的单选题。调查结果如表1。

表1　中国近代史知识相关单选题正确率情况

序号	题目内容	正确率
1	林则徐禁烟的地点	87.14%
2	中国近代史的起点	94.29%
3	中国历史上第一个不平等条约	80%
4	辛亥革命爆发时间	87.14%
5	辛亥革命首先从哪座城市开始	70%
6	“五四运动”爆发的时间	84.29%
7	中国共产党成立的年份	91.43%
8	确立毛泽东同志在红军和党中央领导地位的会议	87.14%
9	长征的出发地	37.14%
10	中华民族抗日战争起点	55.71%
11	打破“日军不可战胜”神话的战役	71.43%

续表

序号	题目内容	正确率
12	中国共产党在抗日战争中发挥作用	44.29%
13	中华民族抗日战争持续时间	65.71%
14	讨论党的重心由农村转到城市的历史会议	25.71%
15	中华人民共和国国庆日	98.57%

总体而言，在学习“近代中国社会变迁”课程前，学生对中国近代史的知识掌握情况存在如下特点：

第一，对整体较为熟悉，但是部分知识点陌生。对中国近代史的整体脉络了解较为清楚，关于中国近代史的标志性历史事件，基本都能够掌握。但是，涉及一些具体知识点，存在比较陌生的情况。比如，关于长征的出发地是瑞金、西柏坡会议上讨论党的中心由农村转到城市。很多港澳台学生对此并不熟悉。

第二，对党史较为熟悉，但是呈现出参差不齐的特点。对中共党史的重要历史事件比较熟悉，尤其是时间特征鲜明的历史事件，学生们大体上都比较熟悉。但是，涉及一些历史定位和历史性质的问题，可能还存在一些盲区。比如，关于中国共产党在抗日战争中发挥的中流砥柱作用。很多港澳台学生对此并不了解。

第三，对前半段较为熟悉，涉及中国共产党历史的部分，内部差异比较明显。大体而言，港澳台学生对鸦片战争到抗日战争之间的历史都较为熟悉。但是，通过数据比对，我们发现，台湾学生对涉及中国共产党历史部分内容，出错率比较高。

第四，两极分化明显，极端化现象比较突出。通过数据比对，显示出大部分港澳台学生都对中国近代史有较好了解。但是，有极少部分香港、台湾学生对中国近代史了解十分匮乏，以至于选题答案几乎都是错误的。

2. 选修“近代中国社会变迁”课程后

按照时间顺序，在第二次问卷中设置15道与中国近代史知识相关的单选题，5道与中国近代史知识相关的多选题。相比于第一次问卷，第二次问卷中题目难度明显增加。

(1)单选题调查结果如表2。

表 2　第二次问卷单选题正确率情况

序号	题目内容	正确率
1	虎门禁烟的领导者	100%
2	汉口成为通商口岸的历史事件	96.88%
3	中日甲午战争失败后，清政府被迫与日本签订的不平等条约	95.31%
4	辛亥革命领导人(排除法)	96.88%
5	1912 年，中华民国建立时，首都所在的城市	96.88%
6	“五四运动”爆发的城市	93.75%
7	中国共产党成立纪念日	98.44%
8	在黄埔军校担任政治部主任的中国共产党党员	98.44%
9	红军长征三大主力会师地点	87.5%
10	“九一八事变”发生的城市	93.75%
11	1938 年 5 月，毛泽东发表的指导中国抗战的纲领性文件	93.75%
12	在抗日战争中牺牲的八路军最高指挥员	96.88%
13	百团大战的指挥者	93.75%
14	抗日战争胜利的年份	98.44%
15	抗日战争胜利后，国共会谈的地点	85.94%

(2)多选题调查结果如表 3。

表 3　第二次问卷多选题正确率情况

序号	题目内容	正确率
1	属于第一次鸦片战争期间签订的不平等条约	81.25%
2	新文化运动的口号是拥护“德先生”和“赛先生”所指	98.44%
3	发生在长征期间的著名战役	79.68%
4	在根据地政权建设中，中国共产党实行“三三制”原则，各占三分之一的人员	81.25%
5	解放战争的三大战役	98.44%

总体而言，在学习“近代中国社会变迁”课程后，学生对中国近代史的知识掌握情况存在如下特点：

第一，对中国近代史知识掌握程度极大丰富，答题正确率大幅提升。绝大部分题目正确率能超过 90%，只能极个别题目正确率低于 80%。

第二，以往关于中国近代史基础较为薄弱的台湾学生，经过系统学习后，答题正确率上升最为明显。经过数据比对，发现台湾学生答题正确率上升 20%~30%。

第三，中国近代史前半段基础继续夯实，既往港澳台学生掌握比较薄弱的中国共产党历史部分，缺环也得到明显的弥补，答题正确率大幅提升。就整体而言，经过课程学习后，中国近代史前半段历史，答题正确率超过 95%，关于中国共产党历史的内容，答题正确率总体超过 90%。

3. 学生评价

(1)对授课教师团队的评价。

针对授课教师团队的评价，调查结果显示，85. 94%的学生十分满意，10. 83%的学生比较满意，3. 23%的学生认为一般，没有学生选择“不满意”选项，如图 8。

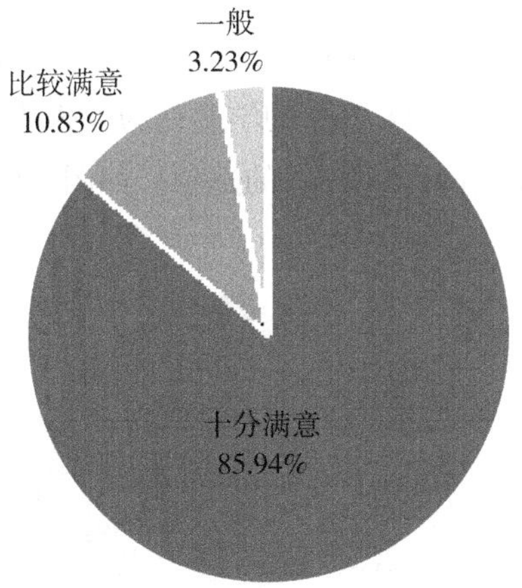

图 8　对授课教师团队的评价

(2)对授课内容的评价。

针对授课内容的评价，调查结果显示，81. 25%的学生十分满意，15. 52%的学生比较满意，3. 23%的学生认为一般，没有学生选择不满意选项，如图 9。

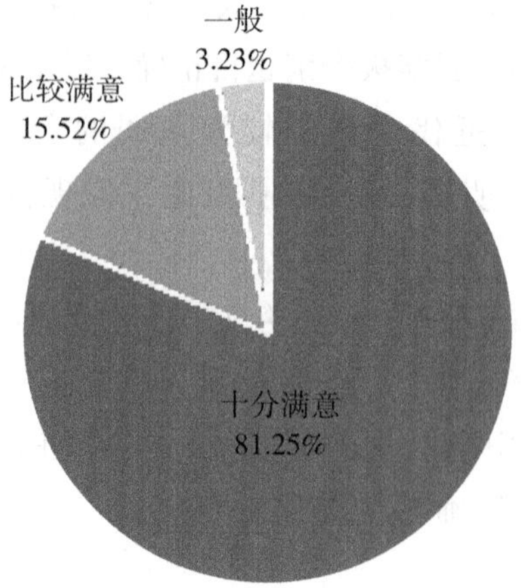

图 9　对授课内容的评价

(四) 中国近代史教育与个人素养分析

1. 中国近代史教育与爱国主义培养的关系

针对中国近代史教育对培养爱国主义热情这一问题，调查结果显示，38. 57%的学生认为十分明显，44. 29%的学生认为较为明显，17. 14%的学生认为作用一般，没有同学选择“作用不明显”的选项，如图 10。

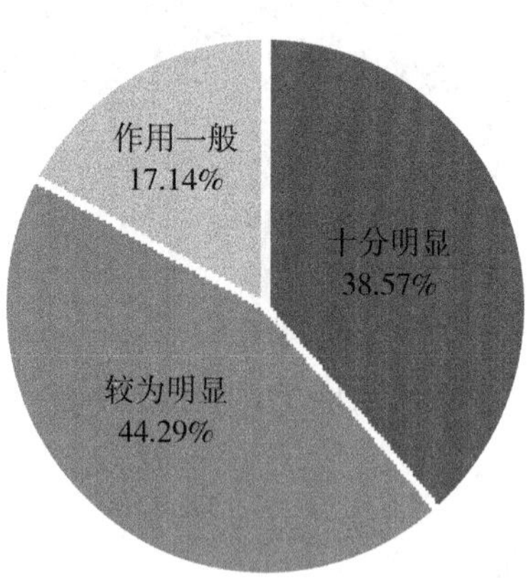

图 10　中国近代史教育与爱国主义培养

可以看出，中国近代史教育对培养学生爱国主义热情有着积极的作用，而且学生对此问题均持正面态度。

2. 中国近代史教育与个人发展的关系

针对中国近代史教育与个人发展关系这一问题，调查结果显示，30%的学生认为十分明显，44.28%的学生认为较为明显，22.86%的学生认为作用一般，2.86%的学生认为作用不明显，如图11。

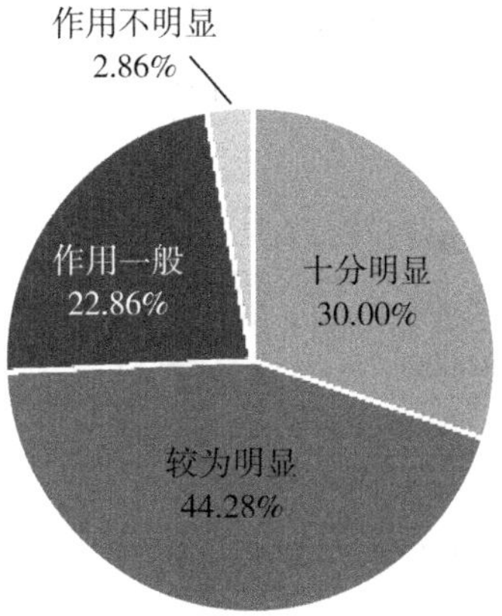

图11　中国近代史教育与个人发展

针对中国近代史学习与个人能力提升这一问题，调查结果显示，70%的学生认为可以提升自我认知能力，92.86%的学生认为可以提升历史认知能力，84.29%的学生认为可以提升社会认知能力，51.43%的学生认为可以提高人生规划能力，如图12。

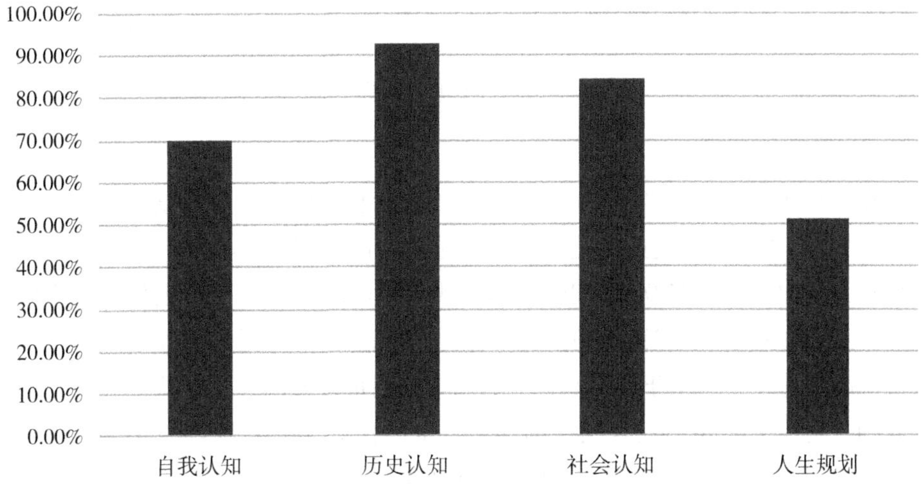

图12　中国近代史学习与个人能力提升

可以看出，中国近代史教育有利于促进学生个人发展，提升学生综合能力，而且学生对此基本持正面观点。

3. 学习中国近代史的立场

针对学习中国近代史的立场这一问题，调查结果显示，87.14%的学生认为应该牢记历史，81.43%的学生认为应该勿忘国耻，75.71%的学生主张发愤图强，80%的学生主张振兴中华，如图13。

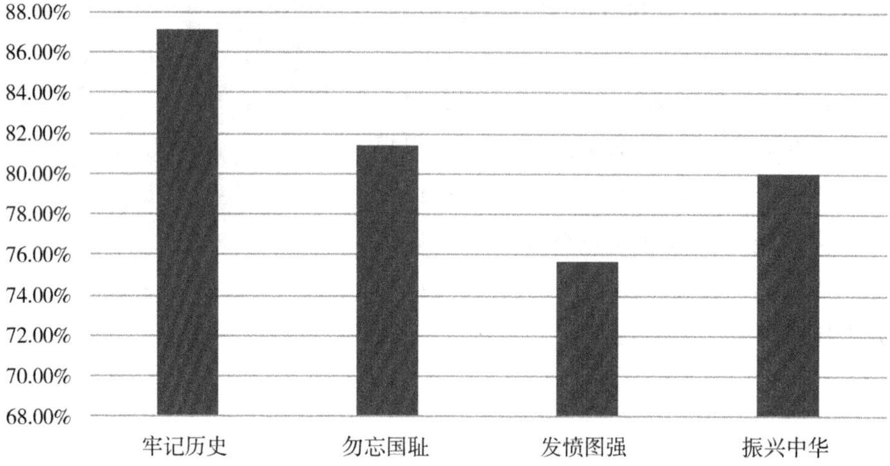

图13　学习中国近代史的立场

在主观题部分，很多学生围绕着学习中国近代史的感受，谈到了很多立场问题，比如："中国近代史虽然是屈辱的，是不堪的。但是我们可以取其精华，去其糟粕，从中学到很多教训，以为祖国的将来作出贡献。""中国近代史是中国从强盛到落后再到逐步涅槃崛起的一部人民的史诗。""中国近代史展示了一个民族艰难崛起的过程，这对于我们来说，可以给我们很多警醒，也对我们有着相当大的鼓励，近代史中并不只有民族的落后，也同样有无数人展现的斗争、拼搏精神。""读中国近代史，我感受到的是一种力量，无人能抵挡，永不言败，生来倔强。它带给我的是一种希望，是那种绝境也不放弃的希望，或者说这是一种坚持，就算是到了最后八国侵华了，资产阶级的路走不下去了，也还在努力地坚持。"可以看出，学生对学习中国近代史的热情较高、立场坚定、思想端正、态度积极，树立了正确的历史观，如图14。

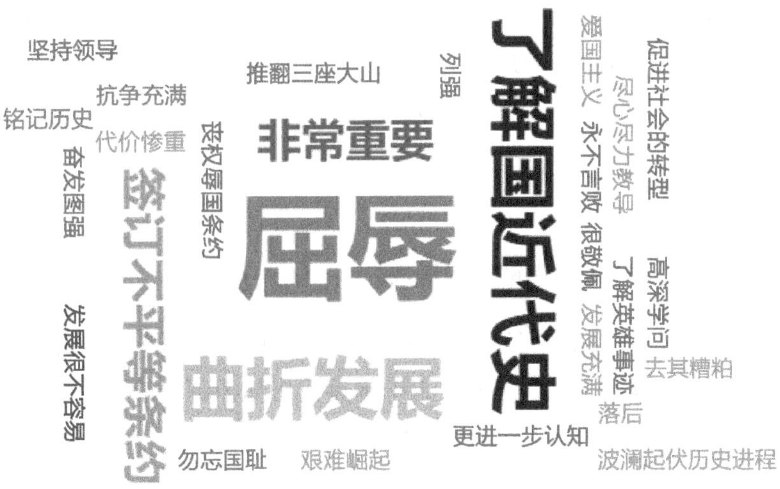

图 14　根据学生回答，整理出来的学习近代史立场的云词图

4. 学习中国近代史的方法与途径

针对学习中国近代史的方法，调查结果显示，58.57%的学生认为坚持教材阅读，82.86%的学生主张课堂讲授，80%的学生认为应该实地参观，42.86%的学生强调要参加社会调研，如图 15。

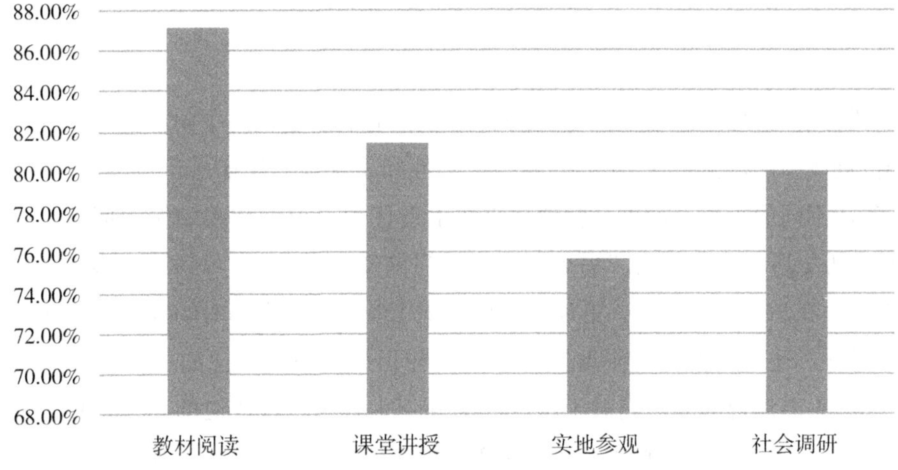

图 15　学习中国近代史的方法

在调查中，除了课堂讲授以外，62.68%的学生从图书报刊等传统媒介学习中国近代史知识，71.43%的学生从音视频等网络媒介了解中国近代史知识，60%的学生通过与他人交谈了解中国近代史知识。

（五）教学成效分析

1. 关于中国近代史知识储备明显提高

在上完“近代中国社会变迁”课程后，78.13%的学生认为关于中国近代史知识明显增加，21.87%的学生认为关于中国近代史知识部分增加，没有学生选择“增加不明显”和“没有增加”的选项，如图16。

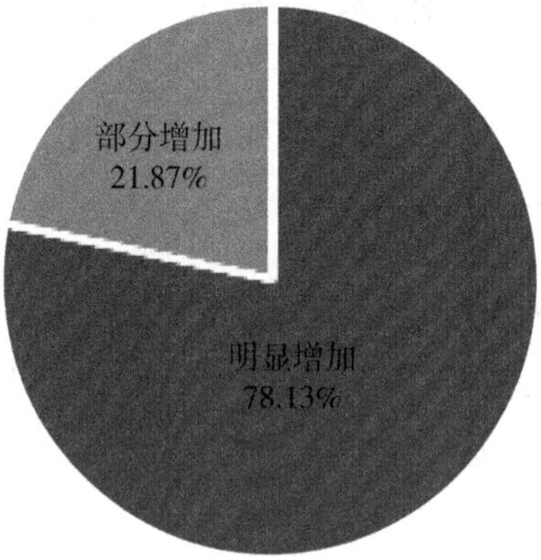

图16　中国近代史知识增加概况

课程结束后，很多学生在谈及学习感受的时候，会跟高中阶段进行对比，凸显出“近代中国社会变迁”课程内容的完整性和系统性，比如一位香港学生写道：“课程从不同的角度，深入，细致地讲述了近代中国史上许多的历史问题，这是初高中历史所粗略带过的。”另外，一位澳门同学写道：“学习到了很多在澳门教学里面没有学习到的内容，更加深刻地认识了党和人民在当时的艰辛和奋斗。”

另外，还可以弥补一些港澳台学生的知识结构缺陷，比如一位澳门同学写道：“因为港澳台的朋友们对于国内政治并不太熟悉，近代史的导入不仅为我们复习了高中历史，也为所缺失的一些政治观起到良好的介绍。比如马克思主义我们并没有接触过，但是老师在课堂上也有讲到马克思主义的发展，对于我们来说是一个良好的开始，主要还是我们就算看懂了马克思主义说的是什么，也未必能在试卷中具有逻辑性的解释出来，但对于一个国情教育课而言，却是对我们的一种启蒙。”

2. 港澳台学生的爱国主义热情显著增长

在上完“近代中国社会变迁”课程后，84. 38%的学生认为此课程对爱国主义热情培养有着十分明显的作用，15. 62%的学生认为此课程对爱国主义热情培养有着较为明显的作用，没有学生选择“作用一般”和“作用不明显”的选项，如图 17。

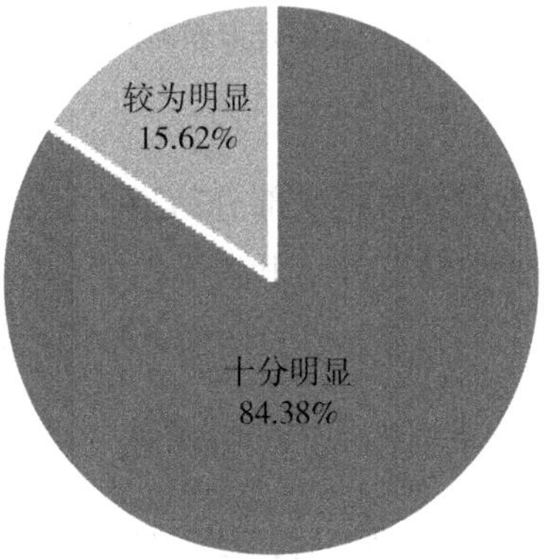

图 17　爱国主义热情增长概况

课程结束后，谈及学习感受，一位澳门学生写道：“在学习的过程中，老师们通过讨论以及收集资料的形式加强了我们对党的发展历史以及中国在革命与发展中遇到的重大要件进行总结与陈词，我认为不仅弥补了我在中学时期对中国发展细节与政治思想的认知缺失，还增强了我的爱国意志，珍惜我们国家所拥有的资源以及来之不易的稳定和强大。”

3. 对学生个人综合素养提升作用明显

在上完“近代中国社会变迁”课程后，45. 45%的学生认为此课程对个人综合素养提升有着十分明显的作用，48. 49%的学生认为此课程对个人综合素养提升有着较为明显的作用，6. 06%的学生认为此课程对个人综合素养提升作用一般，没有学生选择“作用不明显”的选项，如图 18。

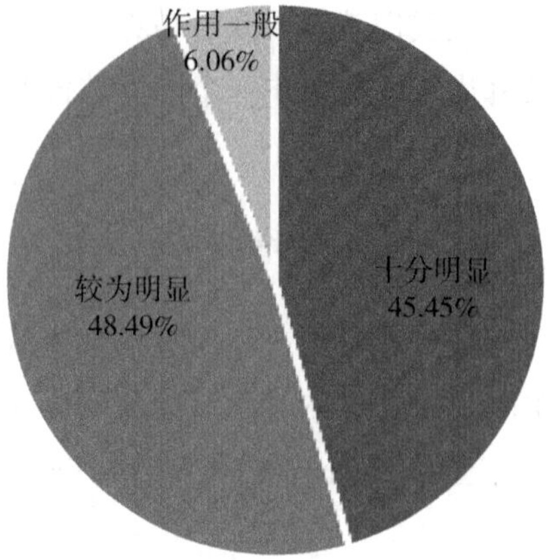

图 18　个人综合素养提升概况

课程结束后，很多学生在学习感受部分写道："在这个课程中，有很多小组讨论，激发了我对于这个课程的思考，很浓厚的学习氛围。""不仅更加了解了中国的近代史，同时也提高了个人素养以及增强了爱国情怀。"

4. 对中国近代史课程的重要性认识大幅增强

在上完"近代中国社会变迁"课程后，75%的学生认为此课程十分重要，25%的学生认为此课程比较重要，没有学生选择"一般"和"不太重要"的选项，如图 19。

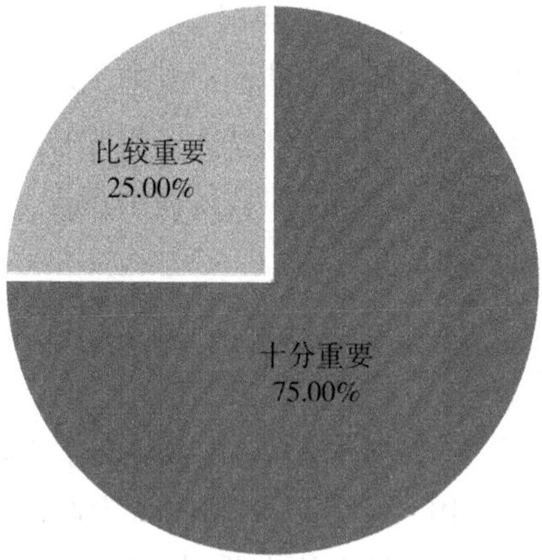

图 19　课程重要性认识概况

在学习感受的主观题部分，很多学生都谈到了此课程对他们的帮助。一位台湾学生写道：“这个课程开设在大学中无疑是十分有意义和作用的，大学生如今普遍忙于专业课程，而‘近代中国社会变迁’这一课程的设立，让我们学生明白了近代中国受到的各种挫折和磨难，能够走到如今实属不易，也让学生们明白中国共产党领导的正确性。”

(六)教学改进建议

1. 关于教学内容方面的建议

在课程反馈中，关于教学内容方面，学生们提出了宝贵的建议，主要有如下两点：(1)增加课程社会调研内容。由于新冠疫情的影响，本学期没能安排现场教学和实地调研，这的确是本学期教学的一大遗憾，希望能够补充完善社会调研，将教学与实践结合起来，进一步调动学生参与课程的积极性，提升课程内容的质量。(2)进一步丰富教学资源，增加音影视频教学内容，生动呈现历史事件。很多学生都肯定了现有教学内容的丰富性，但是希望能够更加立体、全面呈现中国近代史，尤其是从人物和故事着手，提升教学内容的趣味性。如图 20 所示。

图 20　根据学生反馈，整理出来的教学内容建议词云图

2. 关于教学手段方面的建议

在课程反馈中，关于教学手段方面，学生们提出了宝贵的建议，主要有如下几点：(1)在课程讲授中，适当增加播放相关视频、纪录片的频次，课件中增加地图、照片等多样化历史材料。(2)目前课堂教学内容较多，可以适当精简、合并一些。(3)增加课外实践教学内容。这一部分本来有安排，但是本学期受疫情影响，没能成行。如图 21 所示。

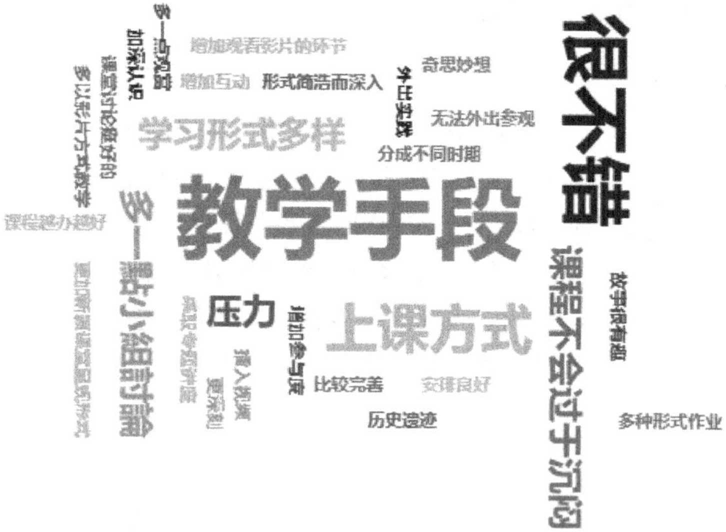

图 21　根据学生反馈，整理出来的教学手段建议词云图

三、附录

(一)第一次调查问卷

“近代中国社会变迁”课程调查问卷

说明：本调查问卷采用匿名形式进行，目的是了解各位同学对中国近代史知识的掌握情况，以合理安排课程教学内容及重点，进一步提高课程教育质量和效

果。本次调查严格遵守学术伦理，不会泄露调查数据和调查结果，更不会泄露各位同学的隐私。所以，请各位同学如实填写。

1. 你的生源地是在哪里？

A. 中国大陆(内地)　B. 中国台湾　C. 中国香港　D. 中国澳门

2. 你高中阶段就读于哪里？

A. 中国大陆(内地)　B. 中国台湾　C. 中国香港　D. 中国澳门

3. 你是否在初高中阶段学习过与中国近代史相关的课程？

A. 是，________(请填写课程名)

B. 否(如果选“否”，不用填写第 4 题)

4. 这门课程属于什么性质？

A. 必修　B. 选修　C. 自修

5. 对高中阶段有关中国近代史教育的满意度如何？

A. 很满意　B. 满意　C. 一般　D. 不满意

6. 评价一下自己对中国近代史的了解程度如何？

A. 十分了解　B. 较为了解　C. 一般了解　D. 不太了解

7. 林则徐禁烟是在哪里？

A. 福建　B. 香港　C. 澳门　D. 广东

8. 中国近代史的起点是？

A. 鸦片战争　B. 第二次鸦片战争

C. 八国联军侵华　D. 甲午中日战争

9. 中国历史上第一个不平等条约是？

A.《北京条约》　B.《天津条约》　C.《南京条约》　D.《辛丑条约》

10. 辛亥革命爆发于哪一年？

A. 1901 年　B. 1911 年　C. 1912 年　D. 1921 年

11. 辛亥革命首义之城是以下哪座城市呢？

A. 武汉　B. 南京　C. 广州　D. 北京

12. “五四运动”爆发于哪一年？

A. 1912 年　B. 1919 年　C. 1920 年　D. 1925 年

13. 中国共产党成立是在哪一年？

A. 1915 年　B. 1918 年　C. 1920 年　D. 1921 年

14. 哪一次会议确立了毛泽东同志在红军和党中央的领导地位？

A. 古田会议　B. 遵义会议　C. 八七会议　D. 中共七大

15. 长征的出发地是？

A. 井冈山　B. 瑞金　C. 南昌　D. 遵义

16. 中华民族抗日战争的起点是？

A. 九一八事变　B. 七七事变　C. 八一三事变　D. 南京大屠杀

17. 打破“日军不可战胜”神话的战役是？

A. 平型关大捷　B. 百团大战

C. 阳明堡机场之战　D. 雁门关战役

18. 中国共产党在抗日战争中发挥的作用是？

A. 全面领导　B. 中流砥柱　C. 积极配合　D. 后方支持

19. 中华民族抗日战争持续了多少年？

A. 8 年　B. B. 10 年　B. C. 12 年　B. D. 14 年

20. 讨论党的工作重心由乡村转到城市的历史会议是？

A. 洛川会议　B. 遵义会议　C. 西柏坡会议　D. 古田会议

21. 中华人民共和国国庆日是？

A. 六一　B. 七一　C. 八一　D. 十一

22. 你认为近代史教育对爱国主义培养的作用如何？

A. 十分明显　B. 较为明显　C. 作用一般　D. 作用不明显

23. 你认为学习近代史教育对个人发展作用如何？

A. 十分明显　B. 较为明显　C. 作用一般　D. 作用不明显

24. 你之前还通过哪些途径接触过中国近现代史相关的知识？(多选)

A. 图书报刊等传统媒介　B. 音视频等网络新媒介

C. 从他人口中得知　D. 其他，________(请写明具体途径)

25. 你认为应该如何学习近代史？(可多选)

A. 教材阅读　B. 课堂教授　C. 实地参观　D. 社会调研

26. 学习近代史应该采取什么立场？(可多选)

A. 牢记历史　B. 勿忘国耻　C. 发愤图强　D. 振兴中华

27. 学习近代史可以提升哪些能力？(可多选)

A. 自我认知　B. 历史认知　C. 社会认知　D. 人生规划

28. 中国近现代史上哪个人物给你留下了深刻印象？他/她具体做了什么事？

____

29. 介绍你参观过的与中国近现代史相关的历史文化遗址、场馆或场所。

____

30. 介绍给你留下印象最深刻的与近代史相关的影视作品？

____

(二)第二次调查问卷

"近代中国社会变迁"课程调查问卷(2)

说明：本调查问卷采用匿名形式进行，目的是了解各位同学学习《近代中国社会变迁》课程情况及对课程教学的建议，以进一步提高课程教育质量和效果。本次调查严格遵守学术伦理，不会泄露调查数据和调查结果，更不会泄露各位同学的隐私。所以，请各位同学如实填写。

1. 你的生源地是在哪里？

A. 中国大陆(内地)　B. 中国台湾　C. 中国香港　D. 中国澳门

2. 你高中阶段就读于哪里？

A. 中国大陆(内地)　B. 中国台湾　C. 中国香港　D. 中国澳门

3. 你对授课教师团队老师的评价是？

A. 非常满意　B. 比较满意　C. 一般　D. 不满意

4. 你对授课内容的评价是？

A. 非常满意　B. 比较满意　C. 一般　D. 不满意

5. 学习完《近代中国社会变迁》课程，你的近代史知识的了解程度变化如何？

A. 明显增加　B. 部分增加　C. 增加不明显　D. 没有增加

6. 学习完《近代中国社会变迁》课程，你觉得此课程重要性如何？

A. 十分重要　B. 比较重要　C. 一般　D. 不太重要

7. 你认为学习《近代中国社会变迁》课程对爱国主义培养的作用如何？

A. 十分明显　B. 较为明显　C. 作用一般　D. 作用不明显

8. 你认为学习《近代中国社会变迁》对个人综合素养提升作用如何？

A. 十分明显　B. 较为明显　C. 作用一般　D. 作用不明显

9. 虎门禁烟的领导者是谁?

A. 林则徐　　B. 琦善　　C. 张之洞　　D. 曾国藩

10. 在哪一次战争后，汉口被迫成为通商口岸的?

A. 鸦片战争　　B. 第二次鸦片战争

C. 中法战争　　D. 八国联军侵华战争

11. 中日甲午战争失败后，清政府被迫与日本签订的不平等条约是?

A.《北京条约》　　B.《南京条约》　　C.《辛丑条约》　　D.《马关条约》

12. 辛亥革命的领导者不包括以下哪位?

A. 孙中山　　B. 袁世凯　　C. 黄兴　　D. 宋教仁

13. 1912 年，中华民国建立时，首都设在哪座城市?

A. 武汉　　B. 南京　　C. 广州　　D. 北京

14. “五四运动”爆发于哪一个城市?

A. 北京　　B. 南京　　C. 天津　　D. 武汉

15. 中国共产党成立纪念日是?

A. 五一　　B. 七一　　C. 八一　　D. 十一

16. 在黄埔军校担任政治部主任的中国共产党党员是?

A. 毛泽东　　B. 周恩来　　C. 朱德　　D. 彭德怀

17. 红军长征三大主力会师的地点是?

A. 甘肃会宁　　B. 江西瑞金　　C. 四川懋功　　D. 贵州遵义

18. 1931 年 9 月 18 日，日本蓄意制造并发动的侵华战争。“九一八事变”的发生地是?

A. 沈阳　　B. 长春　　C. 大连　　D. 北京

19. 1938 年 5 月，毛泽东发表的指导中国抗战的纲领性文献是?

A.《论持久战》　　B.《中国革命战争的战略问题》

C.《实践论》　　D.《论联合政府》

20. 在抗日战场上牺牲的八路军最高指挥员是?

A. 宣侠父　　B. 彭雪枫　　C. 左权　　D. 符竹庭

21. 百团大战的指挥者是?

A. 聂荣臻　　B. 徐向前　　C. 彭德怀　　D. 邓小平

22. 抗日战争是在哪一年取得胜利?

A. 1942 年　　B. 1945 年　　C. 1947 年　　D. 1949 年

23. 抗日战争胜利后，中国共产党和国民党围绕中国未来的发展前途、建设大计进行了一次历史性会谈，这次会谈的地点是？

A. 北京　　B. 重庆　　C. 南京　　D. 上海

24. 下列条约中，属于第一次鸦片战争期间签订的是？（多选）

A. 中英《南京条约》　　B. 中英《虎门条约》

C. 中法《黄埔条约》　　D. 中美《望厦条约》

25. 新文化运动的口号是拥护“德先生”和“赛先生”，这两个指的是？（多选）

A. 民主　　B. 科学　　C. 自由　　D. 解放

26. 下列哪些事情发生在长征期间？（可多选）

A. 四渡赤水　　B. 巧渡金沙江　　C. 强渡大渡河　　D. 飞夺泸定桥

27. 为巩固抗日民族统一战线，在根据地政权建设中，中国共产党实行“三三制”原则，在政权组织人员分配上，哪些人各占三分之一？（可多选）

A. 共产党员　　B. 国民党　　C. 党外进步人士　D. 中间派

28. 解放战争的三大战役是？（可多选）

A. 辽沈战役　　B. 淮海战役　　C. 平津战役　　D. 济南战役

29. 学习完“近代中国社会变迁”课程，简要谈谈你的学习感受？

____

30. 学习完“近代中国社会变迁”课程，简要谈谈你对中国近代史的看法？

____

31. 关于“近代中国社会变迁”课程教学内容，你有什么建议？

____

32. 关于“近代中国社会变迁”课程教学手段，你有什么建议？

____

关于“田野考古实习”课程的几点思考

单思伟
（武汉大学历史学院、武汉大学长江文明考古研究院）

近代科学田野考古的出现是考古学成为一门学科的前提。田野考古不仅包括了层位学、遗存堆积过程、埋藏过程等方面的研究工作，还为开展各项考古学研究提供基础资料。① 此双重特性决定了田野考古是考古学科赖以生存与发展的根本。由此，田野考古实习通常被设置为高校考古专业学分权重最高的一门必修课程。其涵盖的理论、方法、技术和实操性都比较强，除了课堂学习，更需要较长周期的野外实践方能掌握。同时，田野考古实习课程具备的理论性和实践性，为落实立德树人根本任务，将价值塑造、知识传授和能力培养三者有机融合提供了有效场景，是培养创新型高质量考古人才的重要途径。本文就武汉大学考古学科在田野考古实践教学的体系建设、思政建设、教学内容、方法与效果等方面谈一些认识和理解，以供讨论。

一、教学体系建设

武汉大学考古专业创建于 1976 年，是国内较早设立的考古学专业之一。自创办之始，武大考古专业的本科教学培养就以田野考古为中心来进行，主要包括思政教育、课程设置、实践教学基地、师资配置、规章制度五个方面。

（一）思政教育

为贯彻习近平总书记关于教育的重要论述，深入挖掘田野考古实习课程中的

---

① 赵辉、秦岭、张海、孙波：《新形势新需求新规程：新修订〈田野考古工作规程〉的相关说明》，《南方文物》2009 年第 3 期。

思想政治教育资源。田野考古实习基地在学院党支部的指导下，设立临时党支部，结合田野实习内容，定期开展党支部活动，教育引导学生传承中华文脉，培育社会主义核心价值观。同时，组织学生积极联系当地人民群众，坚持“从群众中来，到群众中去”的工作方法，认真调查研究当地社会经济发展与文化遗产保护如何共同推进，共同发展的思路，并付诸实践。教育实践中，重点是坚定学生理想信念，加强学生政治认同、家国情怀和道德修养。

(二)课程设置

我系本科生专业课程设置中与田野考古直接相关的主要包括“田野考古基础”和“田野考古实习”两门课程。

“田野考古基础”安排在第四学期，学分为5个。至第四学期，除按年代划分的各段“考古学通论”全部授课完毕外，同时还先后开设有“科技考古概论”“动物考古学”“植物考古学”“体质人类学”等一系列分支课程。学生基本掌握了主干的专业课程内容，具备了一定的理论基础。在此前提下，讲授“田野考古基础”，是比较恰当的。

“田野考古基础”课程内容主要分为三部分，一是田野考古工作的对象与内容、各个环节与流程、原理与操作方法；二是测绘原理、方法与相关设备(主要是全站仪、RTK)的使用，并要求掌握利用CAD软件绘制指定区域的地形图；三是考古绘图，包括各类遗迹图、遗物图的绘图原理与方法，除了手绘图外，还会拓展内容，要求学会利用测绘设备、摄影设备进行电脑制图、三维模型等。

“田野考古实习”安排在第五学期，学分为15个。第五学期整个学期不设置其他课程，全部为野外实践，周期一般为四个月。内容主要包括上学期“田野考古基础”所授所有内容的野外具体实践。根据实践的不同环节与进度，期间针对性地安排丰富的课堂教学与野外讨论，指导学生充分利用野外现场实践来理解课堂内容。

两门田野考古课程时间跨度为两个学期，学分共20个，占据本科生毕业要求总学分的七分之一，可谓专业培养方案中的重中之重。

上述课程设置基本上遵循循序渐进、由广到精、逐步深入的逻辑。首先通过讲授各时段考古学通论，让学生了解中国范围内漫长的历史发展脉络与文化演变；其次不同方向的分支课程，开拓学生视野，了解考古学研究的多维度、多层面；然后，通过“田野考古基础”，介绍田野考古的目的、对象、内容，以及理论、方法和具体流程、技术要点。掌握这些课程内容，为后续的野外考古实践提供必要的理论知识准备，将理论与实践充分结合，用理论指导实践，在实践中加深对理论的理解。

（三）教学基地建设

武汉大学考古学科在创办之初，师资严重不足，较少有自己的考古项目，学生的田野考古实习，经常安排在北京大学、中国社会科学院考古研究所和湖北省内文博单位的考古工地。考古专业的老师也陆续参与负责了通城尧家林遗址、麻城栗山岗遗址、宜城郭家岗遗址的发掘，分别安排了部分考古专业本科生的实习。

从 1998 年起，武汉大学考古专业开始承担三峡考古项目，学生的田野考古实习才彻底安排在教师自己主持的田野考古项目，教学计划才有了稳定的保障，教学效果也有了明显提升。此后又承担了多个南水北调考古项目，保障了学生的田野考古实习。

从 2012 年开始，承担了安徽古镇南城孜遗址的考古项目，就开始筹划建设田野考古实践教学基地，几经周折，在湖北石首走马岭、武汉盘龙城都建有能够满足部分需求的基地。近年在国家文物局的敦促下，在湖北省文物局的支持下，拟在鄂东黄冈市境内建设田野考古实习基地，先后在蕲春坳上湾、凤形山、黄冈寨上等遗址进行发掘，都没有找到适合建设田野考古实践教学基地的遗址。在国家文物局、湖北省文旅厅、湖北省文物考古研究所、襄阳市考古研究所、襄州区的大力支持下，襄阳凤凰咀遗址考古实习基地 2020 年正式启动，武汉大学考古学科的田野考古实习课程迈上新台阶。

田野考古实践教学基地对于考古专业来说，就像是理工科的实验室。而且由于基地的实践场地往往同时是重要的文化遗产，对实习的水平和质量有很高的要求，重要性又远超一般的实验室。实践教学基地是获取科研资料，推进科学研究的重要平台，也是人才培养的关键环节。可以说，田野考古实践教学基地的有无和建设完善程度是大学考古专业办学资源的重要体现和办学水平的标志。

固定的田野考古实践教学基地不仅可以为实习的学生提供一个相对良好的学习和生活环境。它的优势还在于可以立足一个遗址，辐射周边区域，进行长期的田野考古发掘与研究；比较方便实习学员完成从调查、勘探、发掘、整理的整个田野考古过程的训练；可以将田野发掘阶段与室内整理阶段有机结合，开展一系列的科研活动；可以将田野考古发现、发掘、研究与遗址保护规划、建设、展陈结合起来，有效提升文化遗产的保护水平。

凤凰咀基地采取合作共建的方式，由襄阳市襄州区地方政府投资建设基地大楼，包括主楼和副楼两栋，建筑面积3000余平方米，主楼包括2间陈列室、2间文物修复室、3间实验室、1间阅览室、1间档案室、2间教研室、1间会议室、1间报告厅，副楼包括厨房、餐厅、活动室以及10余间宿舍(可容纳40余名师生)等，基本满足了基地教学、科研、学术交流以及生活等功能。根据合作协议，襄州地方除投资建设基地大楼外，还会出资承担基地的日常运营费用；我系则需提供相应的资金作为教学、科研及生活保障使用，同时我们的考古工作将为凤凰咀大遗址保护规划和遗址公园建设提供基础资料和学术支撑，实现校地合作、双方共赢的良性模式。

(四)师资配置

武汉大学考古系是较早获得国家文物局颁发的考古发掘团体领队资质的单位之一，目前有10多位教师拥有个人领队资质。基地教学工作通常由具有田野考古个人领队资质以及丰富教学经验的教授负责，同时委派3~4名青年教师协助教学。助教老师则选择分属不同研究方向的老师共同组成，一般包括从事传统考古、动物考古、植物考古、体质人类学、科技考古等多个领域，可以充分面对田野考古现场所面对的不同类型遗存，综合教学，全面拓展教学维度，提高教学水平。要求老师长期待在基地，与学生同吃、同住、同工作，特别是负责田野现场教学的老师需要每天与学生一起在探方刮面、划线，共同分析考古遗存。经验表明，这样的教学模式不仅可以缩短师生之间的距离，培养较为深厚的师生感情，更能让学生迅速积极热情地投入田野实践中，参与讨论，深入交流，有效提升教学效果。

(五)规章制度

为了规范管理田野考古实践教学基地，确保师生安全、文物安全和教学效果，我系在学校教学制度和培养方案的基础上，针对性地制定了实习基地管理办法。办法主要包括文物安全制度、野外考古工作纪律、基地教学管理、师生管理、民工管理等多个方面，并印发于师生，要求严格执行。

二、教学目标与内容

(一)主要目标

田野考古实践教学的主要目标有三点：其一，熟练掌握田野考古的流程，特别是考古发掘和室内整理的流程、技术要点。其二，理解马克思主义世界观、方法论和历史唯物论，掌握层位学、类型学等考古学基本方法，同时涉猎多学科研究方法。其三，帮助学生在田野实践中塑造正确的世界观、人生观和价值观，充分接触社会实际，培养学生吃苦耐劳、团队合作的精神。

(二)基本内容

结合上述教学目标，基地设置教学内容主要有以下几个方面。

1. 合理安排田野考古流程各个环节的教学计划与内容

一般以基地所在遗址为中心，向外以地理单元划分区域拓展范围，安排年度区域系统调查计划，组织每届参加田野实习的学生参与考古调查；在调查的基础上，选择特定区域进行考古勘探；按长期考古工作计划分年度选择发掘区进行探方发掘；最后把每年度各自收集的考古资料集中进行室内整理与分析，编写实习报告与考古简报。其中调查与勘探的周期为 15 天左右，约占田野实习总时长的 12.5%；探方发掘的周期 90 天左右，约占总时长的 75%；室内整理的周期为 15 天左右，约占总时长的 12.5%。

从田野考古操作流程来说，调查、勘探、发掘、室内整理是一个前后递进的工作过程，但并不是孑然独立的四个环节，彼此之间是相互联系、相互补充的关系。

从不同工作环节与相应的气候环境要求来说，通常将调查等工作安排在冬季。因为冬季地表植被枯竭稀少，便于开展地面调查与采集工作。在调查的基础上，会选择特定区域进行考古勘探。

探方发掘是田野考古最主要的工作内容，也是对考古专业方法与技能要求最高的作业形式，所以发掘实践所占实习周期也最长。进行探方发掘前，会培训学生使用 RTK 对遗址地形进行测绘，绘制遗址地形图；使用全站仪布置发掘探方。

发掘过程中，在层位学的基础上，积极探索符合中国特色遗址条件下的聚落考古方法，不仅关注考古遗存反映的文化历史，也关注其反映的社会组织，引导学生思考如何进行开放式发掘，如何判定遗迹组，如何揭露聚落面等操作方法。

在探方发掘期间，还会根据各自的发掘进度间插性安排文物拼对、修复、绘图等属于室内整理环节的工作。后面 15 天左右的集中室内整理实践期间，则着重培训学生根据自己调查采集、探方发掘收集的资料(以探方发掘为主)进行遗迹与器物的描述、类型学分析与文化研究，初步掌握考古报告的编写方法与范式。

2. 多学科方法深度介入

除了上述田野考古基本的教学内容外，我们在野外作业中要求学生不仅关注人类活动遗迹，还需关注可能与人类相关的自然遗迹，全面收集人类遗物与自然遗物，组织开展古人类、古环境、动物考古、植物考古等一系列课题研究，从多个层面、多个角度复原古代社会。

在野外作业过程中，根据实习进度，就会安排相关领域的老师进行现场教学，培训学生学习不同领域研究野外调查、采样方法和样品的初步整理与分析技术。尽量开拓学生视野，培养科研兴趣，为后续的深入学习与研究提供一些基础。

3. 团队精神与交际能力

田野考古工作是一个人无法独立完成的，需要一个团队合作共同完成。所以在野外作业中，团队内部之间在公平、平等的基础上一定要处理好彼此之间的合作关系，要具有很强的团队精神。此外，田野考古工作往往需要与所在地各级相关政府单位、不同阶层人员协调好关系，尽量争取对方的支持，方可顺利开展工作。这些都是需要学生去积极面对的，提前接触社会实际，锻炼自己的交际能力。

学生实习过程中每天需要面对与直接管理的是自己负责的探方内工人。虽然工地现场一般会有一个负责人统筹整个发掘区的工人，但各自探方内分配的 2~4 名工人，我们一般要求主要由实习的学生进行自主管理。每个学生相当于一个小队长，需要每天安排好自己探方内的工作，给民工分配任务，锻炼学生的管理能力；还需要理性处理好与民工的关系，依照以往工作经验，不宜过于亲近，也不宜过于疏远。

三、教学效果

本科田野考古实习是学生确定专业兴趣的分水岭，拥有多年教学经验的许永杰先生将学生归纳为四类情况：原本喜欢考古的人，更喜欢考古了；原本喜欢考古的人，不喜欢考古了；原本不喜欢考古的人，更不喜欢考古了；原本不喜欢考古的人，喜欢考古了。①

田野考古实习不仅是一门课程的学习，学生需要在一个相对封闭的环境下生活比较长的周期，既要进行专业技能训练，还要能与同学、老师们在集体生活中处理好彼此的关系，和谐共处。在野外发掘过程中，面对种种复杂遗存，部分学生如果没有准确地分析、清理遗迹，很容易会对考古学科的真实性与科学性产生怀疑，因此失去专业兴趣；如果能够沉下心来，与老师共同反复刮面、分析遗存性质与相互叠压打破关系，在清理中一一验证了之前的判断，也会体会到抽丝剥茧、探寻真相的乐趣，从而增强了对考古专业的兴趣。在相对封闭的集体生活中，不同性格的学生有各自不同的生活方式，少量学生可能会因为缺乏集体主义感和团队精神而很难融入集体，甚至难以坚持而至放弃专业。

上述的诸多情况，不能要求学生单方面来应对，实习教师也扮演了重要角色，要与学生共同承担，实现良性交互。实习教师一方面需要与学生每天在野外作业现场共同分析遗存，交流观点，促进学生的学习兴趣；另一方面，要适应时代，革新教学方法，提高教学效果。同时，还需要关心学生的生活与情绪状态，在“枯燥”的学习生活中，多与学生沟通，多鼓励学生，闲暇时间适当带头组织或参与一些学生活动，如组织去相邻的考古工地或博物馆参观、参与一些体育运动或游戏，给“枯燥”的实习增添生活乐趣，振奋精神。

作为专业的教师，主观上是希望专业的学生大部分能够热爱考古，坚持专业，投身到考古事业，在日常学习生活也是尽量引导。但是更要尊重学生的个人兴趣，支持学生的个人选择。经历了田野考古实习培训的学生，不只是专业技能的学习，在个人三观塑造、品质与素质方面都会有较大的提升，成为宝贵的精神财富，不论未来从事哪种行业，都是有益的。

---

① 许永杰：《考古学的生命源泉——田野考古实习三题》，《南方文物》2020年第6期。

当代田野考古的转型与启示

——读《凌家滩：中华文明的先锋》

单思伟
（武汉大学历史学院、武汉大学长江文明考古研究院）

文明起源研究是考古学研究经久不衰的三大前沿课题之一。自夏鼐先生系统论述中国文明起源标准①及苏秉琦先生提出文明起源满天星斗说②以来，诸多学者在此基础上不断细化与深入研究，学界对中国文明起源的理解与认识经历了突飞猛进的发展。中国文明的形成是一个长期的、复杂的、多元的历史过程，需要对不同地区文化提出具体的解释及对大量个案的逐层次归纳，在此基础上总结文明特质。③

凌家滩文化作为中国区域文明的重要代表，其所在的巢湖以东一带虽属长江下游，但与太湖流域、宁绍平原等地不同，缺少固有的土著文化，是周边文化交融汇聚的重要地区，属于考古学文化的“漩涡地带”④。再加上凌家滩以玉石器出众，陶器较少，传统的类型学研究难免乏力。因此对凌家滩的研究需要有方法论的考量。以吴卫红先生为主要作者出版的《凌家滩：中华文明的先锋》（以下简称《凌家滩》）⑤，内容全面，方法得当，论述系统深入，无疑是区域文明研究的重要力作。

---

① 夏鼐：《中国文明的起源》，《文物》1985年第8期。

② 苏秉琦：《中国文明起源新探》，商务印书馆（香港）有限公司1997年版。

③ 赵辉：《考古学关于中国文明起源问题的研究》，《古代文明》第2卷，文物出版社2003年版。

④ 高蒙河：《试论“漩涡地带”的考古学文化研究》，《东南文化》1989年第1期。

⑤ 吴卫红、刘越：《凌家滩：中国文明的先锋》，上海古籍出版社2022年版。

一、内容评介

《凌家滩》全书分为九章，分别以“一方水土”“发现溯源”“兴起江湖”“饮食器用”“玉石制作”“逝者世界”“凌家滩文化”“互动与传承”“凌家滩与中华文明”冠以标题，用诗意的语言阐释古代世界，文学性与学术性相映成趣，令人耳目一新。

第一章化用谚语“一方水土养一方人”，既分析了凌家滩所在地区的地理环境面貌与变迁，又暗示了地理环境所造就的凌家滩文化特色，为后文展开论述作出巧妙铺垫。

第二章“发现溯源”，虽大抵以常规的时间脉络介绍了凌家滩遗址三十多年来考古发现、发掘的历程，但所分三小节“偶遇文明遗珠”“追踪史前墓地”“探寻古人世界”，充满故事性，引人入胜，更重要的是揭示了凌家滩田野考古工作理念与方法的变化。

“偶遇文明遗珠”讲到凌家滩村民因母亲去世挖矿埋葬发现凌家滩遗址的往事，坦诚告知读者遗址埋藏的复杂性和发现的偶然性。“追踪史前墓地”介绍了自 1987 年至 2007 年的五次考古发掘及 2016 年一次意外的大墓清理过程。五次发掘基于多种原因，主要以墓地与玉器为中心，清理了一批新石器墓葬，出土大量精美的玉器。“探寻古人世界”则介绍了 2008 年至今的考古工作，主要包括持续多年的区域系统调查和全面勘探，及在此基础上的精准发掘，一是深入探讨了凌家滩文化的分期、年代与谱系问题，二是对凌家滩文化的生业、技术、生活、环境、聚落与社会有了全面解读，展现了从以墓地、玉器为中心到以聚落与社会为中心的巨大转变，开启了凌家滩田野考古的新时代，极大地推动了凌家滩文明研究。凌家滩考古可谓是中国田野考古理念从资料主导下的“重发现”到课题引导下的“重研究”的先行者之一。

第三章“兴起江湖”，重在探讨凌家滩崛起之因，这也是凌家滩研究的难题之一。作者首先介绍了距今六千纪中国主要区域的文化态势，并重点分析了长江下游地区文化互动格局，揭示了皖江两岸作为多文化融合通道的人文背景。

其次以区域系统调查为基础，归纳出以凌家滩为中心的周边区域的聚落分布模式与演化规律，特别是凌家滩所在的裕溪河流域，经历了马家浜时期聚落数量少，面积小，呈单体分布到崧泽时期数量剧增，规模变大，呈聚群分布再到凌家滩时期数量变少，出现大型聚落中心(凌家滩)，呈集中化分布的演化过程。

然后分析了凌家滩选址位置的区域条件，如附近的水源，矿产与动植物资源分布，交通要道特点等，并讨论了凌家滩聚落的布局、功能分区及相应的人地关系。

最后创造性地将区域文化变迁背景、宏观聚落模式与演化规律、中观聚落选址与环境、微观聚落形态与布局等多个层次的研究融会贯通，前后递进，相互关联，凝练出令人信服的结论。

第四章“饮食器用”与第五章“玉石制作”，一方面根据动、植物考古研究成果归纳了凌家滩的生业经济，一方面分析了陶器、玉器、石器的种类、功能、组合及制作工艺等，完整揭示了凌家滩史前的食物生产与消费，手工业的发展及玉器反映的宗教信仰、礼仪等场景。

第六章“逝者世界”，重点讨论了凌家滩高等级人群的丧葬习俗，以对墓地、祭坛的营造与使用分析为抓手，引导出墓地的布局划分、墓与坛的关系；再进一步分析墓葬内随葬品的种类、使用与摆放规律，通过葬仪窥探社会，属于经典的史前墓葬研究范式，得出的结论也颇有见地。

第七章“凌家滩文化”与第八章“互动与传承”，属于文化历史研究层面。囿于凌家滩文化陶器资料较少，完整度低，加上“漩涡地带”的文化内涵复杂性，使其成为凌家滩研究的另一个难题。作者突破了近几十年来文化研究多以分期指向意义更大的陶器作为单一依据的处理方式，较有建设性地提出“文化基因”的概念，辨析了凌家滩文化与北阴阳营文化、崧泽文化的差异与共性关系，回归考古学文化最初的经典定义，梳理了凌家滩文化的聚落与墓葬、不同材质的遗物的面貌，更立体地揭示了凌家滩文化的内涵。在讨论文化源流及与周边文化互动关系时，也贯彻了这一思路，多方面、多维度揭示了凌家滩文化的动态变迁过程。

第九章“凌家滩与中华文明”，将凌家滩文明置于中华文明形成的大背景下，分析了凌家滩文化的聚落、资源控制与社会权力等问题，探讨了凌家滩社会的复杂化状况，阐释了凌家滩文明基因对中华文明的突出贡献，点出本书主旨：“以凌家滩遗址为代表的凌家滩文化，可以当之无愧地称之为‘文明先锋’。”

全书体系完整，兼收并采，不蔓不枝，高度凝练出区域文明特质，对于深化理解中国文明多元一体结构的形成具有重要意义。

二、当代田野考古的转型与启示

《凌家滩》一书无论是研究方法还是诸多对文化、文明的探讨角度对于史前考古研究都具有较强的参考价值。笔者学力有限，暂只论其中的田野考古理念方面。凌家滩田野考古自 2008 年以后率先突破了田野考古“重发现”的思想窠臼，在预设研究课题的指导下，除了开展不同空间尺度的田野调查、勘探与发掘，还特别强调资源共享，与不同学科平等合作，开展各项研究，全方位立体揭示凌家滩内涵，让全民共享考古成果，对于中国田野考古的发展与转型颇有启示作用。

在 20 世纪全国主要时空框架还未建立的背景下，“时间”成为当时学界首要解决的问题，田野考古基本是以纵向发掘为主导，地层学也主要强调上下叠压打破关系。这个阶段的田野考古为构建中国主要地区的文化历史做出了重要贡献。

20 世纪 80 年代后，聚落考古的概念传入并逐渐兴起。特别是 21 世纪以来，考古学家广泛重视遗存之间的空间联系，田野考古多采用横向发掘的理念。研究则从宏观(区域)、中观(遗址或地点)、微观(遗迹组)等不同空间尺度分析聚落形态与演化，结合多学科多维度分析，进而探讨社会组织与发展。这应该是目前中国田野考古所处的主要阶段，对中华文明探源研究有重大推进作用。

当前我国考古学科正处于剧变的阶段，一方面原本的考古学经典研究体系逐渐瓦解，世界考古学不同流派、理论方法或研究范式百花齐放，丰富了考古学研究角度；另一方面自然学科的大量融入，不断拓宽、深化了考古学研究对象与内容。同时，学界对田野考古的信息诉求也发生了激烈的变化，田野考古工作理念与方法亟须新的转型。

一是全面迈开从传统考古队到开放性科研平台的转型步伐。近年来陆续有学者提出将“考古工地转变为实验室”并已有少量实践,① 反映了行业内部新的声音。

传统的考古队采用领队负责制，队员一般由野外作业人员(含调查、勘探、发掘、记录、摄影等)、室内整理人员(拼对、修复、绘图等)和后勤人员组成，多为技工，少量文博正式工作人员，高校考古队则多以老师、学生为主。考古队

① 宋江宁：《以科学的态度发掘遗存，以人文的精神敬畏遗产——对考古学学科性质和中国考古学学科发展的思考之三》，《南方文物》2022 年第 6 期。

是所有田野资料的收集者与拥有者，拥有优先发表的优势。相关学科研究人员多以辅助的角色参与部分野外信息采集和后期研究。总体来说是一个相对封闭的“作坊式”工作模式。这样的田野团队管理机制与当前不断发展的考古学科极为不相称，甚至阻碍了考古学科的发展。

考古队需要主动拥抱未来，进行自内而外的变革。领队或项目负责人要摒弃“封闭”思想，坚定“开放”的理念，转变自身角色，将考古项目管理更替为课题管理，将考古工地转化为开放性科研平台，形成在课题负责人统筹下，以主旨课题为指导，田野业务人员为基础，不同子课题人员彼此配合、协同研究的科研团队。

二是贯彻以考古学课题为主导的多学科系统信息收集与综合研究。考古学是根据古代人类活动留下的物质遗存研究古代人类文化及其历史的学科。① 考古学研究资料虽然包括人工遗存和自然遗存，但必须是讨论与人类文化及其历史有关的课题，才算考古学研究范畴。仅凭借田野考古工作收集的自然遗存研究自然科学问题不能算作考古学研究。

考古队转化为开放性科研平台，并非无限开放，而是有其学科边界。需要由课题负责人及相关成员共同设计若干考古学课题，组成一定开放性的研究团队，开展考古学研究。由此可避免无限开放造成的科研秩序混乱。

在考古开放性科研平台上，团队根据不同子课题的研究目标，深度参与田野考古各个环节，有规划性和预见性地系统收集各类遗存信息，平等合作，共同研究。

田野考古是一个不可逆的破坏性过程。中国田野考古虽已基本完成了从“重发现”到“重研究”的转型，走出“原始积累”阶段。但研究什么？如何研究？研究的方法、手段依旧困扰着田野考古的发展。地下遗存信息浩如烟海，有限的研究角度、方法与手段必然无法提取和分析所有的信息。学界需要对学科所处发展阶段有所宽容，但更需要做出前瞻性的预见，引导田野考古科学全面收集信息。

系统收集遗存信息之后的研究更是课题负责人及整个科研团队需要思考的问题。各子课题的研究内容虽各有侧重，但不建议过于分裂，应该有一个总课题的统筹和更高层面的研究导向。破解科技与考古“两张皮”的关键是摒弃以方法、

---

① 余西云：《考古学是什么——〈江汉地区文化变迁〉序》，《中国文物报》2017 年 8 月 11 日第 6 版。

技术为导向甚至目的的孤立研究，而是结合不同学科研究，融合各种相应的科技手段，综合探讨同一个考古学话题。

三是树立更立体与更微观的课题意识，走出宏观叙事“舒适圈”。课题研究要注意避免单一线索或单一维度论证，容易导致结论偏颇或夸大，更应忌讳预设“噱头”式结论。课题负责人需要打破学科壁垒，用科学实证的思想开展多层面、多维度的课题研究，使论证与结论更加立体可信。再就是以往研究基于多种原因，偏向宏观叙事。这种研究倾向也主导了田野考古工作理念取向。宏观叙事研究可以很好地揭示较大空间尺度的文化历史过程和文化内涵，也能较好的讨论社会结构与发展，但对更具体的人类行为与社会关系缺乏足够关照，难免有失生动。

在继续深入宏观叙事研究的同时，还需要切入更微观的课题，“两条腿走路”。比如我们在襄阳凤凰咀遗址做的微观研究实践，通过对一个石家河文化灰坑的全方位信息提取和多学科综合分析，揭示了该灰坑从挖掘、使用、至废弃的生命史，判断以该灰坑为中心发生过多次宴飨活动，并对宴飨的内容、食材的选取、食物加工方式、酒水的使用、活动参与者的身份与规模、活动频率都做了系统讨论，给研究者呈现出一个活化的历史场景，细化了考古学研究史前人类文化与社会的视角。

（原文发表于《中国文物报》2023 年 4 月 28 日第 5 版）

新石器时代考古课程教学的几点思考

袁飞勇
(武汉大学历史学院)

新石器时代是人类文化和文明发展史上的重要时段，因而新石器时代考古是考古学科教学和研究的重要领域。武汉大学历史学院本科生考古学课程中，主要有两门课程涉及新石器时代考古：一门是“考古学通论(上)”中的新石器时代部分，授课对象为尚未进行中国史、世界史、考古学专业分流的大一新生；另一门为“新石器时代文化与社会”专题，授课对象为专业分流后选择考古专业的大二学生以及部分选修的历史学院其他专业和其他学院同学。近年来，笔者承担了以上课程的讲授，在授课过程中，产生了一些感想与思考，现做一初步小结，略陈如下。

一、如何帮助学生辨识考古学文化

笔者自己在本科阶段学习新石器时代考古时，曾深感其考古学文化种类繁多，无力识别，并且与班上同学、学长学姐交流时，大家也普遍感慨有一致的体会。回顾这段经历，更加感到这可能是所有学习新石器时代考古课程的同学共同会遇到的难题。如今笔者自己已开始参与和承担新石器时代考古课程教学的任务，通过课后与学生的交流，发现如今的同学们，的确也正面临着跟我们当年相同的困惑。即便是大二的学生，虽然已经历了大一时“考古学通论(上)”中新石器时代考古的初步学习，仍然不能幸免。

但实际上，无论大一、大二的新石器时代考古课程，虽然其中考古学文化的种类繁多，对这些考古学文化的辨识却是有方法可依的，并非对着老师所给的讲义 PPT 上每个考古学文化的每件器物线图反复观看所能达到，关键在于先要理解考古学文化的概念，以及它们是如何进行划分的。

考古学文化的划分，中国考古学界通常采用著名考古学家夏鼐先生的主张，即以一群具有明确特征、经常性伴出的类型品作为区分的标志。① 在进入新石器时代以降的考古学研究实践中，由于陶器往往是一个遗址出土最丰富与变化最敏感的类型品。因此，考古学家张忠培先生指出，陶器的主要器类组合，就往往成为区分考古学文化的标准。② 通俗一点讲，也就是不同单位(如文化层、灰坑、墓葬等)内出土的陶器，其主要的器物种类一致，那就属于同一考古学文化，反之就不属于。而在主要器类组合中，出土数量最为丰富的器类又可称为一个考古学文化的指征器，是为一个考古学文化中最具辨识意义的器类。例如，主要分布于中原地区的被认为是夏文化的二里头文化，其主要器类组合为侧装足鼎、深腹罐、圆腹罐、深腹盆、刻槽盆、甑、大口尊、鬶、爵、盉等，这些器类也是其指征器，看到便能想到二里头文化；而年代与之大体同时的主要分布于豫北冀南地区的被认为是先商文化的下七垣文化，主要器类组合则是分裆高足尖鬲、高足尖甗、橄榄形罐、豆、浅腹盆等，高足尖鬲、橄榄形罐是其指征器，看到便能想到下七垣文化。简言之，即前者是以鼎、深腹罐为核心的组合，而后者则是以鬲、橄榄形罐为核心的组合，两者各自拥有一批独特的器物群。又如，主要分布于关中及陕晋豫三省邻境地区的半坡文化，其指征器是杯形口尖底瓶、葫芦瓶、鱼纹彩陶器等，它们也基本构成了半坡文化的主要器类组合，看到即可知属于或来自半坡文化；而分布地域与之基本重合但年代稍晚于它的庙底沟文化，指征器和主要器类组合则是重唇口尖底瓶、平底瓶、圆点与弧边三角纹彩陶器等的，与半坡文化的器类组合明显有别。

为使同学们对以上内容有更好的理解，笔者在上课的时候也会举例结合遗址的具体层位关系来进行讲解。例如，以湖北天门石家河古城谭家岭遗址 2011 年发掘资料为例，ⅢT0619、ⅢT0620 两个探方的第①、②层为近现代层，以下③~⑨层为新石器时代文化层(图 1)，其中 H1 开口于第③层下、打破第④层，开口第⑤层下、打破第⑥层的 H2 未发表器物。③

---

① 夏鼐：《关于考古学上文化的定名问题》，《考古》1959 年第 4 期。

② 张忠培：《研究考古学文化需要探索的几个问题》，《中国北方考古文集》，文物出版社 1990 年版，第 254~262 页。

③ 湖北省文物考古研究所、北京大学考古文博学院：《湖北天门市石家河古城谭家岭遗址 2011 年的发掘》，《考古》2015 年第 3 期。

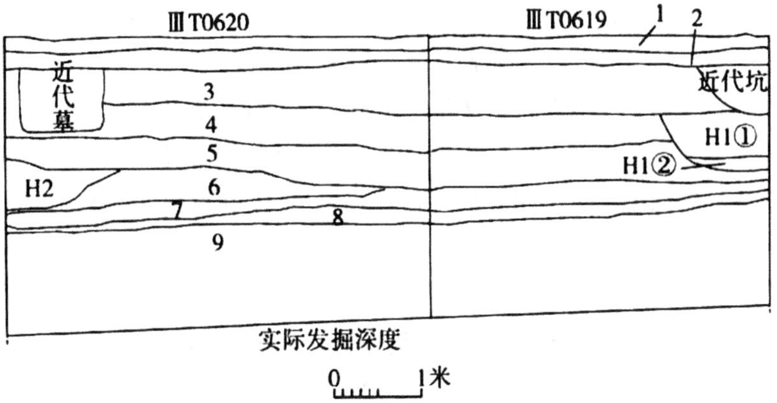

图1　谭家岭遗址ⅢT0619、ⅢT0620西壁剖面图

结合以上层位关系，来观察各文化层和遗迹单位出土器物，可以发现如下情况。第⑨层的出土器物以橄榄形深腹罐、长颈鬶、平底碟、叠唇深腹豆、斜腹厚胎杯为主要组合(图2，14~20)。这一器类组合直至第⑤层、④层、③层下的H1(图2，7~13)，均没有变化。因此，第⑨~④层、H1均属于同一支考古学文化，

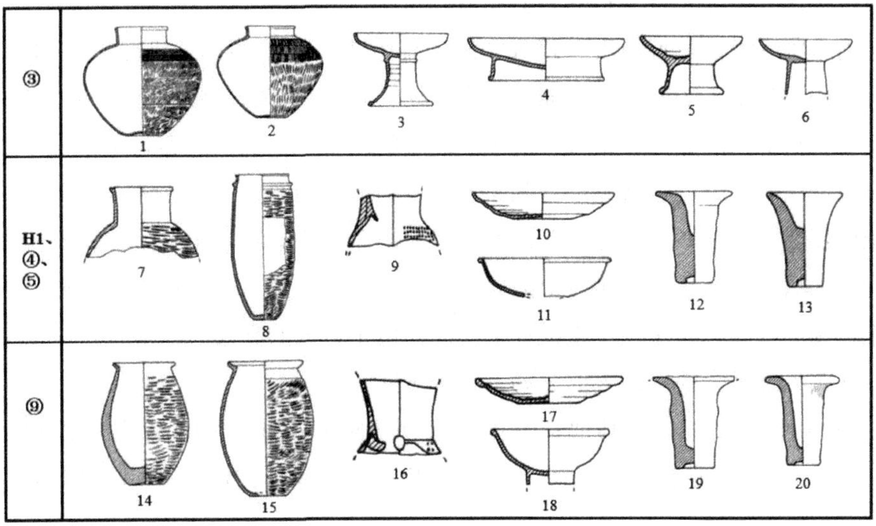

图2　谭家岭遗址ⅢT0619、ⅢT0620部分单位出土器物

即考古学界通常所说的石家河文化。但至第③层，出土器物则是以小口高领瓮、圆唇浅腹豆、大圈足盘为主要器类(图2，1~6)，这些器类均不见于第④~⑨层，并且后者的主要器类也不见于前者。因此第③层相比于后者，已属于另外一种器类组合，即属于另外一支考古学文化。至于其属于哪一支考古学文化，由于其器类组合与中原地区汝州煤山遗址第一、二期的器类组合基本一致,① 因此，其属于煤山文化。而如果其与目前所有已命名的考古学文化器类组合都不同，则可以另外命名为一支新的考古学文化。

二、如何帮助学生阅读考古资料

在给同学们讲解清楚了考古学文化的概念以及划分考古学文化的实践操作后，笔者在后续的课程中每讲到一个考古学文化，也会反复跟同学们强调该文化的主要器类组合与指征器。而对于同一批遗存的文化归属学界存在争议时，笔者也会如上文一样，结合层位关系，给出各典型单位的出土遗物进行对比，引导同学们更好地理解存在争议的缘由，并建立自己的判断。而为帮助同学们消化和巩固这些学习成果，也为帮助同学们锻炼阅读和利用考古资料的能力，笔者会设计一道作业，即做器物卡片。制作考古器物卡片，既是考古人员进行研究的有效手段，也是深入阅读考古资料的必要手段。

通常很多考古发掘简报和报告，出于排版或呈现作者自身研究成果的需要，会将不同单位出土的同一类型器物集中于同一版或相邻的几版图上发表，这就导致同一单位的不同类型器物被分散于不同版的图中，不利于观察各单位出土器物的全貌和组合情况，也就不利于判断各单位的文化归属。因此，需要将同一单位出土的器物集合在一起。过去，前辈学者们限于当时电脑尚未普及，都是描摹或复印原书后，将描摹或复印件上的器物线图一个个地剪下来，再将属于同一单位出土器物的线图粘贴于同一张纸片上。现在由于电脑的高效，一般运用电脑来制作。我个人通常会要求同学们分如下几个步骤：

(1)用福昕阅览器或其他带有截图工具的阅览器打开PDF文件，以福昕为例，通过“主页”“截图”，点击“截图”小工具，然后在PDF文件里任何器物图、

① 中国社会科学院考古研究所河南二队：《河南临汝煤山遗址发掘报告》，《考古学报》1982年第4期。

器物号上按住鼠标左键拉开，器物图、器物号就被复制了。

(2)然后在 PPT 页面上的任意空白处右键单击，就可以粘贴器物图、器物号了。相同单位出土的器物，粘贴在同一张 PPT 上，一张 PPT 放不下，就再放一张。PPT 最好选择在“视图”“大纲视图”的状态下来做卡片，每个单位的标题就会直接显示在左边栏。PPT 按单位序号一路排下来，总的排序原则是，不同遗址分别建立 PPT 文件，同一遗址里先按文化或分期来，同一文化或期别里再按遗迹种类来，如灰坑都在一起，再文化层或其他，同一遗迹种类里再按单位序号来，如 H1、H2……如图 3。这样的话，在卡片制作过程中和以后的利用中，都可以方便地找到每个单位。

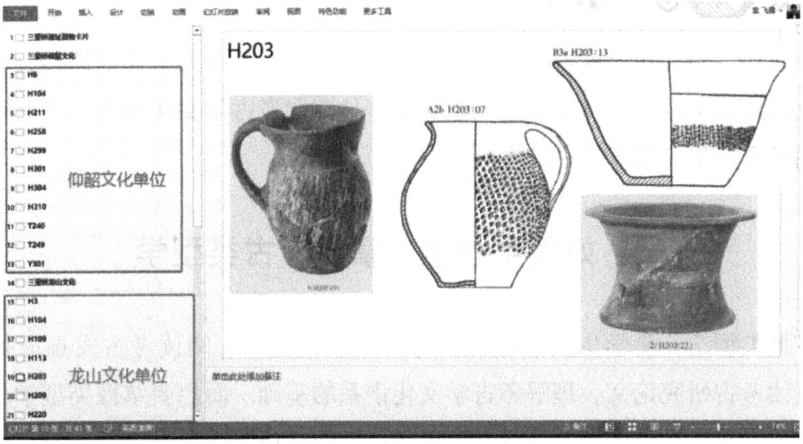

图 3　考古器物卡片示例(一)

(3)将简报或报告正文里的器物线图、器物号复制粘贴完毕后，还要检查是否有的器物没有在正文里发表线图，但在末尾的“彩版”和“图版”里发表了照片。一般来说，可通过快速浏览正文部分的器物介绍来实现，如果发表了线图的，介绍的末尾会给出图号，如“(图×，×；图版×，×)”；而未发表线图的，则没有图号，只有彩版或图版号，如“(图版×，×)”。

在制作完器物卡片后，笔者也会再给同学们布置学期的第二道作业，即阅读陈冰白、余西云先生的《关于“石家河文化”的几个问题》一文，① 或者卜工先生

① 白云：《关于“石家河文化”的几个问题》，《江汉考古》1993 年第 4 期。

的《庙底沟二期文化的几个问题》一文。① 这两篇论文都是利用制作器物卡片与比较主要器类组合的异同来进行考古学文化分析的典范。前者成功地将学界原来认为的“石家河文化”，清晰地划分为了石家河文化、季家湖文化、煤山文化三个器物群，尤其将煤山文化从过去的“石家河文化”中划分出来，并指出其是来源于中原地区的煤山文化，是中原地区煤山文化南下至江汉地区后取代了石家河文化而形成，并且这一文化更替现象与史籍所载尧舜禹伐三苗事件可以相互联系的认识，贡献最为突出。后者则成功地将过去所普遍认为的《庙底沟与三里桥》一书所划分的“庙底沟第二期遗存”，② 分为了 A 群和 B 群，并指出：A 群单位的器类组合仍以尖底瓶和彩陶为主，仍属于仰韶时代的西王村三期文化，不属于庙底沟二期文化；而 B 群单位的器类组合已不见尖底瓶和彩陶，而以 A 群未见的空三足釜形斝、平底瓶、连体釜灶等为主，才是为真正的庙底沟二期文化。至此，庙底沟二期文化的内涵与范畴终于清晰。因而，结合做卡片的体会，再认真阅读这两篇论文之一，可以帮助同学们更好地掌握考古学文化理论，更好地分析和利用考古简报与报告提供的资料。

三、如何帮助学生掌握考古类型学

掌握类型学，是学生更好地把握考古学文化理论、阅读考古发掘简报与报告、研读考古研究论文、理解考古学文化谱系的基础。而想要掌握类型学，在制作完器物卡片后，首先需要将各探方里各单位的层位关系条理清楚。

在制作完了器物卡片后，即所有器物线图或照片都按单位复制粘贴在一起后，将该 PPT 文件拷贝一份。打开拷贝的文件，逐一检索简报或报告里提供的层位关系，再对各张 PPT 进行重新排序。一般来说，简报或报告的“地层堆积”“遗迹介绍”、文末附的遗迹登记表等部分，都会涉及层位关系，都要逐一进行检索。检索和条理清楚了层位关系后，一般来说，同一探方各单位的 PPT 排在一起，按层位早晚关系，层位早的排在下面，层位晚的排在上面，形如它们在遗址中本来的叠压、打破关系，如图 4。这样，从下往上逐张阅览，便能方便地观察到从早到晚各单位出土器物的发展演变情况，也便于总结考古学文化的发展与

① 卜工：《庙底沟二期文化的几个问题》，《文物》1990 年第 2 期。

② 中国科学院考古研究所：《庙底沟与三里桥》，科学出版社 1959 年版。

变迁情况。而原 PPT 文件，则方便平时迅速查找到各单位进行阅览。

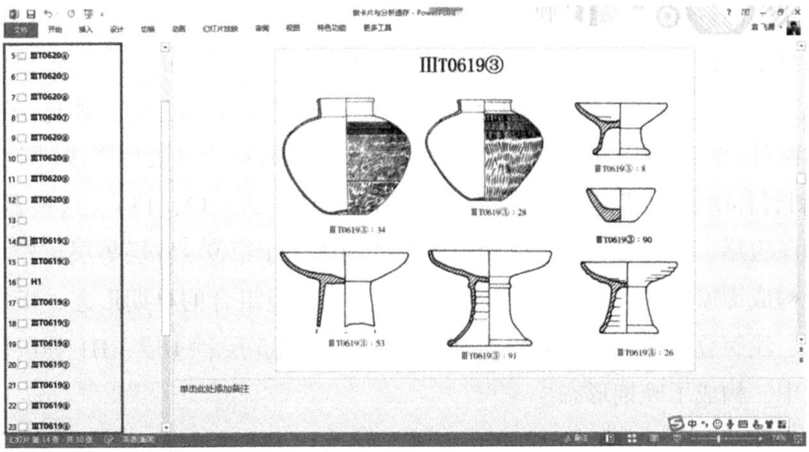

图 4　考古器物卡片示例(二)

实际上，前文谈到的如何辨识和划分考古学文化，也已经涉及类型学理论的运用。主要器类组合的不同，是类型学中考古学文化层面的差别。主要器类组合相同的前提下，其中具体器物形态的差异，如层位晚的单位，相比于层位早的单位所出土的同类型器物，有明显的逻辑演变，则是类型学中考古学文化内部不同期别层面的差别。比如假设有一支以鼎、罐、钵、盆、尊为主要器类组合的考古学文化：层位关系最靠下的单位出土的鼎、罐、钵均较矮胖，盆、尊最大径位于口部；层位关系稍晚点的单位出土的鼎、罐、钵均显得瘦高一些，盆、尊最大径下移至肩部；而至层位关系最靠上的单位出土的鼎、罐、钵则均十分瘦高，盆、尊最大径下移至中腹部。那么，则可以将该遗址出土这支考古学文化的遗存分为三期，从早到晚，器物的演变逻辑是鼎、罐、钵由矮胖变瘦高，盆、尊最大径逐渐下移。在这里，鼎、罐、钵、盆、尊的组合是考古学文化。而其中，矮胖的鼎、罐、钵与最大径在口部的盆、尊的组合，是该组合即该文化的早期形态；稍瘦高些的鼎、罐、钵与最大径下移在肩部的盆、尊的组合，是该文化的中期形态；十分瘦高的鼎、罐、钵与最大径已在腹部的盆、尊的组合，则是该文化的晚期形态。所以，在运用类型学理论进行分期的过程中，组合的原则是最重要的，即使每一种器类从早到晚的演变逻辑弄清楚了，知道每种器类是怎么演变的，还是只有依靠组合关系，即这些器物在考古单位内的共出关系，才能确定某种形态的鼎、罐与哪种形态的钵、盆、尊等可以划在同一期。

在实际的讲课中，笔者也会以某个具体遗址的材料为例，亲自向同学们示范运用类型学理论进行分期排队的全过程。例如，前文所举例的谭家岭遗址的石家河文化遗存，第⑤层、④层、H1出土的橄榄形深腹罐(图2，8)，相比于第⑨层所出的两件(图2，14、15)明显变得更加瘦长，叠唇豆明显腹部变浅(图2，18、11)，斜腹杯明显底部变厚、腹腔变小(图2，19、20、12、13)。这些器物中，较胖的深腹罐、深腹叠唇豆、厚胎斜腹杯共同出土于第⑨~⑥层等层位较早的单位中，构成谭家岭遗址2011年发掘石家河文化器类组合的早期形态；极瘦长的深腹罐、浅腹叠唇豆、极厚胎斜腹杯共同出土于第⑤层、④层、H1等层位较晚的单位中，构成了晚期形态。

四、如何帮助学生理解考古学文化谱系

熟练掌握类型学，才能理解考古学文化谱系的研究，而能够进行考古学文化谱系的研究，又能反过来提升区辨考古学文化的能力、阅读考古资料的能力、运用类型学的能力。考古学文化的谱系，指的是一支考古学文化的形成、与周边考古学文化的关系及其流向。著名考古学家张忠培先生指出：“文化传播和迁徙是广泛存在的历史事实，在它的作用下，考古学文化之间大量出现了文化渗透、借用、融合、同化和考古学文化的分化，使任何一种考古学文化都成了不同谱系的多元结构，即不同谱系的文化因素，结合成统一的考古学文化。这些文化因素，可通过和前后左右诸考古学文化进行类型学比较研究而被解析出来，明晰其源流。它们在考古学文化中的多少、主次有别，地位不同，各自对对方既有吸力，又存在排他的倾向，彼此既存在融聚力，也存在拆离的倾向，竞相发展，使考古学文化成了以主流因素为代表，又包容新旧成分的统一与矛盾的有机体。”①这也就是说，一支考古学文化在其形成的过程中，一般或多或少会有不同的文化渊源，而在其发展的过程中，也定然会与周边的考古学文化发生交往互动关系，彼此的文化因素相互进行传播，最后，它也定然会成为某支新的考古学文化中部分

① 张忠培：《研究考古学文化需要探索的几个问题》，《文物与考古论集》，文物出版社1986年版，第177~185页。

因素的来源。

这就要求我们在探索考古学文化的形成，即探索该文化早期遗存构成成分的来源时，区分清楚其中哪些器类是由本地先在文化发展而来，哪些器类又是由外来的哪支文化发展而来。并且，在以上参与形成该文化的诸多文化来源中，哪支文化来源提供的器类最为丰富，占据主导地位，若是本地先在的文化，则该文化主要继承本地传统发展而来，若是以外来文化因素为主源，则该文化主要由外来文化发展至本地而形成。例如前文所述天门谭家岭遗址的煤山文化肖家屋脊类型遗存，即主要是由中原地区的煤山文化煤山类型遗存南下江汉地区发展而形成，本地先在的石家河文化则只有极少部分因素成为该文化类型的来源。

而在探索一支考古学文化与周边文化的关系时，则既要把握该文化早、中、晚期不同阶段吸收的来自其他文化的因素，也要把握不同阶段该文化向周边文化输出的因素。早期阶段中来自其他文化的因素，自然是前文所言的形成该文化的来源之一。而中晚期阶段来自其他文化的因素，则成为该文化的有机组成部分。而其在不同阶段向周边地区输出的文化因素，也成为周边文化的营养成分。并且，把握一支考古学文化在不同阶段吸收外来因素与向外输出自身因素的多寡变化，也能帮助我们考察相邻区域内文化格局的演变、人群的迁移流动等情况。

最后在探索文化的流向时，既要考虑本地随之而起的考古学文化对其因素的继承吸收，也要放宽视线，考察周边地区文化对其晚期因素的吸收。若是本地继之而起的文化对其因素吸收很少，而周边某支文化却有大量吸收甚至主要由其发展而来，则说明其人群可能被迫向外进行了迁徙。

为配合上述关于考古学文化谱系研究的讲解，笔者在课程 PPT 中，除了大量给出不同文化中相同器物的对比图，也会大量运用地理地图，通过在地图中圈出每支考古学文化的分布范围，各种文化因素的传播路线。这样，既可以让同学们更好地熟悉地理空间与交通状况，也能更形象地观察到文化之间的互动情况。此外，笔者也会给同学们布置学期的第三道作业，即阅读陈冰白先生的《从龙山晚期的中原态势看二里头文化的形成——兼谈对早期夏文化的若干认识》一文。①该文十分精彩地分析了二里头文化在形成过程中对本地区即中原地区龙山晚期诸

① 冰白：《从龙山晚期的中原态势看二里头文化的形成——兼谈对早期夏文化的若干认识》，许倬云、张忠培主编：《中国考古学的跨世纪反思》（下册），商务印书馆（香港）1999 年版，第 289~304 页。

文化因素的吸收与融合，以及对外地区即海岱地区龙山文化因素的吸收与融合，并指出二里头文化形成过程中对东方地区文化因素的吸收与史籍所载夷羿代夏事件的联系。阅读此文，能够深受启发，极大帮助同学们理解考古学文化谱系的研究。

五、结语

以上是笔者承担武汉大学历史学院本科生考古课程中新石器时代考古部分的一些探索，通过帮助提升同学们在区辨考古学文化、阅读考古简报与报告、掌握类型学、理解考古学文化谱系等方面的能力，发现不少同学在学习新石器时代考古课程时，兴趣明显提高，学习效果也有明显提升。但仍然存在个别同学不爱听课，以及一些同学仍旧感到新石器时代考古课程文化繁多、资料海量、研究论文难读懂的情况。这些都需要任课教师在今后进行更多的教学思考与实践，并不断进行总结。

在高校历史教学中融入诗的情怀

——参与武汉大学“中华诗词审美”核心通识课的一点感想

周　荣

（武汉大学图书馆）

在武汉大学教学改革的进程中，“中华诗词审美”作为核心通识课程应运而设。承蒙课程组专家的错爱，我有幸加入了“中华诗词审美”课程的教学团队，虽然只是次要成员，亲临课堂的次数并不多，却也因此有机会近距离感受新时代大学生的精神风貌，了解不同学科、不同专业学生的心理状况。这门课自开设以来，比较受学生的欢迎。大约缘于自己的历史学背景，我对选修这门课程的历史专业学生特别留意。但在浏览选课名单时，我惊异而又遗憾地发现，在“中华诗词审美”的课堂上几乎没有来自历史学院的学生。对课程选修方案的抉择虽然不能直接说明审美意识或审美素养的差距，却足以引起我对高校历史教育中审美和“诗意”缺失的担忧。正是出于这方面的考虑，本文拟结合自己的教学经历和实践，就高校历史教育中为何急需融入“诗教”的问题谈一点感想。

一

中国学术传统中素有“文史不分家”之说，文学著述不仅能生动形象地再现特定历史时期社会生活的全貌，而且能充分展示作者的内心世界。同理，历史著述也常因精妙的语言和修辞技艺，让读者在了解历史事件的同时，获得诗一样的享受。司马迁的《史记》被鲁迅先生誉为“无韵之离骚，史家之绝唱”。在中国几千年的历史长河中，涌现了大量的史籍，其体裁虽有编年、纪传、纪事本末、国别、断代、通史等多种形式。但不管何种史书，都有极强的可读性，通常寓善恶褒贬于平常的文字之中，其叙事落笔，足为文士所法。许多史家本身就是文坛领袖。如欧阳修著《新五代史》，充分显扬“文以载道”之义，成为有口皆碑的文史作品。《古文观止》评价《新五代史》的文字“低昂反复，感慨淋漓，直可与史迁相为颉颃”。清人刘熙载称赞其“文几于史公之洁，而幽情雅韵，得骚人之指趣为多”(清·刘熙载《艺概·文概》)。

总之，在中国古代，史学家通常兼具文学家的角色，反之亦然。诗书礼乐是传统士大夫交游、传家和礼尚往来的“名片”。堪称史家的学者必然也是卓越的诗人。直到近代，“史才”和“诗笔”兼具在史学界也稀松平常。例如，陈寅恪先生以诗证史、以史释诗，留下了一系列的经典作品。他的《元白诗笺证稿》承用传统的“笺注”体例，结合史学考据的方法，以笺为体、以证为用，通过对白居易的《长恨歌》《琵琶引》以及元稹的《连昌宫词》及其“艳诗与悼亡诗”的“笺证”，以独特的视角，向人们展现了有唐一代的社会文化史。陈先生在文中虽然大量采用训诂、考证的方法，却也没有因此削减元白诗的艺术感染力，可谓化诗情入史境，堪称以诗证史的典范之作。而其晚年倾情著述的《柳如是别传》，借钱谦益和柳如是的爱情悲剧，将晚明“痛史”和遗恨投射到自己和读者的心灵空间，不异于借史抒怀、以史阐诗的杰作。

在武汉大学，“魏晋南北朝隋唐史研究室”和“中国三至九世纪研究所”的创建者，著名历史学家唐长孺先生，在魏晋南北朝隋唐史研究和敦煌吐鲁番出土文书整理等领域为世瞩目。同时，先生也是一名寓家国情怀于个人学术生命的诗人。唐先生出身于江苏吴县书香之家，他幼承庭训，在诗词、书法、绘画等方面兼有素养，而尤工于诗词。早在民国二十三年(1934)先生 24 岁时，因失业赋闲家居养病，便作“古籐颓屋西风暗，秃笔寻诗墨气肥”；“倪迂往矣谁其躅，吁嗟我意何由申”等诗句以遣怀，被天放楼主人金天羽称为“幽涩似郊、岛，又似永嘉四灵”，给予很高的评价。民国三十年(1941)“九一八”十年之际，他在上海写下了“独夜沉吟屈指思，辽天腥秽十年迟。江山已惜和戎误，日月沈埋又一时。海市何心争逐利，书生枯眼独吟诗。劫余重洒新亭泪，辜负黄华泛酒卮”的七律。据金克木先生的回忆，抗战胜利后，国立武汉大学由四川乐山重返武昌珞珈山的那段日子，外文系的周煦良、历史系的唐长孺、哲学系的金克木和中文系的程千帆，“这四位教师模样，不过三十五岁上下的人”，经常结伴漫步在珞珈山上、东湖之滨，“偶然一个人即景生情随口吟出一句七字诗，便一人一句联下去”，不过片刻便吟出一首七绝诗。诚如王素先生所言“先生后来治史，于此取资者亦多矣。先生史学文字简明凝炼，朴实无华……非文史兼通者，固难厘分孰为史笔、孰为文笔也。至于思虑精细周至，与清真词之丰茸绵密固有渊源矣；考证盘旋跌宕，于白石词之迴斡峭折亦有承藉焉。先生史学与诗词之关系有如此者”（王素笺注：《唐长孺诗词集》）。

二

综观世界历史，很多民族最早形成一定系统的历史记载是从诗开始的，如古希腊的《荷马史诗》，古印度的《摩诃婆罗多》和《罗摩衍那》。中国在先秦时期就结集了北方地区最早的诗歌总集《诗经》。用现代史学的观念来审视，这些穿越时空遗留下来的诗篇都可以称为“史诗”。但是，详加比较不难发现，中国古代的《诗经》与西方古代史诗有着显著不同的特点。西方的史诗属于民间文艺和口头文学的传统，难登大雅之堂，充其量只能是史料。而中国的《诗经》则与统治阶级确定的“经”有同等的地位。《诗经》中的诗既能“言志”，亦能“载道”。中国古代的“诗”与“史”本为一体，“诗”与“史”皆有扬善抑恶、鉴古传道的功用。故孟子说：“《诗》亡然后《春秋》作。”也就是说，中国自《春秋》以来所开创的史学传统是承着《诗经》的精神而兴起的。对此，晚明学者钱谦益有很清晰的表述：“《春秋》未作以前之诗，皆国史也。人知夫子删《诗》，不知其为定史。人知夫子之作《春秋》，不知其为续《诗》。”（明·钱谦益：《胡致果诗序》）《春秋》之前“诗”即史，“史”即诗，《春秋》之后，“诗”和“史”成为同一条大河的两条支流，这两条支流时而并行，时而交叠，形成中国历史上引人注目的“诗史”传统。

诗人本着深受儒家伦理浸润的一颗“诗心”，直面王朝的兴亡衰替、人世间的悲欢离合，以“善陈时事”之笔，“寓纪载之实而抑扬褒贬之意灿然其中”，所成之诗自然无异于史，故谓之“诗史”。“诗史”至唐代大诗人杜甫而达到极致。杜甫颠沛流离的一生与“安史之乱”的社会大变局相交织。他的诗情在辗转流徙、登高临远、抚今追昔的一个个动情时刻被持续激发，从而写出《三吏》《三别》《北征》这样的纪实性诗篇，描绘出“国破山河在”的历史画卷。诚所谓：“千古之兴亡升降，感叹悲愤，皆于诗发之。驯至于少陵，而诗中之史大备，天下称之曰诗史。”（明·钱谦益：《胡致果诗序》）

宋人推崇杜诗，掀起学杜、注杜的高潮。宋本《杜工部集》刊刻以后，形成“千家注杜”的盛况。杜诗的文学价值和思想、社会意义得到进一步的彰显和发扬。在如此强大的“诗史”传统的影响下，诗家即是史家，史家也充满了诗情。

至明末清初，“诗史互证”已上升到理论高度。“诗”和“史”两条支流在明清鼎革和社会动荡中交汇融合，共同延续着“道不离事”“诗文载道”的文脉。如黄宗羲所言：“是诗之与史，相为表里者也。……以史为纲，以诗为目，而一代之人物，赖以不坠。”（清·黄宗羲：《姚江逸诗序》）不难理解，前文所述中国古代史学领域的“文史不分”、史家与诗人兼具的客观事实，正是基于中国历史上的“诗史”传统而产生的。而陈寅恪、唐长孺等诗性充盈的史家所承袭的也是古代“诗史”传统的余绪。

三

自西学东渐，西方学科体系在中国建立之后，史学逐渐与文学分离，成为西方学科体系中的一大门类。史料的搜集、整理和鉴别成为史学研究的主要内容，西方史学理论成为史学研究的指导思想。史学内部的分科和分门也越来越细，学者们在各自的专业领域“解剖麻雀”，深耕细作。新时代的史学研究虽然也成绩斐然，却也存在着明显的不足。非常突出的问题是史学已经丧失了传统史学的地位。一方面，研究成果不断涌现，汗牛充栋；另一方面，能够形成全社会共鸣，甚至是在文科内部获得共同关注的成果基本没有。一方面，研究者们都声称其研究呼应西方最新史学思潮、以西方前沿史学理论为指导；另一方面能获得国际学界公认、进入国际学术主流的研究成果基本没有。史学专业队伍越来越庞大，却再难有公认的学术大师。业内外人士都或隐或显地意识到，现在的史学研究似乎缺失了什么。

很显然，中国史学的“诗史”传统已经完全被割裂了。中国史学界最大的缺失，也许是诗性的缺失。作为史学研究对象的“人”或人类社会，是比人体更复杂的有机体。面对复杂的有机体，仅仅有科学的思维是不够的。作为新时代的史学研究者，既要有科学的头脑，也须具备一颗真挚的“诗心”。一旦缺失了诗心，史学研究便失去了灵魂。而失去了灵魂的琐碎考证和复古臆想，必然会遭到西方人文和社会科学的优势体系和优越感的排斥和轻视。面对越来越严重的史学危机，青年学者惯常从西方史学理论中寻求出路，近年西方史学理论有很大的进步，许多西方学者越来越重视历史学的人文属性，并日益转向注重人、尊重人、体贴人的维度。一些新的研究领域和研究范式正在兴起。究其要义，这些新的领域和范式越来越向中国古代的“诗史”传统靠近。在此我不免要问：当中国史学研究者极力追随西方史学领域里的这些新范式时，有没有想过从中国古代的史学传统中汲取营养?

历史经验告诉我们，当我们放弃一种文化传统而转向另一种文化传统去寻找相近资源时，其结果通常是沦为另一种文化传统和学术体系的附庸，陷入“东施效颦”的尴尬，并最终遭受被摒弃的命运。最近，有一种中国传统文化无用论的观点非常流行。有研究国际关系的学者撰文指出：“中国历史，特别是公元一八四〇年前的历史，其实是非常乏味的：它只是一部改朝换代的历史，除了董仲舒和王安石的变法之外，基本没有根本性的变革。至少，远不如公元一五〇〇年后的世界历史对我们更为重要。”“某种程度上，权谋术是贯穿整个中国历史的核心主线。”“太沉迷于中国历史，还会让我们从上到下都潜移默化地陶醉于中国历史中最为核心的东西：权谋术。”为此，该作者呼吁，中国历史科普和研究都迫切需要转向。“在科普上，削减中国历史，尤其是中国古代史的分量。与此同时，加强对中国近现代史和世界近现代史的科普。”“在研究上，削减中国历史，尤其是对中国古代史，以及古代思想史的支持(考古史例外)。”因为“许多关于中国古代史的研究几乎毫无现实意义，只是在浪费纳税人的钱”。(唐世平：《许多关于中国研究几乎毫无现实意义，只是在浪费纳税人的钱》)

这些论述整体上充满对中国传统文化的误解，许多言论有些偏激，却也振聋发聩，足以给那些放弃自身传统，一味模仿、追逐西方理论和方法的中国历史研究者们敲响警钟。任何民族的艺术和文化都是依该民族的文化本性来创造和展开的，即如同什么种子长成什么样的大树。表意文字、书法艺术、诗书礼乐之教、“文以载道”、“诗史同源”等方面是中国传统文化的种子孕育出来的枝叶，她们是中华民族文化本性的体现。新文化运动之后，随着“孔家店”的被打倒，中国几千年传承下来的附着于儒家思想体系的优秀文化元素也失去了依怙之体。具有诗性特质的许多优秀文化传统被拦腰截断，高校制度和学科体系也完成了与近代西方的完全接轨。西方学术方法训练出来的现代学人的诗性也日益丧失。过去，诗文是文化圈的“通行证”，一个具有初级功名的生员都能写出精美的书法和工整的诗词。而今，即便做古典文学研究的教授也鲜能吟诗作赋，遑论历史研究者。对近代教育和学术行进道路的这种偏向，一些冷静的学人早有深刻的反思。如著名哲学史家贺麟先生早已指出：“过去国人之研究西洋学术，总是偏于求用而不求体，注重表面，忽视本质，只知留情形下事务，而不知寄意于形上的理则。或则只知分而不知全，提倡此便反对彼。”(贺麟：《文化的体与用》)贺麟先生认为这是一种狭隘的实用的治学态度，因缺乏深厚坚实的根基，必然导致学术研究缺乏独创、不能贯通，最终变得破碎，遭受主流的遗弃。中国历史文化的核心要素被误解为只有“权谋术”；庞大的中国历史研究队伍殚精竭虑做出的研究成果，通常只能在自己的“朋友圈”相互点赞。而一旦跳出这个圈子，在其他学科学者看来“只是在浪费纳税人的钱”。这种尴尬和无奈，不正是新文化运动之后中国传统文化的“正脉”被斩断、片面模仿西洋学术的必然结果吗？

四

中国历史研究者摆脱学术成果平庸化趋势的一条重要出路在于找回“诗心”。“诗心”集人类社会的真、善、美于一身，是人类历史上最珍贵、最尊崇的财富。而“诗心”不是在一夜之间生成的，她仰赖于特定历史和社会环境“温床”的孕育和长养。因此，找回“诗心”必然是跨越几代人的百年工程。大致上，从现在往前推的二三代人可视为与中国文化传统割裂而诗心缺失的基础人群。这几代人历经世道人心的沉浮巨变，心灵杂染了各种道德的、权谋的、暴力的烙印。所谓“文变染乎世情，兴废系于时序”，这二三代人仍健在或正执学界之牛耳者，他们找回“诗心”的重点在于反思和静虑，最好在学术研究上有一个“静默管理期”，在静默中洗涤那些被世情所染的“文变”，让阅尽沧桑的智慧人生重新装上“诗心”的发动机。从现在往后推的二三代人是接续优秀文化传统而养成“诗心”的希望人群。这二三代人可以通过有系统的“诗教”，培养性情、完善人格，从而养成“诗心”。

中国自古以来即通过《诗》教化民众，《诗经》是儒家的五经之首，“诗教”相应地成为儒家引导人们安身立命的法宝。所谓“入其国，其教可知也。其为人也，温柔敦厚，《诗》教也”。(《礼记·经解》)在人类文明已经进入 21 世纪的今天，我们当然不能退回到三纲五常、家长专制的农业社会，更不能把儒家“道统”当作灵丹妙药来拯救现代社会的危机。传统官僚制度和儒家思想中那些反人性的因素必须坚决摒弃。但是，儒家千百年来所讲求和推行的“诗教”是值得大力弘扬的中华优秀文化传统之一，用优美的言辞和音韵节奏让人们在潜移默化中移情易性是“诗教”的优势和特色。在“诗教”中融入与时代脉搏相契合的价值观和世界观，对帮助当代青年学子摆脱信仰危机、精神焦虑，形塑高尚的人格和高雅的审美情趣，从而打开精神生命得以安顿的智慧之门，具有重要的现实意义。同时，

“诗教”也是引导青年学子超越时空，用心灵接近和品味历史的重要教育手段之一。

“中华诗词审美”课程恰好成为当代“诗教”的试验场。这门课虽只是一门探寻中华传统诗词之美，普及诗词知识，并引导开展创作的通识课，但自开设三个学期以来，已显现出“诗教”的魅力。以王新才教授为首的课程团队通过讲授、吟唱、讨论、创作等多种手段进行启发式教学，引导同学们欣赏诗词所蕴含的特质，体会中华传统典籍之美，并鼓励大家进行创作。在珞珈金秋时节，课程团队有时会组织“诗乐美韵分享会”，邀请琴箫、琴歌艺术家或校笛箫协会、古琴学社成员为选修课程的同学带来别开生面的诗乐课。课后，常收到来自不同院系、不同专业学生的诗作或感言。如：有弘毅学堂的同学评价这门课程说：“经历了一天专业课的洗礼，踏着夕阳，走进教室。课上不仅可以学到平仄、押韵、对仗等基础知识，可以创作出属于自己的词句，还可以听到对经典古诗词不同角度、不同层次的解读，甚至能听到古琴和笛箫的演奏。这是一场不拘于课堂的教学，更是一次诗兴的激发，一场美的历程，一次全然不同的诗词与乐律的极致体验。”有经济与管理学院的同学感叹：“当琴声一出，我的思绪很难不被拉回千百年前，伴着诗词，感慨古人的相思与离别，想象他们的喜怒哀乐。”有新闻与传播学院的同学写下深情的留言：“灵心璀璨，诗乐未央。短短两小时的诗乐雅集，却展现出深深的文化底蕴，为繁忙的生活创造了一个雅致的心灵栖息地。我们在古乐中感受到自历史深处传来的余音回响，一脉相承至今。”这样的例子俯拾皆是、不遑枚举。

这些教学成果也令我心生感慨：不借助精密的考古器材，不依赖金石甲骨等出土文献，未经历史学的专业训练，来自不同学科的同学们在“中华诗词审美”的课堂上，穿越千年，与古人对话；超越时空，领略异域风景。这是多么直观的贴近历史的方式，这是多么有趣味的历史教学！也许，这正是历史教育中所缺失的诗教，正是“诗教”对因工具理性藻荇交横而抑郁的心灵的润泽。“诗教”之美，美在音韵，美在意境，美在“诗言志”，美在“思无邪”。当前高校科学化、专业化的历史教育中，若能辅以诗教，无异于给麻木僵冷的心灵插上了诗的翅膀，自然能达致理性与美善相乐，也自然会飞得更高更远。

北大版《中华茶文化概论》教材：由来、编写创新与价值使命

宋时磊
（武汉大学茶文化研究中心、汉语写作研究中心）

改革开放特别是新时代以来，在文化复兴的大背景下，茶叶及其所带来的茶文化生活作为中华文明生动而鲜活的力量，备受各方面重视。2019年，中国推动联合国设立了“国际茶日”，以赞美茶叶对经济、社会和文化的价值；2022年，“中国传统制茶技艺及其相关习俗”，列入联合国教科文组织人类非物质文化遗产代表作名录。怎样讲好中国茶叶故事，成为摆在茶文化界面前的一个时代课题。

各地政府为拉动经济，都在努力打造本土的茶产业，将茶文化视为讲好产业故事的砝码，树立各种“茶祖”“茶圣”，神农、吴理真等虚实莫辨的先祖们“很忙”；茶叶企业也追先述祖，编织了众多美好传说，给自身产品穿上文化的外衣；茶馆、茶艺培训机构等，也在其中大展身手；各类身份的茶叶爱好者，也纷纷投入茶文化的研究，热衷于参加各种茶事活动。① 这极大地促进了茶文化发展和传播，但同时也让茶文化掺杂了太多斑斓的色彩。而各种言说让茶文化有了“高深莫测”或“众说纷纭”的面相，其中不乏错误的理念和谬误的知识，而这些信息通过网络和新媒体等途径进一步流传，又将该问题复杂化。因此，廓清迷雾、正本清源，编辑一部面向综合性高校的理念清晰、知识可靠的教材，从茶文化的教育抓起，成为一项势在必行的紧迫任务。

一、茶文化教材的现状、问题与改进方向

职业学校、在职培训机构、孔子学院、高等学校等不同类型的教育机构开设

① 刘礼堂、吴远之主编：《中华茶文化概论》，北京大学出版社2020年版，第9页。

了茶文化、中国茶文化、茶艺与茶道、中国茶艺等课程。中国农业科学院茶叶研究所、浙江大学、安徽农业大学、湖南农业大学等研究机构和高校，每年都招收一定数量的茶学、茶文化与经济等方向的研究生和本科生，众多职业技术学院和中等专业学校也开设了茶文化或茶学方面的专业。学生的招收和课程的设置，也带动了教材的出版，目前国内与茶文化相关的教材主要有徐晓村主编的《中国茶文化》(北京市高等教育精品教材立项项目，中国农业大学出版社 2005 年版)，王梦石、叶庆主编的《中国茶文化教程》(高等教育出版社 2012 年版)，贾红文、赵艳红主编的《茶文化概论与茶艺实训》(21 世纪高职高专规划教材，清华大学出版社、北京交通大学出版社 2012 年版)，关剑平主编的《茶文化》(高等职业教育农业部“十二五”规划教材，中国农业出版社 2015 年版)，张凌云主编的《中华茶文化》(高等学校专业教材，中国轻工业出版社 2016 年版)，李璐等编著的《茶文化与大学生素养》(高等职业教育旅游类专业系列教材，重庆大学出版社 2017 年版)，王岳飞、徐平主编的《茶文化与茶健康》(旅游教育出版社 2014 年版)，丁以寿主编的《中国茶文化概论》(国家大学生文化素质教育基地系列教材，科学出版社 2018 年版)等。此外，还有一些茶文化的普及性读物或者学术论著，如王玲的《中国茶文化》(中国书店 1992 年版)，陈香白的《中国茶文化》(山西人民出版社 1998 年版)，陈文华编著的《中华茶文化基础知识》(中国农业出版社 1999 年版)，刘晋勤主编的《茶文化学》(中国农业出版社 2000 年版)，王从仁的《中国茶文化》(上海古籍出版社 2001 年版)，姚国坤的《茶文化概论》(浙江摄影出版社 2004 年版)，程启坤、姚国坤、张莉颖的《茶及茶文化二十一讲》(上海文化出版社 2010 年版)，丁以寿、章传政编著的《中华茶文化》(“中华诵·经典诵读行动”之文化常识系列，中华书局 2012 年版)等。

茶文化方面的教材和书籍，不可谓不多。但当前形形色色、类型多样的教材，还存在一些问题。第一，面向综合类院校大学生的教材还十分欠缺。前述教材有很大一部分是面向职业学校的酒店与旅游管理或者是茶学、农学等专业的学生，有一些是面向社会上的普通阅读者。这些类型的教材和著作在普及性和专业性方面做了不少工作，但无法适用于综合类高校学生的特点——综合类学生往往基础较好，视野较为开阔，对教材的知识性需求较弱，更多需要探究性的问题。第二，在高中文理分科的背景下，理工农医等学科的大学生人文素养较为匮乏，文法等专业的学生自然素养也有待提升，而茶文化专业的优势在于以科学为基础且更强调文化的提升，因此综合类高校的学生在选择“茶文化”这门课程时，要求教材兼有这两方面的特性。进一步讲，即便是酒店旅游、茶学或农学专业的学生，在进入本专科阶段后，也不应该以追求更多的知识为目标和旨趣，而更应该从事探究性的学习、批判性的思考，为将来适应复杂的社会实践奠定基础。

经过这些分析，我们发现当前教材需要在三个方面做出改进。一是要求真务实，充分吸收学界关于茶文化研究的最新知识以及形成普遍共识的知识；对于那些存疑的、有争论的知识点，应该持审慎的态度。二是面向综合性院校大学生群体的教材还比较少，茶文化教育不仅仅是茶叶冲泡和茶馆经营的职业教育，不仅仅是茶叶技术和茶叶鉴赏的技能教育，更是茶叶历史和文化的人文素养教育。三是要提升茶文化的学术性和研究性，为学生进一步走上研究道路提供入门和索引。

二、《中华茶文化概论》教材的编写和创新

为了解决上面的这些痛点和问题，武汉大学茶文化研究中心决定编写《中华茶文化概论》的教材。武汉大学茶文化中心主要开展了两方面的工作：一是聚拢全国一流的茶文化专家资源，打造一支高水平的教材编写队伍；二是向武汉大学本科生院申请开设茶文化的通识课。就前者而言，《中华茶文化概论》的编写得到了中国社会科学院历史研究院沈冬梅研究员、江西社会科学院《农业考古》主编施由明研究员、浙江农林大学文法学院关剑平教授、安徽农业大学姜文倩老师等知名茶文化专家，大益茶道院院长吴远之、副院长徐学、李芳等一流业界专家，以及武汉大学茶文化中心刘礼堂教授、宋时磊研究员、高添璧研究员的积极响应，组建了较高水平的编委会。从 2018 年 9 月起，编委会召开会议，讨论教材的框架、章节、体例和内容等；经过紧张的编写和前后三次修改，在 2019 年 6 月底完成教材定稿；2020 年 12 月，该教材由北京大学出版社出版，成为“大学文科基本用书”。另一方面，在武汉大学通识教育中心的支持下，“中华茶文化概论”通识课得以立项，并从 2019 年 9 月起面向全校本科生正式开课。① 截至 2022 年 12 月，该课程已经连续开设 4 年，成为武汉大学本科生的热门“爆款课”。

《中华茶文化概论》教材的编纂，以及作者的遴选和任务分工安排等方面，

① 刘礼堂、吴远之主编：《中华茶文化概论》，北京大学出版社 2020 年版，第 306 页。

在兼顾基础知识的介绍时，主要做了以下三个方面的创新。①

一是以脚注的形式，注出了一些必要的文献和出处。在传统的教材中，这些要素往往被视为累赘，全部去除，仅在最后的参考文献中列明。这当然有利于阅读，显得简洁明快，但学习者无法明晰，正文中哪些是教材编著者的观点，哪些是引自其他学者的观点，包括这些观点是否权威可靠。文献脚注的方式，可以较好地解决该问题。除此之外，如果学生对脚注中的文献有兴趣，那么教材就会成为学生进一步探索茶文化的索引和指南。正是基于这样的考量，教材对于外文的人名或者书名在正文中附上中文名称，但在括号里面用该国语言注明，也方便学习者的检索。君不见我国高校中文专业的“外国文学史”课程和教材，全部使用中文人名和作品名，导致学生后期直接阅读名著原文有很大障碍，需要花费大量时间和精力去查找。

二是课后练习方面设立了全新的模块，这是本教材的一大特色。具体来说，课后练习由三大模块构成。其一，思考论述，主要是根据本章节的主要内容而提出的，帮助学习者更深入地了解所学内容。其二，学术选题，主要是搜集与本章节相关的、有价值、相对前沿的问题，提供相关的背景资料和参考文献，让学生更加自由、自主地探索。这一学习方式是世界主流大学的主要教学方式，提供继续学习的课后练习素材，同时也激发一些有潜力学生的学习能力。这一模块是目前其他教材所不具备的，是本教材的特色。其三，设立社会实践题，茶文化与其他纯精神层面的文化类型不同，它隶属于物质文化的范畴，是我们日常生活中必不可少的一部分，可感、可观、可闻、可品、可识，是一种鲜活、蓬勃的客观存在。因此，我们设置这一模块，激励学生走出课堂，在茶文化的现场感受茶的魅力和生机。

三是教材作者的遴选方面注重学术和实践的结合。本教材最注重的是学术性，要求教材编写者秉持客观、真实、科学的态度；茶文化还有很强的实践性，这就要求需要一定的茶业从业人员参与。为此，本教材实施双主编制度，武汉大学刘礼堂教授负责学术的统筹，确保观点的正确和无误，大益茶道院院长吴远之先生负责茶叶一线问题的把关。在具体参编者方面，也作同样的安排：中国社会科学院历史研究所沈冬梅，江西社会科学院《农业考古》主编施由明，浙江农林

① 刘礼堂、吴远之主编：《中华茶文化概论》，北京大学出版社 2020 年版，第 11～12 页。

大学文法学院关剑平，武汉大学茶文化研究中心宋时磊等，都长期从事茶文化的研究，学术态度严谨，并出版过较为重要的茶文化论著，在学术界有较好口碑；大益茶道院徐学、李芳等人在茶叶行业有长期的从业经验，在茶具、茶馆等方面的研究和实践都颇有心得；高添璧等在茶事艺文等方面也有一定的造诣。另外，本教材坚持非商业性，不为任何公司推广，不为任何个人立传。

三、《中华茶文化概论》承载的价值与使命

通过本教材编写以及基于课程的课堂教学，我们主要希望实现以下三个方面的任务和使命。①

第一，提高大学生的综合素质，为茶文化的进阶研究提供导引。法国启蒙思想家伏尔泰认为“中国的文化源远流长，在人类文明史上占有重要地位”，而中国茶文化更是独树一帜，底蕴深厚。中国茶文化思想博大精深又独具思想形式，既涵括了儒道佛等塑造中国国民性的各主要思想，又不是简单将各派思想相加，而是将各派思想的精华融合、形成一种文化思想形式，通过将中国国民与饮茶有关的行为和文字表达出来，反映中国的国民性。具体而言，中华茶文化蕴含着精行俭德、致清导和、韵高致静、茶禅一味、诚敬以礼等方面的思想。总体而言，茶与追求高尚道德情操紧密融合在一起，这就是我们常说的茶之精神。在大学生中开设中华茶文化通识课很有必要，有利于提升大学生的素质修养和品德修养。学习茶文化，了解体会茶文化的内涵，将其精华运用到学习和生活中，对于提高自身的综合素质有重要的意义。另外，本教材提供的学术选题等，可为进一步从事茶文化研究者提供窥探门径的方法和路径。

第二，促进对茶文化的了解，具备基本的辨识能力。中华茶文化是一种比较系统的文化类型，既涉及茶叶的内涵，如辨别茶类、品鉴香茗、使用茶具等，又涉及茶叶的外延，如茶叶的发展历史、文学艺术等。中国的茶文化，与陶瓷和丝绸文化一道，是中国古代文化的“三大件”。在一定程度上可以说，茶文化是中华文明的核心文化之一。茶文化流传两千年，至今仍与我们的生活密切结合在一起，给我们美好的精神感受。而当今茶及茶文化界较为芜杂，各种说法不一，有

① 刘礼堂、吴远之主编：《中华茶文化概论》，北京大学出版社 2020 年版，第 12～13 页。

一些缺乏基本的常识，有的甚至有不少谬误。市场上古树茶、老茶、野生茶等品类繁多，动辄成千上万的高价茶，显得标准不一、鱼目混珠。学习茶文化课程，在一定程度上可以正本清源，提高辨别能力。

第三，促进茶叶的对外传播，弘扬中华茶文化。在1886年以前，中国是世界第一大茶叶出口国，各国消费的茶叶主要是中国供应的。印度、锡兰(今斯里兰卡)、爪哇(今印度尼西亚的一部分)、日本等新兴产茶国不断崛起，二战以后肯尼亚等非洲国家也成为国际茶叶市场的重要供应者。相比之下，中国茶叶的市场份额，不断受到挤压，在英国、俄罗斯、美国等传统的茶叶市场被抢占殆尽。改革开放以后，中国茶业不断发展，目前已经是全球茶叶种植面积最大的国家——2017年为305.9万公顷；还是茶叶产量最高的国家——2017年产出260.9万吨。但茶叶世界第一大出口国不是中国，而是肯尼亚：2017年该国出口量为41.57万吨，同年中国出口量则为35.53万吨，出口金额为16.14亿美元。按此推算，中国茶叶的出口单价为4.54美元/千克，总体售价并不高。以目前美国市场为例，中国红茶售价为2.04美元/千克，而英国红茶则为5.09美元/千克；绿茶的平均售价每公斤不足10美元，但日本绿茶在2012年接近30美元/千克。英国、日本茶叶之所以有较高售价除了高品质、高要求、优质的好茶外，很重要的原因在于美国人基于文化的原因大量购买。日本茶道在世界范围内独具特色，在美国的许多地点举办茶道仪式和活动，这些仪式的主人和女主人大多是日本人或日本茶道的爱好者。他们在举行仪式时，会使用从日本直接进口的茶叶。① 可见，茶文化对茶叶贸易有重要的拉动作用。我国当前提出的“一带一路”倡议，旨在借用古代丝绸之路的历史符号，推动更多国家和地区开展全方位合作，共克时艰、共创辉煌。在这一国际商业贸易中，中国茶和中国茶文化占有较大比重。我国清代文人王之春在《自强切要书》中写道：“查出口货物，以丝茶为大宗。”② 故茶文化传播将成为国与国之间、民与民之间交流的桥梁和纽带。

四、结语

这部教材出版后，得到了学术界的关注。中国社会科学院中国历史研究院研

① Kennedy Evan: *Trends in U. S. Tea Imports: 1991-2015.* Honors Teses, 2017.

② 王之春：《王之春集》第2册，岳麓书社2010年版，第839页。

究员周溯源认为："该书把一个人们日常所用的平凡之物'茶'，写得栩栩如生，多姿多彩，有滋有味，妙不可言，仿佛能从书中闻到茶香，尝到甘甜，醒目提神，乃至爱茶之情油然倍增，观茶眼界随之扩大……"①江西社会科学院研究员、《农业考古》主编施由明认为，与此前的中国茶文化教材相比，这部教材有着"新、深、通三大特点"，故而这部教材开拓了中国茶文化教学新境界。② 陆军工程大学教授、著名茶史专家陶德臣认为，"该书特点鲜明，育人思路清晰，教材内容充实。在编写上，该书通过增加脚注、遴选作者等方式，体现出三大创新；在育人上，体现出提高综合素质、促进了解茶文化等两大目的；在内容上，具备内容丰富、阐述权威等两大特点。与国内同类教材相比，该书知识丰富，特点鲜明，针对性强，具有较好的学习价值"③。河北开放大学柳颖也基于"一带一路"的背景，阐发了《中华茶文化概论》教材的出版意义。④

学者和学界的评价只是一个方面，教材更主要的是要面向学生。从 2021 年开始，《中华茶文化概论》已经投入课堂教学使用，笔者将另外专门论述学生适用和评价教材的情况。当然，教材只是一个导引，让初学者有所入门。更重要的是，以此为基础，在课堂外继续钻研、修行，反复探索和实践。只要每一个茶文化者不断继承学习、丰富创新我们的茶文化，中华的茶文化才能更加摇曳多姿、绚烂多彩。每个个体的共同努力，方能驱动茶文化的不断前行。在这方面，武汉大学茶文化研究中心将本着初心和使命，不断推动中华茶文化发展的一批又一批"后浪"，鼓励引导越来越多的青年人参与、体验和传播茶文化，这才是中华茶文化发扬光大的生动图景。

（本文部分内容选自《中华茶文化概论》宋时磊执笔部分）

① 周溯源：《底蕴丰厚、韵味绵长的中华茶文化——〈中华茶文化概论〉评介》，《社会科学动态》2022 年第 1 期。

② 由民（施由明）：《开拓中国茶文化教学新境界——〈中华茶文化概论〉简评》，《农业考古》2021 年第 5 期。

③ 陶德臣：《茶文化教材与大学通识教育——以〈中华茶文化概论〉为例》，《广西职业技术学院学报》2021 年第 4 期。

④ 柳颖：《"一带一路"建设背景下中华茶文化的传播与发展——评〈中华茶文化概论〉》，《中国油脂》2022 年第 4 期。

研讨式课堂教学实践及教学质量提升路径探究

陆晗昱
（武汉大学本科生院）

一、引言

立德树人是高等教育的根本任务和时代使命，高校的教育目的是培养学生成人、成才，使大学生成长为明大德、守公德、严私德，强本领、守根基、有格局的社会主义建设者和接班人。为全方位育人"成人"、完善学生的知识结构，增强学生对中国古代传统文化和世界文明瑰宝的广泛涉猎和更加深入的理解，各高校均在通识教育领域进行着各项研究、探索和改革，部分综合性大学具有学科门类齐全、教育资源丰富的优势，在实施通识教育改革与建设的过程中，着力于打破学科壁垒，提升学生跨学科学习的能力和素养，建立了全新的通识教育体系。以武汉大学为例，学校于2018年全面启动"武汉大学通识教育3.0"建设计划，确定建设"人文社科经典导引""自然科学经典导引"两门基础通识课程，并在同年新修订的本科人才培养方案中，将其作为必修性质的课程纳入各专业的培养计划中。2018级本科新生在接到入学通知书时即收到两门基础通识课程教材，入学后便开始两门基础通识课程的学习。

武汉大学"人文社科经典导引""自然科学经典导引"两门通识必修课程贯通古今、交汇中西、文理兼容，是通识教育改革中对育人成人教育理念的重要实践。为推进课堂教学革命，培养和激发学生学习兴趣，提高学生学习过程中的独立思考与批判思维能力，这两门通识基础课推行"大班授课、小班研讨"教学模式。课程共32学时，大班授课16学时，小班研讨16学时，授课与研讨间周进行，每周2个学时。为此，每门基础通识课都组建了课程主讲团队，主讲教师来自人文、社科学部各个学院、各个专业，他们集体备课，在共同教学理念的指导下，共商教学设计与方法，共享教学资源，共同讨论、互相启发、梳理教学重点、诊断学习难点、构建教学框架、撰写教学方案。

为深化学生对大班教学内容的理解和运用，课程设立小班研讨课，在每次大班教学后的第二周进行，多样化的小班课堂研讨形式和广阔的研讨主题给帮助学生研讨的教师提出了较高的教学要求：如何能使学生真正地阅读、理解和思考原典的内容，并在此基础上，有效地分析各种现实和相关问题，从而使学生全面、系统地提升分析问题、解决问题和演讲、答辩等多方面能力的水平，含蕴博雅理念于学生思想和身体力行之中，是小班授课教师的引导重点和难点。以“人文社科经典导引”课程小班教师的教学实践为例，可探讨和分析提升小班研讨课堂教学质量的思路和有效路径。

二、研讨式课堂教学准备与课前组织工作

1. 研讨课教师的教学准备工作

第一，聆听大班授课、增强对讲授经典文本的学习、研究和思考。“人文社科经典导引”课程内容涵盖文学、历史学、哲学、社会学、经济学、法学等人文社科诸领域，虽然课程性质决定了教学内容的通识性，然而小班教师大多只对部分领域内容有所研究或部分涉猎，如果不认真学习和思考课程涉及领域的内容和研究状况，则难以引导和评价学生在研讨课上的展示和答辩内容。因此，聆听大班教师的授课内容并对每部讲授经典的文本展开深入阅读和研究是十分必要的，这项准备工作是研讨课程顺利开展的重要前提，是教师将科研能力融入教学实践的体现。研讨课教师通过随堂听大班课程的讲授，尽可能充分地理解和掌握每一次课堂教学的内容，深化对“仁性、天性、悟性、使命、博雅、爱恨、历史、生命、审美、自由、理性、正义”等12个教学主题的体悟。作为大班授课内容的深化者和延展者，小班研讨课教师才能更好地阐释和引导学生们提出的各种具体问题，与之展开更深层次的思想交流。

第二，参加对研讨课教师的培训。为使研讨课教师明确认知基础通识课程课堂教学定位和教育理念，提升其导引研讨的能力，武汉大学教师教学发展中心每学期初定期组织研讨课教师培训，开设“大班授课，小班研讨”教学观摩课，并定期举办与经典导引课相关的学术讲座。研讨课教师在参与一系列培训、讲座和

随堂听讲的过程中，逐步加深对经典知识的理解层次，增强运用经典作品思维方式方法分析问题的能力，提升引导学生学习、展示和思辨的教学水平。

2. 研讨课教学的组织架构与分数设置

(1)研讨式课堂教学组织架构设置，包括学生分组和组员分工内容。一般来说，大班授课的班级学生数为百人以上，而小班研讨课班级的学生数为20~30人。由于学生并非实体性建制的班级群体，需要在虚拟网络中将小班研讨课的学生设置为“群体”，从而发布教学通知、实施教学安排、开展线上交流。所以，在第一堂研讨课到来之前，小班教师需要组建本班线上交流研讨群，将本班学生加入群中，并把学生分为若干小组；25人左右的班级，通常分为4组，即5~6人一组，可保证2学时研讨课上学生有充分的时间进行展示、质询和答辩。分组后，固定各小组组员，选出组长；各小组可根据自身需求，组建小组线上交流群，或安排线下讨论。每次研讨课前，小组长们负责组织本组成员选题、认领分工。研讨课分工包括制作PPT、展示汇报本组观点、管理时间(确保本组在规定时间内进行展示和答辩)、记录质询提问和答辩情况、撰写研讨报告等。

(2)课程分数设置与评分。武汉大学通识必修课“人文社科经典导引”的成绩构成是：小班研讨课堂分占40%，结课论文分占30%，课前测试分占20%，大班课堂表现分占10%，其中小班研讨和结课论文分数由小班教师打出，课堂研讨的评分基于小组展示情况、小组内分工有序性、质询答辩期间发言活跃度、回答问题的思辨性与语言表达水平等表现打出；结课论文分数是对学生在期末考试中撰写的结课论文的评分；课前测试分数是“学习通”系统自动评判学生答题情况；大班课堂分数主要依据学生考勤、课堂回答问题等情况。总体而言，研讨课教师拥有该门课的主要打分权。

每堂研讨课上，教师都要对课堂上学生的展示和小组间的质询答辩进行堂评，并记录、总结学生研讨过程中遇到的问题和研讨内容、方式等课堂表现，撰写授课心得。

三、研讨式课堂教学的开展

1. 研讨题目设置及“定制型”题目的特点

“人文社科经典导引”课程的大班授课教师负责在课堂上围绕讲授主题导读

经典，传授学生相关知识，启发学生思考相关问题。研讨课教师则负责引导学生延展阅读、深入领会，并学以致用。对研讨课而言，设置恰当、有吸引力的研讨题是获得良好授课效果与学习效果的关键一环。

研讨题目的来源主要有四：一是课程教材中每部经典导读内容后的思考题目；二是通识教育中心课程组设计的研讨题目库，每部经典含 10~20 个论题；三是大班授课教师或小班研讨课教师基于对经典的研究与思考、对现实具体问题的观察与理解和对学生专业特质的把握而设计的“定制型”研讨题；四是学生自主设计的题目。这四种来源可搭配运用，每次研讨课设计 2~3 道题目，供学生自主选择。实际的研讨课堂上更多采用的是第三类，即教师自主设计题目的方式，也有与题库题目相融合而产生的研讨题。无论采用哪种方式设计的研讨题目都力求既体现经典性、现实性，又融合教学对象的专业性，即为不同专业学生定制题目。

“定制型”题目主要有三个方面特点，第一，将经典内容与社会现实问题紧密结合。“人文社科经典导引”课程的授课内容和教学目的关怀人类生存处境和生活、处世理念，与现实生活中的各种问题息息相关，基于此展开的社会、人文观察和分析对不同专业学生的学习与研究都有深远、重要的促进作用。如我国抗击疫情期间，社会上诸多热点话题都属于人文社会学科领域的研究对象，教师可引导学生观察社会、运用经典作品中蕴含的理念与思维方法分析社会现象，并有责任以我们党和国家抗击疫情的伟大斗争为抓手，深入引领学生塑造正确的人生观、世界观和价值观，将育人、成人的理念蕴于研讨课教学之中。

第二，题目设置与教学对象专业背景有机相关。在题目设置过程中，往往寓经典以独特的视阈，以具有专业特性的题目激发学生发挥所长、深入论辩，展现经典多角度、多层次的诠释性。例如教学对象为医学专业学生时，教师在席勒所著的《审美教育书简》研讨课上，设计了“举例谈谈医学中的审美现象，或者审美与医学的关系”的研讨题；在对亚当·斯密所著的《国富论》研讨课上设计了“所谓的群体防疫是一种理性的选择吗，是否属于亚当·斯密《国富论》中所谓的理性选择?”“在公共医疗卫生领域是‘看不见的手’重要，还是政府‘看得见的手’更重要?”等与医学生学习内容相关的题目。再如教学对象为生命科学学院本科生时，教师在孟德斯鸠《论法的精神》研讨课上，设计了“根据孟德斯鸠的论述和你所学习、研究的情况，试着比较植物、动物和人类在感官、知识等方面的不同”，这样的设置既密切联系时事，又兼顾学生学科特点，使学生在研讨课上有着相对顺畅的思路和更为强烈的表达意愿。

第三，研讨形式灵活，与经典文本的内容契合度较高。“定制型”题目通常可采用多种研讨模式，如学术展示式、学术辩论式、舞台表演式等，形式多样而灵活。这种灵活性有利于拓宽学生阅读经典的视角，挖掘理解文本内容的更多维度，与教学主题有着有效的呼应与契合性。如在《史记》与“使命”主题、《红楼梦》与“爱恨”主题的研讨课中，设置剧本创作式与舞台表演式的题目，有利于学生发挥想象力、展现创作水平、提升学生研讨兴趣；而对哲思性较强的经典的研讨则更主要采用学术展示式或辩论式，使学生在论辩中碰撞思想，磨炼思维的条理性与逻辑性。

2. 研讨流程与模式

(1)研讨流程。

研讨课流程分为阅读经典文本、搜集整理与研讨主题相关的文献资料、小组内开展讨论并形成小组主要观点、根据研讨方式的要求准备展示内容(如 PPT 演示、舞台话剧等)、课上展示和质询答辩等环节。其中，除课上展示和质询答辩外的其他环节一般都在研讨课前进行，在此期间，研讨课教师不能完全任学生自行讨论，而可抽听小组讨论过程，适当参与和引导，如查找相关资料提供学生参考，关注各小组研讨进度，设定每次研讨课前倒数第二天提交小组成员个人观点(300 字左右)和小组 PPT 展示材料，随时回答学生在研讨群中提出的问题，并根据 PPT 的完成情况给出修改与研讨建议，等等。

研讨课堂主要分为两个阶段：展示阶段与质询答辩阶段，即首先展示小组主要观点，然后展示组与其他小组的同学进行质询与答辩。展示顺序可依题目序号或抽签等方式确定，每组展示后该组成员全部走上讲台、站成一排，共同接受场下其他小组学生的提问、质询，研讨同一主题的小组可对彼此进行主要质询，也可规定后一发言组主要提问前一组。

(2)研讨模式。

小班研讨课以调动学生研讨兴趣和提升研讨水平为目标，为此《人文社科经典导引》课程组设计了多种课堂展示方式，如学术报告式、学术辩论式、舞台展示式、案例分析式等，如《红楼梦》研讨课上，研讨题“请你用短剧表演的形式，设计红楼诸钗中的若干人物独白或交流心语”所采用的研讨模式即是舞台表演式，课程意图以灵活多样的形式提供学生广阔的自我展示平台，发展学生语言表达能力、心理适应能力，锻炼其制作展示内容、创作剧本等多方面人文素养。对研讨模式的选择有教师规定、小组自选两种方式，有时，题目本身即规定了研讨模式，有时小组经讨论可选择适合本组研讨题目的展示方式，所以一堂研讨课上各组展示方式可能是彼此不同的、多样的。质询答辩环节则较为固定地体现为组与组之间的质询论辩，或选择小组代表彼此询问、回答，或提问和回答问题的人员随机产生、随机发言。

研讨模式各有特点和要求：学术报告式为最常采用的研讨课模式之一，课前一周内小组成员间开展讨论并完成 PPT 制作；选定小组代表在研讨课上进行 PPT 展示；展示结束后各组间质询、答辩。通常每 2 个小组共 1 个研讨题目，小组展示结束后同论题小组互相质询，彼此论辩；教师最后做总结发言，评价各组展示情况。案例分析式的流程与之相近，只是研讨题目是案例，需分析案例内容，并基于其展开研讨、展示和质询答辩。

学术辩论式是学生参与度较高的研讨方式，通常每 2 组共一个辩题，分为正方、反方和点评方(4 个小组各派代表)，他们在课前做好准备，课上按照辩论规则对论题展开辩论，点评组最后发表点评报告。学生自主组织辩论、自主评价有利于激发其洞察力，拓宽其分析问题的视角，增强对事物的判断与评价能力。

舞台展示式有话剧(历史剧、现代剧)、广播剧、三句半等多种表现形式，学生们根据研讨主题自主创作、自行表演。这种研讨模式具有活泼性和表现力强的特点，深受学生喜爱。有的学生热爱创作、喜爱表演，他们在此模式下往往大展才华；有的学生第一次创作剧本、表演人物，也发现了个中新的天地和隽永趣味。

四、研讨式课堂教学质量提升路径

1. 教师熟稔教学目的、有效指导研讨、具体而明确地评价学生展示情况

研讨课堂上，教师不是简单串联学生展示和答辩的主持人，而是承担着集主持课堂、话题引导、激发学生积极性、观察记录学生研讨表现和评价其展示优劣与特点等诸多职责的主体。研讨课教师需要敏锐地感受学生对所探讨问题的兴趣度，洞察发言活跃的学生与较少发言学生的表现情况，评估发言不积极的原因，并有针对性地改进课堂教学。课堂发言少虽不意味着学生的思考不深入，结课论

文还显示一些并不踊跃发表观点、陈述想法的学生也有着很好的分析能力和写作水平，然而小班研讨的教学目的就是通过研讨的组织和实现过程激发学生阐述思想、提升语言表达能力和锻炼逻辑思维能力，使学生间在思维火花的碰撞中获得对经典作品更深刻的领悟与理解，体会运用经典中蕴含的人类文明优秀成果多角度、深入分析问题的思维方式与方法，从而激发学生更加浓厚的学习兴趣，提升学生自主学习人文社科经典作品的能力。所以研讨课教师要做到心中明确经典主旨与教学目的、指导研讨有效、评价研讨得法，努力使学生在自主学习和研究经典中获得收获，提升学生课堂交流频率，让更多学生沉浸式思考、高质量发言。

2. 提升教学技能，融信息化教育教学技术于研讨课堂教学之中

新颖的教学技能会调动课堂上学生们的研讨热情，教师通过各种途径学习和掌握教学技能，对增强研讨式课堂教学效果有重要作用。如在“人文社科经典导读”研讨课上可设置如下环节：教师准备 6~8 个研讨性较强、与经典文本紧密联系的题目(非课前布置研讨题)纸条，学生在课堂上起立、自寻组员、随机成组，3~4 人一组、讨论纸条题目 5~10 分钟，每组选择代表汇报本组观点。本环节用时约 20 分钟，因学生们对题目和随机组员的新奇感而有破冰之效。

信息化教育教学技术也对研讨式教学有着特别的促进作用。2020 年疫情防控期间教育部及时做出了延期开学的决定，并立即启动了“停课不停学”工作，这场大规模在线教育实验对运用信息化手段推进教育教学方式改革具有革命性意义。在此期间，“互联网+”教育教学信息化技术的广泛应用和日渐成熟的线上教学资源与平台的建设，增加了教师与学生开展研讨课的新体验，给予课堂教学信息化新思路，应运而生了一些研讨新模式，补充了实体课堂的不足。这对研讨课教师而言既是机遇又是挑战，因研讨式课堂是沟通与交流的课堂，对信息化技术的教学手段有着天然的运用优势，所以教师应勤思考、多应用，运用新的教育技术使课堂呈现更多可能性与吸引力。

3. 加强自我素养，研究教育教学理论与方法

研讨课教师在课堂上扮演的是一个引导者的角色，教师和学生一样，都是经典作品的读者，教师要深入阅读每部经典并搜索相关研究文献，通过真正的文本阅读和梳理相关研究情况，对经典有基础而全面的掌握，从而实现引导学生阅读和思考的教学目的。作为网络原住民的学生，擅长综合一切信息化社会带给他们

的数据与资讯，并借以阐发他们对经典的认知和对各种具象或抽象问题的看法。教师与学生之间应形成良性交流的课堂关系。这意味着教师要营造平等、尊重、交流、共享与和谐的课堂氛围。

教师还要针对课堂状况研究教学对策，如学生发言不积极、提问不踊跃，就要了解学生是否认真阅读教材节选文本，是否缺乏参考文献等。有的学生不在课前阅读教材，笔者对此曾采取如下对策，在研讨课结束、大班课授课前的一周内，每日在学生群中带领学生阅读教材，平均阅读页数，分散学生阅读压力，并在每日的阅读后提出有助于文本理解的思考题，让同学们在 QQ 群等网络平台交流阅读感想、发表相关观点。对于专业学习压力相对较大、学习任务较重的非人文社科专业学生，这种建立打卡阅读、分散阅读任务的方式，是增强学生学习兴趣和提升质询答辩积极性的有效方法。

与此同时，研讨课教师要增强与学生的沟通，适时请学生反馈学习效果和对课堂研讨的建议，不时改进教学安排与教学方法。

五、小结

总而言之，研讨课是“人文社科经典导引”等通识课、必修课的重要组成部分，研讨课教师应深化学习和研究课堂教学相关内容，在教学实践中不断优化教学流程，熟练运用课堂教学展示模式，加强教育教学技术的学习和开展融入课堂的实践，研究教育教学方法，重视对课堂节奏和学生学习效果的关注与反馈，尽力提升课堂教学质量与学生学习效果，把影响学生学习效果的“最后一公里”打通、点亮。

博士生对导师指导满意吗？

——基于 Nature 全球博士生调查①

徐冶琼

（北京航空航天大学马克思主义学院）

一、引言

导师队伍建设是研究生教育的基础性工程，也是决定研究生教育质量的关键要素。自 2018 年教育部印发《关于全面落实研究生导师立德树人职责的意见》以来，研究生导师队伍建设尤为突出“高线”和“红线”，即强调研究生导师的思想引领使命，划定“师德失范”等禁区，并取得一定成效。2020 年，教育部、国家发展改革委、财政部《关于加快新时代研究生教育改革发展的意见》（以下简称《意见》）指出要“强化导师岗位管理，全面落实育人职责”；同时教育部将“导师指导能力提升行动”列为落实《意见》的十大专项行动之一。在我国由研究生教育大国向强国迈进过程中，如何规范研究生导师指导行为、保障研究生导师指导投入、提升研究生导师指导水平是将导师育人职责进一步深化、细化、实化须解决的问题。

对导师指导满意度的研究，是国内外研究生教育领域关注的重要问题。如在国家层面，英国、澳大利亚每年所开展的研究生科研体验调查，专门针对导师指导的及时性、有效性进行深入调查分析。② 一些世界一流大学往往自行组织本校范围内的博士生离校调查，对导师指导、研究氛围等培养过程进行回溯性评价。③ 许多学

---

① 本文系教育部人文社会科学研究专项任务项目（高校思想政治工作）“新时代研究生导师立德树人职责内涵及落实机制研究”（18JDSZ1002）的研究成果。

② 袁本涛、王传毅、赵琳：《解码研究生科研体验调查：基于澳、英的比较分析》，《现代大学教育》2015 年第 3 期。

③ 杨佳乐、高耀、沈文钦等：《国外博士生调查主要调查什么？——基于美、英、澳、日四国问卷的比较分析》，《研究生教育研究》2017 年第 6 期。

者从不同视角对导师指导情况进行了深入研究，如，宋晓平从博士生视角对适宜的导师指导方式进行了深入分析，发现导师与博士生互动关系处于“高度合作+一定程度强势指导”和“高度合作+一定程度尊重学生观点和意见”时，更有利于博士生科研能力、创新能力的培养，有利于推进博士生的科研和学位论文进展。① 吴东姣发现，导师指导中的“师生互动关系，生生学术共同体和博士生主动性对博士生创新能力都有显著的正向作用”②。赵磊磊发现，导师指导过程中，情绪性支持对工具性支持具有直接的正向影响效应；工具性支持对学术能力具有直接的正向影响效应③。这些研究或呈现现状，或聚焦功能，为全面把握导师指导这一内涵丰富的行为提供了支持。

学术界对导师指导内容有不同层次的划分。徐岚认为，国内强调的“育人”与国外表述较多的“博士生社会化”是相通的，即“导师如何通过立德树人来发挥对博士生社会化的作用”，在指导内容上“博士生指导需要同时兼顾促进专业知识发展和对人的关心这两个维度”④。姚琳琳梳理美国 10 所研究型高校导师指导职责条款后把导师指导内容分为 7 类：“提供综合有效的指导及建议、给予客观公正的评价及反馈、培养研究生学术诚信并促其专业发展、关注研究生实验安全、尊重鼓励研究生、提供经济支持和职业发展支持”⑤。Jones 量化梳理了 1971—2012 年的 995 篇关于博士生研究的论文提炼出了 6 个中心主题，按照占比由高至低依次为：博士生课程设计(29%)、博士生体验(26%)、导生关系(15%)、写作和研究(14%)、就业与职业(13%)、教学(3%)⑥。

基于此，本文试图构建一个更为全面系统的、测度导师指导的指标体系，并以此对比高等教育发达国家。我国研究生导师指导现状如何？哪些方面接近发达

① 宋晓平、梅红：《博士生培养过程中师生互动关系研究——基于博士研究生的视角》，《中国高教研究》2012 年第 8 期。

② 吴东姣、马永红、杨雨萌：《学术互动氛围对博士生创新能力的影响研究——师生互动关系和生生学术共同体的角色重思》，《学位与研究生教育》2019 年第 10 期。

③ 赵磊磊、姜蓓佳：《导师支持对学术型博士生学术适应的影响——基于江浙沪皖 16 所高校的调查研究》，《中国高教研究》2020 年第 8 期。

④ 徐岚：《从导师指导过程看立德树人对博士生社会化的作用》，《学位与研究生教育》2020 年第 5 期。

⑤ 姚琳琳：《美国研究生导师的指导职责、伦理规范及启示》，《学位与研究生教育》2019 年第 9 期。

⑥ Jones M：Issues In Doctoral Studies-Forty Years of Journal Discussion：Where Have We Been And Where Are We Going?. *International Journal of Doctoral Studies*, 2013(8)：83-104.

国家水平？哪些方面亟须改进？为回答这些问题，本文围绕博士生培养过程，聚焦导师指导内容，从博士生视角进行分析。通过研究导师指导行动的具体问题来探析导师育人职责的现状及其与发达国家的对比情况，这将有助于回归育人本位，为提高研究生导师指导实效，推动落实研究生导师立德树人职责提供支撑。

二、研究设计

(一)数据来源

本研究数据来自 2019 年 Nature 全球博士生调查。为确保调查所涵盖的主题具有相关性并与毕业生产生共鸣，自然团队进行了包含 10 次访谈在内的探索性定性阶段。除英语外，该调查还翻译设置了汉语、葡萄牙语、西班牙语和法语版本，以增加样本代表性。该调查共回收样本 14260 份，并对数据缺失或答复质量较差的样本进行了剔除，最终获得有效样本 6320 份。

(二)分析框架

教育部《关于全面落实研究生导师立德树人职责的意见》提出了研究生导师的七大职责："提升研究生思想政治素质""培养研究生学术创新能力""培养研究生实践创新能力""增强研究生社会责任感""指导研究生恪守职业道德规范""优化研究生培养条件""注重对研究生人文关怀"。博士生教育作为国民教育的顶端，承担着瞄准研究前沿创新创造的责任。本文认为，博士生培养核心在"研"，即在科学研究中引导博士生树立服务国家需求的价值取向，通过选题、资料搜集、研究设计与实施、研究成果撰写与展示等各环节训练科研能力，并帮助博士生形成理性平和心态、做好职业准备等。同时，从全球博士生教育改革趋势来看，博士生培养正经历"从独立培养到团队指导""从导师主导到多方参与"①的变革，导师主导下的培养条件支持亦是辅助导师直接指导的要素。因此，本文将博士生导师指导内容划分为学术指导、培养条件支持、人文关怀、导生关系四大维度进行国际比较，并形成测量指标如表 1。

① 王传毅、赵世奎：《21 世纪全球博士教育改革的八大趋势》，《教育研究》2017 年第 2 期。

表1　测量指标

导师指导内容	基于学生体验的测量维度
学术指导	1. 每周与导师一对一沟通时长
	2. 每周工作时长
	3. 对在研究中得到导师指导的满意度
	4. 对在研究中得到其他导师指导的满意度
培养条件支持	1. 对合作机会满意度
	2. 对出版发表满意度
	3. 对参与学术会议机会满意度
	4. 对参加会议报告机会满意度
	5. 对资金支持满意度
人文关怀	1. 职业决策时是否参考导师意见
	2. 与导师讨论职业发展
	3. 对导师及时给予心理支持的满意度
导生关系	1. 对导生总体关系满意度
	2. 若重新选择，是否会更换导师

三、数据分析

本文选取了2019年Nature全球博士生调查里美国、德国、英国、法国、澳大利亚、日本、韩国这七个高等教育发达国家的样本与中国样本进行比较。

（一）学术指导

有学者认为“当学生进入高年级，当学习场所从教室转到实验室、图书馆和办公室，师生关系变成为更单独更私人性时，教师的职责也从教学相应地转变为指导”①。考察导师对博士生的学术指导涉及指导内容、指导效果等维度，但指

① ［美］唐纳德·肯尼迪著，阎凤桥等译：《学术责任》，新华出版社2002年版，第119页。

导时间和指导频次也是重要且可量化的维度。有学者研究发现，“博士生并没有因为导师指导时间的长短改变其教育经历的满意度”，“但导师指导频率对于博士生满意度具有显著的正向作用”①。这在一定程度上说明导师及时、有针对性的指导更能为博士生指点迷津。但从实际来看，博士生与导师单独交流机会非常有限。调研对象中，仅韩国、法国、美国博士生有超过50%的人平均每周能与导师一对一交流1小时以上，55.9%的中国博士生平均每周与导师一对一交流不足1小时(见图1)。

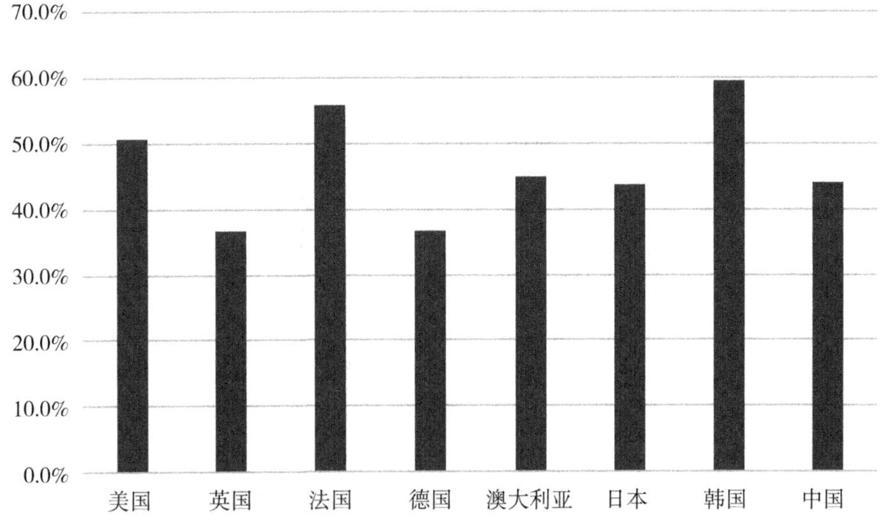

图1　博士生平均每周与导师一对一交流1小时以上比例

从博士生在导师指导下的实际投入工作时长看，研究显示，每周工作时间超过40小时的博士生占比方面，德国、美国、法国接近80%，英国、日本、韩国、澳大利亚为63%~69%，中国博士生相应比例仅43.0%。进一步分析发现，中国博士生工作时间呈现两极分化，17.6%的博士生每周工作时间超过70小时，但有23.9%的博士生每周工作时间不足11小时。这既与博士生学科差异有一定关联，同时也反映出我国少部分博士生处于“放羊”状态或“导而不学”状态。

① 宇昕：《导师指导对博士生教育经历满意度的影响研究》，《学位与研究生教育》2020年第8期。

43.5%的中国博士生对研究中导师指导满意。经取均值，中国博士生对研究中导师指导的满意度最低，为4.1。八国被调研博士生满意度平均值为4.4，其中，美国博士生对导师学术指导的满意度最高，均值4.7，满意比例达63.7%。目前世界各国研究生指导主要有单一导师、双导师、导师委员会三种主要形式。由于各导师学术专长不同，除本导师指导外，其他导师的指导能帮助博士生开阔视野等。数据显示，中国博士生对研究中获得其他导师指导的满意度均值为3.9，低于除日本外的其他六国(见图2)。

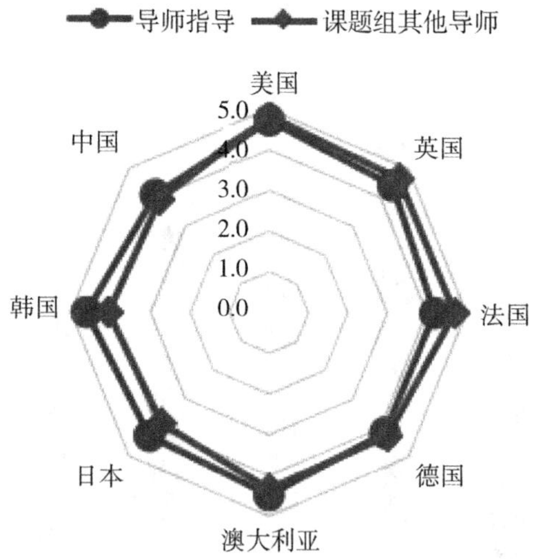

图2　博士生对研究中导师指导、课题组其他导师指导满意度

(二)培养条件支持

导师为博士生培养提供良好条件，支持博士生发表成果、开展学术交流等对于提高博士生质量至关重要。研究显示，在合作机会、出版发表、资金支持、参与学术会议、做会议报告方面，中国博士生对出版发表的满意度略高于高等教育发达国家，在合作机会和资金支持上与高等教育发达国家较为接近，在参与学术会议机会满意度和会议报告满意度上与上述国家仍有明显差距。具体为，按照满意度1—7逐渐增强，美国、英国、法国、德国、澳大利亚博士生对参与学术会议机会满意度均值均大于5，中国博士生对此项满意度最低，均值为4.3。同样，中国博士生对参加会议报告的满意度也在对比八国中处于最低，均值为4.2(见

图 3）。闵韡对全国 35 所高校研究生院理工科博士生进行科研支持调研得出与此相似结论，“理工科博士生科研支持情况整体良好”，但“博士生在学术交流机会、管理认同和整体科研支持满意度上的评分相对其他指标较低，没有给予肯定回答者均达到或超过了 30%”①。

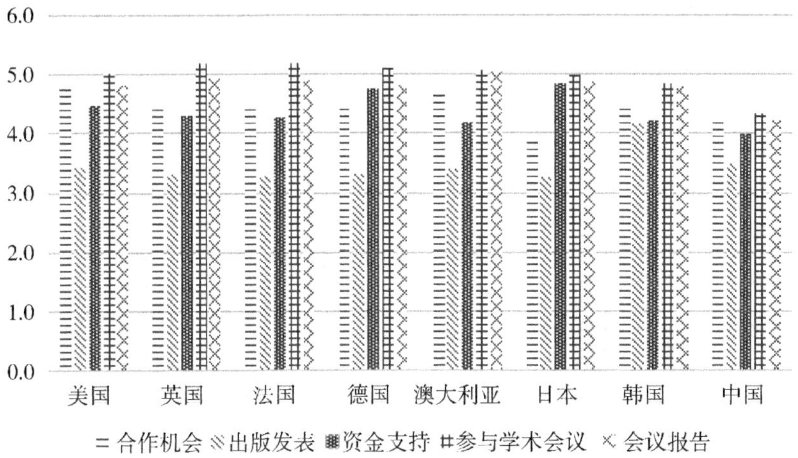

图 3　博士生对合作机会、出版发表、资金支持、参与学术会议、会议报告机会满意度

（三）人文关怀

Lee 研究发现，导师对学生的情感支持影响学术指导效果。② 冯蓉等发现“28.6%的受访博士表示，当科研项目与其研究论文缺乏关联导致自身论文工作时间得不到保障时，会产生焦虑情绪”，“毕业因素被多数受访博士生评价为‘引发自己焦虑心理的最主要因素’”，毕业因素“集中表现在毕业条件、科研任务和导师指导”，同时“认知因素”“婚恋因素”“就业因素”也是使博士生陷于焦虑的主要因素。③ 宋晓东等研究发现“对比硕士生和博士生，最为有效的缓解压力对策分别是向辅

① 闵韡：《我国理工科博士生科研支持现状与问题分析》，《中国高教研究》2018 年第 2 期。

② Lee A：How Are Doctoral Students Supervised? Concepts of Doctoral Research Supervision. *Studies in Higher Education*, 2008, 33(3)：267-281.

③ 冯蓉、张彦通：《基于扎根理论的在校博士生焦虑心理影响因素研究》，《研究生教育研究》2017 年第 3 期。

导员倾诉和向导师倾诉”①。当博士生处于心理状态低谷时，导师能敏锐察觉并给予及时支持，这对于博士生缓解心理危机会有很大帮助。数据显示，在心理支持方面，29.1%的中国博士生认为在需要的时候导师能够有意识地提供及时支持，38.8%的博士生表示导师并没有给予及时的心理支持，30.5%的博士生持模糊态度，另外1.6%的博士生表示不便回答。而日本、韩国和澳大利亚博士生认为导师有较好心理支持意识的比例相对较高，但也仅在40%左右(见图4)。可见，博士生的高度心理压力与导师的低支持度形成了较大反差。

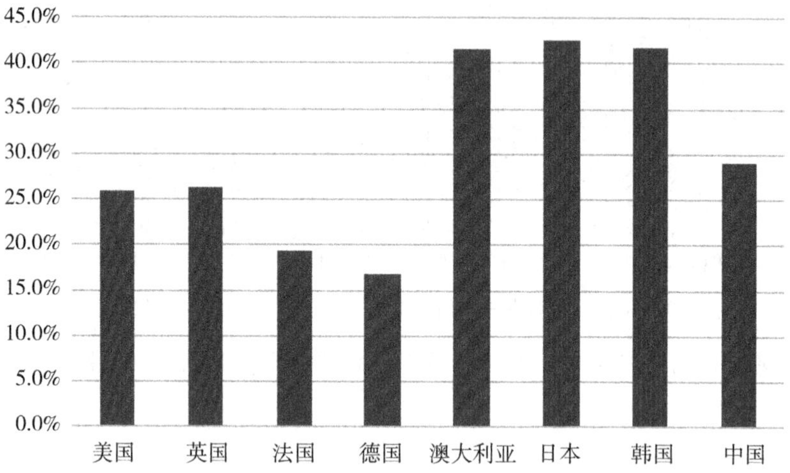

图4　对导师及时给予心理支持的满意度

职业指导方面，博士生导师常常也是带领博士生走向科研工作岗位的“领门人”。Becher认为，导师是促进博士生专业社会化(professional socialization in order to become a researcher)的桥梁。② 65.2%的美国博士生和超过50%的澳大利亚和韩国博士生会和导师讨论职业发展问题，中国博士生只有36.9%的人会和导师谈论此话题，但有29.5%博士生在做职业决策时会通过“观察导师”这一方式

① 宋晓东、黄婷婷、景怡：《研究生心理压力调查报告——以北京某985高校研究生为例》，《中国青年社会科学》2019年第3期。

② Becher T: *Academic Tribes and Territories: Intellectual Enquiry and the Cultures of Disciplines*. Bristol, Pa: Society for Research into Higher Education&Open University Press, 1989: 197.

来辅助自己的判断。(见图5)这一方面与导师对博士生职业发展关注和支持程度有关，一方面也可能与较为普遍存在的中国博士生"怕导师"现象的文化背景相关。鲁铱等研究了国内研究生"怕导师"现象发现"研究生怕导师多是害怕导师对自己的负面评价"①。

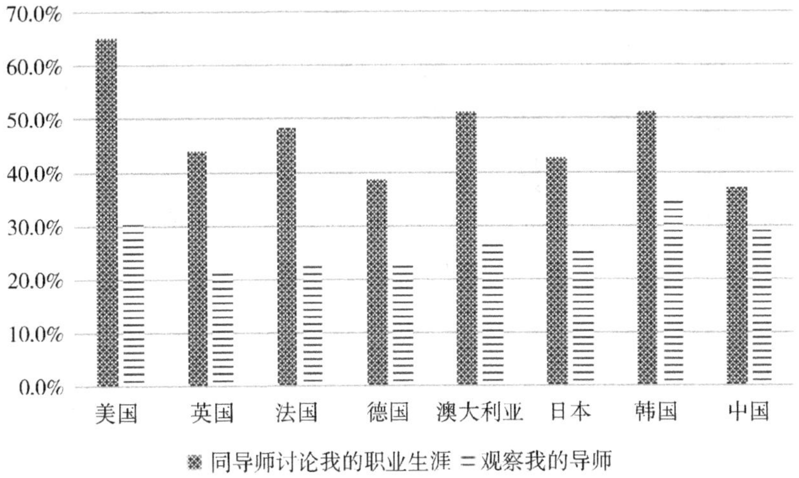

图5　导师提供职业发展支持情况

(四)导生关系

在导生关系满意度方面，美、澳博士生对导生关系满意度最高，均值均为5.1，其次是英国博士生，满意度均值为5.0。61.5%的中国博士生对导生关系满意，满意度均值(4.9)处于八国中等水平。对导生关系满意度最低的是德国博士生，满意度均值为4.7(见图6)。

如果重新开始读博计划，博士生会做出什么不同选择呢？在改变研究领域、换导师、不读博、不做任何改变中，中国博士生选择"改变研究领域"的最多，为34.6%。而对于若重新选择是否会更换导师，21.6%的美国、中国博士生均表示会换导师；德国博士生希望换导师的比例最高，达到31.6%(见图7)。

① 鲁铱、李晔：《研究生对导师负面评价的恐惧与师徒文化内隐观的关系》，《心理科学》2014年第6期。

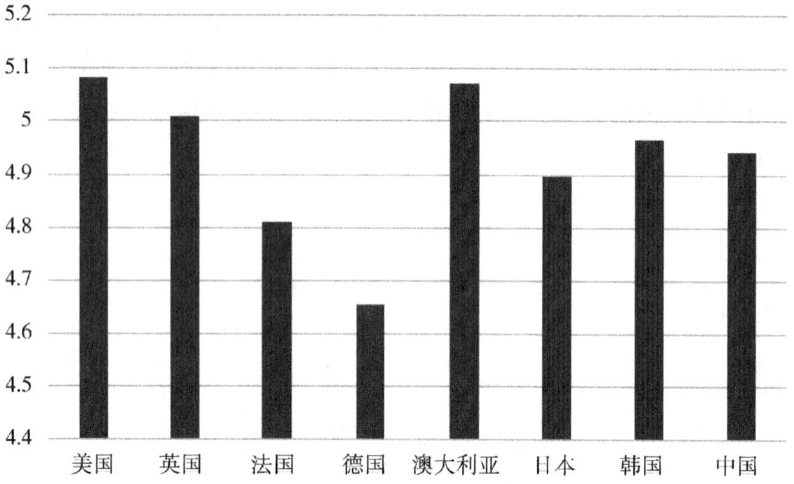

图 6　对导生关系总体满意度

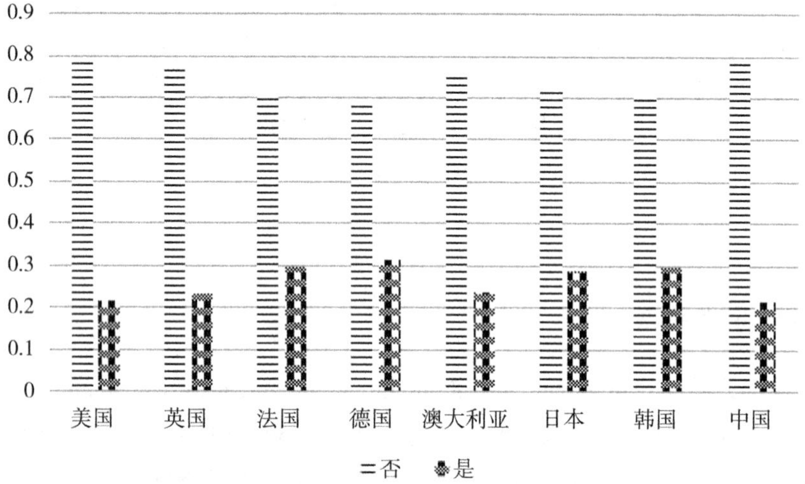

图 7　若重新选择是否需要更换导师

四、结论与讨论

(一) 结论

本文基于“以学生为中心”理念，立足博士生体验与评价的视角探析我国博士生对导师指导的满意状况及较之于高等教育发达国家的相对水平。通过以上数据分析可见，我国大部分博士生对导师总体满意，超过六成博士生对导生关系满意。在导师的具体指导行为方面，相较发达国家，博士生对出版发表、合作机会、资金支持的满意度略高于或接近于发达国家；同时须看到的是，我国导师在为博士生提供学术指导的频次、及时给予心理支持和职业发展指导方面与发达国家仍存在一定差距；尤其值得注意的是，我国博士生对导师给予其学术指导的满意度，提供参加学术会议机会、会议报告机会等培养支持的满意度处于所比较八国的较低水平。

（二）讨论

首先，对导师权责关系的反思。在对比八国中，德国博士生对导生关系满意度和导师及时给予心理支持的满意度均为最低。德国作为现代博士生教育的发端地，从洪堡时期就把大学的首要任务确立为科研。在德国博士生培养传统模式中不设结构化培养过程，“攻读博士学位的过程通常被视为博士生独立进行科研而非接受系统教育的过程”①，大部分博士生被作为“研究员”身份，既不需要修习课程也没有中期考核；在“师徒制”培养模式中，导师具有极高自由度和绝对话语权。此模式带来的种种弊端促使德国20世纪80年代以来逐步推进研究生培养的结构化改革。德国博士生培养模式从“师徒制”向“结构化”转型对我国仍以“师徒制”为主要培养模式的博士生教育具有启示意义。近年来，个别导生矛盾事件经媒体炒作、舆论发酵，对导师群体和研究生群体均造成不良社会影响。导师话语权成为舆论指责的焦点。刘志认为，导生矛盾的生成机理是“导师和学生间权力势差全程制约导师和学生关系发展，以及导师和学生双方受自身条件不足、交流效率低下、外部干扰因素等影响而发生消极行为倾向外显，引发双方的‘失望情绪’”②。导师权力的放大、滥用与指导责任的弱化、缺位之间的“剪刀差”更容易激化师生矛盾。“师徒制”培养模式中，应将“尊师重道”的底色体现在导师对博士生的关心、指导和博士生对导师的敬重上，而非控制与服从。“从指导风

① 秦琳：《从师徒制到研究生院——德国博士研究生培养的结构化改革》，《学位与研究生教育》2012年第1期。

② 刘志：《研究生导师和学生关系问题何在——基于深度访谈的分析》，《教育研究》2020年第9期。

格来看，博士生对专制型和放任型导师的满意度最低，冲突最大”①。

其次，我国博士生对导师给予学术指导和心理支持的满意度显著低于对比国家，可能与导师对博士生个体培养投入精力不足有关，且学术指导满意度与心理支持满意度有一定关联。对于博士生而言，心理压力最大来源为学业压力。Paglis 等通过 5 年半的纵向研究，对学生进行评估并控制了进入项目时的能力和态度指标发现，导师指导与博士生的学术生产力和自我效能显著正相关。② 导师指导不足的情况下，博士生科研进展、心理状态都面临挑战。现实情况来看，博士生参与科研课题并不能等同于导师学术指导。李澄锋等通过对 2017 年“全国博士毕业生离校调查课题”问卷统计分析发现，博士生在读期间参与课题数量在 2 项及以上的比例达到 82.43%，尽管在自然学科和社会学科领域，“课题参与数量对博士生科研能力增值具有显著正向影响”，但“课题参与质量对博士生科研能力增值具有显著正向影响在自然学科、社会学科及人文学科均得到支持，并且相较于课题参与数量，课题参与质量对博士生科研能力增值的影响更大”③。国外不少文献就对课题参与质量进行了关注。Stucky 对一所美国研究型大学有机化学课题组进行质性研究发现，学生的每日工作是在认知、情感(动机)、信念(目标)中延伸的，学习过程大多发生于学习遇到困难的时候，而问题常是在与导师或课题组资深成员对话或组会中解决的。④ 同时，导师只有在指导过程中及时关注到了博士生的科研压力、生活压力等才有可能有意识地给予心理支持。李霞等研究发现“博士生报告的师徒功能总体水平只是中等偏上的水平，而且社会心理功能还是中等偏下的水平”，而要缓解心理危机，“导师需要与博士生进行更多的非正式交流互动，更多的工作以外的一对一沟通”⑤。

---

① 徐岚：《导师指导风格与博士生培养质量之关系研究》，《高等教育研究》2019 年第 6 期。

② Paglis L L, Green S G, Bauer T N: Does Adviser Mentoring Add Value? A Longitudinal Study of Mentoring and Doctoral Student Outcomes. *Research in Higher Education*, 2006, 47(4): 451-476.

③ 李澄锋、陈洪捷、沈文钦：《课题参与对博士生科研能力增值的影响——基于全国博士毕业生离校调查数据的分析》，《中国高教研究》2019 年第 7 期。

④ Stucky A P: *Empirical Grounding of the Nature of Scientific Inquiry: A Study of Developing Researchers*. Lawrence: University of Kansas, 2005.

⑤ 李霞、吴晓凡：《博士生导师指导功能的影响因素与结果探析》，《研究生教育研究》2020 年第 5 期。

最后，优化培养条件方面，中国博士生对出版发表、合作机会、资金支持的满意度高于或接近发达国家，但对学术交流满意度低，表现为参加学术会议和会议报告满意度均为对比八国最低。这一定程度说明我国博士生近些年实施的奖助学金政策等对博士生具有较好的学术激励和缓解经济压力的作用，导师在组织科研合作、指导博士生发表成果方面较为重视。同时反映出我国导师对支持博士生参加学术会议、参与会议发言等学术交流的力度不够。“博士生学术活跃度普遍较高是一所高水平大学的特征之一”①，李永刚研究发现，“博士生与校外学术同行的交往，无论对内隐性的科学素养还是外显性的科研产出都具有极强的正向影响”②。因此，无论是从提升科研产出角度还是提高博士生研究素养角度，导师都应将鼓励博士生参加学术交流作为重要培养方式予以加强。

五、建议

首先，严格导师遴选，强化研究生指导能力和指导质量考察。当前我国研究生导师遴选更侧重科研成果、基本教学要求等，对博士生培养能力缺少科学考察。科研成果强是导师自身研究能力的重要体现，但并不能作为研究生培养能力强的充分条件。如 Easterby-Smith、Thorpe 和 Lowe 指出，良好的博士生导师应具备以下特点：具有研究领域和将使用的研究方法的一般知识的技术专长；参与在同行评审的期刊上发表文章，参加会议，并帮助学生进入学术生涯；设定定期和现实的最后期限，但避免过于参与学生工作的细节；对学生作出反应，鼓励他们成为独立的研究者，并对问题作出适当反应；在可接受的时间内接收、阅读和返回工作③。Bøgelund 认为“在许多西方国家，由于预算限制增加、要求加强问责制和学生竞争加剧，高等教育经历着变革”④。《关于加快新时代研究生教育改革发展的意见》中提出“将政治表现、师德师风、学术水平、指导精力投入等纳入

① 张存群、马莉萍：《学术活跃度与博士生学术产出的实证分析——以中国某研究型大学为案例》，《研究生教育研究》2013 年第 6 期。

② 李永刚：《理工科博士生的学术交往活跃度与其影响研究——以我国部分研究型大学为例》，载《学位与研究生教育》2020 年第 3 期。

③ Emma Norris：*A Guide for Psychology Postgraduates*：*Surviving Postgraduate Study*. Leicester：The British Psychological Society，2015：68.

④ Bøgelund P：How Supervisors Perceive PhD Supervision-And How They Practice It. *International Journal of Doctoral Studies*，2015(10)：39-55.

导师评价考核体系”。因此，导师体现出的研究生培养能力、研究生指导经验、指导精力投入情况等都应成为博士生导师遴选的重要考察内容。同时，还要祛除将“博导”视为荣誉、头衔象征的误解，通过对博士生导师的遴选和动态上岗机制等，将“博导”落地为指导责任、指导行动。

其次，高校对导师的岗位要求和岗位评价等应细化导师指导行动。当前不少高校都出台了落实《教育部关于全面落实研究生导师立德树人职责的意见》的本校实施方案，但部分存在“上下一般粗”现象，即结合校情推动将导师育人职责落实为育人行动上缺少明确要求和有效措施。仅靠宽泛倡导和划定“负面清单”并不能有效解决大多数导师的育人行动优化问题。因此，高校应结合研究生导师职责、博士生培养环节、培养目标等细化导师指导行动。如美国研究生院协会1995年就清晰地分别列出了学术机构、导师、研究生的职责，如导师要指导研究生“缓解从本科生到研究生的过渡”“了解学生的背景”“定期与学生会面”“建立切合实际的学术计划”“给予建设性批评”“增强学生口头表达能力”“告知道德规范”“鼓励联合研究”“增强学生网络能力”“指导学生获得资金支持”“使用校园转介服务”等12项具体职责要求；同时对研究生也提出了要“了解教师的作用”“遵循既定学术计划”“提出建议和想法”“遵守研究道德”等10项要求①。结合以上数据分析结果，我国研究生培养单位在细化导师指导行动中尤其应注重导师对博士生学术指导行动、优化培养条件行动、心理支持行动的考量。

最后，多渠道优化博士生培养条件，鼓励研究生导师支持博士生参加同行学术交流。博士生对参加学术会议、做会议报告满意度处于对比八国较低水平，表明博士生对学术交流有较高需求但并未得到有效满足。人才培养是博士生导师的首要任务，博士生不仅是导师的科研合作者，更是导师的培养教育对象。导师的支持对于博士生参加学术交流的机会、博士生学术交流平台的质量都起关键作用。同时，是否有经费资助也是影响博士生能否参与学术交流的重要因素。当前不少高校设立了博士生参加国际学术会议资助以及以项目资助形式鼓励培养单位举办博士生论坛等，这些为提升博士生学术活跃度提供了政策支持。因此，高校管理部门、博士生培养单位和导师应多渠道为博士生参与学术交流提供交流平台和资金支持等。

---

① CGS：*A Conversation About Mentoring*：*Trends and Models*. Washington，DC：Council of Graduate Schools，1995.

本文由于调查样本所限，未能区分不同学科的导师指导特质。事实上，对于博士生培养而言，学科差异可能会影响到导师指导方式、教育环境等多方面。例如，Gardner 观察历史系和化学系博士生发现，在化学系，以同伴为中心的实验室小组在博士生的整个经历中提供了很好的支持，而历史系的博士生相对孤立，随着他们的进步，通常会和导师建立更密切的关系①。因此，在对博士生导师指导的整体性考察基础上，还需要深入不同学科内部作进一步研究。

（原文刊发于《中国高教研究》2021 年第 1 期）

① Gardner S K：'What's too much and what's too little?' The Process of Becoming an Independent Researcher in Doctoral Education. *The Journal of Higher Education*, 2008, 79(3)：326-350.

浅议高校学术写作教学：意义、目标与思路

陈　韬
（江苏师范大学文学院）

写作教学是高校教学体系的重要一环，目前，写作课程不仅是我国高校中国语言文学专业的基础课程之一，也进入了许多高校的通识教育领域，价值日益凸显。不过，不同高校在开展写作教学的过程中，呈现出了不同的趋向：部分高校以应用性写作如公文写作、新闻写作、翻译写作等为主要教学内容；部分高校则以学术性的论文写作为主；也有部分高校引进国外创意写作课程经验，推行诗歌、小说等写作教学，但这种教学方式主要存在于中文专业领域内。由于存在教学体系相对落后、教学效果不显著等问题，近年来不少高校尝试推进写作课程改革，但改革的方向也各不相同，部分高校甚至在改革路线上出现了摇摆和反复。高校写作课程改革在一定程度上迷失方向，没能形成广泛共识，凸显出当下我国写作教育与学科体系建设的不足。

本文认为，推广学术写作教学应当成为高校写作课程改革的主要方向，并且，这种改革不能仅局限于中文专业，而是要扩展到尽可能多的学科领域中去。本文通过分析高校写作教学的意义和目标，研究目前存在的问题与解决的思路，希望能够为高校写作课程改革提供具有可行性的方案。

一、开展高校学术写作教学的意义

在高校课程体系中广泛开展学术写作教学，至少具有以下四个方面的意义。

第一，能够使高校写作教学更好地与中学语文教学相衔接。中学语文教学中的写作训练，以800~1000字篇幅的记叙文、议论文写作为主要内容，其训练目标是使学生能够进行基础性的书面表达，即正确运用各种表达方式、熟悉书面写作规范。这种训练，与真正能够适应社会实践需要的文体写作训练之间，还存在

着一定的差距，而高校写作教学的一个重要目的，便是弥合这一差距，使学生的写作能力从基础写作阶段提升到文体写作阶段。张杰等人的《写作》一书将写作文体划分为析理性文体、审美性文体和实用性文体，① 其中审美性文体(如诗歌、小说、散文等)的写作个人性和主观性较强，教学难度较大，写作训练效果也参差不齐；实用性文体(如新闻、公文等)专业领域较为局限，可开拓的教学空间有限，且在教学过程中容易表现出较强的写作技术化倾向，不利于学生在课程中进行深度的思维学习；而析理性文体尤其是其中的学术论文，其写作既具有较强的规范性，易于模仿训练，又涉及相当宽广的专业领域，有利于学生在学习写作的过程中熟悉学科知识体系和学术研究规范。因此，综合来看，学术写作在弥合基础写作训练与文体写作训练差距、提升大学生写作能力方面具有较为明显的优势，能够成为衔接中学语文教学和高校写作教学的重要抓手。

第二，有利于增强大学生的学术写作能力和逻辑思维能力。从现实应用的角度看，学术论文写作已经成为我国高校各阶段学生教学培养的必备环节，无论是学业考核还是毕业、升学都以学术论文写作为重要评定标准，因此通识性学术写作课程的推广，能够切实有助于解决高校学生面临的写作问题，也能够为他们的进一步深造打下基础。推广学术写作教学，除了能够帮助学生提高学术写作能力外，还可以在写作过程中强化他们的逻辑思维能力。以往部分高校乃至中学曾一度开设过通识性的逻辑课程，然而教学效果并不理想，因此又逐步取消，很大程度上是因为枯燥艰深的逻辑教育不适合非专业学生。由于学术论文写作对逻辑思维能力要求较高，故学生在接受学术写作训练的过程中，也能够学习逻辑知识，锻炼逻辑思维能力，对于目前高校通识性逻辑课程的欠缺是一种很好的弥补方式。

第三，有利于其他文体写作技能的习得。学术论文与其他析理性文体(如评论、杂文等)以及各类审美性文体、实用性文体，尽管体式不同、风格迥异，却都需要遵循语言表达的共同逻辑与规范。按照亚里士多德的说法，语言的正确性是风格的基础，② “明晰而适宜”应当是论说性的“散文”的用语原则；③ 实际上，即便是亚里士多德认为可以在风格上区别对待的“诗歌”(可以近似地视为审美性

① 张杰、唐铁惠：《写作》，武汉大学出版社 2005 年版，第 101～104 页。

② ［古希腊］亚理斯多德著，罗念生译：《亚理斯多德〈诗学〉〈修辞学〉》，上海人民出版社 2016 年版，第 315 页。

③ 陈韬、戴红贤：《文体与风格：语言艺术——亚里士多德散文写作理论研究(二)》，《写作》2020 年第 3 期。亚里士多德所说的“散文”与我们今天熟知的“散文”并非同一概念，而是更多地指演讲文字，对应书面文体中的论说文。

文体的代表)，也需要以明晰规范的语言为基础，只不过审美性文体要求对这种语言基础作出进一步的变形加工而已。在各类文体中，学术论文对语言表达的规范性、清晰度和逻辑性要求均比较高，有利于引导学生养成规范清晰的表达习惯，为进一步学习其他文体写作打下坚实的基础。

第四，有利于打破学科壁垒，培养跨学科人才，为“四新”学科建设提供助力。近年来，教育部高等教育司等部门提出要全面加强新工科、新农科、新医科、新文科建设，大力推进现有学科的交叉与融合。学术写作教学的开展，一方面能够在教学体系中打破学科壁垒，使更多专业领域的学生获得中文专业技能教育，增强跨学科人才属性；另一方面，通识性学术写作教学的开展需要不同专业的师生充分沟通、通力协作，因此也能够以写作课程改革为契机，将课程打造成一个学术互动平台，促进不同专业之间的碰撞与交流，助力“四新”学科建设发展。

二、高校学术写作教学的主要目标

高校学术写作教学的目标设定，应当从人才培养和学科建设两个方面去考虑。

在人才培养方面，高校学术写作教学的主要目标有三。

首先，是培养具有良好沟通与表达能力的合格毕业生。在当今高等教育普及的背景下，高校教育明显地带有较多的公民教育色彩，培养合格的毕业生、为社会输送合格公民，成为了高校教育的重要宗旨之一。因此，高校在设置课程时，必然要考虑其对于公民教育的作用。现代社会普遍需要公民承担参与社会治理和社会监督的义务，互联网拓宽了普通民众发声的渠道，更是凸显了提高公民素质的重要性，因此，现代公民理应普遍具备良好的沟通与表达能力。学术写作教学的推广，应当以培养学生的辨识能力、理解能力、逻辑思维能力和语言表达能力为目标，同时加强写作伦理教育，使他们成为社会治理与监督环节中负责的参与者和积极的建设者，在走出校门前首先成为合格的现代公民。

其次，是培养能够在专业领域发挥写作专长的优秀从业者。在当今超大规模的复杂社会形态下，建立在现代组织社会学基础上的科层制早已深入各领域、各行业，书面沟通作为科层制运转的重要方式，对多数从业者的写作能力提出了一定的要求。可以说，在当下社会，无论是编辑、记者、新媒体工作者等文字相关职业，还是公务员、教师、律师等有着较多沟通场景的职业，乃至企业办事员、销售员等看似与文字处理距离较远的职业，实际上都需要进行大量的写作劳动，因此优秀的现代行业从业者必然具备较强的写作能力。在高校中推广学术写作教学，不仅要培养合格的现代公民，而且要培养这些具备较强写作能力的优秀从业者，在学术写作教学过程中要使相当一部分学生得到充分锻炼，帮助他们在走上工作岗位后较好地应对专业领域的写作事务。

最后，是发现和培养学术研究后备力量，为学术共同体的更新换代提供保障。高校写作课程的设置，除了面向全体学生、培养合格毕业生和优秀从业者外，还有一个重要的功能，即在课程中发现和培养在学术研究事业上有兴趣、有能力的青年后备军，引导他们早日顺利进入学术发展轨道。现行体制下，高校不仅是教育机构，也是研究机构，因此不仅要承担公民教育和专业教育功能，也要做好学术研究的人才培养和梯队建设工作。学术写作课程的特点在于，教师与学生需要在课堂上围绕特定的学术话题展开极为频繁的交流互动，因此这一课程也是一个发现和培养学术研究后备力量的良好契机。学术写作教学的目标，应当是既要使教师能够发现学生的学术研究素养和潜力，又要使学生能够发现自身的学术研究兴趣和方向；既要培养优秀后备力量的学术写作能力，又要引导他们厚植学术志趣，早日确立研究方向，尽快参与研究事业。

从写作学科建设方面来说，高校学术写作教学也有三个主要目标。

一是积累有效经验和教学案例。用前辈学者的话来说，写作在某种程度上是一门“术科”，写作教学是一项应用性较强的“工程”，建立科学化的写作基本功训练体系是学科建设的重要内容，① 换言之，学科理论的总结和创建固然重要，但具体的教学实践也是不容忽视的基础性工作。教学实践的成果，一方面是教学对象能力的提升，另一方面则是有效经验的总结和典型性教学案例的积累。因此，高校学术写作教学课程在设置目标时，有必要将经验总结和案例积累纳入考虑，将其视为教学工作的重要成果，鼓励教师积极撰写和出版教学讲义、案例集等一手材料，为学科建设提供来自教学实践一线的支撑。

二是总结写作学科教学方法和理论。写作学虽是“术科”，却不能止步于此，由“术科”向“学科”的迈进，需要总结教学方法、提炼学科理论。在积累有效经验和教学案例的基础上，将这些经验和案例提升为普适性的教学方法，乃至进一

① 杜福磊：《中国写作学理论研究与发展》，中央编译出版社 2004 年版，第 108 页。

步抽象为学科理论，应当是高校学术写作教学的一个重要目标。高校拥有丰富的教育和学术资源，不仅一线写作教师和写作学研究专家可以通力合作，很多教师也同时从事写作学研究，相比中小学等纯粹的教育机构和科研院所等纯粹的研究机构来说，写作的“学”“术”结合在高校这一阵地里更容易实现，因此，设置学科方法理论建设这一目标是合理、可行的，也是必要的。

三是做好写作学科宣传推广工作。写作学是一门古老的学科，其在中国的学科史可以追溯到先秦时期，从《易经》提出“言有物”“修辞立其诚”开始，广义上的写作学就已经产生；但写作学也是一门年轻的学科，尤其是中国现代写作学的创立，学界一般认为晚至20世纪80年代，相比其他学科来说可谓起步很晚、根基较浅。一方面是现代写作学发展时间较短，导致学科体系不够成熟；另一方面，在国内高校现行体制中，写作学科也由于其“术科”的色彩较浓厚而长期处于边缘化的境地。在这样的背景下，加大本学科的宣传推广就应当成为写作学科建设的应有之义。在高校推广学术写作教学，尤其是开设通识性的学术写作课程，一个重要的目标就是借课堂的实践和教学的成果，向高校管理者和教育对象证明写作学科的价值，使写作学科为更多人所接受、认同，唯有如此，才能吸引更多的资源进入写作学科的建设。

三、推广学术写作教学过程中的问题与解决思路

必须指出的是，尽管在高校推广学术写作教学的意义十分突出，目标也较为明确，但在现行教育体制下，使学术写作教学能够在高校课程体系内顺利推广，并非易事，且目前的实践已经暴露出一些需要解决的问题。宋时磊在考察清华大学通识写作课程开展情况的基础上，指出了这种学术写作教学模式在推广上面临的问题：一是学术写作难度较大，与大学一年级学生自身能力不匹配，一定程度上影响教学效果；二是推广学术写作教学对高校师资力量和管理能力的要求都比较高，目前国内很多高校并不具备相应条件。① 该文的分析可谓切中肯綮，除此之外，由于高校中以学术为志业的学生占比较低，多数大学生对枯燥艰深的学术写作兴趣不高，如何调动他们的积极性也是一个值得关注的问题。根据宋文的观

① 宋时磊：《理念、课堂与教材：清华大学“写作与沟通”课的三重变革》，《现代大学教育》2023年第1期。

察，对于上述问题，清华大学通识写作课指导团队作出了一些努力，比如实施探究型小班教学，开展主题式写作训练等。本文认为，在这些努力之外，还有一些解决思路值得尝试，现分析如下。

针对学生积极性不高的问题，要在创意性选题和辅助性教材两方面下功夫。选定一个具有创意性的研究课题是学生进入学术写作训练状态的第一步，因此要充分尊重学生的兴趣和意愿，不能随意扼杀学生的研究激情。学生自主选择的研究课题往往会有过大过空的问题，但教师不应该直接否定学生的选题，而是应当发挥支架式教学功能，在充分肯定选题价值的前提下帮助学生拆分和修改选题，并在这一过程中引导学生了解学术研究的真实面貌，把握研究的节奏感，找准研究方向，树立自信心。辅助性教材是学生了解学术论文评价标准、体悟写作训练方向的重要工具，优质样板论文的挑选是辅助性教材编写的重点，应当尽可能选取那些经典程度高、学术影响大、可读性强的名家名作，利用名人效应和文笔趣味吸引学生阅读、感悟、模仿、训练。一线教师和研究专家唯有充分沟通、共同努力，才能找准学生兴趣点，生产出“文”“学”会通、寓教于乐的高质量辅助性写作教材。

针对学术写作难度较大的问题，大致有两个解决思路。一个解决思路是采取循序渐进的方式进行授课。目前很多高校的写作教学课时量较少，多在一个学期内完成授课，这就导致写作教学的开展比较匆忙、局促，甚至近乎走马观花，很难真正提高学生的写作能力，更无法做到大中学课程衔接、渐次铺开教学内容。高校写作教学想要真正取得成效，应有两个学期乃至更长时间的连贯教学设计，对于没有接受过相关训练的学生来说，第一个学期应以研读名家论文和撰写读书报告为主，从第二个学期开始进行写作实操，这样才能够让学生更好地了解学术论文写作的规范和旨归，更容易从以往的作文写作思维中脱离出来，进入真正的文体写作阶段。另一个解决思路是开展小组合作学习，以“先进”带“后进”。随着素质教育的开展和中小学教育质量的提升，目前已有很多学校特别是高中开展了研学、考察等活动，要求学生在活动中形成调查报告，这实际上已经具备了学术写作训练的雏形；同时，一些学生在家庭或其他社会关系的影响下，能够较早地观察了解学术研究工作，能够比其他学生更快地进入学术写作状态。因此，可以考虑在写作教学初期采用小组合作形式，将一部分具有研学考察经历或学术知识素养的学生安排到各个小组中去，使他们带动其他学生尽快进入状态，同时这个过程也会给予这些“先进”学生更多的锻炼机会和发挥空间。在高校平台上开展小组合作学习，本质上是进行教育资源的共享，能够放大优质中学素质教育的成效，并且，这一做法也能够起到合理利用中学教育成果、实现大中学衔接的作用。到了写作教学的后期阶段，可以逐步拆分合作小组，最终使全体学生都能够做到独立撰写合格的学术论文。

至于高校师资力量和管理能力问题，确实客观存在，并且目前来看，要求给予写作通识教育足够的资源保障和管理服务，对多数高校来说也并不现实。但这一问题并非没有解决方法。一方面，可以充分调动高校内部各学科专业的师资力量，以写作专业教师为骨干，组织不同专业的教师、学者，形成跨学科指导团队，乃至成立专门的校内学术写作指导机构，这样既能够扩充写作教师队伍，又能够有针对性地开展专业学术写作训练，同时还有利于实现团队内部的跨学科交流。另一方面，也要注重利用社会资源，把校外专家“引进来”，让写作课堂“走出去”。把校外专家“引进来”，即由高校牵头邀请学术论文写作能手尤其是本地科研院所、学术组织的专家学者，效法创意写作驻校作家制度，建立学术写作驻校学者制度，对具有学术写作专长的学者进行兼职聘用，既能够减轻高校引进专职写作教师的负担，又能够使这些学者发挥所长，促进学术传承。写作课堂“走出去”，即高校与科研院所、学术组织合作，依托这些组织机构建设写作实习训练基地，开展学术写作研习营、学术交流模拟论坛等活动，使学生能够尽可能多地接触学术资源，做到在实践中学习、在训练中学习。

总之，现阶段高校学术写作的推广还面临诸多困难和挑战，存在不少需要解决的问题，但只要高校写作专业队伍能够充分体认学术写作教学的重要意义，明确学术写作教学在人才培养和学科建设方面的主要目标，针对当前问题，理清解决思路，就能够克服重重困难，将学术写作教学顺利推进下去、推广开来，实现高校写作课程的高效率改革和高质量发展。

“明清史专题”课程学生阅读倾向与阅读质量评估

张译戈(武汉大学历史学院)
洪　均(武汉大学中国传统文化研究中心)

“明清史专题”是武汉大学历史学院开设的本科生专业选修课程，通过教师对明清史相关研究状况、基本史料、政治军事、经济社会、文化信仰等方面的专题讲解，以及指导学生分组讨论展示，达到普及专业知识与学科常识的目的，培养学生在明清史方向初步的探究能力及对明清史的学习兴趣。本文对2022—2023学年“明清史专题”课程期末测验中学生的相关书评进行卷面分析，通过对不同年级、不同专业学生群体阅读倾向与质量的量化统计，总结其共性与特性，评估学生对于明清史的兴趣点、专业知识理解状况、论文写作能力，为提升课程的讲授效果与调整改进教学重点提供相应的参照。

一、教学班级的学生构成

2022—2023学年选修“明清史专题”课程的学生共80人。其中，以本科三年级为主，共62人。二年级学生12人，四年级学生6人。学生多是在经历了与明清史相关的通史课程学习后，选择本课程继续深入了解明清史。

为利于统计，根据学生专业来源的特点，本文将班级学生专业分为历史学大类(中国史)、世界史、考古学、强基计划、弘毅学堂、非历史学专业等6类，统计如图1所示。

选课学生中，历史学(在这里指历史学大类中的中国史)专业的学生有32人，世界史专业的学生有10人，考古学专业的学生为1人。这三个二级学科的学生均就读于武汉大学历史学院，课程设置上较为常规化与系统化，其中历史学(中

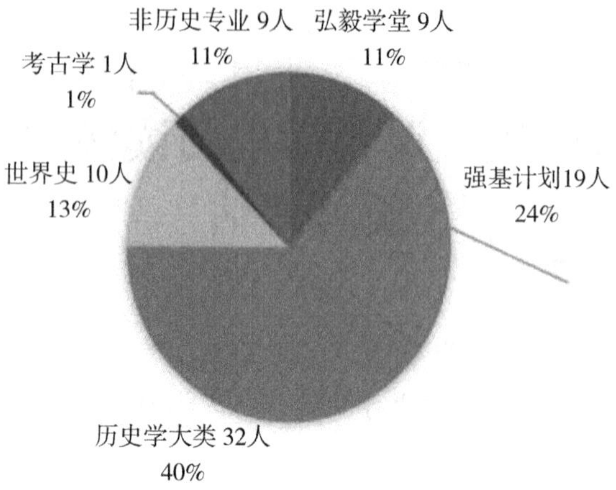

图 1　班级学生专业人数饼状图

国史)的学生多有明清史与近代史相关的通史与专门史课程的学习经历。

另有 19 名强基计划(历史学)的学生以及 9 名弘毅学堂(历史类)的学生，强基计划及弘毅学堂的专业培养规划均涵盖了中国史、世界史、考古学三个方向。其中强基计划单独编班，实行小班化、导师制的培养模式，由历史学院聘请一流学者担任班主任，采用本硕博一贯制(九年制)的方式进行培养。本科阶段实行“2+2”的方式，大一、大二统一学习中国史、世界史、考古学的大类平台课和专业基础类课程。大三学生根据自己的兴趣和特长，并结合学院的师资结构特点，双向选择中国史、世界史、考古学三个发展方向。

弘毅学堂作为武汉大学特设的荣誉学院，具有突出的人才培养方案以及研究型教育理念。其中历史类学生培养方式相较于普通学院制形成了具有显著特色的培养模式——“一型二制三化”(研究型、导师制、书院制、小班化、个性化、国际化)。弘毅学堂(历史类)秉承“人文化成”的理念，按照中国和世界的文明与发展两条主线设计开设通识课程，使学生始终保持对历史学科的好奇心和探索其发展规律的使命感。因此，这两个专业的学生具有较为全面的专业能力培养与开阔的学术视野引导。

与往年相比，本学年选修课程的非历史专业的学生数量有所增加，共有 9 人，其中文学院 3 人，经济与管理学院 2 人，信息管理学院 2 人，计算机学院 2 人。

二、测验题目及目的

本课程期末测验的题目为：写一篇不少于1000字与明清史相关论著的读后感或书评，论著范围包括明清时期或现当代中外史学论著、文学作品等。学生采取开卷答题的形式，在两个小时考试时间内，通过平时的课程学习与积累，回顾所阅读的书目，选取已具有一定思考深度的文史论著撰写书评。

本次测验方式的设计有如下三个考量维度：

首先，让学生自主选择明清史方向的书目，能清楚地了解他们对于此方向学习的关注点及兴趣所在，有助于改善教师的教学方向，使学生在课堂上愉快、高效地获取到知识。同时，将可选择的范围扩大到文学作品与明清时期的原文原典，意在全面检视学生的阅读覆盖面。教师可根据学生的阅读与知识盲区调整教学重点，使教学既能兼顾扁平化的知识体系又能增加层次化的深度内容。

其次，通过学生在考试过程中提交的书评，教师可以掌握他们对于所选著作中主要内容的认知程度和思考深度，以及对于明清史学术动态的了解。通过学生所选的著作，还可以了解他们是否有辨别优劣著作的能力，这一点在学生今后撰写学术论文甄别所引用的参考文献时至关重要。

最后，通过一篇完整的读后感或书评，可以考察学生的逻辑思维能力与文字组织能力，让学生的成绩评价更加全面与客观。在测验的两小时内，学生不仅需要将一本论著的内容凝练概括，还需要将自身的感悟思考梳理成章，并以恰当的行文造句表述出来。在监考过程中，我们发现有些学生下笔如有神，胸有成竹；有些学生则反复改写涂抹，临近考试结束才匆忙完成。因此，这样的测验形式也是对学生综合素质的全面与直观的检验。

三、阅读倾向分析

在这次测验中，学生提交书评的书目共有58本。通过对阅读对象的归类统计，可划分为通史类、史料类、政治史、区域社会史、经济史、其他专题、人物传记、海外学术著作、文学作品九类，相关归类统计如图2所示。

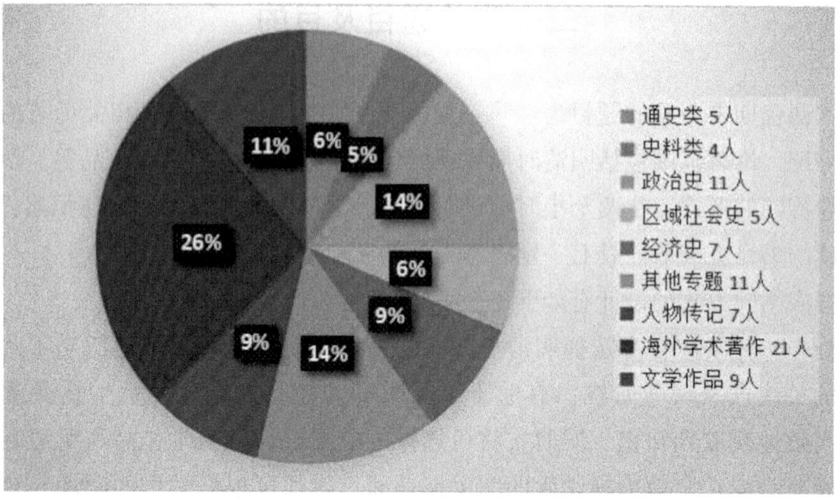

图 2　班级学生阅读书目类型饼状图

由图 2 统计中可以看出，在所有书目类别中，学生对于明清史相关的海外学术著作关注最多，共有 21 人。其中，选择最多的是《叫魂：1768 年中国妖术大恐慌》和《大门口的陌生人》，各 4 人。《叫魂》的作者是孔飞力，为美国哈佛学派第二代汉学研究的领军人物。这本书采用了以小见大的写作手法，作者从乾隆年间一场小小的“叫魂案”入手，提出疑问，继而逐步开拓视野，最终将整个“康乾盛世”的中国社会众生相、官场运作套路及清朝官僚体制特色一一描绘到位。这本书的微观史料选用清晰得当，宏观分析总结大气磅礴，在哈佛学派第二代学者的诸多著述中影响力是出类拔萃的。

学生对于政治史和经济史的国内学者著述关注程度不相上下，共 18 人。在政治史中，学生关注的领域有明代特务、明代宫廷政治、军机处以及晚清的变局。选择最多的著作是《天朝的崩溃》，共有 5 人。本书是学界研究中国近代史的必读书目，书中对“鸦片战争”与清朝失败提出了很多新的见解，如林则徐、魏源等提倡的“师夷长技以制夷”实质仍是传统思维定式下对西方政治军事优势的低估与误判；清王朝的失败不在于某些人的“忠良贤愚”，也不是简单的决策的失误，而是“体系化的缺陷”，等等。在经济史书目类中，学生关注的领域有明清赋税政策、白银流通、茶叶贸易、朝贡贸易，以及清代地方财政。其中，对明清赋税政策的关注最多，共 3 人，选择的书籍有《明代黄册制度》和《清代赋税政策研究(1644—1840)》等较为精专的专题类研究著述。

学生关注的领域还有科举史、对外政策、近代外交、西学东渐等。其中，对近代外交和对外政策的关注最多，共有 4 人，他们阅读的书目有《传教士与近代中国》《中国近代外交官群体的形成(1861—1911)》和《中国融入世界的步履：明与清前期海外政策比较研究》。此外，通史类书目既具有专业性，还具有普及性，对于各类基础的学生都很适合，选择该类书目的 5 名学生几乎包括了所有历史学的专业。

将统计分析细化到不同专业时，学生的阅读倾向则呈现出如下的特点：

弘毅学堂的学生看重从小人物与社会事件中发现历史。比如，他们选择书目的关注对象有清初山东民众、晚清女性、袍哥(1949 年之前活跃于长江中上游的秘密社会组织)，关注的案件有清初的王氏私奔案、乾隆年间的叫魂案等。同时，弘毅学堂的学生较为重视原文原典，选择阅读明清史料与文史著述的学生 50%来自弘毅学堂。强基计划的学生对人物传记类型的书籍选择比重远超过其他专业，选择这类型书籍的学生共有 7 人，其中有 4 人都来自该专业。他们关注的历史人物主要有乾隆、溥仪、曾国藩等帝王将相以及近代史上起过关键性作用的名人。此外，该专业的学生对于晚清的社会变迁也颇有兴致，选择《近代中国社会的新陈代谢》的 3 人全部来自该专业，该书作者为 20 世纪近代史大家陈旭麓先生。陈先生从政治、社会经济、思想文化、军事斗争，乃至风俗习惯、社会心态等多方面研究分析近代中国的转型与社会变迁，很大程度上增加了近代史研究的多元性和丰富性。阅读本书，能够开阔学生研究近代史的思路和视角。历史学大类的学生更关注清代基层社会的研究成果，如清代的地方政府、地方财政、福建家族组织、华北和长江三角洲的小农经济等问题。这一类书目阅读对专业知识的要求较高，阅读起来相对生涩，需要有相关专业课程的学习基础。

非历史专业的 9 名同学，更倾向于选择与明清时期有关的文学作品或普及类的史学著作。其中，有 4 名同学选择了文学作品类书目，有 3 名同学选择了《万历十五年》。《万历十五年》是一本明史学习入门的经典读物，黄仁宇教授通过对关键历史人物悲惨命运的描述，探析了晚明帝国走向衰落的深刻原因。书中运用了历史小说的叙事模式和历史人物传记体式的章节，对于非历史专业的学生来说，不仅轻松易读，还能体会到作者宏观、系统的大历史观。

四、阅读质量分析

课程测验旨在反映学生的学习状况，从学生的书评中大致可以看出对相关著述的阅读理解深度以及对专业知识的掌握程度。通过对学生试卷的评阅，将其成绩分为四个梯度：即 90 分及以上、89～85 分、84～81 分、80 分及以下，统计如表 1。

表 1　本学年班级读书报告各分数段人数统计

分数段	90 分及以上	89～85 分	84～81 分	80 分及以下
人数	12 人	41 人	24 人	3 人

其中，第一梯度属于深度阅读，评阅标准为：对论著主要内容、观点、学术方法、学术前史、学术影响皆有较深了解，并能据此提出较多的观点与认识，言之成理，且论文写作规范，行文流畅；第二梯度属于全面阅读，评阅标准为：对论著主要内容、观点、学术方法、学术前史、学术影响皆有一定程度了解，并能据此提出若干观点与认识，言之成理，且论文写作规范，行文流畅；第三梯度属于普通阅读，评阅标准为：对论著有完整阅读，并能简单摘录论著中的重要部分，但缺少自己的观点与认识，论文写作较规范；第四梯度属于浅显阅读，评阅标准为：未对论著做完整阅读，随意摘录论著中的观点，无自己的观点与认识，论文写作较敷衍。从表 1 看，大多数学生成绩位于第二档与第三档，共 65 人，占班级学生总数的 81%，第一档与第四档分别为 15%、4%。

通过对本次书评成绩的细化归纳统计，我们发现几个有趣的现象：

首先，书评质量与年级高低并无直接关联。在所有历史专业的学生中，四年级学生的平均分为 82.4，三年级学生的平均分为 86，二年级的平均分为 85.6。历史专业大四学生的分数普遍较低，班级最低分也出现在该年级学生中，平均分也与其他年级悬殊较大。其原因可能并非学生专业能力不够，而是部分大四学年的学生以凑满学分的心态选修课程。这些学生与其他低年级同学相比学习主动性欠缺，态度敷衍，对测验的书评答卷不够认真投入。

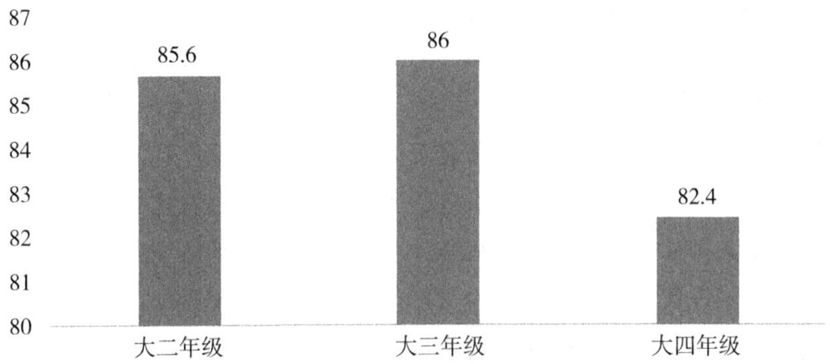

图 3　班级中各年级历史专业学生平均分统计

其次，各历史相关专业间成绩差异不大。排除成绩具有特殊性的大四年级，根据专业的划分，对大二和大三年级学生的平均分进行列表统计，可见弘毅历史学、强基计划的学生平均分最高，分别为 86.9、86.7；历史学大类的学生次之，为 85.71；世界史专业学生紧随其后，为 85.4。世界史的学生相较于其他专业而言略显不足，但是差距并不大。

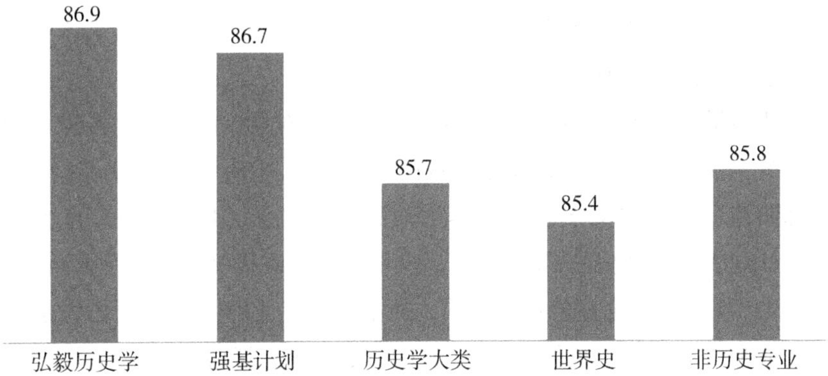

图 4　班级中各专业大二、大三学生平均分统计

最后，非历史专业学生的书评质量良好。非历史专业的 9 名同学平均分达到 85.8 分，而班级的平均分也是 85.8 分。与历史学大类、世界史的学生成绩相比，完全处于同一层次。这也佐证了“兴趣是最好的老师”，非历史学专业学生的投

入与学习主动性一定程度上可以弥补专业基础的不足。

就具体书目成绩而言，我们发现，在学生选择最多的几部著述中，对《大门口的陌生人》书评成绩最好，平均分是 86.8 分。该书是海外研究清朝末年中国向近代转型的重要著作之一，作者为著名美国汉学家魏斐德。多数学生都对书中的主要内容、创新点、学术方法及影响进行了全面介绍。有学生针对“驱动三元里抗英以及广东人排外洋人的并不是民族主义，而是一种地区主义”进行了分析和论证，并就中国现代意义上的民族主义产生问题展开了自己的思考，提出了这种传统保卫家乡的意识对于整合民众身份认同与激发抗击侵略精神的重要意义。也有学生对于书中的见解提出异议，通过描述两次鸦片战争时期广东省的社会动态，认为作者有些论断言过其实，不能仅将中外矛盾归结于文化误解和文化差异，也不能将中英外交上的矛盾定为外国侵略势力在中国扩张的直接原因。其他几本学生选择最多著述的书评成绩接近，如《万历十五年》的平均分是 84.5，《天朝的崩溃》平均分是 84.4，《叫魂》平均分是 83.5。《万历十五年》与《天朝的崩溃》这两本书都属于宏观叙事，阅读难度较低，趣味性强，作者观点清晰，学生在分析中不难得出自己的观点与认识。《叫魂》成绩略低，可能与该书研究方法有关，该书侧重一种多学科的综合性“总体史”研究范式，即将社会史、文化史、政治史、经济史等领域理论与方法结合，由区域分析、官僚科层制度分析以及心理分析等方面入手，这需要各学科的综合性知识，对于以二年级为主体的本科学生来说，想要全面系统地领会作者旨趣并非易事。

本次测验虽然规定可选择明清文学作品为书评对象，但总体上选择文学作品的学生较少，仅有 6 人，占班级总人数的 8%。6 人中有 4 人选择了《红楼梦》，可见这部明清最杰出的文学作品对学生的吸引力之强。4 人分别来自历史学大类、强基计划、经管学院(人力资源)、文学院(汉语言文学)，专业涵盖面广，且均为女生。4 人的立论视角各不相同，强基计划专业的学生从创作背景和人物原型、细节和情节以及陈寅恪先生对该书的史料考证等角度，分析了《红楼梦》的史料价值。历史学大类专业的学生探讨了这本书中对女性角色的塑造，并将这些人物的命运起伏、历史背景及曹雪芹的个人命运相联系。汉语言文学专业的学生从宗教的角度，探析书中曹雪芹对儒释道三教的不同倾向，人力资源专业的学生对书中所蕴含的明清之际社会变迁的背景进行了探讨，虽然在相关宗教知识与社会背景史料的掌握上有所欠缺，但对于非历史专业的学生来说，能提出自己言之有据的观察与见解，实属可贵。4 人的平均分为 86 分，在各类著作书评的平均分中名列前茅，一定程度上体现出女性缜密的思维与细腻的情感对解读《红楼梦》这部伟大文学作品的优势所在。

通过前列统计分析似可以得出如下结论：第一，在课程测验中，第一二三档成绩(完成程度为良好及以上)的学生占班级总人数的96%，整体上展示出较高的阅读质量，体现了合格的学习能力与文字组织能力。部分大四学生的书评完成状况不够理想，如何调动其学习积极性，是一个教学上的挑战。第二，就书目涉及时段而言，学生对近代史的关注最多，多选择晚清的重要战争、近代的党派斗争及社会转型等类型的书籍，看重对西学东渐、近代化等历史演进关键问题的分析解读，而对于着眼长时段的著作较少。第三，就书目的学术特色而言，学生多倾向选择由小问题入手，“以小见大”，重视叙事性个案研究的著作，故海外学者的译著较受青睐，而宏观化的叙事、理论化较强的著作则相对较少。需要指出的是，尽管以孔飞力为代表的海外学者提倡“以小见大”，但其著作中所蕴含的多学科交叉的研究方法，需要阅读者具有相应的学科知识与理论修养，并非如其表面所显示的那样浅显易读。在无学术准备的情况下，因著作与作者名气而青睐，阅读效果必然会受到影响，本文关于《叫魂》一书的数据统计分析也佐证了此节。第四，大多数学生选择当代中外学术著作，明清时期的史学原文原典较少，文学、哲学则选择更少。究其根本，历史学是植根于史料的学科，对于原文原典阅读的缺乏，“历史现场感”弱，会影响到学生阅读分析文献的能力培养。同时，“文史哲不分家”，囿于学科划分教条，对相关文学与哲学著述缺乏了解，则会抑制学生的学术视野和学习深度。以上种种，将成为教师的参考要素，体现到未来“明清史专题”的教学改进中去。

学习“中华民国史”课程心得体会

黄若慧

（武汉大学历史学院）

“中华民国史”课程是彭敦文教授面向武汉大学中国近代史专业硕博士研究生开授的基础专业课。彭教授对历史教学见解颇深，在课程安排上以课堂 PPT 讲课和分组讨论的方式，结合课下文献和史料研读，在系统讲解了基础历史知识的同时着重培养了学生认识历史、思考问题的能力以及分析处理史料的方法，为学生养成正确的历史观、学习方法和论文写作提供了重要指引。

一、从不同视角认识民国历史

马克思和恩格斯认为历史是“关于现实的人及其历史发展的科学”①。彭老师在第一节导论课上首先讲明了学习历史即是一个了解人类发展的进程的过程，不论学习任何阶段的历史都需要构建起一个空间意识，将过去与当下、未来联系到一起，从整体上观察事物了解事物，构建起一个系统性的历史认识。1840—1949 年这一时期的历史是中国历史上极其重要的一个阶段，它是国家从帝国逐渐向民族国家转型的初始阶段，也可以是中国被迫打开国门走向全球化和现代化的历史，或从另一层意义上来说是中国人民从旧民主主义革命走向新民主主义革命，最终赢得民族解放的历史。② 这一时段中，中国社会中发生了巨大的变革，从政治制度、经济发展到社会生活、文化变迁以及中外关系等各个层面的变化之深都是以往任何时期都不可比拟的，并且这一变革过程至今仍在延续。中华民国史作

① 《马克思恩格斯选集》（第四卷），人民出版社 1995 年版，第 241 页。

② 张海鹏：《中国近代通史》（第一卷），江苏人民出版社 2013 年版。

为中国近代历史的重要组成部分，是与现代的政治、经济、社会文化紧密相连的，如何看待这段历史、系统地分析历史很大程度上取决于各人对当下社会的理解，更重要则是大量阅读历史著作，而利用现有的研究体系辅助阅读可以起到事半功倍的效果。参加课程的学生有近一半的跨专业学生，本科阶段并没有深入学习过近代史，虽然有一定的历史基础知识，但缺乏学科理论性的知识和阅读史料的经验。史料是历史研究的根本，也是我们认识历史最重要的途径，然而分析材料需要丰富的文史知识和理论知识作为基础。因此在课程的第一阶段，彭老师主要向我们阐明了研究近代史和民国史最基本也是最重要的理论视角，并列出代表书籍作为辅助读物。

20世纪初以来，大量优秀的学者根据不同的时代需求，已从不同视角对近代史及民国史进行过多样化论述，所依据或形成的历史观大致可分为两类：

第一是革命史观。一类学者依据马克思和恩格斯对于人类社会发展的五种形态的划分，将中国1919年的历史定义为资产阶级性质的民主革命时期，即新民主主义革命时期。这一观点最早是20世纪早期由从事革命的中国共产党人在面临艰巨的革命任务时总结出的理论及实践纲领，需要阅读毛泽东的《新民主主义轮》和《中国革命和中国共产党》等著作和范文澜所著的《中国近代史》以加深理解。将中国近代史和民国史放置于中国人民挣脱半殖民地半封建社会的民族独立历程这一视角对于学术界在很长一段时间里都是中国近代史学家遵循的基本学术理念，最具代表性的书籍是胡绳的《从鸦片战争到五四运动》。

第二是现代化史观。20世纪80年代以来，对于现代化发展的追求促使学者脱离革命的历史观，将中国近代以来的延续至今的历史进程放置于现代化框架中，融合了政治经济学和社会学领域的理论来重点分析中国近代以来社会经济的发展、制度变迁以及社会结构和功能的变化。这一视角的研究模式繁多，大体是着重分析社会转型的不同路径和现代民族国家的发生发展。彭老师建议我们可以从黄宗智的《华北的小农经济与社会变迁》、杜赞奇的《文化、权力与国家》和裴宜理的《华北的叛乱者与革命者》等书入手，掌握研究中国社会经济结构和基层社会权力结构的分析模式，从微观研究中拓宽解读历史的宽度和深度。

以上两个历史观是理解中国近代和民国历史的重要主题，根据不同的历史问题顺应不同的思路，抓住关键线索便可以厘清民国时期中国社会的政治、军事、经济、社会各方面的事物。在课后阅读中同学们将各自的阅读笔记整理成小报告并在之后的课上积极交流感受，老师耐心解答了同学们的疑问，及时指正了理解中的误区，加强了阅读效率。

二、关注民国史中的重大问题

经过第一阶段课程的课堂讲解配合课下著作阅读使学生对中国近代史和民国史的研究视角有基本的理解后，课程的第二阶段主要讲解了民国史中的几个重大历史问题，使理论知识得以进一步具体化，同时引导学生学习如何在阅读文献史料时抓住问题的核心，培养问题意识。

第一，中国与世界的历史问题。1840 年以来帝国主义列强入侵中国，从鸦片战争开始到之后一系列不平等条约的签订致使中国被动地裹挟进世界政治经济体系中，可以“半殖民地”和“不平等条约”是民国历史展开的前提。民国建立后结束了封建王朝的统治，在第一次世界大战结束后积极参与国际政治，但在经过了短暂的经济发展后随即又卷入了世界经济危机之中。20 世纪 30 年代的中国农村经济普遍萧条，除了连年征战和天灾重税的因素外，还与帝国主义的经济掠夺和对中国主权的侵害有不可分割的关系。第二次世界大战首先在中国爆发，中国与英美各国形成反法西斯统一战线，战争的过程同时也是中国重新定位与世界关系的过程，这一过程持续到战后中国加入社会主义阵营，并经历改革开放后延续至今。

第二，东西方文化问题。清末以来不断有西方的科学技术、哲学思想、经济学等方面的知识传入中国，这些知识代表了有别于传统中国的制度文明和道德伦理，在阅读翻译介绍西方文献、论述西方政治、经济、社会思想的史料文献时应厘清中国人是如何认识西方世界以及如何选择中国需要走的道路。短时间内的巨大社会变革和国家危难的局面在中国人中产生了文化焦虑，代代相传的思维习惯似乎已经不合时宜，显得十分落后，知识分子纷纷各抒己见，迫切希望能找到中国发展的方向。五四之后，中国知识界的主基调都是挣脱传统的束缚，通过学习西方的政治经济和社会政策来救国救民，而“九一八”之后国民政府又重新利用过尊孔孟来对抗马克思主义思想和中国共产党的影响，对于中西方文化的融合和中国应走何种道路的争论贯穿了整个民国时期。

第三，资本主义与社会主义的问题。资本主义国家和社会主义国家在意识形态、政治制度、经济结构等方面都是对立的，建立何种国家体制是民国时期的一个大背景。传统的中国重农轻商，手工业不以扩大生产为目的，商业的扩展并没有滋生资本主义，因此资本主义和社会主义在中国都是陌生的模式。中国人整体上注重社会的均衡发展和安定人民，很难接受资本主义制度下必然产生的巨大贫富差距问题，因而有了“节制资本”、以政治社会革命结合宪政治理国家的理念，这是中国人希望根据中国的国情来开拓出一条健康的发展道路所做的尝试。

第四，现代国家的构建问题。近代中国经历了从王朝体制到现代民族国家的转变过程。过去人们以家族为基础保持了一套自上而下的家长式治理模式，国民政府建立后形成了一套层级式管理机制，试图以有限的政治经济资源掌控基层社会。然而国家管理机构愈加庞大给国民政府的统治带来了一系列难题。由于中国特殊的国情，国民政府无法直接完全效仿世界上任何一个国家的体制，因此国民政府的对于党国体制的调整探索持续了整个民国时期，其间社会中各种力量都直接或间接参与其中，通过不同方式影响了国家的构建。

带着这些核心问题来阅读文献不仅有助于我们理清思路、加深认识，还可以启发我们的问题意识，对日后的论文选题和写作都有很大帮助。

三、史料的阅读与分析

在课程的第三阶段，彭老师开始教授我们如何正确阅读史料以及分析史料、收集史料的要领。

在史料解读上，彭老师先在课堂上为学生们讲解了需要注意的几点问题。史料是我们认识历史最重要的途径，然而当代人在研究历史时难免会受主观因素影响，因此正确解读史料和选择史料是我们把握历史、感知历史的关键。在阅读史料前，首先要明确文献的几个要素，分别是：(1)史料是由什么人或机构制造的；(2)史料产生的时间和地点；(3)史料的性质是什么；(4)史料保存的目的是什么。带着这几个问题阅读史料，便可以更加全面更加客观地解读史料，理清文字中蕴含的内在逻辑，将看似纷乱的内容串联起来，形成自己的理解。

锻炼史料解读能力需要大量材料阅读的累积，并时刻思考关键事件和问题，再依据事件和问题延伸阅读范围。因此，接下来彭老师交给我们《建党以来重要文献选编》《中华民国史档案汇编》等史料集的电子档，同学们分成四人一组，分别依照自己感兴趣的时段和话题选择不同史料集中的档案进行对比阅读，同时充分利用学校图书馆资源和读秀学术搜索、中国近代报纸全文数据库等数据库搜索关键词，大量收集相关联的档案、文献，报刊，调查报告、书籍，方志、民间文书、回忆录等资料，尽量从多角度思考问题，深度分析史料内容。在遇到难以解读的史料时，可以通过网络平台搜索已使用过该史料的文献书籍，通过他人对文献的解读来帮助自己理解史料，并应积极与同组和其他小组的同学交流问题，遇到实在无法解答或有争议的史料便可以在课上请教老师，老师通常会先鼓励大家各抒己见，引导大家尽量多思考多辩论问题，之后再给出适当的解答。对史料解读有困难大多是因为知识体系还不够健全，或搜集的材料不够丰富，没能从多角度看到事物的深层含义，因此彭老师会根据学生知识上的欠缺，不断推荐相关的史料和书籍，尽量使学生自行进行拓展阅读范围，构建自己的历史认知。

此外，彭老师还建议大家多去湖北省档案馆和武汉市档案馆，根据自己感兴趣的话题查找还没有人使用过的第一手资料，为论文写作做准备。

四、论文选题与写作

在课程的最后阶段，彭老师主要讲解了论文的选题和写作要点。在十二周的阅读学习过程中，同学们已从文献书籍中建立起了对于民国史的基本认识，掌握了一定的史料研读要领，接下来应当通过课程论文练习应用新掌握的知识技能，在实际写作过程中进一步巩固知识技能。

关于论文的选题，彭老师指导我们可以结合各人喜欢和擅长的方向寻找感兴趣的题目，同时需注意题目在学术界的讨论度，先大量阅读中国近代史核心期刊中的文章，关注学术前沿和热点话题，选择有研究价值且对于研究生来说可操作的题目。关于论文写作，在正式动笔前，要明确论文所要分析的核心问题是什么，列出大纲，每一部分都要围绕一个中心点进行论证，不能只是空泛地描述事物发生的过程。其次，在写作期间需要注意史料的选择和运用，仔细解读史料并避免过度摘抄原文，尽量归纳总结出材料的核心含义再对重要部分进行适当引用。并且，论文写作应使用简练的、专业的语言，将自己对事物的认知组织成文字，逻辑清晰地表述出来。

学期结束后，学生们在寒假期间都完成了五千到一万字的课程论文。彭老师对论文进行了细心批改，课程就此结束。

五、结语

在短短十二周的时间里，“中华民国史”课程为武汉大学中国近代史专业的研究生新生提供了历史学习必备的理论知识、史料研读技巧和论文写作方面的综合指导。一方面，彭老师在课堂上生动讲解了研究民国史基本的理论视角和重大问题，为学生展现了认识历史的思维维度；另一方面，课堂小组讨论和丰富的课下阅读充分锻炼了学生们的自主学习能力，在不断累积知识的同时培养了学生的问题意识。此外，论文写作不仅体现了各人的文字表述能力，更体现了知识的储备和驾驭文献的能力，学生的课程学习成果在论文中得到了充分展现。

学习“考古学理论与方法”课程的几点思考

沈志豪
（武汉大学历史学院）

本学期笔者学习了余西云教授讲授的“考古学理论与方法”课程，受益颇多，使我对考古学的理论与方法有了粗浅的认识。笔耕如下，恳望各位老师不吝指正。考古学的理论和方法是两个概念。关于什么是“理论”，笔者认为，理即道理，是自然界客观存在且不以人的意志为转移的。理论则是人类在物质世界的实践中对某些自然现象的归纳与总结，同时它也可以反过来指导人类的实践活动，因此理论具有实践性、阐释性、抽象性的特点。“方法”是在实践过程中对考古学理论运用，与哲学概念中的“方法论”有所不同，方法论是对一系列具体方法进行分析、研究、提炼所得出的一般性原则，方法与方法论应是包含与被包含的关系。张培忠先生认为，考古学基本理论，是对研究对象一般的客观联系及规律的认识，方法论则是将这种认识运用于新的实践。考古学基本理论与方法正确与否，有待于新的实践检验。① 需要解释的是，考古学研究的对象是实物材料，这里的实物材料是指人类在生产实践活动中所遗留下来的遗迹或者器物，它们隐藏着一定的时空关系。因此，所谓的遗迹和遗物是与人类的生产生活息息相关，不是独立于人类社会而存在的，脱离了人类社会的遗存没有时空关系，也就不是考古学的研究对象了。

考古学的产生有很长的历史渊源，但直到近代才成为一门学科。关于中国考古学的起源问题，学界一直有两个声音：一部分学者认为 1921 年由瑞典学者安特生主持发掘仰韶遗址标志中国考古学的开端；另一部分学者则认为中国考古学出现的标志是 1926 年由李济先生主持的西阴村遗址的发掘。在此，笔者便不妄

① 张忠培：《中国北方考古文集》编后记，文物出版社 1990 年版，第 264 页。

加讨论中国考古学的起源问题。罗伯特·沙雷尔、温迪·阿什莫尔在《考古学：发现我们的过去》一书中对考古学做出了如下定义：考古学是通过物质遗存研究人类历史的一门学科。物质遗存的合集就是我们所知的考古学遗存。为了研究过去，考古学家需要先确定要研究的问题，再运用一系列考古学方法来发现、复原、保护、描述和分析考古学遗存，以解答这些问题。为了探索这些遗存的意义，考古学家有一套理论体系作为指导，这些理论为解释考古证据提供了手段而且有助于对过去进行描述和说明。① 笔者认为这个定义是非常合理的。《考古学(中国大百科全书·名家文库)》中，夏鼐、王仲殊对考古学的定义做出了更为细致的解释：首先，考古学研究的年代范围是古代，它与近代史、现代史是无关的。考古学所研究的“古代”除了史前时代以外，还应包括原始时代和历史时代。其次，虽然考古学的研究是以物质的遗存为依据，但作为历史科学的组成部分，他的研究范围不限于物质文化，而是通过各种遗迹和遗物，研究人类古代社会的各个方面，其中包括生产规模、技术水平等物质文化，也包括美术观念、宗教信仰等精神文化。最后，要研究人类古代社会的历史，还必须在横向方面和纵向方面扩大研究的范围。这就必须注意同一时期各个地区人类社会之间的相互影响和传播关系，也要注意人类社会文化在不同时期继承、演变和发展的进程。② 根据上述定义，考古学是一门理论与实践并行的学科，其目的是通过研究遗址与发掘材料，复原古代历史的本来面目，这里的“本来面目”包括古代社会的生产关系，生产力状况、古代人类的行为背后的动因以及文明演变的过程。为了达到这个最终目的，考古学家会运用科学合理的理论与方法指导田野实践。接下来笔者将会分别论述考古学理论与考古学方法，以及理论与方法在具体实践(包括中国境内的实践与西方的实践)中的运用。

一、考古学理论

何为考古学理论？笔者认为，考古学理论包括了四个方面的内容，首先是辨别什么才是考古研究材料，以及考古材料的特征是什么；其次是研究考古材料的

① [美]罗伯特·沙雷尔、温迪·阿什莫尔著，余西云等译：《考古学：发现我们的过去》，上海人民出版2008年版，第13~14页。

② 夏鼐、王仲殊：《考古学(中国大百科全书·名家文库)》，中国大百科全书出版社2014年版，第16~20页。

形成过程以及形成原因；再次是研究人类与考古材料的关系；最后是复原古代人类社会的基本面貌。目前关于考古学的主流理论主要来源于西方，笔者鉴于学力有限，只选择其中的文化历史主义、过程主义以及后过程主义展开论述。这三个理论提出的时间有着先后顺序，文化历史主义最早，过程主义其次，后过程主义最晚。不同的理论也许会被看成对立存在的，但实际上，他们在形成和发展的过程中是相互依存的。过程主义的“假设验证”演绎法来自文化历史主义，并且在此基础上弥补了文化历史主义的不足，笔者认为如果将两种理论割裂开，是不合理的。同理，后过程主义的出现也是建立在过程主义研究成果的基础之上的，它使之前的理论更加均衡全面，而不是将它们取而代之。接下来笔者会分别谈谈这三个理论。

首先是文化历史主义，其是以考古材料的时空分析为基础，强调建立历史事件的编年序列，同时研究文化是如何产生、扩张以及消亡的。文化历史主义的主要目标是进行史前时间段编年并研究文化变迁与延续的一般趋势。① 文化历史主义源于弗朗茨·博厄斯(Franz Boas)创立的人类学中的美国学派(博厄斯学派)。20 世纪上半叶，当时考古学界普遍关注的问题是如何确定区域文化的年代序列，而文化历史主义主张以文化区为单位进行研究，在特定的文化区的不同遗址中获取信息，进行时空分析，从而构建一个大范围的时空序列。这恰好满足了考古学家们的理论需求。但实际上历史学派所说的“历史”是对各种文化现象、“文化区”、文化特点和传播作经验的机械的描述，常常舍本求末地记载许多复杂繁琐的文化现象加以整理分类。例如，他们确实对印第安人做了长期的广泛的研究，也积累了资料。但他们没有从这些资料中得出人类社会发展的正确全面的结论，而是陷入不可知的泥淖，从而模糊了其观点的某些合理因素。② 除此之外，文化历史主义仅勾勒了过去历史的时空框架，并没有对文化过程及文化发展变化的原因进行解释，人与物的关系研究也不在其研究范围，因此它是有很明显的局限性的。

其次，过程主义解释文化在某个时间点是如何形成的，以及如何随着时间的流逝而变迁(或者保持相对稳定)。相比较于文化历史主义，过程主义以分析文化过程为轴心，强调应该在整个社会的背景之下观察不同文化之间的更迭，而不

① [美]罗伯特·沙雷尔、温迪·阿什莫尔著，余西云等译：《考古学：发现我们的过去》，上海人民出版 2008 年版，第 53 页。

② 吴泽霖、张雪慧：《简论博厄斯与美国历史学派》，《民族学研究》1981 年第 8 期。

能机械地看成不同群体间相互影响的结果。过程主义考古学也被称为新考古学，其代表人物为路易斯·宾福德。宾福德提倡“假设验证”的研究方法，反对历史文化主义注重归纳的研究方法。举个例子，在《考古学：发现我们的过去》一书中提到，在对尤卡坦半岛海岸外库左梅尔岛(The island of Cozumel)的研究中，考古学家根据文献假设这个岛屿是古代玛雅的贸易港口。他们列出预想得像库房一类的各种设施，甚至假设他们将要找到的遗物的风格也是多样的，代表了古代不同的政治组织。如果港口被某一个政权控制，货物就会显示出某一种风格的数量占优势；如果是一个自由港，那么货物的风格可能就是多样的，在数量上也不相上下。这些预设条件[验证推论(test implications)]以逻辑预期为基础，是过程主义考古的“假设验证”演绎方法的关键。考古学家提出了对古代社会的若干假设，然后根据发掘资料来判断哪些假设与古代的实际情况吻合。① 提出假设，收集整理相关资料后，考古学家就用这些资料来验证假设，那么就会出现以下问题：资料与假设是否吻合？在理想情况下，资料与其中一个假设相吻合，那么其他所有假设均被排除。在非理想状态下，几个假设都与资料相吻合，这种情况就需要其他的假设来进行验证，随之而来的问题就是准确性。笔者认为同时要求满足很多条件的假设不如要求较少的假设来得精准，因为事实与假设还是存在差异性的，预设的条件越多，与事实的差异性就越大。总而言之，假设演绎法是为了在众多假设中找到唯一假设，保留下来的假设仍然有待改进，它不是事实，而只是当下的最优解释。

最后，后过程主义则是关注历史发展的原因，强调从所研究的对象本身得到内在的理解，而不是设计出一个外在的解释。过程主义考古学突破了以往考古学的理论范式，将个体与规范、结构与过程、意识与物质、主观与客观整合到了一起，充分关注到了以往考古学理论方法中所忽视了的文化的象征意义、个体的能动作用和特殊的历史背景，是考古学理论与方法的一次革命。② 从内涵上讲，后过程考古学往往作为一种概括性的术语，包含了许多与当代社会理论有关的方法，这些方法包括权力和意识形态的讨论，女性主义、物质文化被解读为文本的概念转换，现象学、媒介、景观、身体、记忆、物质、考古学和遗产之间的联

① [美]罗伯特·沙雷尔、温迪·阿什莫尔著，余西云等译：《考古学：发现我们的过去》，上海人民出版2008年版，第73~75页。

② 张海：《后过程主义考古学的形成——读伊恩·哈德〈解读过去〉》，《东南文化》2003年第11期。

系，以及土著权利和伦理等。① 换言之，后过程主义重在阐述历史行为本身，将研究对象带入具体情节，更加注重关于意识形态的要素在社会中扮演的角色。笔者在这里以性别考古举例。《性别考古与玉璜的社会学观察》一文中，作者尝试用性别考古学的视角，通过对位于长江下游地区的新石器玉璜做出考察和辨析，使用后过程主义理论分析史前人类社会的性别差异。在崧泽遗址的第一次发掘中，发现玉璜的墓一共有13座，其中7座为女性墓地，1座为男性墓地，2座为幼儿墓地，其余3座身份性别不明。在第一次发掘中女性墓地的数量明显多于男性墓地，而且女性墓地的随葬品多为罐、壶，纺轮等，并且在数量上比其他墓葬出土的随葬品更多。在墓葬中不少女性佩戴玉璜、石镯，个别口中还有玉琀。第二次发掘与第一次相比只存在数量上的差别，但结果都是女性墓葬的数量与随葬品都略多于男性，因此作者猜测这些女性墓主人在氏族中具有相对较高的地位。② 根据上述举例，看得出后过程主义考古学的研究焦点更为接近人类的实际生活过程，而不是强调物质遗存的时空序列，诚然文化历史主义和过程主义也关注到了社会集体的某些行为，但后过程主义的关注点试图解释家庭或族群这种小规模社会单位的行为，而不是整个社会集体。

在北美，考古学是隶属人类学的分支学科(考古人类学、体质人类学、语言人类学、文化人类学)，考古学从人类学中借用模型，如人类学以生物学为基础提出的进化论，来解释考古学遗存。1962年，宾福德发表《作为人类学的考古学》，提出考古学应该成为有助于理解文化异同的人类学的一支，考古学的根本任务是“明晰和阐释人类存在的全部时间和空间范畴内体质和文化异同”③。以人类学的视角来研究上述考古学理论，会更加便于理解。诚然，不同的考古学理论，研究视角不尽相同，但并不是新理论的出现，就意味着旧理论的淘汰。每一种理论都只是概括地提出一个研究命题与研究方法来辅助考古学研究，也正是因为理论的多样性才使考古学发展成为一门科学的学科。

二、考古学研究方法

张忠培先生指出：“如果把近代考古学比喻为一部车子的话，地层学和类型

① 严文堉：《后过程考古学理论与实践再思考》，山东大学硕士学位论文，2021年。
② 陈淳、孔德贞：《性别考古与玉璜的社会学观察》，《考古与文物》2006年第7期。
③ Lewis R Binford：Archaeology as Anthropology. *American Antiquity*，1962，28(2).

学则是这车子的两轮。没有车轮，车子是不能向前行驶的，没有地层学和类型学，近代考古学便不能存在，更不能向前发展。近代考古学的水平，首先取决于运用地层学和类型学的程度。"①作为考古学研究的基本方法，地层学与类型学是不可分割的，地层学是考古发掘方法，而类型学是考古研究方法。发掘工作必然是在研究之前的，因此可以说地层学是类型学的前提，在发掘现场不能正确认识出土器物的时空关系的话，那么后续的研究工作也将无法开展。

苏秉琦先生总结过："考古学上称为地层学或层位学的，指的就是地层堆积的层位上下、堆积时代的相对迟早关系的研究。"②从定义上可以看出，地层学是研究地层堆积时间关系，以及横纵面关系的一个方法。地层学在中国近代考古界的首次运用是在1921年，瑞典地质学家安特生主持发掘的仰韶遗址。李济先生认为阻碍仰韶文化传播的主要阻碍是山东，在山东境内并未发现任何仰韶文化的遗存。值得一提的是吴金鼎先生在山东境内发现了另一阶段的龙山文化，这两种文化都是以陶器为代表的。随之便产生了一个新的讨论：仰韶文化与龙山文化孰先孰后的年代问题。"在安阳地区多处有这三种文化遗物，并且有明显的分布层次即：(一)彩陶文化，(二)黑陶文化，(三)商朝的历史文化。其中商朝文化的白陶会引起一般古器物学家的注意。在后岗，有三类这三种文化层相互关系的地层组织：商文化层在彩陶文化层的上面，或是商文化层在龙山文化层之上；或是第三类，龙山文化层在仰韶文化层的上面。在任何未被扰乱的地层中，都有类似这三类文化层顺序的存在。这地区中相反的顺序从未发现过。因此，我们可以决定这三个文化层次是：彩陶文化最早，其次是黑陶文化，最晚的是历史时期的商朝文化。在这里，必须一提的是这样的层次是有其地区性的。"③这便是梁思永先生在安阳后岗遗址主持发掘时发现的后岗三叠层。

我国考古学发展的事实证明，按土质土色划分层位进行发掘的方法，能正确解决古代遗存错综复杂的堆积关系，为考古学的发展提供了坚实基础。因此，在考古发掘中仍应坚持：其一，据土质土色划分地层、遗迹等现象。其二，由上及下，由晚及早地进行发掘。其三，按照实际情形做好拍照、绘图及文字记录工

① 张忠培：《地层学与类型学的若干问题》，《文物》1983年第5期。

② 苏秉琦、殷玮璋：《地层学与器物形态学》，《文物》1982年第5期。

③ 李济著，万家保译：《中国文明的开始》，中山学术文化基金董事会编译，台湾"商务印书馆"1970年版，第6~7页。

作。其四，按单位归放遗物。① 以上总结的发掘方法从安特生以及梁思永先生分别在仰韶遗址和殷墟的运用，到中国考古学界普遍采纳有着很长的实践过程，直到如今在地层学的基础上，发掘理念仍在不断丰富和进步。

考古类型学是借鉴生物学对生物进行分类的方法而进行的考古类型分期。中国的考古类型学是在蒙特留斯(Oscar Montelius)考古类型学的影响下形成的。类型学强调在分类的基础上排序，主要解决的是考古遗存的相对年代问题。中国学者中最早使用类型学方法的是梁思永先生，他在1930年对山西西阴村史前陶器的研究中，将陶片分为两大类：陶系与形态。同时又将陶系分为四个层次，形态分为三大类，开始了对类型学的初步探索。② 这里便不展开说明。总而言之，类型学的主要研究对象是器物。苏秉琦先生认为，器物形制的变化是有规律可寻的。器物的制造、旧器形的淘汰、新器形的出现等，与一个时期人的和社会的因素(包括技术因素)直接相关，而与器物本身或自然界的因素未必有直接关系。对器物形态的研究不能仅仅停留于器物的表面，而应揭示物与人、物与社会的关系。③ 除此之外，类型学研究的基础，是器物形态的相似性原理和一般进化原理，这主要是与一个地区的技术传统息息相关，这种技术传统的延续有家族继承和统一管理两种方式，这两种方式分别体现了生产的延续性和相似性。正是由于手工业生产传承性和标准化的存在，才使得类型学的分期研究成为可能。④ 因此考古类型学的研究目的不只是为了对考古遗存进行分期，还应该揭示考古类型学型式划分的内在原因。

在《两汉墓葬中出土陶灶的考古类型学研究》一文中，作者用考古类型学的方法综合两汉时期的墓葬材料，发现汉代陶灶主要有七种不同形制，即方形灶、长方形灶、梯形灶、前圆后方形灶、曲尺形灶、圆形灶和半椭圆形灶。另外还有一些地区出土数量较少的异形灶。作者除了对不同形制的陶灶进行类型学的划分，还对它们的区域分布进行归纳总结，得出以下结论：汉王朝建立以后，在汉代统治疆域内出现了比较统一的文化因素，多称为汉文化因素。但汉文化的表现

---

① 张忠培：《地层学与类型学的若干问题》，《文物》1983年第5期。

② 梁思永：《山西西阴村史前遗址的新石器时代的陶器》，《梁思永考古论文集》，科学出版社1959年版，第1~49页。

③ 苏秉琦、殷玮璋：《地层学与器物形态学》，《文物》1982年第5期。

④ 赵丛苍、曾丽：《关于“考古类型学”的新思考》，《西北大学学报》(哲学社会科学版)2020年第4期。

形式却呈现出区域性差别，其既包含在全国各地出现的比较统一的文化因素，也包含仅在本地出现并流行的不见于其他地区的文化因素，还包括在汉代普遍流行的但带有本地特点的文化因素。正是这些不同区域类型，共同构成了内涵丰富的汉文化。① 可以看出通过对陶器的类型学研究，可以初步判断汉朝在这一时间节点的物与人、物与社会的关系，进而可以研究区域文化差异，这也侧面印证了类型学的重要性。

笔者认为无论考古学发展到何种阶段，与其他学科产生了何种交叉联系，都无法撼动地层学和类型学在考古学中的地位，它们是揭示遗存时空关系的基本方法，是考古发掘工作得以开展的重要基础，是考古学理论得以成型的根本依据，也是考古学这门学科得以建立起来的坚实地基。

三、中国特色考古学

笔者认为在论述中国考古学之前，有必要简单回顾中国近代考古学简史。20世纪，北洋政府聘请瑞典地质学家安特生来中国担任顾问，并在1921—1926年期间发掘河南渑池县仰韶遗址，北京周口店龙骨山遗址；拟定中国彩陶文化的发展序列，提出甘青远古文化六期说。同样是在1920—1930年，留学欧美的学者先后回国，其中包括李济、梁思永、吴金鼎、裴文中、冯汉骥、夏鼐等先生，使我国学界逐步形成了一批具备人类学和考古学知识的专业考古队伍。1926年，李济先生主持发掘西阴村遗址，首次运用探方法建立坐标系。1928—1937年，安阳殷墟在李济先生与梁思永先生的先后主持下，进行了15次发掘，其间沿用了李济先生发掘西阴村遗址的方法(探方法)，清理了50余座夯土建筑基址和大量墓葬、祭祀坑，发现大量甲骨文，积累了宝贵的考古发掘经验和材料。1930—1940年，以梁思永先生发现后岗三叠层和苏秉琦先生斗鸡台瓦鬲的谱系研究为标志，地层学和类型学在中国得到了初步发展。1940年，夏鼐先生在甘肃阳洼湾齐家文化墓葬的填土中发现了仰韶文化的彩陶片，在地层学上否定了安特生提出的齐家文化早于仰韶、马厂文化的甘青六期说。从新中国成立前的这段历史中，可以看出这一阶段中国考古学家的研究是以田野考古发掘材料为基础，重在

① 余静、张成明：《两汉墓葬中出土陶灶的考古类型学研究》，《江汉考古》2012年第3期。

构建中国史前史的时空框架，尚未上升到理论层面的总结归纳。这也受限于当时的时代背景，但从这一阶段的考古研究成果来看，中国考古学发展的起点还是非常高的。

中国将考古学划分为历史科学的重要组成部分，这与北美地区将考古学划分为人类学的分支是截然不同的，因此考古学理论建设的重点也不相同。新中国成立后，提出建设具有中国特色的考古学，它是以马克思主义为指导思想，以历史唯物论为主线的。马克思主义是关于研究人类社会发展规律的理论，北美将马克思主义视为后过程主义的一个方面，而中国则将其视为考古学的指导思想，但不论是中国还是北美，运用马克思主义的根本目的都是一样的：解释古代社会。各地区考古学的研究目的都是复原古代历史的本来面目，但由于意识形态、经济发展状况、地理环境等因素差异，导致各地区的研究理论与方法并不完全相同。虽然很多理论方法都是从西方引进，但在实践过程中形成了中国考古学自身的特色，发展成具有中国特色的一系列理论和方法。在 20 世纪 80 年代，随着西方考古学理论传入中国(过程主义考古学等)，在很长一段时间内引起考古学界的广泛探讨。在此背景之下，苏秉琦先生对中国的考古学文化区、系、类型问题提出了全新的认识，即区系类型理论的提出。他认为区是块块，系是条条，类型则是分支，并将中国主要文化区分成六大区系：陕豫晋邻境地区、山东及邻省一部分地区、湖北和邻近地区、长江下游地区、以鄱阳湖—珠江三角洲为中轴的南方地区、以长城地带为重心的北方地区。① 20 世纪 90 年代，苏秉琦先生在此基础上对区系类型理论做了更进一步的解释："相对于世界其他几大历史文化系统而言，中国文化是自我一系的；中国古代文化又是多源的；它的发展不是一条线贯彻始终，而是多条线互有交错的网络系统，但又有主有次。各大文化区系既相对稳定，又不是封闭的。通过区内、外诸考古学文化的交汇、撞击、相互影响、相互作用，通过不断地组合、重组，得到不断更新，萌发出蓬勃生机，并最终殊途同归，趋于融合。"②区系类型理论是立足中国本土环境提出的考古学理论，它的研究对象是考古学文化，揭示了文化的时空框架以及不同文化间的联系与互动，这对于复原中国史前史的重要性不言而喻。区系类型理论的提出成为新中国成立之后的考古学界的重要指导思想，使得考古学家们对中国文明的思考逐步取得

① 苏秉琦、殷玮璋：《关于考古学文化的区域类型问题》，《文物》1981 年第 5 期。

② 苏秉琦：《关于重建中国史前史的思考》，《考古》1991 年第 12 期。

共识。

新中国成立之后，学界对于如何将马克思主义与考古学结合起来产生了很长时间的讨论，在此背景下，苏秉琦先生曾提出“中国学派”这一概念。俞伟超先生和张忠培先生在解释苏先生提出的“中国学派”时，对什么是具有中国特色的考古学做出了详尽的解释。第一是以马克思列宁主义、毛泽东思想为指导，从考古材料出发，运用考古学的技术方法，仔细观察与分析考古现象所呈现出的矛盾，具体地研究中国境内各考古学文化所反映的包括生产力和生产关系、经济基础和上层建筑这些内容的社会面貌及其发展阶段。第二是在科学发掘的基础上，运用由我国学者所发展了的考古类型学方法，分区、分系、分类型地研究各考古学文化发展过程，通过考察我国考古学文化的谱系来研究中国这一以汉族为主体的多民族国家的形成和发展过程，研究这一总过程中各考古学文化的相互关系及其发展的不平衡性。第三是这种研究是以揭示历史本身面貌作为自己的唯一目的，对促进人民群众形成唯物主义历史观，激发他们的爱国主义、国际主义和民族团结思想情感有着重要的作用。① 上述两位先生的解释正是“中国学派”的核心，也是中国考古学的特色所在。值得一提的是，中国特色考古学理论与方法不是自我封闭的，它既立足于中国文化与国情，同时也积极容纳西方先进的理论与方法，构建了一套服务于中国的考古学理论与方法体系。

但就理论层面而言，中国考古学理论体系仅包含于笔者在上文中提到的第一个、第三个和第四个内容(解释考古材料，人与物的关系，复原人类社会)。中国考古学对于遗迹遗存的研究解释，人类与器物的关系以及史前史的构建已经取得了不菲的成果，但对于考古材料的形成过程、文化过程的研究很匮乏。然而考古学理论是一个完整的系统，四个方面是相互联系的，不能只研究其中一个或者几个方面，否则会使理论在逻辑层面出现断层，最后的研究结果是缺乏说服力的，这也是目前最为人诟病的一点。值得一提的是，2018 年国务院新闻办公室举办中华文明起源与早期发展研究(简称“中华文明探源工程”)成果发布会，提出：截至中华文明探源工程 4 期，取得了以下进展：第一，中华文明探源工程以考古资料实证了中华大地 5000 年文明。第二，丰富了对人类文明起源的认知。

① 俞伟超、张忠培：《追求与探索》，《文物》1984 年第 1 期。

第三，对中华文明多元一体格局的形成有了总体认识。① 中华文明探源工程的研究成果是值得肯定的，工程结合了前人的研究成果和现代技术，为证实中国历史的真实性提供了更为强有力的证据，是中国考古学在实践层面的一次总结和胜利。但就学科发展的层面来看，完全将考古学的发展重心放在实践，而忽视理论研究，也是不合理的，因此笔者认为中国考古学接下来的工作重心应该放在理论建设的板块，在田野发掘的基础上，重视对考古材料形成过程的研究，补齐中国考古学理论体系的短板，建设富有中国特色的考古学。

四、结语

考古学是一门包容性极强的学科，这是由考古学的研究目标所决定的。能够帮助考古学家还原历史本来面貌的理论模型和技术方法都能被考古学所接受，并逐步发展成为考古学的组成部分。因此笔者认为考古学的理论和方法会随着人类社会知识体系的发展而不断创新。余西云教授在《中国考古学百年回顾与前瞻》一文中提到过人类历史重建需要借助文字、语言，文化(活态文化与文化遗存)，人体(体质和 DNA)三类资料。可以把这三类资料理解为三种不同的语言体系。文化遗存是不同于传统文献的符号体系，DNA 是不同于文献与遗存的又一种符号体系。DNA 研究对于考古学研究，如同考古学研究对于传统史学研究，会在很大程度上丰富其内涵，但这并不意味着 DNA 研究会完全替代传统考古学研究。地层学和类型学等考古学方法建构的具有时空联系的考古学遗存体系，是考古学理论和技术进行阐释的前提，是考古学科学性的出发点，是考古学最大的科学性。② 笔者读完余先生的文字，感受颇多。关于文明诞生的三大标志，有两种说法。一种说法是：文字的发明、城市兴起以及礼仪场所的出现。另外一种说法为：人口增加，出现城市；出现社会分工，产生阶级；出现王权和国家。无论是哪种说法，三大标志的实践主体都是人类，文明的诞生与发展离不开人类的实践活动。马克思指出人们自己创造出自己的历史，换言之，人是历史活动的主体，

① 国新办举行中华文明起源与早期发展综合研究成果发布会，提出中华文明的起源和早期发展是一个多元一体的过程，在长期交流互动中相互促进、取长补短、兼收并蓄，最终融汇凝聚出以夏代中晚期河南洛阳偃师二里头文化为代表的文明核心，开启了夏商周三代文明。

② 余西云：《中国考古学百年回顾与前瞻》，《中原文物》2020 年第 12 期。

历史是人类活动的产物。“人类历史重建”这个问题，余先生在“文明诞生说”的基础上总结出新的三大资料：文字、语言，文化，人体。文字与文化笔者便不再过多赘述了，关于人体这个概念，余先生将其细化为体质和DNA。笔者认为称作“古DNA研究”更加合理。从理论上讲，在理想状态下，古DNA技术的应用能有效解决复杂墓葬中的血缘关系和社会关系，它能够辅助考古学家解决墓葬研究中的“疑难杂症”。但正如余先生所言，古DNA研究并不能完全代替文化谱系研究，它无疑是科学的，但只是考古学研究中的辅助手段，并不能取代基于地层学和类型学等方法所构建的考古学时空框架。

就中国而言，考古学百年以来，积累了丰富的田野考古经验和考古材料，成功构建了中国史前史的基本时空框架，但就理论层面而言与西方仍有差距。笔者认为，中国特色考古学理论体系的构建不能完全照搬西方经验，中国考古学的实践是中国特色考古学理论体系建立的基础，理论建设必须立足于中国本土的实践。但也不能盲目排斥西方经验，需要考古学家在借鉴中结合我国实际情况，提炼总结出符合中国考古学的理论与方法。

对“中国历史文献学”课程内容的几点认识

沈志豪
（武汉大学历史学院）

本学期笔者学习了鲁家亮副教授与雷海龙老师联合讲授的“中国历史文献学”课程，对历史文献的基本内容和载体有了粗浅的认识与理解。历史文献从广义上来讲是一切自然科学文献和社会科学文献的综合，包含了古往今来的所有著作和所有文献。简言之，一切文献都是历史文献；从狭义上来说，历史文献指历史时期有关历史的记载和编纂的文献史料。历史文献学是对历史文献的形成发展、整理利用进行研究，探索其规律，从而加以理论说明的一门学问。它以历史文献为研究对象，任务是为各种文化学术研究提供丰富而信实的资料，特别是在搜集、鉴别史料方面，能为历史学科研究建立坚实可靠的资料基础。① 笔者将从“文献”含义的变迁、历史文献学、历史文献的载体等几个方面来谈谈自己对于中国历史文献学的基本认识。

一、“文献”的含义变迁

文献二字最早出现在《论语·八佾》中：“夏礼吾能言之，杞不足征；殷礼吾能言之，宋不足征也。文献不足故也。足，则吾能征之矣。”后世又有：“杞，夏之后。宋，殷之后，征，证也。文，典籍也。献，贤也。言二代之礼，我能言之，而二国不足取以为证，其文献不足故也。文献若足，则我能取之，以证君言矣。”“‘文’谓典策，‘献’谓秉礼之贤士大夫。”“献，圣也。”“献，贤也。”②从引

① 杨燕起、高国抗：《中国历史文献学》，北京图书馆出版社 2003 年版，第 7 页。
② 引证文献分别出自：朱熹《论语集注》、刘宝楠《论语正义》、《尚书·益稷》、《尔雅·释言》、《玉篇·犬部》。

证的史料中可以看出文献最初的含义与“贤”密切相关，此外，引述的这段《论语·八佾》，大意为夏、殷的礼制我都能讲述出来，知识夏、殷后代的杞、宋两国保存的典册以及熟悉礼仪典制的贤士大夫都很少，“文”既无征，“献”亦无从请教，因此不能加以证实；若典册俱存，贤士大夫俱在，那么我就能够对夏、殷之礼加以论证了。

“文”与“献”是古代文化知识(例如礼仪、制度、掌故等)的两种主要传播方式，许多关于社会、历史、典制、礼仪、习俗等方面的知识，都存在于古代某些博学多识的人的记忆里，人们若要了解这些知识内容，就需要向这些博学多识的人请教，因此这些传授知识的人，很受尊重，故而被人们尊为“圣”“贤”“善”等。例如孔子被尊称为“圣人”，其弟子也被称为“贤人”。在先秦古籍中也保存了不少关于问政、问礼的记载，笔者在此不一一列举。因此，“献”最初的含义是指圣贤口头传授的知识。

“文献”二字作为书名，首次出现在宋元之际马端临所著的《文献通考》一书中，此处的文献较之于先秦时期，有了显著的变化。“凡叙事，则本之经史，而参之以历代会要，以及百家传记之书，信而有证者从之，乖异传疑者不录，所谓文也。凡论事者，则先取当时臣僚之奏疏，次及近代诸儒之评论，以至名流之燕谈，稗官之记录，凡一话一言，可以订典故之得失，证史传之是非者，则采而录之，所谓献也。”①马端临将文与献作为叙事的根据，文是叙事，含经、史、历代会要及百家传记之书；献是论事，含臣僚奏疏、诸儒之评论、名流之燕谈、稗官之记录。事实上，无论是臣僚奏疏、名流之燕谈、诸儒之评论，还是稗官之记录，都是马端临无法实时参与的，他所见到的还是文字记录。因此马端临将书面文献等同于文献，这与最初记载的“献”大不相同，由此可见，“献”的含义由最初的“贤人”转变为此时的“文”。明初的《永乐大典》，最初的名字是《文献大成》，它是汇集各类图书资料编纂而成的。《明史·艺文志》载：“永乐初，解缙等奉敕编文献大成既竣，帝以为未备，复敕姚广孝等重修，四历寒暑而成，更定是名。成祖制序。后以卷帙太繁，不及刊布，嘉靖中，复加缮写。”“文献”一词的含义在这一时期完全演变成典籍和文字资料。从马端临已经变化了的“文献”含义中，可以肯定的是，无论是叙事还是论事，他所知的文献仅包括文字记载，非文字记载的方面不属于他说的文献范围。文字记载常常著录为图书、典籍，因

① 马端临：《文献通考·自序》，元泰定元年西湖书院刻本。

此也将图书、典籍与它联系或并列起来，而成为图书文献，典籍文献之类。①

现在通常意义上的“文献”，主要指以文字、符号、图像、声音等为主要记录手段的一切知识和信息的载体。《辞源(第三版)》对文献的定义：文，指有关典章制度的文字资料。献，指多闻熟悉掌故的人。后指有历史价值的图书文物。《中国大百科全书·图书馆学、情报学、档案学》：记录有知识和信息的一切载体。与传统的“文献”含义相比，现代文献的含义不仅包括了传统意义上有文字记载的一切图书资料和掌握某一方面知识记忆的专门人才，还囊括了现在所有的知识记录和信息载体。但值得注意的是，就历史文献学这门学科而言，有文字记载的图书资料仍是文献的主体，并且是这门学科研究的主要对象。

二、历史文献学

在现行学科体系中，中国历史文献学属于中国史之下的二级学科。历史学的发展离不开文献史料的基础，离不开历史文献学的方法和成果。历史文献学是历史研究的前提。凡是历史研究都必须以史料为根据，史料是历史研究的前提。根据上文引述过的《论语·八佾》，孔子在谈论夏礼、殷礼时就已经意识到了叙述历史必须要以文献为基础。梁启超在《中国历史研究法》一书中提道：“史料为史之组织细胞，史料不具或不正确，则无复史之可言。史料者何？过去人类思想行事所留之痕迹，有证据传留至今日者也。”②笔者认为以今日的眼光来看，梁启超先生所言的“所留之痕迹”包括传世文献、出土文献以及考古发掘材料。

历史文献学以历史文献为研究对象，可分为传统文献学(抑或古典文献学)和现代文献学。其实我国古代，无所谓文献学，而有从事于研究、整理历史文献的学者，在过去称之为校雠学家。③ 古典文献学一般指广义的校雠学，即由西汉末年刘向、刘歆父子开创，以研究古代典籍的分类、编目、版本、校勘、辨伪、辑佚、注释、编纂、校点、翻译和流通等为主要内容。传统文献学在解释和分析文本时，主要有考据和义理两种基本方法。考据偏重于对文本的训释和考订，义理则是对文本的分析和阐释。④ 现代文献学则侧重文献工作，运用图书馆学和情

① 杨燕起、高国抗：《中国历史文献学》，北京图书馆出版社 2003 年版，第 3~4 页。

② 梁启超：《中国历史研究法》，岳麓书社 2010 年版，第 36 页。

③ 张舜徽：《中国文献学九讲》，中华书局 2011 年版，第 5 页。

④ 杨海峥：《对古典文献学的思考》，《文献》2023 年第 1 期。

报学等学科的理论方法，以知识的组织和检索利用为基本任务。① 同时现代历史文献学相比于古典文献学有了新的要素加入，如：出土文献、西方史学、电脑技术等，研究对象包括了古今历史文献，亦即传统文献和现代文献。具体而言，文献的生产包括著述、编纂、注释、校勘、修订等文献生成方式，文献记录、缮写、雕版、摹绘、复制、跨媒体转移的工艺过程以及任何一种方式或环节对于文本可能产生的影响和作用。文献的流传与利用应当包括传授、习得、诵读、编译等，也涉及文献的鉴定、消费和流通等社会性过程。文献的管理则是指对于文献内容的著录、分类、索引、重组；也包括文献实体的典藏、借还、装潢、修复、保存、禁毁等。②

为了更好解释历史文献学，笔者以马端临的《文献通考》举例。《文献通考》分为 24 门：田赋、钱币、户口、职役、征榷、市籴、土贡、国用、选举、学校、职官、郊社、宗庙、王礼、乐、兵、刑、经籍、帝系、封建、象纬、物异、舆地、四裔等。可以看出，这一时期历史文献的内容涉及了当时史学家所能认识到的社会生活的各个方面，可以称得上当时的“百科全书”。以学科分类的视角来看《文献通考》，可以将其对应为现在的政治、经济、文化、军事、科技等学科类别。所以从历史文献的方面来说，它所涉及的范围是非常广泛的，并随着社会历史和生活内容的不断发展，书面记载形式的不断更新，它的类别也逐渐扩大。历史文献学更像是一个运用历史文献的工具，它为其他学科的学术研究建立了坚实可靠的资料基础。20 世纪 80 年代以来，人们开始运用文献学的一般理论和方法来研究某一学科的专门文献，主张为该学科研究提供资料基础。把文献学某些基本问题研究引向深入，注意探索文献分布、发展、传播和利用之规律，力求在专题理论研究上取得进展。③

历史文献学是史学发展到一定阶段的产物，它的产生与历史学有着密切联系。作为一门科学，它不仅要研究历史文献的形式、内容和意义等方面，而且要研究历史文献的价值和意义、整理方法和途径等方面。在我国传统观念中，史学与文献是不相分离的。我们必须重视对历史文献的研究，但也不能把对历史文献的研究强调到一个不适当的地步，要摆正他在史学中的地位。特别是不能简单认

① 赵国璋、潘树广：《文献学辞典 · 前言》，江西教育出版社 1991 年版，第 1 页。

② 史睿：《从传统文献研究到现代文献学的转型》，《文献》2019 年第 3 期。

③ 周意红、高利华、王丽萍：《论中国文献学发展的历史轨迹》，《新世纪图书馆》2008 年第 6 期。

为研究历史文献就等同于研究历史，要把文献作为史料去研究，其目的在于通过史料去研究历史。此外，历史文献是具有鲜明阶级性的，绝大多数传世文献都是在历代统治阶层的控制下写成的，作者对历史事实的记述难免带有阶级偏见。例如司马迁通过对先秦古籍中大量真实历史记载的辑录和考证，撰写《史记》，但是由于司马迁写史书是受了当时社会政治思想和学术思想的影响，所以他所记述的是当时人们所能了解的历史事实，这也是历史文献学局限性的体现。

三、“古籍”“文献”与“文物”

广义的古籍包括甲骨文、青铜器铭文、简牍帛书、敦煌吐鲁番文书、唐宋以来雕版印刷品。即1919年以前产生的、内容为反映和研究中国传统文化的文献资料和典籍。狭义的古籍专指唐代自有雕版印刷以来，1919年以前产生的写本和印本，① 不包括甲骨文、金文、简牍帛书和魏晋南北朝、隋唐写本。而文献，特别是历史文献，主体是古籍，但文献还包含了一般古籍概念以外的甲骨文、金文、简牍、碑刻、文书、档案、信札、契约、手稿等各种形式的古代文献，此外，还应包括近现代甚至当代的各类纸本图书资料、影像档案等。文物则是人类社会互动中遗留下来的具有历史、艺术、科学价值的遗物和遗迹。

张舜徽先生在《中国文献学九讲》中提到：古代实物上载有文字的，如龟甲、金石上面的刻辞，竹简、缯帛上面的文字，便是古代的书籍，是研究、整理历史文献的重要内容。至于地下发现了远古人类的头盖骨或牙齿，那是古生物学的研究范围；在某一墓葬中出土了大批没有文字的陶器、铜器、漆器等实物，有必要考明其形制、时代和手工艺的发展情况，那是古器物学的研究范围。② 总的来说，古籍、文献、历史文献以及文物的关系既互相区别，又有交叉。古籍都是历史文献；具有历史价值的古籍属于文物，如善本、珍本等；非古籍类的历史文献，部分也属于文物，如甲骨、金文、简帛、敦煌吐鲁番文书等。

我国曾出现两次大规模的古籍整理工作，一次是清代时期，以乾嘉考据学派为中心的古籍整理；一次是1981年党中央发出“关于整理我国的古籍的指示”之后，掀起的古籍整理新高潮。大规模的古籍整理是中国历史文献学思想、理论和

① 费愉庆：《数字环境下图书馆的古籍整理与保护》，《新世纪图书馆》2014年第5期。
② 张舜徽：《中国文献学九讲》，中华书局2011年版，第4页。

方法的一次实践，中国历史文献学的研究也应该关注古籍整理的进展情况，和其所取得的成就和经验，同时历史文献学的经验方法也可以指导古籍整理的实践工作，二者是相互关联的。①

四、历史文献的载体

所谓历史文献的载体，就是承载文字记录的材料。在中国古代记录文献的载体包括甲骨、青铜器、石碑、竹木、简帛、陶器、纸等等；近现代以来，增加了影音、磁盘等数字化载体。笔者在本部分仅讨论甲骨、青铜器、石碑以及竹木四种载体。

1. 甲骨

通常意义上的甲骨文是一个泛称，简而言之，是指刻写在龟甲、兽骨上的商代文字。甲骨文重现之初，称谓有很多。从载体来看，称谓包括龟甲文、龟甲文、龟版文等，主要载体为龟甲、牛肩胛；从文字记录方式来看，称谓包括契文、殷契、甲骨刻辞等，尽管甲骨文以契刻为主，但也有用毛笔写的；从文字的性质或用途来看，包括贞卜文字、卜辞、殷墟卜辞等，但甲骨文除了卜辞之外，还有不少记事文字；从出土地点来看，包括殷墟书契、殷墟文字、殷墟遗文。但是，殷墟文字除了甲骨上的文字外，还有铸在青铜器上的铭文，刻在玉器、石器、陶器上的文字。除了殷墟，河南郑州、山东济南、陕西长安、扶风、岐山等地，也有发现。时代上除了殷商时期的，还包括西周的，如周原甲骨文。因此殷墟书契、殷墟文字、殷墟遗文并非甲骨文的全貌。

严一萍《甲骨学》中指出：甲骨学的研究对象是“甲”与“骨”。甲是龟甲，骨是兽骨。不过这研究不是“动物学”的，而是“考古学”的，所以在甲、骨两个字上面，要加“占卜用的”四个字。又因甲骨出土的地域很广，河南、河北、山东、山西、陕西、甘肃、热河、吉林、辽宁、四川、湖北、江苏等省都有，而经历的时间又长，自新石器时代开始，一直到春秋战国为止，所以在“占卜用的甲骨”之上，还应该加上“殷墟”两个字。而古来殷墟共有三个……所以在“殷墟占卜用

① 杨燕起、高国抗：《中国历史文献学》，北京图书馆出版社 2003 年版，第 9~10 页。

的甲骨”之上，还要加上“安阳”或“小屯”两个字。① 严一萍在时间、空间、用途上确定了甲骨学的范围，准确地道出了甲骨学的主要研究对象。

2. 青铜器、石碑

古代重要的文献，为了传之久远，于是在青铜器和石碑上刻辞。金文是商周至秦汉(下限魏晋)时期青铜器上铸造、款刻或书写的文字。青铜器从类型上可分为食器类(鼎，鬲，豆，簋等)、酒器类(觚，爵，斝，角等)、水器类(盘、盉、匜等)、乐器类(钟、镈、铃等)、兵器类(戈、戟、矛等)、用器类(农具、工具、车马器、度量衡等)。青铜爵是古代统治阶层日常生活中所享用的礼器，这些礼器中，以礼器、乐器为其大宗，因此钟和鼎最大，刻写在这两件器物上的文字也被称为钟鼎文，亦称为金文。这些文字我们也称之为“铭”，铭文也起着书的作用。因商周宗庙祭祀常用器具就是青铜器，故而青铜器铭文又称葬器款识或葬铭。

在青铜器上刻写文字是一件非常复杂的工作，其程序主要包括铸铭、刻铭、书名。简而言之，铸铭是将金属熔化后，浇入刻有文字的范模中制作铭文。主要分为阳铭和阴铭，其中阳铭是在外范或内范上阴刻反书，铸成阳铭。阴铭是在范盒内阴刻正书，通过湿态范料印压复制出阳反文范片，并嵌入内范表面铸成阴铭。商周金文以铸铭为主，又以阴铭为主；刻铭是指用刻刀等坚硬工具，在青铜器表面作铭，刻铭均为阴铭；书名指用笔蘸墨或漆，书写于青铜器上。金文的主要内容多与王室祭典、战争、官职等相关。

由于青铜器铭文制作的复杂工艺，秦代以后逐渐被石刻所取代。石刻指在碑碣、石壁上刻写、雕镌有文字、图案或宗教造像等，赋予其文化信息的石质载体。石鼓文是我国现存最早的石刻文字。在十个鼓形的石头上，各刻四言诗一首，歌咏秦国君游猎情况，因又称为“猎碣”。所刻书体为秦始皇统一文字以前的大篆(即籀文)，历代学者们对其书法评价很高。② 石刻以外在形制为分类依据，可分为碑碣、石阙、摩崖、墓志、经幢、造像题记以及石刻画像题记，笔者在此不一一介绍每一种类型，其主要内容多为记事赞颂、哀诔纪念、诗歌散文等，它们都是珍贵的历史文献材料。

---

① 严一萍:《甲骨学上册》，台湾艺文印书馆 1978 年版，第 1~142 页。

② 张舜徽:《中国文献学九讲》，中华书局 2011 年版，第 8 页。

3. 竹木、简帛

古代文字之刻于甲骨、金石及印于陶泥者，皆不能称之为“书”。书籍的起源当追溯至竹简和木牍，编以书绳，聚简成篇，如同今日的书籍册页一般。在纸发明以前，竹、木不仅是最普遍的书写材料，且在中国历史上被采用的时间，亦较诸其他材料更为长久，甚至在纸发明以后数百年间，简牍仍继续用作书写。①《尚书·多士》：惟尔知惟殷先人有册有典，殷革夏命。可知在殷商时期已经存在简册。出土的简册最早的是随县曾侯乙墓出土的竹简，是战国早期的简册，属于丧葬文书。简牍使用的下限，是在魏晋时期，这时植物纤维纸逐渐取代简牍成为主要的书写材料。②

简的称谓包括简、牒、札、两行；牍的称谓包括牍、版、觚。简牍所用的材料以竹、木为主，如里耶秦简（水松、油杉、杉木）、北大汉简（刚竹）、武威医简（松木、杨木）等。古书类简多用竹，而文书类多用木。制成竹简和木牍的方法，是先取竹、木裁成短段，剖析成片，再加刮削之功，成为长方形的书写版。由于新竹容易生虫朽烂，凡制竹简，必须先放在火上烘出水来，名为“汗青”；又将竹上青皮刮去，名为“杀青”。至于木板，更要用力刨制，使它平滑，才好在上面写字。③ 就长度而言，楚简长度有八寸、一尺、一尺二寸、一尺四寸、二尺、二尺四寸、三尺等七种。胡平生先生认为“书籍类简：以策之大小为书之尊卑”，归纳楚国的书籍简册大致似乎可分为五种：二尺四寸、二尺、一尺四寸、一尺二寸、六寸五种。并认为“册长二尺，是楚国书籍的一种常制，不过不是唯一制度”。最后是缮写，工具主要为毛笔，颜料为墨水和朱砂。墨书文字最常见，朱书文字少见。

五、结语

历史文献学是历史研究服务的一门学科，历史研究要占有史料，但并不意味简单罗列历史现象，这就要求既充分地占有史料，同时又对史料进行去粗存精的

① 钱存训：《书于竹帛——中国古代的文字记录》，上海书店出版社2004年版，第71~72页。

② 程鹏万：《简牍帛书格式研究》，吉林大学博士学位论文，2006年。

③ 张舜徽：《中国文献学九讲》，中华书局2011年版，第9~10页。

整理加工，找到繁杂史料中的有用信息，因此历史文献学和历史科学是不可分割的。但值得注意的是，历史文献学是一门辅助性学科，并不能取代历史科学的地位，如果脱离了历史研究这个目的，历史文献工作就会走进死胡同。如何处理历史文献学与历史学的关系，如何学习和利用历史文献学，都是每一个史学研究工作者需要思考的。

笔者因学力有限，在本文仅阐释了文献、历史文献的基本含义；古籍、文献、文物之间的关系；历史文献的载体及制作。通过对以上三个方面的材料进行整理和论述，使我对学习历史文献学意义有了更进一步的体会。首先能够培养实事求是的科学态度。古史辨派反对传统的“唯古是信”的观点，推翻旧有的无法考证伪史，提倡追求科学的史学。梁启超在谈到鉴别史料之法时谈道：“吾以为有一最要之观念为吾侪所一刻不可忘者，则吾前文所屡说之‘求真’两字——即前清乾嘉诸老所提倡之‘实事求是’主义是也。夫吾侪治史，本非徒欲知有此事而止，既知之后尚须对于此事运吾思想，聘吾批评。”①简而言之，历史研究必须以信实可靠的历史资料为基础。实事求是是我国历史文献学的优良学风，应该继承并发扬。其次，具备搜集、分析、整理并运用历史文献的能力。学习历史文献学非常注重实践，通过利用目录学、校勘学、辨伪学、传注学、版本学等理论正确分析整理历史文献。最后，增强爱国主义精神。通过对历史文献资料的搜集与利用，可以了解祖国历史发展过程中的丰功伟绩和古人的智慧及经验，从而达到增强文化自信、民族自信的目的。

① 梁启超：《中国历史研究法》，岳麓书社2010年版，第90~95页。

学习“文化遗产学”的几点体会

刘文丹
（武汉大学历史学院）

2022年11月29日晚，我国申报的“中国传统茶技艺及其相关习俗”在摩洛哥拉巴特召开的联合国教科文组织保护非物质文化遗产政府间委员会第17届常会上通过评审，列入联合国教科文组织非物质文化遗产代表作名录。至此，我国共有43个项目列入联合国教科文组织非物质文化遗产名录、名册，居世界第一。① 同一时间，笔者随堂学习刘礼堂教授主讲的课程“文化遗产学”结课，在学习过程中一方面深刻感受到我国文化遗产资源的丰富，另一方面也有一些心得体会。

一、学习“文化遗产学”的重要性

我国文化遗产蕴含着中华民族特有的精神价值、思维方式、想象力，体现中华民族的生命力和创造力，是整个民族智慧的结晶，也是全人类文明的瑰宝。保护文化遗产，保持民族文化的传承，是联结民族情感纽带、增进民族团结和维护世界文化多样性和创造性、促进人类共同发展的前提。

1. 文化遗产是什么

关于文化遗产的内涵，各国相关的法律不尽相同。常用的概念有文化财产、文化资产、古迹、文物等，他们的涵义在不同的语境有不同的侧重点。1964年通过的《威尼斯宪章》是首次对“遗产”做出界定的国际宪章。该宪章对“遗产”的界定仍以建筑物为主，但也开始关注到对具有特殊意义的城市及乡村环境的保护。1972年联合国教科文组织通过了《保护世界文化和自然遗产公约》。1976年，

① 韩业庭：《于制茶技艺中品味中国文化》，《光明日报》2022年12月1日第9版。

世界遗产委员会成立，开始致力于世界范围内有形的物质文化遗产的保护工作，此时文化遗产的范围还局限在有形文化遗产中。一直到 1882 年，在墨西哥城举办的世界文化政策会议上，会议宣言明确指出，一个民族的文化遗产既包括有形作品也包括无形作品。1989 年，联合国教科文组织第 25 届会议通过《保护民间创作建议案》，会议虽没有直接提出“非物质文化遗产”，但是已经可以看出国际社会对“正史”之外的民间传统文化有所关注。1988 年联合国教科文组织启动“宣布人类口头和非物质遗产代表作计划”，正式提出“非物质文化遗产概念”。2003 年联合国教科文组织审议通过了《保护非物质文化遗产公约》，极大地推动了全球非遗保护活动的开展。从有形的物质文化遗产到无形的非物质文化遗产，在世界遗产保护范畴内经历了一场从关注文化遗产本身的保护到关注作为心灵体验的集体记忆的文化反思。① 当前国际视野下的文化遗产保护领域主要包括九个方面：世界文化遗产、文化与自然双遗产、文化景观、非物质文化遗产、线性文化遗产、工业文化遗产、农业文化遗产、世界文献遗产、水下文化遗产等。

2. 为什么要保护文化遗产

中国是四大文明古国之一，拥有丰富的文化遗产资源，非物质文化遗产作为一个新的理念提出后，在世界范围内掀起了一场非物质文化遗产搜集、整理、抢救、保护与开发的热潮，这在一定程度上缓解了非物质文化遗产发展的颓势。2010 年，在中国艺术人类学术会议上，英国人类学家罗伯特·莱顿将非物质文化遗产与物质文化遗产比作“一枚硬币的两面”，非物质文化遗产包含“通过艺术表达出来的理念或信仰”和“有效表达他们的技艺”两个元素，物质文化遗产包括艺术家创造出来的物质或形象以及艺术家们诉诸物质媒介的技艺，② 文化遗产的传承离不开这两者。

1950 年，“中国民间文艺研究会”成立。此后，1979 年至 1988 年，中国工艺美术学会、中国民俗学会、中国民间美术学会等一系列学术组织先后成立。1983 年，由中国民间文艺家协会同原国家文化部、国家民族事务委员会联合主持民间文学三套集成编纂工作，历时 20 余年，先后有数十万人次参加普查工作，收集了大量文化遗产资源，并形成一套符合中国国情的分类体系和学术规范。1990

① 潘鲁生、王佳：《文化遗产与许可遗产学学科建设》，《民俗研究》2023 年第 1 期。

② 麻国庆、朱伟：《文化人类学与非物质文化遗产》，生活·读书·新知三联书店 2018 年版，第 4~5 页。

年，中国艺术研究院启动《中国民间美术全集》编纂工作，前后经历6年时间，首次较为全面、系统地展示了中国民间美术发生、发展的脉络和基本面貌，论述了中国民间美术的美学精神和文化特征，是中国美术史在民间向度上的系统呈现。2003年，中国民间文艺家协会正式启动实施“中国民间文化遗产抢救工程”，历经10年的努力，完成我国民间文化遗产的普查、登记、分类、整理、出版，是我国首次对民间文化进行国家级抢救、普查和整理，给中国和世界留下一批宝贵的文化财富。2021年，中国共产党中央委员会宣传部印发《中华优秀传统文化传承工程“十四五”重点项目规划》，明确“中国民间文学大系出版工程”“中国传统村落保护工程”“非物质文化遗产传承发展工程”等23项国家重大文化遗产保护工程，对未来做好文化遗产的保护与传承工作提出了具体要求。

从我国现代文化遗产保护的历程来看，各级政府和学界都越来越重视文化遗产的传承与保护。这不仅是因为在当前的时代背景下，诸多非物质文化遗产与全球化、现代化格格不入，甚至被社会忽略，濒临消失，更多的是文化遗产作为“过去”的事物被逐步认定为属于某一群体的“事物”，亦即它们不再只是研究对象，而被赋予更为严格的社会群体性意义。① 任何一个场所，都有人所赋予的灵魂即精神，例如历史建筑，其记录了人们特定时期人与其相关联发生的社会事件，其特定的外形、结构肌理、材质、色彩等元素表象了人们的价值取向、伦理观、思维方式、宗教情感、审美情趣等。② 随着人们生活方式的转变，诸多文化遗产面临维护资金不足，社会关注度低，传承后继无人等困境。只有那些融入民众生活的非物质文化遗产才能够获得持续的生命力，成为群体认同感和持续感的载体，进而成为推动社会发展的重要精神力量。我认为学习《文化遗产学》的意义也正在此，将文化遗产在保护中传承，在传承中发展，在发展中迸发新的活力。

在非物质遗产保护过程中，由于学科功能不同，其遴选标准和传承方式自然也不一样。从众多公众平台宣传的行业内部活动看，人们的文化遗产研究在不同程度上都趋向于将世界遗产报选机制奉为圭臬，遗产研究的最主要内容即是阐释既有价值分类、遗产分类、惯例体系的合理性及其运转规则，而非深入研究其背后的社会过程和对当代“人”的创造性体验。③ 在市场经济模式下，很多地方政府

① 王刃馀：《试论“文化遗产学”的学科理论建设问题》，《东南文化》2022年第5期。

② 游群林：《基于价值需求的历史风貌建筑旅游资源保护开发与利用研究》，天津财经大学博士毕业论文，2012年。

③ Harrison R：*Heritage*：*Critical Approaches*. London：Routledge，2013.

成为推动民间艺术发展的主要力量。地方政府不遗余力地改造文化空间，借用世界遗产权力机构的名誉授予地位作为新酒瓶，趁着非遗的兴盛，装满"文化搭台，经济唱戏"的新酒。文化遗产不可避免地会向政治经济资源转化，由此带来的对文化遗产开发的泛滥，不仅不能实现国家所倡导的凝聚民族精神、延续民族文脉的愿景，还会让文化遗产保护由于脱离其精神内涵和人文传承，仅仅成为地方经济发展的附庸，不断被新的创意取代，最终在失去市场价值后被社会产业抛弃。所以对于从事文化遗产行业的预备人员来说，不仅仅是要学习既有价值体系的分类，还需要博采众长，对文化遗产的价值形成过程，对其内部的价值底蕴做到心中有数，清楚判断不同文化遗产的特质，在保护与传承过程中真正做到生产性创造，解决普遍存在的"重申报、轻保护"的问题。

如今，以非物质文化遗产为主体的文化创意产业的兴盛，已经成为社会经济发展的主流趋势之一。传统文化创意产业主要以"知识创意型产品"生产、非物质无形投入产出为主，从 2020 年 5 月的《关于做好国家文化大数据体系建设通知》到 2022 年的《关于推进实施国家文化数字化战略的意见》，新型的文化创意产业在大数据时代下迎来新的转机。集体性智慧、开放性创新的组织业态催生了社会大众参与创意创新，通过技术手段引入低成本智力资源的"众包模式"成为时代宠儿。① 音视频创意制作、传媒领域中用户生产内容、广告文案策划、志愿者数字文件转录等众包模式都在不断增加大众的文化参与度。

当前我国正处于社会改革与转型的关键时期，西方文化的输入和鱼龙混杂的网络环境下，如何让优秀传统文化更好地传播，潜移默化地增加国民的身份认同感，需要从具体的实践中不断反思探索。近年来河南卫视推出的系列国风晚会借助大众传媒进行文化输入与输出就是一个很好的例子。

以跨年晚会中的《唐宫夜宴》节目为例，节目从妆面到服饰一比一还原唐代少年乐师，舞蹈演员们体态丰腴，身姿充满活力，其形象彻底打破西方消费主义陷阱下宣扬的"白幼瘦"审美。他们漫步于《簪花仕女图》《捣练图》和《千里江山图》等古籍名画之间，在短短 6 分钟内时间里通过使用 3D、5G、VR、AR 等媒介技术给观众带来一场视觉盛宴，不仅将汉服、唐妆、画册典籍、民乐乐器等优秀传统文化与现代元素完美结合，更增加了受众彼此间的情感纽带与文

① 宗利永、李元旭：《文化创意产业发展的众包模式》，《学术交流》2015 年第 10 期。

化自信。① 更值得一提的是其内部制度的革新，从春节晚会到元宵、清明、端午奇妙游，公开竞选、能者上、庸者下的竞选模式让四次晚会的导演都不一样，各导演不同的从业经历和创作思路，带给晚会创新性与多元性。而充分竞争更让真正对传统文化诚挚热爱的人才参与文化遗产保护与传承的队列，在足够了解传统文化的情况下，能够进行更好的创作，实现文化与历史的“复活”与“出圈”。

河南卫视叙述方式、话语体系的创新实践充分实现了“大学之道，在明明德，在亲民，在止于至善”中的“明德”和“亲民”。其对大众精神文化需求进行深度挖掘，融合“技术+社会互构”原理，② 利用大众传媒构建文化传播新生态的方式非常值得未来从事于文化遗产行业的人们借鉴。③

总的来说，文化资源建设作为国家发展战略之一，不乏政府宣传教育、学术组织、实践基地皆有设置，每年的学术交流、国际会议也不少，媒体传播的内容上也不断向优秀传统文化靠齐，整个社会构建起一种“政府主导、社会参与”的工作模式。④ 但是从学科发展的角度看，绝大多数研究者、参与者基本上只是从兴趣出发或研究内容单一，问题碎片化、重点不清晰，文化遗产行业的教学和研究难以形成学科的聚合效应。⑤ 高校作为我国优秀传统文化传承创新平台，更应承担起理论研究和社会实践的重要使命。同时文化遗产行业的工作人员与其被动地等待文化潮流的冲击，不如主动出击，创新行业发展规则，打破行业壁垒，增加文化创意产业的多元性。如此，才能在保护文化遗产的前提下，为文化发展创造更多新的道路。中国封建王朝自古就有“重文轻工”的固化思想，“杂流”一词不免让人唏嘘。同样的，相比于精妙绝伦的艺术品，背后兼具“工匠”身份的传承人往往在文化遗产传播过程中遭到忽视，加上“人口老龄化”问题严重，很多

① 燕道成、高紫叶：《身份认同视域下传统文化“破圈”的传播创新——以河南卫视国风晚会为例》，载河南科技大学学报(社会科学版)2023年第1期。

② 王克详、郭贾楠：《红色文化乡村创意建设转化与活态传播》，《中国社会科学报》2022年12月23日。

③ 殷红梅：《新媒体平台上文物传播的文化意义探析》，山东师范大学硕士毕业论文，2022年。

④ 国务院办公厅《关于加强我国非物质文化遗产保护工作的意见》中提出非物质文化遗产保护工作的原则是：政府主导、社会参与，明确职责、形成合力；长远规划、分布实施，点面结合、讲求实效。

⑤ 安晓红、韩青：《乡村振兴视域下非物质文化遗产学科化建设思考与建议》，《现代农村科技》2021年第6期。

文化遗产的传承的可持续性发展面临挑战。保护者、研究者还有传承人是一个发展共同体和利益共同体，所有的理论探索、案例研究最终都要落实到传承人身上。在文化遗产的传承中，青年一代肩负着行动者、创新者的责任。① 文化遗产不是局限于过去时代的产物，也不是政府、专家的所属物，它是整个社会的精神文明结晶。在进行文化创意活动中需要把握青年特征，增强青年的文化认同感，将其珍贵的文化内涵传承给下一代，才能真正实现“子子孙孙无穷尽也”。

二、“文化遗产学”与诸学科之间的关系

伴随国家文化复兴战略的实施和文化产业的发展，“文化遗产学”受到关注。“文化遗产学”是否成“学”以及其学科建设是一个非常重要的问题。作为一门新兴的交叉学科，它具备独立的研究视角和相应的哲学社会科学理论基础，但是在学科体系完善、学术体系构建、话语与应用体系创新等领域仍面临着艰巨的建设任务。

1. “文化遗产学”研究的问题

在 20 世纪 70 年代以前的西方遗产研究领域中，对遗产本体及其保护技术的关注是唯一的研究主旨。至 20 世纪八九十年代前后，西方哲学开始波及遗产研究领域，研究者开始着力探讨个体与遗址、地方、景观的关系问题。“社会创造遗产并为当下所用”这一题目逐渐成为遗产研究领域关注的重点。这改变了个体因素、社会因素、文化因素被视为遗产客观主体的对立面的状态，布里特·索力(Brit Solli)提出大多数学者同意的观点——“遗产建构论”。② 哈里森将这界定为“去物质化”过程，即对遗产本身价值之外的研究。自 20 世纪 80 年代以来，《文化遗产学》研究逐渐发展为一门“古为今用”的学问。格雷戈里·艾施沃斯(Gregory Ashworth)等学者将这一基础理论视角称为“the present-centered paradigm”③。“今核范式”在过去 40 年中，成为西方遗产研究领域的基础理论范式，其建构出来的遗产研究内容主要包括以下 5 个方面④：(1)遗产形成的原因(包括

① 蒋肖斌：《青年“解锁”文化遗产保护新方式》，《中国青年报》2022 年第 1 期。

② Solli B：Some Reflections on Heritage and Archaeology in the Anthropocene. *Norwegian Archaeological Review*, 2011, 44(1).

③ Michael Shanks：Symmetrical Archaeology. *World Archaeology*, 2007(4).

④ 因笔者学力所限，所引参考文献只涵盖了相关研究中最重要的一部分。

社会精神诉求①、经济与社会发展需要②、政治与宗教诉求③、社会现代性因素④)；(2)遗产建构(包括遗产的物质性⑤、遗产建构行为的普遍性⑥、原生态性与价值的建构过程⑦)；(3)遗产利用(包括遗产的利用方式和过程⑧、遗产景

---

① a. Barnes T, Clout H: *Biographical Memoirs of Fellows of the British Academy*. London: British Academy, 2019;

b. Lowenthal D: *The Past is a Foreign Country*. Cambridge, UK: Cambridge University Press, 1985;

c. Lowenthal D: Why the Past Matters. *Heritage and Society*, 2011, 4(167).

② a. Wright P: *On Living in an Old Country: The National Past in Contemporary Britain*. London and New York: Verso, 2009;

b. Wright P: *A Journey through Ruins: The Last Days of London*. London: Radius, 1991;

c. Hewison R: *The Heritage Industry: Britain in a Climate of Decline*. London: Methuen, 1987;

d. Samuel R: *Theaters of Memory: Past and Present in Popular Culture*. London: Verso, 1994: 149;

e. Bower M: Chapter Two Marketing nostalgia: An Exploration of Heritage Management and Its Relation to the Human Consciousness. Cooper M A, Firth A, Carman J, Wheatley D(eds.). *Managing Archaeology*. London: Routledge, 1995.

③ a. Gathercole P, Lowenthal D(eds.): *The Politics of the Past* (*One World Archaeology, 12*). London: Routledge, 2004;

b. Meskell L(ed.): *Global Heritage: A Reader*. NY: Wiley Blackwell, 2015.

④ a. Brett D: *The Construction of Heritage*. Cork: Cork University Press, 1996;

b. Douglas: *Risk and Blame: Essays in Cultural Theory*. London: Routledge, 1992;

c. Walsh K: *The Representation of the Past: Museums and Heritage in the Post Modern World*. London and New York: Routledge, 1992.

⑤ Shanks M: 'Symmetrical Archaeology'. *World Archaeology*, 2007, 39(4): 589-596.

⑥ a. Harvey D C: Heritage Pasts and Heritage Presents: Temporality, Meaning and the Scope of Heritage Studies. *International Journal of Heritage Studies*, 2001, 7(4): 319-338;

b. Harvey D C: The History of Heritage. Graham B, Howard P(eds.). *The Ashgate Research Companion To Heritage and Identity*. Ashgate Publishing Company, 2008.

⑦ a. Lowenthal D: Authenticities Past and Present. NPS(ed.). *CRM: The Journal of Stewardship*, 2008, 5(1);

b. Lowenthal D: Authenticity? The Dogma of Self-Delusion. Jones M(ed.). *Why Fakes Matter: Essays on Problems of Authenticity*. Antique Collectors Club Ltd, 1993;

c. MacCannell D: Staged Authenticity? Arrangements of Social Space in Tourist Settings. *American Journal of Sociology*, 1973, 79: 589-603;

d. Urry J: How Societies Remember the Past. Macdonald S, Fyfe G(eds.). *Theorizing Museums: Representing Identity and Diversity in a Changing World*. NY: Blackwell, 1996;

e. Ucko P J: Enlivening a 'Dead' Past. *Conservation and Management of Archaeological Sites*, 2000, 4: 67-92.

⑧ Graham B, Ashworth G J, Tunbridge J E: *A Geography of Heritage: Power, Culture and Economy*. London: Routledge, 2000.

观与场所意义①、身份和遗产记忆②)；(4)遗产政治及伦理(包括遗产空间的社会分层、遗产权力与遗产政策③、利益相关者之间的权力博弈④、遗产非物质性及情感伦理⑤)；(5)遗产展示科技及其社会影响。

总的来说，“文化遗产学”的研究对象从“保护科技研究”到跳出研究遗产本身价值，进而转向文化遗产形成的社会过程以及价值形成的发展过程中，越来越注重与人互动和存在于地域群体人们心中的内在化文化。其关心的问题有遗产价值的体系、遗产的归属与保护、遗产传承与相关权益分配等。2009 年，国家新修订的《学科分类与代码》首次将“文化遗产学”确定为国家标准中的一个学科并纳入中国的学科体系，大热的“文化遗产保护”仅仅是其众多“遗产使用”研究方向的一种而已。探索在当代社会下如何建构与利用这些“过去”正是《文化遗产学》成“学”的大门。文化资源建设已然是国家发展战略之一，高校作为我国优秀

---

① Ashworth G J, raham B: Senses of Place: *Senses of Time*. London: Routledge, 2005.

② a. Terdiman R: Present Past: *Modernity and the Memory Crisis*. New York: Cornell University Press, 1993;

b. Shepherd N, Murray N: ‘Introduction: Space, Memory and Identity in the Post-Apartheid City’. Murray N, Shepherd N, Hall M(eds). *Desire Lines: Space, Memory and Identity in a Post-Apartheid City*. Abingdon and New York: Routledge, 2007: 1-18;

c. Olick G, Robbins J: ‘Social Memory Studies: From“Collective Memory”to the Historical Sociology of Mnemonic Practices’. *Annual Review of Sociology*, 1995, 24: 105-140.

③ a. Smith L: *Uses of Heritage*. Abingdon and New York: Routledge, 2006;

b. Meskell L: *A Future in Ruins: UNESCO, World Heritage, and the Dream of Peace*. Oxford University Press, 2018;

c. Meskel L: ‘UNESCO's World Heritage Convention at 40: Challenging the Economic and Political Order of International Heritage Conservation’. *Current Anthropology*, 2013, 54(4).

④ Tunbridge J E, Ashworth G J: *Dissonant Heritage: The Management of the Past as a Resource in Conflict*. Chichester: John Wiley, 1995.

⑤ a. Smith L: Industrial Heritage and the Remaking of Class Identity: Are We all Middle Class Now? Berger S(ed.). *Constructing Industrial Pasts: Heritage, Historical Culture and Identity in Regions Undergoing Structural Economic Transformation*. Berghahn Books, 2020: 128-145;

b. Smith L: Heritage, Gender and Identity. B. Graham, P. Howard (eds.). *The Ashgate Research Companion to Heritage and Identity*. Ashgate Publishing Company, 2008;

c. Smith L: Wetherell M, Campbell G(eds.): *Emotion, Affective Practices, and the Past in the Present*. London: Routledge, 2018;

d. Smith L: Waterton E: Chapter 15 The Envy of the world? Intangible heritage in England. Smith L, Akagawa N(eds.). *Intangible Heritage*. London: Routledge, 2009.

传统文化传承创新平台，理应承担起理论研究和社会实践的重要使命。

2. “文化遗产学”与其他学科的关系

2021年3月1日，教育部官网发布了《教育部关于公布2020年度普通高等学校本科专业备案和审批结果的通知》，其中《列入普通高等学校本科专业目录的新专业名单(2021年)》中的艺术学门类中，新增非物质文化遗产保护、音乐教育、纤维艺术3个专业。① 从中可见非遗的跨学科属性，无论是从国家经济社会发展需求还是从学科发展总体趋势来看，厘清《文化遗产学》与其他学科之间的关系，强化学科交叉和协同创新都是其未来发展的必由之路。②

在中国现代化的经济建设、政治建设、文化建设、社会建设及生态建设的“五位一体”建设目标里，“文化建设”是主要目标之一，而文化遗产事业恰恰是其核心内容，中华文明的复兴离不开对文化遗产的发现、认知、保护、传承、利用、创新。③ 笔者想从这几个方面分析简要分析“文化遗产学”与其他学科之间的关系。

(1)文化遗产学与考古学：2005年12月，国务院下发《关于加强文化遗产保护的通知》，第一次在红头文件上用“文化遗产”取代了我国使用了几十年的“文物”这个词。④ 考古学最大的特点就是地下挖掘，通过研究出土文物对历史文化进行阐释，其发掘过程中的考古资料、出土文物都可作为文化遗产的研究对象。在对这些遗产进行年代测序时，同样离不开考古学，再加上近年来科技考古、环境考古的发展，也都为文化遗产学的应用性研究提供了充分的物质基础。而文化遗产学对遗产进行价值评估、保护和建构人与遗产关系的过程中，也让古代遗存超出其年代本身，具有更多现代价值。总的来说，考古学为文化遗产学提供了考古资料，而“文化遗产学”让考古资料价值多元化，得到更好的保护和利用，但是更多文化遗产不需要考古发掘也可以开展研究，这是他们的

---

① 马知遥：《新文科背景下非物质文化遗产学建设的思考》，《齐鲁艺苑》2022年第4期。

② 黄永林：《破圈与聚焦：非物质文化遗产学发展的现实选择》，《民俗研究》2022年第4期。

③ 贺云翱、毛颖：《走近“文化遗产学”：问题与对策——贺云翱教授专访》，《东南文化》2011年第5期。

④ 贺云翱：《文化遗产学初论》，《中国管理科学文献》，对外经济贸易大学出版社2008年版，第401~409页。

差异性所在。

(2)文化遗产学与文物学：如前所述，在2005年之前学术界长期使用的是“古物”或“文物”的概念。“文物学”的研究对象是单体的，更多地关注一些年代相对久远的静态文化遗产。而“文化遗产学”不仅关注静态的，还关注无形的，它注重遗产与环境的协同关系，以“文化事象”为研究对象，例如文化遗产研究对象之一的“文化线路”，具备贯穿历史和当代的可传承的动态性，不仅包含了线路中的物质性遗产，也包括线路本身的历史文脉。且文化遗产是作为整个人类的宝贵资源来进行和保护并利用，并为建设现代精神文明作出创新的。两者的研究内容之间虽然有一些交叉，但是研究的主体和研究范式仍是不同的。

(3)文化遗产学与博物馆学：博物馆基本功能是收藏、研究和教育，其一切功能都是围绕藏品展开的，而博物馆本身也可以作为一种文化遗产来进行研究。博物馆的展示功能是基于保护的基础上对文化遗产的有效利用，反过来又实现了博物馆的教育目的。博物馆的社会服务功能提供了公众参与学术性研究成果的可能性并且让社会各界的文化遗产保护意识觉醒，增加了文化遗产保护中媒体、知识界和政府更多参与的可能性。近年来各地乡村博物馆事业蓬勃发展，更是为“乡村振兴”注入文化力量，让原本脱离人群，仅存在于各县志的历史地域文化得以重新展示、传播。① 两者水和鱼一样的关系充分证明了在学科发展过程中多学科联动，交叉的重要性。

(4)文化遗产学与自然基础科学：文化遗产是人类文化的产物，但是在文化遗产的勘探、保护过程中需要的科学技术使得自然基础科学的应用也非常重要。例如在水下桥梁、大坝、石窟等遗址的勘探过程中使用的扇形扫描声呐与光学立体摄影测量仪，能够生成高精度仿真照片模型，且使用方法简单，模型可读性强，大大推动了水下考古对公众的宣传与展示；在不可移动文物的保护中，三维数字化技术不仅能在不接触文物的前提下将文物信息存档，还能够重建遗址现场，实现持续性的学术研究和教育宣传；在文化遗产复原与重建的过程中，利用现代化的分析检测仪器，配合新型的化学材料，可以有效获取文物的成分、结构、颜色、纹理图案、材料、病害等信息，例如在武汉大学的简帛研究中心，红

① 安晓红、韩青：《乡村振兴视域下非物质文化遗产学科化建设思考与建议》，《现代农村科技》2021年第6期。

外线成像、数码图像处理等技术让原本腐烂弯折的简帛又得以重见天日。在复杂多变的国际形势下，自然基础学科的融入不仅仅是作为研究技术的载体，还能够完善《文化遗产学》的学科建设，并且在战争和自然灾害对文化遗产造成不可逆损害时，可以为文化遗产传承做最后的努力。

(5)文化遗产学与管理学：在传统的文化遗产保护研究中，更注重其环境保护和存在价值，管理学理论与方法的引入让文化遗产管理也应运而生，其文化价值和经济价值也开始得到重视。对文化遗产保护与利用的研究，实际上是对遗产管理和可持续发展的探索。① 在文化遗产管理中，利用管理学能够实现文化遗产行政管理体制权责分明，运转有序，所有权、管理权和经营权之间界限明晰，更好地保护文化遗产资源不因开发建设而被随意破坏；再者，能够有效建立法制化和规范化的文化遗产决策机制和约束监督机制，约束不合理的利用行为、无节制的开发利用，对保护文化遗产原生态和可持续发展至关重要。② 文化遗产保护过程中常常会面临资金严重不足、来源单一的问题，其经费来源大多受到国家和政府的支持，虽然保护经费不断增长，但仍然是杯水车薪，而管理学中的资金筹集和投资管理能够使文化遗产保护实现良性循环和可持续利用。总的来说，遗产管理作为文化遗产学中的重要一环，离不开管理学的理论支撑。

在文化遗产发现到保护、利用和传承的周期中，除了考古学、博物馆学、文物学、物理、化学、管理学之外，材料科学与工程、机械工程、计算机科学与工程、经济学、建筑学、教育学、历史学、社会学和人类学等多学科的基础理论与方法也都是必不可少的。人文科学中的哲学、历史、考古、艺术等学科从文化多样性角度为理解文化遗产的民族性、地域性，进而全方位解读其价值奠定基础；工程技术科学中的化学、物理、生物、建筑、岩土、环境科学、信息技术等理、工学科为文化遗产的保护与传承提供了科技支撑；社会科学中的社会学、管理学、经济学、法律学等学科为文化遗产发现认知、保护管理、传承利用等综合研究提供基础理论和政策智库作用。③ 在新文科背景下，“文化遗产学”的跨学科属性注定着它在未来有数不清的创新性和发展潜力。

---

① 王高峰：《基于管理学角度的文化遗产保护研究》，《东南文化》2012 年第 5 期。

② 陆建松：《中国文化遗产保护管理的政策思考》，《东南文化》2010 年第 4 期。

③ 党志刚：《中国文化遗产领域应用型科研特征与问题分析研究》，《中国文物科学研究》2016 年第 2 期。

三、学习“文化遗产学”对建设文化强国的意义

中华历史文化遗产蕴藏着中华优秀传统文化，承载着中华民族的根和魂，是中国特色社会主义根植的重要土壤，这些历史文化遗产彰显了中华民族开拓创新、与时俱进、自强不息的进取精神，是蕴涵着丰富知识、智慧、艺术的无尽宝藏，是建设社会主义文化强国的重要源泉。只有坚持“保护为主、抢救第一、合理利用、加强管理”的工作方针，加强文化遗产保护利用，以文化遗产为载体宣传中华文明、讲述好中国精彩故事，才能不断增强国家文化软实力和中华文化影响力。

1. 国际交流上

学习文化遗产学有助于继承文化遗产，提升国民素质、增强文化自信，增强中华民族凝聚力。习近平总书记指出：“一个民族、一个国家，必须知道自己是谁，是从哪里来的，要到哪里去，想明白了，想对了，就要坚定不移朝着目标前进。”文化遗产具备稀缺资源价值、不可替代的精神价值、构建国家文化实力的价值、在国际上展现中华文明独特性的价值等多重价值，建设中国特色社会主义现代化国家离不开马克思主义与中国优秀传统文化的结合。中华民族五千年历史、中国共产党百年建党史，都是中华民族的宝贵精神财富。在 2022 年北京冬奥会的巨大成功背后，有一条历史悠久的北京中轴线，它也是一条文化传播线。① 北京中轴线建筑群及相关人文空间整体性申遗成功地把北京历史文化遗产保护事业推进到一个新的起点，标志着当代中国城市建设的观念自觉达到新高度，而北京冬奥会的巨大成功更是向世界展示了新时代中国人民的文化自信、历史自信。

目前，世界文化遗产保护标准化尚处于初级阶段。中国作为四大文明之一具有丰富的文化遗存，加强文化遗产学学科构建，创新交流，不仅能利用文化遗产的经济价值推动社会高质量发展、促进文化事业繁荣和创新性发展，还能提升中华优秀传统文化的国际影响力，在讲好中国故事的基础上，提升国际话语权，为构建人类文明共同体做出贡献。

---

① 郑军：《世界遗产语境下的北京中轴线》，《北京文博文丛》2019 年第 3 期。

2. 学科建设上

近现代以来，中国现代文化遗产的保护意识受西方影响而逐渐形成，但是学科的建设与实践仍不成熟。英国利用文化遗产推动传统工业创意转型，意大利的国际性文件《威尼斯宪章》在世界范围内影响深远，日本《文化财保护法》中的综合性文化遗产观将“非物质文化遗产”概念引进，并将文化遗产学融入了国民教育体系，让文化遗产的管理规范和传承教育得到重视。① 中华民族历来也十分重视文化遗产的保护与传承，从“子子孙孙永保用”的传承祝福，到宋代金石学的兴盛，从文化典籍、书法玉器、建筑遗址、风土人情等优秀传统文化保护到现代的遗址公园、工业遗址、农业遗产、红色遗产、文化生态保护区、线路遗产、数字博物馆和文化创意产业的众包等传承方式，“文化遗产学”的视域从静态发展到动态，在遗产保护理念上也由原先的“死保”扩展为“死保”与“活宝”并重且注重传承下的创造性生产，充分证明了正是在不断的实践和研究过程中，人们发现了更多的遗产门类，并构建了一系列的学术概念。“文化遗产学”具备了基础研究学科和应用研究学科的跨学科特性，是一个强烈的具有现代化特点的学科。但是跨学科特性并不意味着将几个学科凑在一起，而是具有关联性但是仍然差别显著。

中国文化遗产种类丰富、各具特色，展陈方式也灵活多变，具有自己的特点，在初级阶段的探索和尝试过程中，可以借鉴国际文件和西方经验，但是东西方之间地域环境以及文化的差异决定了东西方在文化遗产的构成和保护理念上还是存在根本性的差异。② 而中国本土存在的包括盲目重建、与旅游产业结合后遭到严重破坏、保护宣传教育不足、公众参与度低等问题，更需要对症下药。这在根本上是制度保护和传承发展过程中人才队伍与实践不匹配的问题。所以在新文科背景下，因地制宜，根据中国文化遗产特点构建具有中国特色的文化遗产学课程体系，培养多学科交叉的完备人才队伍，建立一套属于中国的文化遗产保护标准和规范非常重要。

① 康保成：《日本的文化遗产保护体制、保护意识及文化遗产学学科化问题》，《文化遗产》2011 年第 2 期。

② 卜琳：《中国文化遗产展示体系研究》，西北大学博士毕业论文，2012 年。

3. 社会行业上

前面笔者提到，文化遗产学是一门应用型学科，它具有社会实践培养的任务。① 文化遗产的传承与发展能够实现不同区域的文化互动，依托现代产业，还能够调动社会群众的体验兴趣，引导整个社会见证、感受、参与各种文化遗产活动，在自身行业创造中自觉承担起传承保护文化遗产的责任。

观察中国古代茶技艺的演变历程，会发现在唐宋时期十分兴盛的煎茶和点茶茶艺现皆已失传，而在文化复兴的背景下，为了满足茶叶消费者和茶文化爱好者日趋多样性的文化需求，这些失传的技艺又得以复原，印证了传统技艺的创造需要适应时代文化精神需求，这离不开传承人的再创造，也离不开人们新的文化消费需求。② 区别于静态的历史建筑、遗址、聚落遗存，各种传统习俗、技艺以及知识艺术等都更加贴近生活。非物质文化遗产充满"活态性"的发展离不开承载技艺、知识的"人"和其社会属性，经验同样也适合于其他文化遗产。

面对当前文化遗产保护行业人才短缺、实践不足等问题，为我国源远流长的历史和丰富的文化遗存创造需求是非常必要的。只有让其在核心的历史价值、学术价值和科学技术价值之外，创生更多经济、实用和教育价值等社会价值，才能避免其"人亡艺绝"或"青黄不接"的濒危境地。③ 在日新月异的消费时代下，让珍贵的文化遗产和传承人真正融入文化复兴与文化建设的队伍中不被抛弃，是每一个从事文化遗产保护行业人员的责任。

四、结语

文化遗产的保护与传承是时代的需求，培养一批高质量人才队伍是当前文化遗产学科建设的使命。从课程的学习和阅读过程中，笔者深刻体会到"文化遗产学"作为独立学科存在的必要性，在大学通识课程中设置这门课，对于提升全民文化素质具有重要意义，其与其他专业之间千丝万缕的关系也让学科的创新在科

① 彭兆荣：《文化遗产学》，云南教育出版社2012年版。

② 刘礼堂、宋时磊：《基于需求视角的中华茶技艺保护传承研究》，《武汉大学学报》(人文科学版)2016年第2期。

③ 王巍、吴葱：《浅析中国文化遗产的价值体系——基于价值的特点、关系和本土语境》，《中国文化遗产》2019年第1期。

技强国、文化复兴的当代社会大有可为。不过文化遗产学的建设仍面临诸多挑战，系列的核心课程和核心教材的发行、经过专业培训的师资队伍、成熟的硬件设施和充分的实践经验等都是学科建设过程中必不可少的。① 但实际上，不同的研究方向导致各个学校的课程设置和培养方案也都有所偏向，在文化多样性的时代，我们对文化遗产的概念首先要有科学而严格的界定，从根源上杜绝伪遗产的流入。在保护的过程中，“仁者见仁、智者见智”的修复和改造意味着文化遗产可能会因为不同的学者所在的不同领域，基于不同的立场而对遗产造成破坏性改造，失去原有的文化底蕴。所以建立一套完整的文化遗产学学科体系也是非常重要的。在政府、学者、传承人、社会群体之间更是要明确分工，例如传承人的本职只是传承，传承得需原汁原味，才能为后来者的研究和科技艺术文学等创新留下尽可能多的参考。而文创者的创新则需大刀阔斧，见人、见物、见生活，赋予文化遗产更多的活态性。作为政府，为文化遗产保护事业保驾护航的同时，也要留有一定空间，充分调动民间组织保护文化遗产的积极性，利用行政优势，为遗产管理和合理利用做好服务。② 后疫情时代下，旅游行业的迅速兴起意味着文化遗产行业又将迎来一波“开发”，如何打破时空限制，在现代科技的加持下，让优秀的文化遗存既能保存其历史底蕴，又能建立良好的保护循环，推动经济发展，传承优秀文化，不仅是新的机遇，也是新的挑战。限于笔者学力，在认识和分析的过程中仍有诸多不足。在今后的学习过程中，会更加注重扩展国际学术视野，深入并广泛地学习，为未来构建完整的学科知识体系打好基础，为“文化遗产学”的发展做出努力。

① 邓立峰：《非遗学学科建设进入新阶段》，《中国艺术报》2022年5月9日第1版。

② 何明：《苑利夫妇与他们的“非遗”保护前沿话题——评苑利、顾军〈非物质文化遗产保护前沿话题〉》，《遗产与保护研究》2018年第2期。

基于研习营的主题式教学模式新探索

——以“全球视野下的旧石器技术学高级研习营”为例

刘文丹　李英华　陈晓颖　韦　璇

（武汉大学历史学院）

研习营来源于现代建筑学中一种以短期研讨和短期强化为主的教学模式，也叫 workshop。① 它的实质是运用群体力量，集中教育资源，在短期内对学生实现高效指导，从而训练他们在短期内完成复杂而具有挑战性任务的教学实践工作。② 本文以武汉大学历史学院“全球视野下的旧石器技术学高级研习营”为例对这种新型的教学模式及其在考古学相关领域的实践进行探索，以期为今后相关学科的教育教学改革提供借鉴。

一、研习营的发展

当前国内高校和行业机构通过研习营这一模式进行主题式教学培训的活动方兴未艾，所涉及的领域包括海峡两岸对朱子之路的游学、建筑设计、政治、医学等。近年来，在考古学、博物馆、文化遗产等领域，诸多高校或独立或与考古研究所、博物馆合作，依据特定的主题，设定集中的课程，采用灵活的模式，也举办过为期一周到一个月的研习营活动。例如 2018 年，四川大学历史文化学院、成都文物考古研究院入驻邛窑考古遗址公园，建立起一座面向社会公众的实验考

① 张晓瑞、郑先友：《基于 WORKSHOP 的建筑学专业教学模式探讨》，《高等建筑教育》2009 年第 3 期。

② 蔡建国、吴森坤、张晋等：《极端环境下建筑结构设计国际学生研习营实践探索》，《高等建筑教育》2018 年第 1 期。

古研习营①；2019年，四川大学—哈佛大学联合举办古蜀文明考古遗址研习营(并面向全校举办了四场高质量的学术讲座)，该研习营以参观遗址为主，并通过国际合作对前沿的生物考古领域的新技术进行了介绍②；2016年至2019年，北京大学连续举办了四期“史前建筑实验考古研习营”③；2019年，为了选拔对历史学、考古学、国际关系学有浓厚兴趣、具有培养潜质的学生，南京大学历史学院以讲座的方式举办了“优秀大学生暑期研习营”④。

此外，近年诸多高校和考古博物馆机构也举办了一些与研习营类似的教学活动，虽然名称各有不同，但都可以纳入这种主题式的教学模式，例如暑期学校、研修班、培训班等。例如从2015年开始，北京大学考古文博学院每年都会与不同的学院机构合作开展研修班，研修班的招生对象主要是社会行业人员或者由单位委托进行培训，课程安排为每月4~5天，共4~5次，课程内容包含专题讲座、案例解析、实地考察、深入访问等，主题涉及考古学、博物馆学、佛寺石窟、建筑设计、艺术学等多个学科。⑤ 此外，受国家文物局委托，2021年、2022年，中国科学院古脊椎动物与古人类研究所联合当地文物考古研究机构，分别在水洞沟遗址和学梁堂子举办了两届旧石器时代考古高级培训研修班。⑥ 吉林大学、山东大学、四川大学、武汉大学、南京大学等高校也以独立或国内外合作的方式，举办过主题不同的暑期学校或夏令营，为新的教学模式的实践积累了经验。本次武汉大学历史学院举办的“全球视野下的旧石器技术学高级研习营”，围绕旧石器技术学的理论与实践开展，涉及全球各地的旧石器考古材料的学习和讨论，也包括对石器的观察、阅读和研究，在为期两周的时间内对研习营教学模式进行了

① 龚靖杰：《千年邛窑考古遗址公园开门迎客》，《成都商报》2018年12月9日第4版。

② 历史文化学院/旅游学院：《四川大学—哈佛大学古蜀文明考古遗址研习营在我校举办》，《四川大学报》2019年4月28日第3版。

③ 《北京大学史前建筑实验考古研习营在通辽市哈民考古遗址公园开班》，通辽市文化旅游广电局：https://www.tongliao.gov.cn/tl/bmdt/2019-08/06/content_12d7b4f33bcb4aa189aae3015c48ecc1.shtml。

④ 《南京大学历史学院2022年“优秀大学生暑期研习营”招生启事》，南京大学历史学院：https://history.nju.edu.cn/c4/f7/c28498a574711/page.htm。

⑤ 北京大学考古文博学院：https://archaeology.pku.edu.cn/。

⑥ 曾晨茹：《传道授业 一树百获——首届旧石器考古高级培训研修班在水洞沟结业》，文博中国微信公众号：https://mp.weixin.qq.com/s/_xhKA6jxoisokcZnFunH8Q。刘颖杰：《由表及里 格物致知——第二届旧石器考古高级培训研修班结业》，文博中国微信公众号：https://mp.weixin.qq.com/s/_3ytKbUWC44q-4gQtl9LuA。

实践，本文将结合此次研习营教学模式的探索，思考基于研习营的主题式教学模式在考古学相关领域开展的新路径。

二、“全球视野下的旧石器技术学高级研习营”实例

2023年2月15—28日，由武汉大学历史学院举办的“全球视野下的旧石器技术学高级研习营”邀请了来自巴黎第十大学考古学与民族学系终身教授、法国大学研究院院士艾瑞克·博伊达(Éric Boëda)作为主讲教师，授课语言以法语为主，为来自吉林大学、浙江大学、复旦大学、西北大学、云南大学、武汉大学等高校近20位营员讲解了旧石器技术—功能分析的理论与方法体系等相关内容。研习营总体教学安排包括旧石器技术—功能理论教学、石器阅读与绘图展示以及结营考核与点评等内容。① 本次研习营为参与者提供了一个深入系统学习旧石器技术—功能分析方法、技术本体论等最新进展的平台，也为他们搭建了一个交流思想、分享经验、促进合作与发展的桥梁。

(一)理论学习

2月15—18日，博伊达教授带领营员们进行了为期四天的理论学习，内容环环相扣，引导性强。他首先介绍了工具的四个组成部分，并以现代手工业中工具的五种凿面结构单面、双面、双凹、双凸和双平面进行类比，寻找石器技术中的普适性和一致性，为后续介绍目前分类的几种技术谱系奠定了基础。紧接着博伊达教授引入了技术—功能分析法的基础——二面结构，强调了技术分析与技术—功能分析之间的差别。

2月22—27日，在营员们对前四天的基础理论进行短暂的实践后，博伊达教授以生物学中的器官运作、反馈调节类比，引入了包含元素、联系、规则和反馈作用的系统分析，展示了从工具出发反向回溯按照目标→工具→毛坯→原料的方向对石器进行技术—功能分析的方法。之后博伊达教授又详细介绍了毛坯的预制、文化传统和技术层面的影响等内容，更是通过不同类别的石器来举例分析，与营员们讨论了剥坯、修型和Affordance(暂译为“自然提供、选尽其用”)等技术

① 《武汉大学历史学院“全球视野下的旧石器技术学高级研习营”圆满落幕》，武汉大学历史学院：http://www.history.whu.edu.cn/info/1051/5921.htm。

现象在具体石器中的体现以及在不同区域范围内的差异。整个过程中，博伊达教授展示了来自世界各地的旧石器标本和最新的理论与实践，就史前艺术、人类学、民族学等研究领域存在的相关现象与问题带领营员们完成了一场头脑风暴。最后，他介绍了从A类石核到F类石核的演化，引入技术哲学，论证了技术物品从分离型结构向整合型结构的发展趋势，并就旧石器时代领域内的热点问题以及中国地区旧石器时代技术与文化的特殊性与营员们进行了热烈的讨论。

(二)石器阅读与绘图

2月19—21日，博伊达教授选择了一些南方地区重要地址的典型砾石石器，与营员们探讨了石器的阅读方法，讲解了理解判断刃口预设功能的方法，就不同时期的研究方法和研究目的，介绍了石器绘图中的三种类型：(1)传统阴影图，表现自然面、片疤轮廓和同心波阴影；(2)技术分析图，保留自然面，但仅展现片疤轮廓，标注片疤方向、顺序、数量、台面等标识；(3)技术—功能分析图，保留自然面和片疤轮廓，但不标注片疤方向、顺序、数量、台面等标识，而是使用不同的颜色表示工具使用功能单元所在表面的不同状态。总的来说，技术分析仍聚焦在工具的生产，关注片疤的打击方向、顺序等信息；技术—功能分析则更加关注反映使用功能的刃口二面结构、接触部位的技术特征，关注片疤产生的技术结果，因为其对应着打制者的目的。

绘制技术—功能分析图时，首先要观察、分析和理解，正确定位和摆放石器，确定使用功能单元的位置，判断打制者的意图，判断不同系列片疤的先后顺序和方向。涂色图中，红色表示凹面，蓝色表示凸面，绿色表示平面，需要时还可以用同种色系的不同深浅来表示不同平面的平凹凸状态。此外绘图时还要展现使用功能单元及接触部位的结构、刃角、剖面、刃缘三个观察角度的形态、比例尺、图例等内容。博伊达教授强调整个绘图过程就是进行技术功能—分析的过程。

为了更加深入地理解刃口部分的功能和打制者的目的，博伊达教授提出还可以结合微痕分析和残留物分析等方法研究刃口部分的破损是使用造成的还是二次加工形成的等相关问题。现代3D建模、激光扫描和数字摄影等高新技术的运用也能够为石器研究提供辅助，更加直观、高效地展现石器的部分特征。总的来说，上述研究方式各有优势和局限，运用哪些方式取决于研究目的，但是技术—功能分析作为基础，是不可取代的，同时综合有效地运用相关联的方法才能够更加客观地还原石器本身的功能。

为了巩固知识、加深印象，每位营员挑选出土石器绘制了传统阴影图、技术分析图和技术—功能图，过程中大家相互交流探讨，博伊达教授也对每位同学的分析和绘图给予了充分肯定和一对一的指导。

（三）考核与总结

2 月 28 日，每位营员各自选取标本，以全封闭、零交流的方式在限定时间内现场独立进行分析和展示，作为本次研习营教学的最终考核。随后营员们各自进行了简图绘制和讲解，对于讲解过程中部分营员存在的一些问题和不足，主讲教授博伊达及时进行了纠正和点评，然后强调了石器技术—功能分析中绘图的重要性。优秀营员代表分享了本次研习营的收获，阐述了自己对旧石器技术学的理解，向老师们表达了衷心的感谢。在最后的结营仪式上，三位教授对本次研习营做了总结，并为营员们颁发了结营证书和奖品。

三、对研习营的主题式教学模式的思考总结

研习营这个相对较新的主题式教学模式，不仅丰富了原有的长时段的课堂教学模式，也提供了多机构营员交流的平台，提升了学生对特定主题内容的理论理解力和动手实践的能力。基于此，本文抛砖引玉，对研习营的主题式教学模式在考古相关领域的开展做出了以下几点思考。

（一）主题集中系统

当前大学教育改革，科目多且杂，专业课时减少，教师教授知识的自由空间也被压缩，被迫带着学生匆匆赶课，大量重要内容仓促而过，遑论掌握基础知识、基本理论。这在一定程度上造成了大学授课质量下降，并且也让毕业时仍对相关专业抱有浓厚兴趣的人少之又少。① 旧石器考古学作为一门特殊的学科，不仅需要理论知识，同样也离不开对考古遗存的观察、分析、绘图以及在实体空间开展打制实验等重要的实践内容，一周一次、分散在一个学期的教学模式根本无

① 彭春霞：《大学英语教育适应社会发展的改革升级研究——基于通识教育视角》，《海外英语》2019 年第 19 期。

法达到好的教学效果。只有进行了集中且系统的知识输入，才能在后续的研究中融会贯通、迅速提升。本次研习营全程两周，上午授课时间为9：00—11：30，下午授课时间为14：30—16：30，且午餐后师生均可留在教室继续就学术问题进行讨论。如此集中的教学让即使不了解旧石器技术学的学生在短时间内也能够获得系统的知识储备，迅速迈进专业领域的大门。

(二)跨机构跨学科交流的平台

本次研习营招收了来自吉林大学、浙江大学、复旦大学、西北大学、云南大学、武汉大学等高校的近20位营员，他们各自拥有不同的学科背景，涉及旧石器时代考古学、微痕分析、残留物分析、地理科学、人类行为研究和电子信息等多个专业。营员们基于兴趣报名参加，不仅突破了学校与地域的限制，让交流协作得以实现，打破了单一学科思维狭隘的局限，也为营员们扩展了学术交流的范围。

(三)国际化视野

学科的发展以及新的研究理论与方法既要有本土化的检验与磨合，也要有国际化的理念和思维。本次主讲的博伊达教授创立的旧石器技术—功能分析的理论与方法体系，代表了国际旧石器技术学研究领域最前沿的进展。其丰富的田野发掘经验以及对史前学深度的科学思考为营员们开放思想、了解世界多个区域旧石器时代考古学的内涵打开了大门。随时提问、随时回答的课堂氛围让营员们的问题能够及时得到解答，不留学习疑点，对于课程的顺利进行也起到了很好的作用。中方教师结合多年的研究经验，对相关术语的翻译与解释也十分慎重，既减少了教学过程中营员对于知识的理解偏差，也为后续需要进一步了解相关内容的学生指导了正确的方向。只有拥有全球化的视野，才能在立足本土的基础上，以先进的理念和方法构建具有中国特色的理论与方法体系，真正推动考古学教学科研的同步发展。

总的来说，本次研习营面对面的指导教学、活跃的课堂气氛、丰富的教学环节、开放的思维都是其成功举办的重要经验。文史哲作为不同的学科门类，已经形成各自的学科范畴，但是一直以来都有“文史哲”不分家一说，大学的通识教育也印证了只有借助艺术、哲学与科学等学科的理论方法，科学研究中的思考才能趋于完善，才能更好地综合多元学科的优势。术业有专攻是现行学术体制的常态，但是融会贯通其他学科的思考方式和理论却也是必不可少的。① 本次研习营全程教学过程中，博伊达教授引入技术哲学，多次从工业科技的角度出发，借用了民族学和人类学的思想，对技术现象、系统反馈、分离与整合等多个晦涩难懂的概念进行了通俗且不失专业的解释，不仅打破了学科壁垒，也为今后营员们思考问题提供了更多方向。

四、结语

世界旧石器遗址众多，最早的甚至可以追溯到330多万年前的非洲。中国地域辽阔，旧石器文物资源也相当丰富。试图在两周的时间内将全部内容讲解完几乎是不可能的，学生对知识的吸收与运用也会相当困难。只有更加深入地学习与交流才能推进一门方法的系统性运用，加速其在中国的本土化进程。此次研习营安排在开学的两周，在一定程度上也局限了在校学生的参与度。研习营总体时间上的不足仍是其发展的重要问题。再者，来自不同学校的营员本身的专业基础差异可能也会影响研习营的教学效果。最好的解决方案就是营员们之间能够具备相似的学科背景、相同的学习兴趣和相近的学习能力。

考古学由于学科自身特点，要求知识与技术并重、理论与实践同步，这对研习营的教学内容和教学方案设计也会有不同程度的要求。为保证教学质量，需要完备的理论教学、实践教学、综合考核的闭环过程，与国内外同行的交流探讨也需要一定的条件。不过研习营这一主题式的教学模式仍是未来非常具有潜力的发展方向，相信今后在考古学领域的研习营必然会越来越多，也会逐步完善，为学科整体的教学科研发挥独有的作用。

---

① 涂佳煜：《浙大文史哲：分院，不分家》，浙江新闻客户端：https://baijiahao.baidu.com/s? id=1752249983832371986&wfr=spider&for=pc。

文化遗产学课程感想

刘青浥

（英国金斯顿大学）

一、引言：探寻文化遗产学的知识领域

本学期参与文化遗产学课程的学习，成为我学术探索旅程中的一站。文化遗产学，作为一门交叉学科，引领我们深入思考并理解中华文明历史与文化的绵长延续。其广泛而深刻的知识领域为我们提供了一扇独特的窗口，透视过去，同时引领我们对未来文化遗产保护与传承的责任进行深入思考。

在此之前，我对于文化遗产学的认知相对浅薄，仅仅是了解到它是一门较为新兴的学科，主要是对文化遗产进行研究与保护。而通过本学期的深入学习，在探究文化遗产学的知识领域时，我发现这门课程超越了单一学科的界限，融合了考古学、人类学、历史学、艺术史等多个学科领域。这多元性的知识结构为我们提供了一种全面理解文化遗产的途径，同时也呈现出一系列需要全方位学科素养的学术挑战。在这个过程中，我不禁深感自身知识储备的相对匮乏。

我认识到文化遗产学不仅要求我们熟练掌握特定文化的历史和传统，还需要我们拥有广泛的学科视野，以更好地理解文化遗产的内在联系和复杂性。这种知识的多元性不仅涉及对具体文化的深入了解，还要求我们在理论框架和实践操作层面达到一种有机的统一。综合而言，文化遗产学作为一门跨学科的学科，向我们展示了广阔而丰富的知识领域。本文将结合对课程的学习感悟，探讨在多元知识交汇的背景下，如何挑战自我，努力提升学科素养，并回顾学习过程中的点滴收获。

二、重新认知：文化遗产研究的传统与渊源

在刚接触到文化遗产学这个学科时，我对它的认知是比较浅薄的，更倾向于将相关研究与联合国《非物质文化遗产公约》的发布联系起来，认为此时对于文化遗产的研究才初步形成系统。但实际上，中国的文化遗产研究是早有传统，自古以来就颇受重视的。《诗经·商颂·烈祖》："嗟嗟烈祖，有秩斯祜，申锡无疆，及尔斯所。"体现出颂者对烈祖功绩的歌颂与崇拜。除此之外，诗经中的"风"所指代的就是民风，而民风民俗无疑是非物质文化遗产重要的组成部分，乃至形成导向。

同时，对于自古以来文献的记录与整合工作的时间之早，从《永乐大典》《古今图书集成》《四库全书》中也可看出一二。除此之外，文化遗产学研究的领域远不仅限于文案整理，对于中国书画的收藏和研究，青铜器、玉器、金银器、瓷器等价值较高的古器物的研究，对于古建筑的研究，对于风俗的研究，乃至史学，文学，哲学的研究，其囊括范围是极其广泛与全面的，这也要求了学习者应当具备更丰富、多维的知识储备。

虽然文化遗产学作为一门新兴学科的时间并不长，但中国作为唯一上下五千年未曾间断过的悠久文明，中国人传承与发扬文化的观念是自古有之的，这对于我的一些固有的，基于联合国教科文组织发布的文化遗产相关文件，来源于西方文化遗产研究系统的固有印象是一次深刻的洗礼。并且，在西方国家占据话语权的一些研究领域，中国获得的成果遭到的漠视和打压也令我倍感心惊，深感作为年轻一代学生，我们责任重大，应当投入加倍的努力。

三、重要性：文化遗产与中国认同的纽带

在第一堂课上，我就深刻体会到文化遗产的重要性。它作为一种传承自历史的珍贵遗产，不仅承载着过去的记忆，更是中国构建民族认同、文化认同和国家认同的坚实支柱。在这个不断发展的时代，深刻理解和合理利用文化遗产，对于塑造一个具有深厚历史传统和独特文化氛围的中国，有着至关重要的意义。

中国文化遗产既是历史的见证，更是民族认同的象征。在千百年的演变中，我们的祖先留下了丰富多彩的文化遗产，包括建筑、艺术、文学、习俗等各个方

面。这些遗产如同一本沉甸甸的文化编年史，让我们能够追溯到远古时代，感受到那段独特而悠久的历史。正是通过这一连串传承的文化符号，我们构建起了对自身民族身份的认同，深刻体验到“中华”这一概念的博大精深。

文化遗产也是我们文化认同的精髓。中国拥有众多被联合国教科文组织认定的世界文化遗产，这些代表着中华文明的杰出代表，是我们文化认同的骄傲之源。通过对这些文化遗产的认知和保护，我们能够在当代社会中继续传承、发扬光大，使其成为我们身份认同的象征，凝聚起强大的文化认同力量。

此外，文化遗产还为国家认同的建构提供了独特而珍贵的资源。中国的文化遗产在国际舞台上扮演着举足轻重的角色，成为世界瞩目的焦点。通过对这些遗产的科学管理和合理利用，我们能够在国际社会中塑造积极向上的形象，为国家认同的构建注入新的活力。因此，深入挖掘、传承和创新利用文化遗产，不仅有助于提升国家的软实力，更为我们国家认同的塑造提供了强大支撑。

综合而言，文化遗产对于中国构建民族认同、文化认同和国家认同具有无可替代的重要性。通过对这些珍贵遗产的深入理解和传承，我们得以赋予自身以更为深厚的历史底蕴，塑造更为坚实的文化认同，同时在国际舞台上展现出自信而鲜明的国家形象。这也让我倍感学习文化遗产学的意义重大。

四、发展中保护，保护中发展：中国文化遗产的可持续之路

在中国文化遗产的保护与发展中，我们必须谋求一种平衡，即在保护的过程中推动文化遗产的发展，而在发展的同时切实保护这些宝贵的遗产。这一理念成为中国文化遗产管理的中心思想，旨在实现文化遗产的可持续发展。

首先，发展中的保护强调科学的遗产管理。通过借鉴国际先进的管理经验和技术手段，我们能够更有效地保护文化遗产。科技的应用，不仅有助于对文物的准确记录和保护，也提供了更广泛的传播途径，将这些珍贵的遗产带入更多人的视野。这一过程中，我们不仅仅是在保护文化遗产，更是在将其发展为具有现代价值和吸引力的资源。

其次，保护中的发展强调文化遗产的活化利用。通过科学的规划和合理的开发，我们能够在保护的同时使文化遗产焕发新的生机，使文化遗产融入现代生活，成为社会经济发展的推动力。在这一过程中，我们不仅仅是在发展，更是在保护文化遗产的本质，使之在时代发展中保持活力。

同时，文化遗产的可持续发展也需要社会参与。通过建立公众参与的机制，促使社会更多元、更广泛地关注和参与文化遗产的保护与发展。这不仅使文化遗产成为整个社会共同的责任，也为文化遗产的可持续发展提供了更加坚实的基础。

总体而言，通过在发展中保护，保护中发展的理念，我们能够实现中国文化遗产的可持续之路。这一理念既在于保护我们珍贵的文化遗产，更在于使之在不断变革的社会背景下发展壮大，为中华文明的传承与创新注入新的动力。

五、实践体验：以湖北省博物馆之越王勾践剑为例

在本学期的学习中，我们有一次参观湖北省博物馆的实践体验机会。在这次参观中，我深度亲历了一件具有深远历史意义的文物——越王勾践剑。这把剑不仅仅是一件珍贵的文化遗产，更是中国战国时期杰出的冶铸工艺和文化象征的杰作。这进一步激发了我对中国古代冶金技术和文物保护的学术兴趣。

越王勾践剑的剑身雕刻着精细的金银饰件，这种制作技艺反映了战国时期湖北地区高度发达的冶铸技术。我深入了解到这把剑不仅仅是一种武器，更是文化象征的载体。这一理解与学者陈寅恪在其《楚辞考异》中关于楚地文化的论述相呼应，他深刻阐释了楚地文化对华夏文明的贡献，这也在越王勾践剑中得以具体体现。

在博物馆解说及展板文字资料的引领下，我对越王勾践剑的历史地位和文化价值有了更全面的了解。剑上雕刻的纹饰和饰件的材质不仅代表了当时社会的审美趋势，更是湖北文化的独特表达。我深刻认识到文物既是历史的见证者，也是文化传承的有力工具。

通过近距离观察越王勾践剑，我领略到了中国古代文化的深沉底蕴。这次实地考察为我提供了直观、深刻的学术体验，使我对文化遗产保护与研究产生了更为深远的思考。

六、实践体验：探索铜绿山与楚文化博物馆的讲座启示

在学习的过程中，我有幸参与了两场引人入胜的讲座，分别关注了铜绿山的考古发掘工作以及楚文化主题博物馆的策展理念。这双重的实践体验为我提供了

深刻的见解，不仅拓展了我的学科视野，也在理论知识之外为我打开了文化遗产学的实际应用之门。

首先，铜绿山的考古发掘工作让我深切感受到文化遗产学的实地挖掘与保护的紧密联系。通过本次讲座，我深入了解到发掘现场的复杂性以及在实际工作中所面临的各种挑战。这为我提供了一个深入了解文物背后故事的机会，也使我对文化遗产的实际保护与研究充满了浓厚兴趣。这一经历教会我不仅要关注理论知识，更要深入实际，亲身参与文化遗产的探索与守护。

其次，从三座楚文化主题博物馆的策展谈起的讲座，让我对博物馆如何呈现和传承文化遗产有了更为清晰的认识。策展并非简单地陈列文物，更是一种通过布局、设计、讲解等手段将文化传承与观众互动结合的艺术。这一经验也让我认识到，在本学科，除了学术研究，传播文化遗产同样是一项不可或缺的任务。

将这两场讲座的经历融入学习感悟中，我深感这是一个从理论走向实践的过程。通过铜绿山的考古发掘，我深刻体会到文化遗产学的实际应用，而通过博物馆策展的分享，我看到了文化遗产如何在公众中传承与发展。这种理论与实践的结合不仅为我个人的学习提供了动力，也启迪着我在文化遗产领域更深层次的探索和发展。

七、课程的挑战：知识多元性的广度与深度

文化遗产学课程在其知识范畴的多元性上提出了一系列深远的挑战，特别是在要求学生拥有多方面的知识积累方面。在我的学习过程中，我深感自身知识的相对薄弱成为面对这些挑战时的一项制约因素。

首先，文化遗产学所囊括的范围涉及文化、历史、考古学、艺术史等多个领域，要求学生具备广泛的学科基础。我在课程中意识到，要全面理解和分析文化遗产，不仅需要对特定文化背景有深入的了解，还需要跨学科地整合各种学科知识，如社会学、人类学等。这要求我在未来的学习中更加注重不同学科领域的知识积累，以提高对文化遗产的全面认知。

其次，课程强调理论与实践相结合，要求学生在理论框架的基础上能够灵活运用知识解决实际问题。这对我提出了更高层次的要求，需要我在学术理论的掌握上下功夫，同时也要具备实践操作的能力。此方面的挑战激励我更加深入地研究相关理论框架，同时寻求实地经验以更好地理解和应用所学知识。

最后，文化遗产学的研究要求学生具备批判性思维和独立研究的能力。这使得我必须培养对文献资料的深度理解和对学术观点的独立分析。在这方面，我感到有必要不断加强对文献阅读和批判性思考的训练，以提高自己的学术水平。

综上所述，文化遗产学的学科特性要求学生具备宽泛而深刻的知识储备，涵盖了多个学科领域的理论和实践，以及对研究问题的批判性思考。这对我提出了新的挑战，也让我深感需要通过更有针对性的学术努力，不断提高自己的学科素养。

八、总结

在文化遗产学的学习过程中，我深感这是一次获取知识的契机，一个通往历史、文化深层的启程。通过系统学习，我深入理解了文化遗产的定义、保护理念以及其在塑造国家认同、文化认同中的重要性，在博物馆参观与讲座体验中得到了熏陶。这一过程中，我对中国文化遗产的多元性和复杂性有了更加全面的认识。

总体而言，文化遗产学的学习不仅让我深入了解中国文化的博大精深，更让我在实践中感受到文化遗产的生命力。在不断学习与体验中，我对文化遗产的研究与保护充满了憧憬，同时也更加坚信，通过我们的努力，我们能够在文化遗产的传承中书写新的篇章，为中华文明的繁荣发展贡献自己的一份力量。

管理探索篇

高校二级工会民主管理工作探析

胡　浩
（武汉大学历史学院）

高校历来是新思想、新理念的发源地，高校民主管理是社会主义民主政治建设的重要组成部分，对整个社会的民主政治建设起着一定的引领示范作用。① 而民主管理也是高校工会工作的重要内容之一，教职工又是民主管理的直接参与者，因此，高校工会推进教职工参与民主管理的重要性是不言而喻的。通常来说，高校工会是学校党委领导下的工会组织，其下设的二级工会作为高校工会组织中最小单位，与广大教职工有着最直接、最密切、最广泛的联系。作为高校的基层工会组织，二级工会不仅发挥着桥梁和纽带的作用，也是广大教职工合法权益的代表者和利益的维护者。由此可见，只有不断推进高校二级工会引领教职工参与民主管理，才能为高校治理体系建设、为推进社会主义民主政治做出应有的贡献。

一、高校二级工会参与民主管理的必要性

（一）推进基层民主制度体系的必然选择

习近平总书记在党的二十大报告中提到"深化工会、共青团、妇联等群团组织改革和建设，有效发挥桥梁纽带作用。要积极发展基层民主，健全基层党组织领导的基层群众自治机制，完善基层直接民主制度体系和工作体系。要全心全意

① 李小禾：《关于高校民主管理制度自信的思考》，《沈阳大学学报》（社会科学版）2020年第2期。

依靠工人阶级，健全以职工代表大会为基本形式的企事业单位民主管理制度，维护职工合法权益”①。

从高校的组织管理结构上看，高校二级工会是由各高校根据工作需要在校内按二级学院、职能部、处等口径，以单独或联合的方式来设置的基层工会组织。二级工会作为校内最小工会组织单位，它不仅是学校工会组织的根基，还起到落实学校工会工作“最后一公里”的重要作用。中华全国总工会新一届领导班子谈话的会议指出，“要树立大抓基层的鲜明导向，坚持眼睛向下、面向基层，把力量和资源向基层倾斜投放，把广大职工凝聚在党的周围”②。因此，高校二级工会在落实学校工会开展的日常工作时，要找准切入点和着力点，在积极服务学校大局的同时，始终围绕大力推动本单位中心工作的开展发挥作用，才能更好地落实高校基层民主政治建设作用，完善高校民主管理的运行机制。

（二）推动建立高校治理格局有着不可替代的作用

高校实行民主管理既是推动高等教育领域民主政治进程的重要保证，也是高校实现内部治理现代化、内涵式发展的重要措施。③ 高校基层工会组织既是内部治理结构的主体之一，也是多元治理主体间的桥梁，能够通过保障各方参与治理、优化民主管理机制、疏通民主议事渠道，为各方主体搭建沟通对话和平等协商的平台，缓和并化解各方利益主体矛盾，使其目标一致、良好互动，从而促进治理效率的改善和提升，实现高等教育的高质量、内涵式发展。高校工会只有不断向下层层推进民主管理，使得各单位的二级工会组织着眼于本单位的发展积极去维护、参与、建设，为教职工提高教学科研能力创造条件，对教职工给予帮扶和支持，切实维护教职工的各项合法权益。积极调动教职工参与管理，让其拥有知情权、建议权、决策权、监督权，才能充分为学院以及学校的改革发展建言献策，才能保证教育事业和谐发展和社会长期稳定。

---

① 《高举中国特色社会主义伟大旗帜为全面建设社会主义现代化国家而团结奋斗——在中国共产党第二次全国代表大会上的报告》，《习近平著作选读》（第一卷），人民出版社 2023 年版，第 1~58 页。

② 习近平在同中华全国总工会新一届领导班子成员集体谈话时强调：《团结动员亿万职工积极建功新时代 开创我国工运事业和工会工作新局面》，《人民周刊》2018 年第 1 期。

③ 王凌鸿：《高校工会参与民主管理的困境溯源与实践指向》，《山东工会论坛》2022 年第 28 期。

二、推进高校二级工会民主管理的困境

高校民主管理是高校教职工和其他利益相关群体对高校管理事务行使民主管理权利的制度及实践活动的总称。① 如何在二级工会层面切实构建民主管理运行机制，有效提升其为教职工服务的实效性，是当前高校工会落实基层组织建设、推动改革发展必须高度重视的关键问题之一。然而，在实际工作过程中，二级工会推进民主管理还面临着一些问题。

（一）参与民主管理主体

对于高校而言，二级工会的主体为专任教师，他们需要投身于学科教学和学术科研领域并为之持续付出努力，所以难免对民主管理事务了解少、参与度低。这也就造成二级工会因自身对于民主管理不够重视，未能给予引导教职工深入实践民主参与和管理的机会，所以就无法承担起执行者的责任。

（二）参与民主管理途径

高校二级工会组织教职工参与民主管理途径主要分为三个方面：第一，教职工代表大会；第二，教代会主席团联席会议；第三，征集提案。但由于教师们对于参与民主管理的积极性还有待提高，所以从以上三个途径来落实民主管理并取得实质性的效果还有一定距离。

（三）回应机制

完善的回应机制能够保障教职工民主参与的有效性，教职工通过所在单位回应了解其诉求是否受到关注，建议及意见能否被采纳，有助于他们了解学院发展愿景，促进学院管理层与教职工之间良性互动。然而，在实际工作中发现，大部分教职工缺乏对于本单位的决策认识、参与民主管理积极性低，使得他们的利益诉求得不到有效表达，也就导致无法建立起回应机制。

---

① 张美华：《高校民主管理问题及其对策分析》，《长春理工大学学报》2012 年第 10 期。

三、高校二级工会推进民主管理的策略

要想切实推进二级工会民主管理，首当其冲是从角色定位上，广大教职工群体须认识到自己是学校二级工会组织民主管理的组织者、引导者、服务者和协调者；其次，二级工会组织在工作实践中要积极推进民主管理的有效路径，自觉承担起应有的职责和使命，以此不断提高二级单位以及学校民主政治建设水平。

（一）提高认识

高校二级工会参与单位民主管理，其领导核心是所在单位党委，负责把方向、做决策。工会和行政部门都是在党委领导下，参与相应的行政和事务管理，两者之间是协商合作的关系。所以，为了二级工会组织更好地履行民主管理职责、深度参与单位协商治理和重大事项决策以提供更完善的制度政策支持保障，就需要加强引导和调动教职工参与工会管理的积极性以及其自身的参与意识。

（二）建立健全高校教职工代表大会制度

习近平总书记强调“要推进基层民主建设，健全以职工代表大会为基本形式的企事业单位民主管理制度”①。教代会是高校实行民主管理的基本形式，是教职工参与内部管理、行使民主管理和民主监督权的重要途径，也是调动广大教职工参与学校改革发展的积极性、主动性的重要活动平台，对民主决策发挥着重要的作用。

高校二级教职工代表大会制度，是教职工实施和管理学院民主权利的重要形式和载体。在运行机制上，应着力构建“党委领导、工会协同、职工参与”的教代会运行机制，以增强议事的民主性，提升决策的代表性，实现各方权力主体协商共治。在落实教职工权利上，对教职工反映的问题要进行跟踪调查，保证教代会的民主、公开、公正。

（三）建立健全回应机制

高校二级工会参与民主管理的根本目的是更好地解决内部治理问题，更好地

① 习近平：《在庆祝“五一”国际劳动节暨表彰全国劳动模范和先进工作者大会上的讲话》，《人民日报》2015 年 4 月 29 日。

维护教职工的合法利益。完善内部治理结构，提高教职工民主意识，可以有效地将高校管理理念由“管理型”向“服务型”转变，这也就对健全回应机制提出了要求。部门间加强沟通协调，可以形成高效对接机制，对工会工作的重要事项、活动推进并联合解决，能够很好地形成行政工作与工会工作常态化对接机制。

比如通过教师座谈会、网络、信息等方式，倾听教职工的意见与呼声，主动关注教职工的生活和发展，增强其对学院的认同感，激发其工作潜能，形成强大的向心力和凝聚力。此外，二级工会还应深化院务公开制度，及时向教职工传达学校发展的最新情况，将校园文化建设和师德师风教育活动的先进典型、成功经验和做法，及时传递给教职工，着力发挥广大教职工的积极性和创造性。

工会工作是党的群团工作、群众工作的重要组成部分。高校二级工会作为工会组织的基石，必须坚持党的领导、积极提升服务效能，组织引导并落实教职工参与民主管理，全面加强高校二级工会建设、切实提高高校管理水平。

对普通高校招生宣传工作的几点思考

胡　浩　米开会
（武汉大学历史学院）

招生工作是高校日常工作的重要组成部分，在“双一流”建设背景下，科学高效的招生工作对建设一流学科意义深远。① 目前，国内各高校在本科录取时都实行知分填志愿，且各志愿属于平行志愿，不存在志愿分差，录取时主要依靠分数位次。因此在填报志愿阶段，考生们“锱铢必较”，力将自己分数利益最大化；而高校为了吸引优质生源，务必使出浑身解数，多渠道多角度宣传自身，这使得招生宣传工作尤为重要。但目前的招生宣传工作仍存在不少问题，笔者将对此进行初步探讨。

一、招生宣传工作的现状

高校的招生宣传工作存在周期性，每年的 5—7 月为招生工作最为繁忙的阶段。为了争取优质生源报考本校，各高校都投入了大量的人力、物力与财力进行招生宣传工作。

招生宣传方式一般分为线下和线上。线下宣传一般是通过招生宣传折页、海报、现场讲座、校园开放日、摆摊咨询等方式与考生面对面交流。线上宣传是通过媒体、学校网站、微信、QQ 等方式进行宣传，吸引考生关注。线上招生宣传方式能够有效地突破地域限制，节约资源，未来将成为主流招生宣传方式。

而在志愿填报阶段，各高校安排由专业教师、管理人员和学生助理组成的招生宣传组到各省高中进行宣传。在这个阶段，考生会获得大量招生信息。

① 王江曼：《以招生工作助推地方高校一流学科建设》，《教育与考试》2019 年第 2 期。

由于实行平行志愿，高校在各省的录取位次逐渐平稳，名次提升比较困难。如何在“信息爆炸”情况下吸引更多的优质考生报考本校，成为各高校招生工作的重点，这也对招生宣传工作提出了更高的要求。

二、招生宣传工作存在的问题

(一)招生育人理念欠清晰

在招生宣传过程中我们发现，绝大多数高三学生在进入高校之前，对高校并无清晰的认知。他们通过与招生组老师的沟通，才对高校有了初步的了解，因此招生组的老师也承担着招生育人功能。招生工作育人是高校“三全育人”的重要环节，通过管理和服务为大学生的成长成才提供帮助。但是，“当下，在招生工作中缺乏育人意识，高校对于招生工作育人机制的认识仍处于初级阶段”①。

(二)招生人员对所在高校的专业认知欠全面

各省招生组一般由专业教师、管理人员和学生助理组成，成员多为兼职，一般考虑籍贯、学科背景等。大家在接受了初步的招生培训后，即奔赴招生一线，这些招生宣传的老师和学生，仅仅对自己所在的专业非常熟悉，但对其他的专业不够了解，无法对考生和家长的问题进行比较全面客观的解答。

(三)招生宣传覆盖面不足

在高考填报志愿阶段，招生组赴高中现场宣讲。由于宣传人员数量不多，无法覆盖多数中学，基本上每年宣讲的中学都比较固定，只能在少数重点中学进行宣传。这样导致部分优质生源没有接收到高校的宣传信息，故而无填报意向。

(四)宣传内容特色不明显

高校招生宣传的内容千篇一律，主要包括招生政策、专业介绍、招生计划和历年录取分数线。这些信息没有针对不同考生给予精准宣传，导致宣传目标不清

① 郑燕玲、董有恒：《“三全育人”视域下招生工作育人的思考》，《宁夏教育》2021 年第 9 期。

晰，不能及时给予反馈和指导。

三、招生工作新思考

招生宣传工作既是高校招生工作的重要内容，也是获取优质生源的主要途径。高校在做好宣传本校综合实力、学科特色等内容的同时，需要根据形势不断调整招生宣传的策略和方法。

（一）树立招生育人意识

招生工作是高校获取优质生源的第一步，也是大学生进入大学的第一步，它承载着高校对本校的认知，承载着学生对高校的渴求，在这一过程中承担着育人功能。“卓越的专业教育、丰硕的科研成果、科学的管理体制、繁荣的校园文化、优美的校园环境、优质的后勤服务都是吸引优质生源的重要资源。因此，招生工作育人需要学校全体教职员工的共同参与和共同努力。”①

所有参加招生工作的人员都必须认识到，招生不只是“招生”，在招生的过程中，要做到服务育人、管理育人。

（二）建立高水平招生宣传组

招生宣传组的人员配置对招生宣传有着重要的作用。高校需高度重视招生宣传组的队伍建设，成立一支由专任教师、管理人员、学生助理、校友共同参与的一流招生宣传组。

高校应积极鼓励专业教师参与招生工作，成立一支集合各学科优秀人才的专家组，实行“走出去”常态化战略：组织专家学者在非高考季走进中学开展学术报告，以专家的风采、学科的魅力来吸引考生，激发考生报考动力。

深化学生招生宣传队伍建设，深入开展寒暑假“回访母校”专题社会实践活动。高校需充分发挥在校大学生的作用，鼓励其作为沟通中学、考生及高校之间的桥梁。在校大学生是考生的学长姐，对考生和中学有着天然爱护之情，他们在招生宣传中可以发挥同学之间的沟通优势，所学专业背景也能帮助考生更好地了

① 郑燕玲、董有恒：《“三全育人”视域下招生工作育人的思考》，《宁夏教育》2021年第9期。

解学科。在校大学生一方面帮助高校做招生宣传，一方面帮助中学的学弟学妹解答疑惑，同时也锻炼了个人能力，实现了“三赢”。高校需要进一步鼓励寒暑假“回访母校”实践小组将实践结果进行认真总结和反馈，为招生组后续的宣传提供情报支持。通过前期规划、中期管理、后期成果评价，形成从“学生实践”到“招生宣传”，全年不断线的一体化工作模式。①

积极联络校友，邀请校友参与招生宣传。高校需积极组织各地校友参与招生宣传工作，通过牵线搭桥当地优质生源高中，可以尽早建立联系开展宣传。校友是高校的不可分割的一部分，通过参与母校招生宣传工作，既可以回馈母校对其培育之情，也可以加强母校与校友之间的联系。

(三)加强招生宣传培训力度

招生宣传的技巧和能力并不是简单地听一两场招生讲座就能够掌握的。招生宣传人员要具备跨学科的专业知识储备，需要对国家相关招生政策及规定有足够的了解，这些都需要参与招生工作的师生，在日常生活工作中积极主动地了解相关信息。

高校要为招生宣传人员提供专业化的培训，包括但不限于本校的学科情况、教学设施、教学情况、招生政策等，为招生工作提供有力保障。招生宣传工作人员在接受培训之余，要不断修炼“内功”，准确把握相关政策，只有充分了解学校的信息，才能为考生提供优质的咨询服务。

(四)凝练学科特色，突出办学优势

随着新高考改革，在部分省份实行“专业优先”的志愿填报方式。传统全覆盖介绍高校基本情况的宣传模式已不再适应招生工作需要，并且将高校的专业推到了“风口浪尖”。② 高校在宣传时，必须凝练学科特色，突出办学优势，提高招生竞争力。只有帮助考生全面了解专业情况，才有助于考生填报志愿；避免考生盲目选择高校和专业，将有助于吸引更多的优质生源报考。

---

① 王进：《从“三下乡”到“返家乡”——基于实践育人的高校招生宣传工作模式探析》，《科教文汇》2020 年第 7 期。

② 赵文博：《新高考改革形势下做好招生工作的策略简析——以西安石油大学为例》，《理科爱好者(教育教学)》2020 年第 10 期。

（五）依托大数据，助力招生宣传

大数据技术的发展，为高校精准化招生宣传提供了技术基础。① 利用大数据，可以把历年来考生的信息予以统计分析，包括考试成绩、性别、中学等。同时可以汇总和分析考生最为关注的问题，学校可以依托大数据技术，开发招生宣传机器人，为考试提供全天 24 小时在线咨询服务，当考生咨询时，能够及时准确地予以回复。

（六）建立分省招生微信公众号

微信平台是当前最流行的新媒体，高校招生部门都已建立了各自的微信公众号。但这是面向全社会的微信公众号，信息繁杂，不利于各省考生查询自己想要的信息。为了更有针对性地开展宣传工作，可以建立分省招生微信公众号，由招生组老师把关，学生助理负责运营，发布招生政策，展示本省学子风采、线下宣传活动报道等。同时还可以展示学校生活的衣食住行、优秀老师、强势学科或特色课程等方面。

（七）对考生的大学生活全过程关怀

招生宣传组在把考生录取到高校后，还应继续关注考生。例如，高考结束后建立新生群，及时解答学生疑问；也可以举办新生联谊会，由学长姐做分享报告，指导新生合理规划校园生活；招生组还可以与院系保持联系，了解本省学生情况，持续为学生提供人文关怀。

四、结语

招生宣传工作任重而道远，随着高考改革的不断深化，各高校也应踔厉奋发，不断调整招生宣传策略，助力“双一流”高校建设。

---

① 唐玉生：《大数据在高校招生宣传中的运用》，《学海》2019 年第 6 期。

关于加强大学生廉政教育的一些思考

屈路明
（武汉大学历史学院）

育才造士，为国之本。习近平总书记在全国高校思想政治工作会议上强调“思想政治工作是学校各项工作的生命线”。高校是为国家培养人才的重要阵地，不仅要对学生进行专业知识教育，也要对他们进行思想政治教育，教育学生树立正确的世界观、人生观、价值观。但目前各大高校开展的高校廉政文化教育主要针对教职工，同时学生思想政治教育体系中，廉政教育相对较少，大多数大学生廉政意识淡薄；而另外一方面，近年来高校腐败现象也日益增多，如贪污腐败、学术不端等，高校思想政治教育面临着新的压力，加强大学生廉政教育刻不容缓。

一、加强大学生廉政教育的重要性

（一）加强大学生廉政教育是高校深入开展党风廉政建设的重要举措

党的二十大报告“深刻分析管党治党面临的新形势新任务，发出坚决打赢反腐败斗争攻坚战持久战的动员令，为在新时代新征程上坚定不移推进全面从严治党，继续把反腐败斗争引向深入指明了前进方向、提供了重要遵循”①。二十届中央纪委第二次全体会议指出，一体推进不敢腐、不能腐、不想腐，要在保持惩治腐败、加强制度建设的同时，持续强化教育引导。全会工作报告提出，“加强新时代廉洁文化建设，树立良好家教家风，营造和弘扬崇尚廉洁、抵制腐败的良

① 王卓：《坚决打赢反腐败斗争攻坚战持久战》，《中国纪检监察报》2023年3月3日。

好风尚，构建清廉社会生态"①。当代大学生作为祖国未来的希望，走上工作岗位后将逐渐成为党政机关、企事业单位及各行各业领导者、管理者和主力军。他们的廉政与否直接关系到党和国家的未来。对大学生进行廉政教育，就是适时前移了反腐倡廉关口，提前扭住了"不想"这个根本，使大学生对腐败现象能够有深刻的认识，对腐败的危害和后果有足够的了解，预先打好防腐疫苗，筑牢信仰之基、补足精神之钙，筑牢拒腐防变的思想堤坝。因此，抓好大学生的廉政教育，正是高校深入开展党风廉政建设和增强高校师生政治意识的重要举措，对中国共产党反腐败斗争的胜利也起到了非常重要的作用。

(二)加强大学生廉政教育是弘扬社会主义先进文化的重要手段

"廉政文化属于文化的范畴，是社会主义先进文化的重要组成部分。"②高校的学习阶段正是大学生人生观、价值观形成的重要时期，对大学生进行廉政教育，正是对传统道德和社会主义先进文化的传承，能够帮助大学生深刻领会传统民族文化中廉洁思想、民本思想、节俭思想等的内涵，对他们进行廉政文化熏陶，增强其社会责任感和法治意识。

(三)加强大学生廉政教育是校园文化建设的必然要求

加强大学生廉政教育，能够促进大学生个人品格的完善，使学生树立起积极健康、自强自立、崇尚廉洁的人生观。深化高校反腐倡廉建设、加强大学生廉政教育也是推动高校校风、教风、学风建设的基础，能够促进校园文化建设，构建美好和谐的校园环境，形成优秀传统文化的良好氛围，推进高校各项工作公平公正开展。

二、大学生廉政教育的内涵和主要内容

何为廉政？顾名思义，就是指清廉为官，廉洁从政。大学生是国家和社会未来建设的生力军，肩负着实现中华民族伟大复兴的历史责任。大学生廉政教育的

① 《李希在二十届中央纪委二次全会上的工作报告》，中央纪委国家监委网站：https://www.ccdi.gov.cn/toutiaon/202302/t20230223_248739.html。

② 王成圆：《新时期如何加强大学生廉政教育》，《西部素质教育》2020年第6期。

内涵，就是要引导大学生增强廉洁意识，教育他们形成以公正廉洁、廉洁从政、从政为民为基本内容的核心价值观，树立正确的世界观和人生观。

大学生廉政教育应以培养大学生的廉政观念、增强廉政意识为目标，以社会主义核心价值体系为引领，以社会主义法制教育、社会公德、职业道德和家庭美德教育、诚信教育为主要内容，做好党和国家关于党风廉政建设和反腐败方面的方针政策、法律法规的宣传教育，同时加强开展符合国情、贴近现实的社会实践。针对大学生的特点，可以重点开展艰苦奋斗教育、诚实守信教育、爱岗敬业教育这三个方面的教育。艰苦奋斗是中华民族的传统美德，通过开展艰苦奋斗教育，可以帮助大学生摒弃不劳而获的思想，树立强烈的社会责任感和历史使命感。而诚实守信和廉洁是统一的，开展诚实守信教育，尤其是针对大学生中存在的论文造假、考试作弊等现象进行重点教育，提高大学生诚实守信的自觉性，这也正是大学生廉政教育的基础。爱岗敬业作为最基本的职业道德规范，是对人们工作态度的一种普遍要求。通过对学生开展爱岗敬业教育，尤其是针对逃课缺课、作业抄袭等现象进行教育，可以增强其责任感和使命感，使其今后在工作岗位上为国家、人民勤恳工作。

三、加强大学生廉政教育的具体措施

大学生廉政教育是持续、长期的一个过程，需要高校党委、二级学院党组织以及基层党组织团结协作，共同推进，形成合力。要注意创新教育形式和方法，丰富教育活动内容，用大学生喜闻乐见的形式进行专项的廉政教育，积极传播廉政廉学理念，推动廉政教育入脑入心。

（一）要将廉政教育与大学生日常管理服务相结合

大学生的廉政教育应紧密结合学生的学习、生活实际。高校可以学生管理制度等制度建设为切入点，将廉政教育与校风、教风、学风建设相结合。应在学生入学面试、考试考核、评奖评优、论文答辩、入党、转专业等学生日常管理服务的关键环节中严格把关，坚决查处弄虚作假的行为。同时，还可以通过大学生日常学习、生活实际活动，如学生社团活动、选举班干部等的过程中，让学生将受到的廉政教育内容转化为自己的理念、思维习惯，并用来指导自己的行为。要重视应届毕业生的廉政教育，培养他们爱岗敬业的意识，开展警示教育，增强其廉洁意识。

(二)要将廉政教育与课堂教学相结合

高校应充分挖掘现有课程中的廉政教育资源，将课堂教学作为廉政教育的主战场之一。一方面要充分利用形势与政策课、各类思想政治理论课、职前教育等课程。比如在思想道德修养与法律基础课中，增加廉政教育的内容和比例；又如在形势与政策课中，引导学生学习党和国家关于党风廉政建设和反腐败方面的方针政策、法律法规等。注重充分发挥学生的主体地位，通过案例讨论、情景教学等方式，引导学生向先进典型学习，自觉抵制不正当行为。另外一方面，要充分发挥教师的积极作用。教师是课堂教学的主导，教师既要向学生传授知识，也要以自己的高尚品格潜移默化引导学生，因此，教师的道德水平决定着人才培养质量，教师的世界观、人生观、价值观也直接影响着学生的世界观、人生观。因此，高校应该将廉政教育与师德师风建设和课堂教学相结合。既要注意提高教师的思想政治素质、职业道德水平和廉政自律意识，也要引导教师在教学过程当中将廉政教育的内容渗透到学科内容和教学过程之中。廉政教育不是“孤立的”，不仅仅是简单灌输相关法规等，而是应在教学过程中，适时渗透廉政教育的内容，从观念上进行引导，使规则意识、法律意识深入学生脑海，进而转化为自觉的行动。

(三)要将廉政教育与校园文化建设相结合

风清气正的校园文化能够为高校廉政教育的开展提供良好的外部环境，反过来，加强校园廉政文化建设也有利于营造风清气正的育人环境。在高校开展廉政教育，要深入学习贯彻习近平总书记重要讲话精神，尽量整合和挖掘学校的文化资源，将校园文化与廉政教育相结合，营造风清气正的校园氛围。要将廉政教育融入多方面的教育内容，利用校园文化和丰富多彩的活动形式，扩展廉政教育的覆盖范围，增强廉政文化的渗透力，将廉政文化深入校园生活的方方面面。要充分利用校内广播、黑板报、校园网、宣传栏、标语、讲座等载体，大力宣传廉政教育的有关内容，营造良好的校园廉政教育氛围。可以以学生社团活动为平台，结合大学生文化节、艺术节等活动，组织开展以廉政教育为主题的文艺表演、演讲比赛、书画展等。另外要注意运用新媒体进行廉政文化传播，可以借助 QQ、微信、微博等形式，增强廉政教育的感染力和吸引力。

（四）要将廉政教育与社会实践活动相结合

实践活动是对大学生开展廉政教育的有效载体。高校应该将廉政教育纳入大学生社会实践活动，积极组织、引导大学生参加社会调查、公益劳动、勤工俭学、反腐倡廉宣传、公益活动、参观革命纪念地、警示教育基地等社会实践活动，引导大学生深入社会、了解社会、服务社会。通过参加形式多样的社会实践，在改造客观世界的过程中改造自己的主观世界，不断提高思想觉悟，不断增强廉洁意识，真正做到知行统一，达到廉政教育的目的。

四、结语

加强反腐倡廉建设工作，打造风清气正的良好氛围，需要全社会共同努力。加强大学生廉政教育，是社会廉政教育的组成部分，也是高校党风廉政建设的重要内容，更是高校落实立德树人根本任务的重要抓手之一。各大高校应该建立健全高校大学生廉政教育的长效机制，将大学生的廉政教育真正落到实处。

大数据背景下高校科研管理工作信息化探究

胡艺航
(武汉大学历史学院)

科研管理是高校管理工作重要的组成部分，也是推进科技创新和人才培养的重要保障，对科学研究和创新有着重要的影响。大数据背景下，高校通过加强信息化建设，推进行政工作和科研管理的智能化和数字化，能够帮助高校科研管理工作更好地应对大数据时代的挑战，提高管理效率和水平，为高校科研事业的发展提供有力支持。但当前高校科研管理信息化工作展开期间，依然存在一些问题，管理工作质量和效率不能得到有效提高。

一、大数据理论分析

随着信息技术的快速发展，数据量呈现爆炸式增长，大数据应运而生。大数据是指数据量大、结构复杂、多样化、价值高的数据集合，具有高速、高量、高维和高质量的特点，通常需要使用先进的技术和算法来处理和分析。大数据的特征主要有以下几点：第一，数据量大，通常需要使用分布式计算技术来处理；第二，数据种类多，包括结构化数据和非结构化数据；第三，数据速度快，需要实时处理和分析；第四，数据价值高，可以用来发现新的商业机会、改进产品和服务、提升决策效率等①。

目前，大数据已经成为全球范围内的热门话题，各行各业都在积极探索如何利用大数据来提高业务效率和创造更大的价值。根据市场研究公司 IDC 在 2018

① 百度百科：https://baike.baidu.com/item/%E5%A4%A7%E6%95%B0%E6%8D%AE/1356941?fr=aladdin。

年的一项研究中预测，到2025年，全球数据总量将达到175个ZB①。同时，大数据技术也在不断发展和创新，每年都在呈跳跃式增长。分布式计算、机器学习、人工智能等方面的技术不断涌现，使信息技术在社会生产生活中占有绝对性优势。

二、高校科研信息化管理存在的问题

高校科研管理工作信息化，不仅是管理部门工作需要，也是科研人员的工作需要。简单的办公软件和传统的管理方式已不能满足当下高校科研工作的需求，加强科研信息化管理建设，广泛应用管理系统和软件，能够确保科研管理工作的效率和水平提高。目前，高校科研管理工作中还存在一些问题，急需增强创新意识，提高管理水平和工作能力，使科学化和信息化服务达到较高水准。

（一）信息化管理重要性认识待提高，管理队伍欠缺服务意识

当前部分高校科研管理信息化相对落后，没有意识到大数据技术对于管理工作的推动作用。只一味追求科研成果的级别和数量，对科研过程缺乏监管分析，不能保证科研管理的规范化和科学化，且明显的成果导向性导致科研管理工作发挥不了主动性。信息化管理内容不够深化，仅仅用在数据采集上，没有在数据挖掘、数据分析、数据共享等层面使用起来。此外，由于高校对科研管理人员的培训和考核不够严格，仍然采用传统的管理方式，安排的工作一般都是常务性质，如传达科研部门通知、整理和提交科研材料等。科研管理人员的信息化水平较低，服务意识不足，素质良莠不齐，工作效率不高，不能满足快速、准确、高效的管理需求，不利于长远发展。

（二）信息化管理平台分散，协同性不高

高校信息化管理工作已逐步发展完善，各管理部门均能实现信息化平台建设，但类型格式多样且互不相关。在科研管理系统中，大量的科研信息格式标准各不相同，几乎仍处在需要手动录入信息的阶段，对数据的真实性和全面性有严格要求。而不同部门职责各异，工作人员之间缺乏沟通交流，信息化管理平台分

① 国际数据公司（IDC）：《IDC：2025年中国将拥有全球最大的数据圈》。

散，比如科研成果与人事部绩效考核息息相关，科研经费与财务部门使用报销紧密相连，但大部分高校管理系统并未将科研系统与人事及财务管理等系统信息共享。各司其职导致各部门工作人员填报数据时重复劳动，负担加重，也会影响到数据的准确性和完整性，限制科研工作展开。同时，科研人员、科研管理人员、财务管理人员等多部门工作人员之间也缺少联系，目前，部分高校已着手开发新系统，试图能够整合多部门管理系统，建立“一站式”信息共享平台，满足各方面需求，但在初期不可避免地产生混乱，使用感和实用性上预计也需要几年时间才能完善起来。

(三)信息化管理体系构建待完善，数据统计分析不足

科研数据的统计分析是进行科研管理的基础，对科研规划和决策奠定基石般的作用。随着科研项目的不断增多，科研数据也呈现出爆炸式增长的趋势，造成管理难度加大。同时对于大数据技术的认知和运用不足，信息化平台基础设施薄弱，也就无法全方位地、科学地统计分析科研现状和未来趋势，在实际工作中就会存在一些问题：一是重视度不够，只关注科研成果表面的数据多少，不进行深度挖掘；二是分析目标单一，只能针对论文、项目、经费等数量分别统计；三是分析范围限制，只能用于学校内部甚至学院学科内部比较，不能与校外大数据联通，得不到横向多维的分析结果。这些问题都会导致科研管理团队对科研规划和决策有失偏颇，无法起到有效参考借鉴作用。

三、大数据背景下的科研管理信息化发展

(一)建立高素质科研管理队伍

科研管理工作需要一支高素质的科研管理队伍来保障工作的顺利开展。高校需要加强科研管理人员的招聘、培训和晋升机制，建立科研管理人员职业发展通道，吸引和培养优秀的科研管理人员，提高科研管理队伍的素质和水平。加强科研管理人员信息化素养的培养和提高，安排周期性的、有针对性的教育和培训课程，创新工作方法，推广和应用科研管理信息化工具和技术，如科研管理信息系统、大数据分析工具等，充分利用人工智能、云计算等技术，提高科研管理效率和水平。加强科研管理团队的协作和沟通，建立科研管理团队的共同目标和工作

标准，明确团队各角色的职责和权限，提高科研管理团队的凝聚力和执行力。高素质科研管理队伍是大数据背景下科研管理工作稳定发展的基石。

(二)建立可共享的科研管理数据资源库

要建立可共享的科研管理数据资源库，解决数据的采集和整合问题，首先需要制定科研管理数据标准，确保不同高校不同部门之间的科研管理数据具有统一格式和结构，从而保证数据的可比性和可共享性，实现数据的互联互通，促进科研管理数据的共享和流通，提高科研管理效率和水平。其次，建立科研管理数据共享平台，连通不同的管理系统和数据库，实现各部门信息共享，减少重复劳动。此外，对储存了大量数据资料、不乏核心机要文件的数据库，更是要保证安全性和管理性。最后，要确保数据的质量和准确性，对科研管理决策和实施起着至关重要的作用，因此需要采取相应的技术和措施保障数据的质量和准确性。此外，随着移动端设备普及，为加强数据信息使用的便捷性和随时性，还要考虑到移动端程序的开发运用。

(三)健全科研管理机制

科研管理体制是高校科研管理信息化发展的基础和支撑，健全科研管理体制可以提高科研管理效率和水平，推动科研创新和发展。健全科研管理体制可从三个方面入手：

(1)完善科研管理制度和流程，制定科研管理规范和标准。增强对信息化建设的重视度，明确管理职责和权限，建立科研管理工作流程和标准化操作流程。

(2)实现科研管理全程化控制，对科研项目的申报以及研究实施、验收工作和成果运用都给予充分关注。当前大部分高校都对项目申报工作极为重视，而忽视项目的实施、验收和运用等流程。

(3)制定科研管理绩效评估机制，以科研管理效率和水平为主要评估指标，评估科研管理工作的质量和效果，为科研管理改进提供依据和参考。制定相应的考核奖励机制，以激发管理人员的主观能动性，强化服务意识和创新意识，增强团队凝聚力，提升工作效率和质量。

四、结语

综上所述，研究大数据在高校科研管理信息化发展中的运用，提出建立可共享的科研管理数据资源库、建立高素质科研管理队伍、健全科研管理体制等方面的对策和建议，可以帮助高校提高科研管理效率和水平，推动科研创新和发展，促进高校科研管理信息化发展。

科研管理工作的质量始终会对高校科研水平的发展产生很大的影响，随着信息更新的速度，对科研管理信息化的要求也在不断提高。对此，高校科研管理部门要随之更新科研管理理念，与时俱进，推动信息化工作开展。

关于高校新文科建设背景下历史学科通识教育的思考

龙　萌
（武汉大学历史学院）

通识教育是一种人文教育，旨在提升学生对人文科学、自然科学和社会科学的全面认识。与专业教育培养不同的是，通识教育是一种超越了功利性的非专业性教育体系，同时它与专业教育互补，推动高等教育的进一步发展。在新文科建设的背景下，高校历史学科通识教育对通专融合的改革起到重要的作用。

一、历史学科通识教育的内涵与传播

通识教育思想不论是在古代中国教育模式上还是西方教育模式上都很早出现过。历史教育与人文教育是部分与整体的关系，历史教育也是高校通识教育至关重要的一环。通识教育可以从"通"和"识"两个方面理解，"通"即"精通"，博闻广记，通知古今，强调的是知识渊博，知识面广；"识"是"见识"，见多识广，卓尔不群，强调的是对知识的灵活运用。① 通识教育从本质而言是一种不强调专业知识的教育，尊重学生的个性与需求，从内容上而言涵盖社会生活的方方面面，为学生提供多样化选择，从主旨而言是为了培养学生独立的人格与正确的社会观和价值观，从理念而言是为了培育具有开阔眼界、博雅精神、深度思想和人文传承与发扬。

而历史学科通识教育应当承担培养学生正确的历史观、人文意识和全球史的认识，通过研读经典，提升学生尊重传统和树立使命的意识。学生在历史学习中，了解历史当事人所说所思所做的利弊得失，从而给自己以思考和启迪。正如白寿彝先

① 白寿彝：《白寿彝史学论集》，北京师范大学出版社1994年版，第253~254页。

生所说："通过历史的阐述，讲清做人的道理，做一个自觉性公民的道理，做一个社会主义新人的道理。""历史教育是为了培养下一代，为祖国做贡献。"[①]

二、历史学科通识教育的教学目标与方法

(一)教学目标

1. 提高人文素养和中外历史文化观

虽然通识教育是一种非功利性教育体系，但历史学科通识教育应遵循"以人为本"的育人理念，让学生收获史学知识的同时，也提升了学生的人文素养，为未来个人的职业发展打下良好的基础。学生通过学习中外历史，研读经典，将知识转化为智，从而促进学生实现知识内化，提升学生的人文修养。晚清著名思想家龚自珍说："欲知大道，必先为史。"此外，历史中所蕴含的中华民族之民族精神的底蕴和众多杰出人物的人格魅力，以及各方面的经验和智慧，都是提升学生人文素养的最好素材。[②]

2. 提升学生史学修养

通识课程不同于专业课程，是面向全校本科生开设，选课学生多为跨专业学生，针对这一特点，历史学科的通识课程应以提高学生史学理论水平为目的，强化学生的史学修养，以科学的角度和方法进行历史事件的评析与历史人物的评价。学会运用唯物历史观的方法来分析历史，增强学生进化史观和辩证分析问题的能力。

(二)教学方法

由于通识课程面向的是全校的学生，想要吸引和激发选课学生学习历史的兴趣，就需要从学生的专业背景出发，丰富教学方法和手段。

1. 做好"学前"准备

"学前"是学时的必要阶段，处理得好则可以提高学生的兴趣，激发学生的参与意识，使他们从被动"要教师学"到主动"教师要学"的心理转化。在学之前，教师可以通过介绍教学内容涉及的背景知识，提出启发性的问题，引导学生对课

文内容作积极的想象和推测。学生带着问题学，有效地避免因抓不住重点内容，而导致学习不积极。从而解决了他们由被动学到主动学的过程。

2. 找准“学时”重点

因通识课学分和课时有限，授课教师应当充分利用好课堂，精心准备和设计教学内容，提高教学效率。历史学科通识教育应实行研究性教学，以大班授课、小班研讨或课堂理论教学与课外实践教学相结合的方式开展教学，避免灌输式教学。在考核方式上，①期中作业要适量，可根据教学目标，布置调查、读书报告等实践性作业，期末考核应与通识教育理念相契合，提倡探究性、开放性等考核形式。授课教师需要运用高度的综合概括能力、广博而又深邃的学识素养，向正在求学的莘莘学子传授最前沿的历史知识和系统的思想脉络。从受教的学生来说，刚走出高中应试教育的大学新生面对大量扑面而来的历史细节与碎片时，即使站到了学术的最前沿，也容易迷失方向，就像星星点点的岛屿会被淹没在历史的汪洋大海中一样，他们可能会陷入历史认知的泥潭，从而失去深入学习历史的兴趣。所以，需要教学者给学生呈现出清晰的历史脉络。

3. 注重教学信息化建设

历史教学离不开对史料的解析，大量的文字史料如果仅通过传统授课方式，是不利于学生理解内容的，教师可以通过多媒体技术引入、互联网平台进行翻转课堂教学，可以加深学生对相关知识的理解，增强学生的感性认识，激发学生的学习兴趣，从而提高教学效果。

三、结语

通识教育已成为大学教育的共识。虽然高校通识教育目前存在诸多问题，如缺乏对通识教育的统一认识，缺乏统一的课程体系和标准，缺乏科学有效的管理和评估办法。但各高校都在积极深化教育教学改革，优化通识教育体系。在此背景下，历史学科通识教育改革应着力提升内涵式发展，通过制定统一的历史学类通识体系教学方案，积极探索教学方法，将课程内容与教学方法高效结合。从而让更多非历史专业的学生掌握史学知识和提升人文素养。

① 赵晓华：《历史类通识课程的意义、目标及方法》，《黑龙江史志》2010年第234期。

“放管服”背景下高校科研经费管理的问题与对策

刘　振

（武汉大学历史学院）

2021 年 8 月，国务院办公厅印发了《改革完善中央财政科研经费管理的若干意见》（国办发〔2021〕32 号），揭开了新一轮科研经费管理“放管服”改革的序幕。① 高校是科技创新的重要孵化基地，是我国中央财政科研资金的集中地。如何有效转变科研经费管理理念，提升服务水平，真正将“放”“管”“服”三个方面有机结合，并落到实处，进一步激发科研活力，释放创新动能，是各大高校科研经费管理改革的重要任务。

一、高校科研经费管理存在的问题

1. 对文件精神理解不透彻

国家陆续出台了“放管服”相关改革文件，但高校在落实上级政策要求的过程中，关于科研管理制度的问题仍较为突出。一是高校根据上级制度文件制定学校层面的科研经费管理制度时，没有根据学校实际情况，因地制宜地制定管理制度，而是直接采用上级制度内容，未能充分发挥制度指挥棒的正向效应。二是部分高校没有正确解读“放管服”相关政策，没有科学把握放权和管理的执行力度。多数高校对科研管理权限放开不足，没有给予项目负责人充分的经费自主权，抑

① 国务院办公厅：《改革完善中央财政科研经费管理的若干意见》（国办发〔2021〕32 号），索引号：000014349/2021-00068，2021 年 8 月 13 日发布。

制了科研人员的积极性和创造性。三是因学校各管理部门职责与分工不同，管理的角度和出发点也不同，各部门在制定制度时由于缺乏深入沟通，协调性较差，业务工作脱节，出现学校各制度之间对同一内容要求不一致的现象，导致科研人员在经费使用、报销时对相关政策的理解模棱两可，影响了经费使用绩效和执行率。

2. 修订管理制度存在复杂性

修订管理制度是一个复杂的过程，当改革科研经费的相关意见办法出台，有关科研项目的上级主管部门随之在制定发布相关科研经费资金使用办法时，其内容大多数都为宏观层面上的指导，而缺少具体实施细则。那么，高校按照最新科研政策办法制定各自科研经费管理制度的时候，要想实现上级文件精神所要求的激发科研人员能动性、促进科技事业发展等精神，必须建立在深刻解读并理解最新制度办法以及精确分析目前高校执行的科研经费管理制度的基础上。而且一套合理化体系化的制度设计和安排还需要结合当地省、市以及学校情况。其次，各个类型和级别的纵向科研项目从立项到结题的资金管理各有特色和区别，学校需要对应各自级别项目建立相关的管理制度。并且还需牵涉到重新设定项目大类、制定优化预算模板、简化修改预算调整审批流程以及调整有关会计核算科目等一系列繁琐工作。因此，这些要求和客观因素大大提升了各高校主要相关部门及时梳理制定有效科研经费管理制度工作的复杂性。

3. 报销手续繁琐

报销手续繁琐主要是财务人员与科研人员存在信息差。术业有专攻，科研人员兼具繁琐的教学任务和行政业务，不会将过多时间和精力花费在报销要求和流程上，同样的，财务人员往往更关注经费使用规定和报销规则，造成了科研人员和财务人员在科研经费使用方面的“信息不对称”现象，进而会产生科研经费报销流程复杂、难度较大的问题。另外，受制于信息化手段以及平台媒介信息的推广度，大部分高校对国家最新科研经费制度宣传不到位，导致科研人员没有丰富的媒体渠道熟悉最新的科研经费管理制度和财务报销制度，在制定预算方面不够科学合理，并没有发挥预算的规范化经费使用的本身作用。此外，财务助理制度在部分高校中并没有得到普遍落实。这些因素都加大了财务人员和科研人员的沟通成本，报销内容不规范、审批手续不全等问题屡次出现，一定程度上加重了科研人员经费使用的负担。

还有像一些报销涉及多个职能部门，比如科研处负责项目的立项和结项，设备处负责耗材和设备的采购等，财务处负责项目经费的报销、开票及结题决算，审计处负责项目的审计等，这些业务大多需要到现场办理，如果出现政策变动或者材料缺失的情况，科研人员就需要反复跑多次，有时还会存在部门间权责不清、相互推诿的情况。学校各部门缺少紧密合作和相互监督制约的机制，科研管理相关信息系统信息化程度低，信息共享机制不完善，经费管理效率低。

二、优化高校科研经费管理的对策

1. 完善科研经费管理制度，落实“放管服”改革要求

高校在制定科研经费相关制度时，必须深刻解读和学习中央文件意见办法及有关项目主管部门出台的科研经费资金使用办法，并且需要仔细研究追溯近些年来科研制度修订的变化和发展，财务部门应定期组织安排学习研讨新科研政策，互相交流讨论，这样才能真正理解领悟最新意见和办法所要求的精神。此外，要树立长远的眼光，不可只着眼于当下，要具备革新的魄力与意识，万万不可一味延续传统的经费管理办法，高校要紧跟新时代新背景下科研经费改革办法，及时扬弃，与时俱进。需结合当地的相关经费管理办法，以及学校的实际科研环境现状，包括目前现行的科研经费管理办法、间接费用管理办法以及结题结账管理办法等，对比分析当前已实施的管理办法与最新中央文件精神的差距，找到可改进点和需要完善修改的条目。修订科研经费制度需要各相关部门的紧密配合协作，整个过程中需要明确各职能部门的权责范围，通过协调科学技术处、财务处、资产管理处、二级单位等各部门整体共同合作，密切配合，按照各自的任务清单共同稳步推进制度建设工作。

2. 落实科研财务助理制度，简化报销流程

落实科研财务助理制度，确保科研项目组都配备固定的科研财务助理，搭建好财务和科研项目之间的桥梁关系。由科研财务助理帮助科研人员进行经费管理全流程事项办理，主要包括预算编制、经费报销、验收决算等环节事宜。科研财务助理熟悉科研和财务相关制度，可及时解决项目组的财务相关问题，不仅可以

大大节省科研人员的时间和精力，也提高了财务相关信息的准确性。定期对科研财务助理进行业务培训。科研经费政策的变化较快，学校可定期对科研财务助理进行科研和财务业务的培训，学习最新的科研和财务政策，定期同其他高校的财务、科研人员交流，积极收集本校师生建议，努力培养高素质的科研财务助理专业人才队伍，以高质量服务赋能科研经费管理。

一方面，高校可以建立数据共享平台，将科研、资产、财务、审计等信息系统对接，打破各部门信息孤岛，解决数据碎片化难题，实现校内各系统之间的数据信息共享。充分运用信息技术优势，在实现数据共享的同时积极推进线上业务办理，有效解决重复填报数据的难题，做到让数据多跑路，让科研人员少跑腿，提升高校科研服务水平。另一方面，可全面梳理科研经费报销规定，结合学校实际情况，优化资产采购验收流程，简化采购报销审批手续。针对不同情况灵活采取采购方式，加强学校资源配置，使科研人员能够根据研究需要及时获取耗材和仪器设备，从复杂繁多的采购报销流程中解脱出来，同时充分运用电子技术来加强科研经费管理，提升经费使用效益，尽可能为科研人员的经费使用提供便利。

3. 尝试建立诚信体系

为了降低科研经费支出风险，缓解经费管理压力，高校可以尝试建立诚信制度。“包干制”项目没有严格的预算限制，不划分直接经费和间接费用。这就意味着科研人员在经费使用中相对比较“自由”，对每一笔经费的使用项目负责人对其应该承担直接责任。在对“包干制”项目进行经费管理过程中，高校有必要对项目负责人和相关经办人员设置诚信档案并跟进更新。对于科研诚信度较高的项目组和科研人员，今后可以加大对其包干的支持力度，也可以在后期项目申报环节给予一定激励。而一旦经费使用过程中出现不合规情况，有关项目组的信息就会被登记在诚信档案中，而对于存在诚信问题的科研人员和相关经办人、负责人，高校应该采取适当的惩罚措施，比如在其屡次提醒后而仍然作出失信行为后，应取消其包干资格并相应限制项目的申报。这样可以从根本上提高科研人员合规使用科研经费的认知，可以使“包干制”项目经费得到更规范的管理。

三、结语

近几年国家陆续出台“放管服”政策指导文件，在“放管服”改革背景下，高校应时刻关注政策变化，不断探索更加科学的科研经费管理创新模式。应不断加强科研经费管理，完善校内管理办法，明确各职能部门的主体责任，优化预算编制流程，培育科研财务助理，加快成本核算步伐，建立数据共享平台，给予科研人员充分的经费管理自主权，精简报销手续，减少经费报销工作量，健全科研经费绩效评价体系，实现科研事业的持续性健康发展。

武大历史学院资料室图书藏书特点概述

李珞红
（武汉大学历史学院）

文科院系资料室是高校图书馆文献系统中的重要组成部分，其中院系资料室的藏书建设是文科资料室馆藏资源建设中的一个重要环节。随着高校文科学术的深入发展，藏书建设在文科学术发展中所起的作用愈来愈重要。如何使藏书更好地为高校学科建设服务，是高校文科院系资料室生存所面临的一个问题。本文以武大历史学院资料室的藏书建设为例略作一分析，希望能对文科院系资料室的藏书建设提供一点有益的启示。

武大历史学院资料室已有几十年历史，从当年很小的藏书规模发展到现在的15万多册，涵盖中国史、考古、世界史等各类书籍，为历史学院的学术发展提供了重要的学术资源，其中历史学院的藏书因其自己的独特性在历史学院的学科发展中起了不可磨灭的重要作用。纵观历史学院资料室的藏书有以下几个特性。

一、历史学院资料室的藏书具有明确的专业性和方向性

资料室要真正做到为院系各专业的教学研究和学科建设服务，首先必须了解院系各专业的教学科研状况，了解各专业的教学科研需要资料室提供哪些方面的文献资料和学术动态，其次还需要了解院系各专业在学术上有何优势，哪些专业和学科在国内甚至国际上处于领先地位，并且根据这些信息来确定资料室的藏书，资料室的藏书有了专业性和方向性就能使资料室的藏书在教学科研和学科研究中更好地发挥作用。

如武大历史学院从20世纪80年代以来，形成了以著名中国史学家唐长孺教授为代表的中国三至九世纪研究和著名世界史学家吴于廑教授为代表的世界史研

究为重点的学科。

在三至九世纪历史研究方面，收藏有平装书、线装书、手抄本、墓志拓片、缩微胶卷等多种中外文图书资料，敦煌吐鲁番学术研究是三至九世纪研究重点，资料室藏书紧紧围绕敦煌吐鲁番学研究，有《上海博物馆敦煌吐鲁番文献》《天津博物馆吐鲁番文献》《北京博物馆吐鲁番文献》以及英藏、法藏、俄藏敦煌文献等，这些资料都从未公开发表过，有很高的学术价值，也是当年科研课题急需的，能够对重点学科建设起到很好的服务作用。

在世界史藏书方面，由于外文图书比中文图书价格高，因此资料室为了弥补购买外文图书贵的困境，订阅了一批外文期刊在一定程度上缓解了外文原版图书购买率低的困境。目前历史系订阅的外文期刊有几十种，有英、日、德等种类，涉及政治、经济、人物文化等方面，绝大多数是美国、日本、英国出版的有影响的刊物。这些外刊提供了很多历史研究的最新动态和当代历史研究的最新成果，基本上满足了世界史各研究方向老师们的需要。在 20 世纪八九十年代，历史学院三至九世纪研究和世界史研究在全国名列前茅，与院里重视这两个研究方向的藏书建设有很大关系。

二、历史学院资料室的图书藏书建设形成了一定特色

历史学科是以史料为介质来研究人类社会的学科。史料是历史研究的基础，丰富的图书资料是历史学科研究的必备条件。武大历史学院是国家历史学科教学基地之一，其中中国古代史是国家一级重点学科，从 20 世纪 80 年代以来，历史学院资料室为配合教学科研和学科建设的要求，尽可能将科研经费用来购置有价值的文献资料，逐步形成了自己的藏书特色，在 1989 年建立了特藏书库，收藏了中国史方面的大量原始资料。进入 21 世纪以来，学院更重视资料室的图书藏书建设，从 2004 年以来，经过 6~7 年的努力，院资料室在图书藏书建设上形成了以下特色：

（1）图书资料力求资料性、系统性、学术性。购置了全国 20 个省市的《中国地方志集成》、《丛书集成续编》、《北京图书馆古籍丛刊》（92 卷）、《上海图书馆藏稀见方志丛刊》（221 卷）、《中国西南文献丛书》（200 卷）、《中国西北文献丛书》（192 卷）、《中国华东文威丛书》（197 卷）、《日本藏中国罕见地方志丛刊续编》（20 卷）等。

(2)原始性材料力求丰富。史料是研究历史的基础，史料当中的原始性史料收藏价值最高。其一，在中国史方面，有《甲骨文研究资料汇编》(20卷)、《中国历史地理文献辑刊》(70卷)、《宋珍集本丛刊》(99卷)、《中国明朝档案总汇》(97卷)、《雍正朝内阁六科史书》、《光绪帝起居注》、《乾隆帝起居注》、《咸丰同治两朝上谕档》、《民国档案史料丛书》等。其二，在世界史方面，有《苏联历史档案》(38卷)、*English-Commons-Journals*(84卷)等。这些地方志原始档案书刊，为历史学院的教学科研提供了完备的资料，对重点学科的建设起了很好的服务作用。

三、历史学院资料室图书藏书建设的发展展望

历史学院资料室的藏书建设虽然对学科建设发展起了很大的作用，但随着历史学科的发展，在新形势下，武大历史学院资料室的图书藏书建设也应该随着历史学科的发展与时俱进。这表现在，随着社会科学的发展，新兴学科、交叉学科、边缘学科越来越多，历史学院资料室的图书藏书也应顺应社会科学发展，在图书藏书上拓宽知识面，图书藏书应增加科技考古、边界史、国学，信息经济学多个方面的图书资料才能满足老师们的研究需要。在知识爆炸的信息时代，读者的信息需求更广、数量更大、质量要求更高，传统的历史图书藏书已不能满足老师们对日益增长的新学科新知识的需要。因此在网络信息时代，历史学院资料室的图书藏书建设应向交叉学科、宽口径材料文献纵深化方向发展才能满足历史学科建设的发展。

"三全育人"理念下院系资料室信息服务育人的新思路

米开会
（武汉大学历史学院）

2019年3月18日，习近平总书记在学校思想政治理论课教师座谈会上发表重要讲话时指出："要坚持显性教育和隐性教育相统一，挖掘其他课程和教学方式中蕴含的思想政治教育资源，实现全员全程全方位育人。"

在高校里，有着极为丰富的隐性教育的要素，最具特色的就是学校图书馆及各院系资料室。相较于高校图书馆的"大、博、全"，院系资料室则依据专业的不同而体现出"少、精、专"的特色。① 院系资料室一般专业性比较强，收集本专业相关图书、期刊；面向本院系师生开展图书信息服务，服务对象相对集中，在服务育人工作中有着高校图书馆无法替代的优势。

在落实"全员育人、全过程育人、全方位育人"要求的过程中，高校图书馆通过加强顶层设计，创新服务育人理念已有一定成效。② 而院系资料室也应结合自身优势，积极参与学院的人才培养工作，努力做好信息服务育人，通过隐性教育发挥在"三全育人"工作中的积极作用。

一、"三全育人"理念下院系资料室的新角色

为推进"三全育人"工作，实现高校立德树人根本任务，院系资料室应树立

① 斯琴图雅：《充分发挥高校院系资料室对"三全育人"的功能和作用》，《当代教育实践与教学研究》2019年第24期。

② 崔海英：《"三全育人"视域下高校图书馆信息服务育人的创新路径》，《河南图书馆学刊》2021年第3期。

“以人为本”的服务理念，主动参与、积极转型，不断拓展服务功能，创新服务模式，努力促进院系资料室适应“三全育人”理念下的新角色。

院系资料室不应是单纯的资料查询、信息传递场所，而应主动转变为“三全育人”的前沿阵地，积极发挥隐性育人的优势，这也要求资料室及工作人员尽快适应以下几个角色：

(1)“领航员”：积极引领，尽力构建全员育人模式。

培养资料室工作人员具有过硬的政治素养、专业的业务能力和出色的服务水平，加强培养馆员树立育人服务的意识，辐射至全院、全校，构建全员育人模式。全体工作人员争当“领航员”，积极引领，努力成为学生学习生活中的领路人，实现潜移默化育人。

(2)“服务员”：有力支撑，全力推进全过程育人格局。

围绕学术信息服务特点，做好专业与非专业领域服务，做到处处有服务，时时在服务，将服务育人贯穿到学生大学期间学习成长的全部过程。对学生从入学到毕业期间的学习、生活做好有力支撑，成为学生信息需要的“服务员”，成为全过程育人中的坚实后备力量。

(3)“辅导员”：熏陶提升，努力营造全方位育人体系。

化身为“辅导员”，利用资料室的自身资源，打造多元化育人措施，如举办系列文化(读书)活动，开展精神文明展等，让学生感受环境熏陶，多元提升学生素养，促进学生德智体美劳的整体综合发展。

二、“三全育人”理念下院系资料室信息服务的新思路

院系资料室信息服务要做到全员、全程、全方位育人，就要做好专业与非专业领域服务，并考虑不同年级、不同专业的不同需求，其工作新思路可从以下几个方面考虑。

(一)服务要有主动性

信息服务是院系资料室的最基本属性，资料室要将信息服务做到极致，就应大力提升服务的主动性。围绕学院的学科特色、学科需求，不断推陈出新，优化服务方式，将资源与服务融入人才培养和教学科研的每个环节。例如，通过追踪学术热点、学科难点，以海报、邮件等不同形式，向学生、老师推荐经典书籍、

期刊以及新书、新论文。从入学到毕业，大学生的心理和需求在不断发展变化，个人发展中遇到的问题有所不同，呈现出不同的阶段特点。① 另外，本科生和研究生的学识存在差异，他们对信息服务的需求也存在一定的差异，资料室工作人员应正视这个需求差异，做好差异化信息服务。例如，面对不同年级的本科生，可分别推荐通俗类、专业类的经典书籍；面对研究生，可重点推荐专业类书籍和期刊论文。

这就要求资料室工作人员不断强化自身的主动服务、服务育人理念，在整个“三全育人”中起到良好的示范引领作用。

(二)服务要有预见性

要做好信息服务，除了具备主动性，资料室还要具有一定的预见性。面向全院的学科建设和发展，随着社会发展，信息服务需要预见性；为适应学科评估，服务也需要预见性。即需要顺应学科发展的重点方向，把握学术发展的主流方向，以做好学科建设和学科评估的信息服务，起到有力支撑作用。面向全院师生的服务，也要预先去考虑他们在信息服务中的需求、遇到的问题和困惑，尽力为师生的个人发展提供支持。

要做好支撑服务，可以采用多种方式。例如，在全院范围积极开展走访调研、问卷调查等，收集大家的意见或建议，以梳理信息服务的方向。根据不同年级的本科生和研究生的差异需求，可以对图书资料信息进行分类、关联，对学生所借阅的图书资料做相关联推荐。

(三)服务要有互动性

为实现更好的信息服务，必须加强与读者之间的沟通互动，彰显自身主动服务意识，积极发挥隐性教育因素。

要做好信息服务，必须要注重服务质量，注重服务反馈。面对借阅者，资料室不是高高在上的工作人员，也不是冷冰冰的服务人员，而应该是心怀春风的服务人员。这就要求资料室工作人员应多与到访的师生交流，虚心听取师生的反馈，接受他们提出的合理意见和建议，并不断总结、改进服务，在“三全育人”

① 温涛、徐立军：《新时代高校图书馆“三全育人”的实践路径》，《高教学刊》2022 年第 19 期。

过程中起到熏陶提升作用。例如，可以利用多样化的意见簿、海报等开展问卷调查或小范围的讲座，鼓励师生为资料室提供反馈。

(四)服务要有开拓性

要做好信息服务、服务育人，就不能固守陈章，而要始终保持不断改进、推陈出新的思想，力争做到服务要有开拓性。

要保持服务的开拓性，就要求资料室工作人员不断学习，不断更新自己的知识储备和丰富自己的知识体系，不断改进自己的思想认识，在隐性参与、服务育人等方面实现积极引导作用。

需要注意的是，在“三全育人”过程中，信息服务的主动性、预见性、互动性和开拓性这四个方面通常又是有机结合在一起的，这也要求资料室工作人员保持紧迫感和思想的先进性，积极转变育人思路，形成育人合力，彰显育人成效。

三、结语

资料室信息服务的新思路是学院发展的内在需求，它为全院师生的学习科研提供了关键性的作用，保障和推动学院的学科发展，并在“三全育人”的过程中起着重要的隐性作用。在“三全育人”理念下，院系资料室应积极发挥自身隐性因素，提高思想认识，建立健全有效机制，积极参与学院文化建设，努力成为学生素质教育的第二课堂，真正实现全员、全过程、全方位育人。

建好学院实验室　助力考古教学科研

廖小东

（武汉大学历史学院）

时光飞逝，光阴荏苒，武汉大学历史学院实验教学中心自成立以来已不知不觉走过了46个春秋。特别是近五年来，在学院领导的重视和助推下，在学校相关部门的大力支持下，学院实验教学中心发生了根本性的变化。

一、实验室建设路径

武汉大学历史学院实验教学中心主要应用于本院考古专业实验教学和研究，为考古专业师生提供了一个广阔的平台。该平台有不同的“接口”，可以从不同学科、不同角度、不同侧面、不同方向、不同层面来对考古发现进行审视和阐述。正是由于这样的理念，近年来学院实验教学中心在原有规模的基础上，充分利用各种途径的经费，包括教育部专项经费、“211”、“985”和双一流建设经费、国家和省文物局实验基地建设经费、地方政府投入经费，加快了中心的建设步伐。2020年，学院实验教学中心建设及本科生实践教学投入总计超200万元（中央高校专项经费100万元），由以前只有一个计算机室和一个文物室扩充至7个实验室，分别是测绘与绘图实验室（计算机室）、考古样品制备实验室、生物考古实验室、考古测绘实验室、考古样品分析检测实验室、比较考古学实验室、显微观察实验室，面积近300平方米，增加有专业特色的各种仪器设备100余台/套，10万元以上大型仪器设备19台/套，其中50万元以上的设备3台/套（如图1所示能量色散射线荧光谱仪）。另外，学院襄阳凤凰嘴实习基地建设还获得了襄阳市襄州区龙王镇政府投入经费113.48万余元，并在基地增设了动物考古、植物考古、陶器研究三个实验室，总面积约200平方米，2021年12月31日前交付使用。学院对已有各类实验室建设经费的使用符合规范，能够按时完成建设任务，达到预期目标，各个项目的验收合格。通过考古发掘，发现此遗址极具史料价值，并引起了中央电视台的重视，2022 年 3 月《探索 · 发现》节目播放了襄阳凤凰咀古城发掘纪实(图 2)。

图 1　能量色散射线荧光光谱仪

图 2　襄阳凤凰咀古城发掘现场

二、实验室管理模式

在管理上，实验室管理实行院领导、专业教研室领导负责制。学院于 2017 年年底成立实验室综合管理小组。院领导任组长，有管理人员 4 名及专职实验技术人员 7 名(图 3)。有较为完善的规章制度和健全的实验室安全设施，2021 年 10 月，在武汉大学第六届实验室安全教育宣传月中，我院生物考古实验室获得学校的“五星级安全实验室”(图 4)，这是本次唯一入选的人文学科实验室，也是学院第一次入选此类评选活动。此外，学院还获得武汉大学实验室安全教育宣传月活动的“先进单位”称号(图 5)。

图 3　学院领导指导实验室工作

图 4

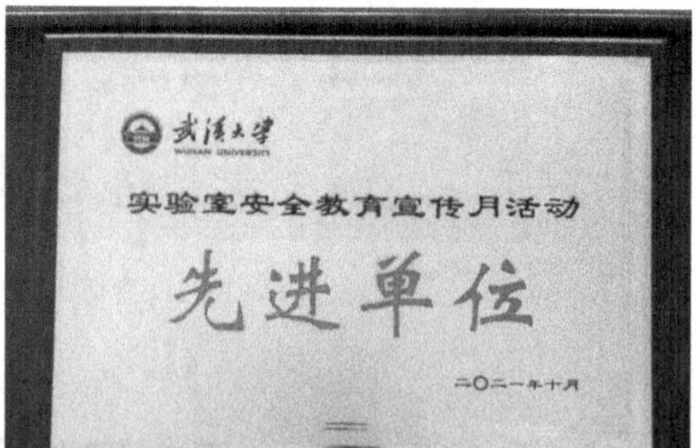

图 5

三、实验室助力教学、科研

2020年习近平总书记发表“9·28”重要讲话，充分肯定了百年中国考古学所取得的重要成就，使得中国考古工作者和教育者深受激励、备受鼓舞。为更好地建设“中国特色、中国风格、中国气派的考古学”，响应习近平总书记的号召，历史学院实验实践教学授课教师依托实验室资源，积极开展本科生、研究生培养。截至2022年7月，我院本科生获批2项省级大创项目；完成本科生毕业论文9篇，硕士研究生毕业论文9篇，博士生毕业论文1篇；学生主导或参与在国内外权威、重要期刊(SCI、SSCI、CSSCI等)上发表研究论文18篇；授课教师形成了三部实验教学讲义。实验教学中心已进入成果丰富产出期。

在未来历史学院实验教学中心将牢记初心使命，发扬考古工作者严谨求实、艰苦奋斗、敬业奉献的良好传统。继续奋斗、砥砺前行，为建设有中国特色、中国风格、中国气派的考古学，实现中华民族的伟大复兴，作出我们考古人的新贡献。

数字时代高等学校财务管理创新探究

刘仕元
（武汉大学历史学院）

21世纪，随着大数据、人工智能、互联网等技术的兴起，数字媒介方兴未艾，其快捷、安全、海量信息越来越影响着人们的日常生活方式和生存方式。在国际货币基金组织正式将人民币纳入IMF特别提款权(SDR)货币篮子决议于2016年10月1日生效后，人民币在成为国际货币的道路上以越来越快的速率发展。与此相适应，“数字人民币”成为网络新词并逐步付诸实践。目前，其研发试验已基本完成顶层设计、功能研发、系统调试等工作，正遵循稳步、安全、可控、创新、实用的原则在部分有代表性的地区开展试点测试。可以预料，数字人民币将应人民币国际化发展而顺应市场需求用于跨境支付交易和国内相关交易。

在这一形势下，财务管理工作面临数字时代和人民币国际化的新形势、新任务、新发展与新需要，因此不可避免地面临新的危机与挑战。我们如何迎接挑战，化危为机，是时下财务管理创新的必然选择和使命。我们如何在数字时代根据时代变化和发展改革的实际要求，结合高等学校内部治理体制机制变化和治理水平提升的要求，不断变革、强化创新，是财务管理的应有之义。

一、数字时代高等学校财务管理面临新的危机与挑战

在数字时代的技术赋能和国家发展战略的时代使命的新形势、新任务、新发展与新需要面前，高等学校财务管理不可避免地面临新的危机与挑战。这些危机与挑战主要是：

第一，如何打破当前“一超多元”的国际货币格局下的国际市场对美元、欧元的使用惯性、路径依赖，既是金融系统的固有使命，也是高等学校财务系统的

责任担当。

第二，符合我国国情需求的科学、合理、精准、高效的高等学校财务管理改革创新框架体系远未形成。

第三，现代财务管理意识薄弱，部分高等学校现代财务管理制度不够健全，财务管理流程不够科学、安全和高效。

第四，预算绩效管理目标不够明确、清晰，预算管理工作存在盲目性与随意性。

第五，部分高等学校财务工作人员的职业素养亟待进一步提升，其信息化水平较低，不太能够适应新时代新的财务管理要求。

第六，高等学校财务管理监督机制不够科学规范，缺少自我监督及监管机制。

二、数字时代高等学校财务管理创新方法与路径

数字时代高等学校财务管理创新思路、方法与路径，需要结合新理念、新技术、新方法，根据不同高校财务实际和管理体制，进行符合发展需求和发展实际的财务管理创新实践，将极大地促进高等学校的学科建设、人才培养、科学研究和社会服务工作。基于上述危机和挑战，笔者认为，数字时代高等学校财务管理创新需要从以下几个方面进行：

(1)共同垂范，积极回应国家人民币改革的一系列政策法规。

人民币国际化和数字货币，是新时代人民币的新走向。这不仅关系到千家万户的米袋子和菜篮子，更关系到高等学校发展、改革、稳定的大局。作为行使学校重要职能的财务管理人员，理应率先学习、共同垂范并努力实践这些新政策和新法规，更好地将其作为高等学校财务改革创新实践的重要抓手。

(2)顶层设计，努力构建高等学校现代财务创新管理体系。

做好顶层设计，努力构建高等学校现代财务创新性管理体系能够起到财务管理的事半功倍效果。

首先，不同于其他企事业单位，高等学校有特殊的教育发展大计，百年树人大计，高等学校现代财务创新管理体系必须结合学校改革发展需要，坚持问题导向和目标导向，着力构建财务制度体系的“四梁八柱”，在校院两级财务管理、内部控制、预算绩效、综合预算、“放管服”改革、收支管理、招标采购、信息

化等方面，扎实推进财务制度改革创新，使制度体系层次合理、简洁明确、协调一致，明确财务工作的根本遵循。①

其次，要努力完善高等学校财务管理现代化信息平台建设，创新高等学校财务管理模式，进一步优化高等学校财务管理现代化信息平台的公开性和透明度，提高平台消息的及时性与准确性。特别是要将财务信息化系统与科研、人事、资产、采购、教务等管理系统相联系，使用数字媒介技术和大数据管理系统，真正实现数据共享。

再次，要尽可能地实现“互联网+”背景下的高等学校财务管理创新应用。我们不仅要保障新时代我国高等教育事业改革与发展的平稳推进，为培养中国特色社会主义事业合格建设者和可靠接班人提供了坚强的组织保证；② 而且需要不断深化“放管服”改革要求，来规范管理，提高效率，提升服务；我们更应该建立基于大数据、云计算、移动互联等基础上的财务管理信息化综合服务平台，为高校建立统一的财务管理信息化服务平台提供了技术支撑，为实现财务管理目标奠定了有效的信息化管理支持手段。③

最后，我们要顺应大数据、人工智能、移动互联网、云计算、区块链、物联网等信息技术大规模应用下财务信息化的颠覆性变革。如何深入推进财务数字化、智能化转型是每个高校必须面对也必须解决的管理问题与发展方向。在条件许可的情况下尽早建设高校财务云平台。其总体思路是：顶层规划，分步实施，有序推进。以业务流程化、标准化为根本，以多系统集成、多技术并举、多种云混用的方式建设财务云。④ 财务云，即在财务共享服务管理模式的基础上，融合各类新兴技术的应用，让利益相关者在任何时间、任何地点都可以通过任何工具获得财务服务，并向企业的大数据中心转型发展。借鉴池一霞等学者的研究，高校财务云平台可以划分为核算层、管理层和决策层三个层次，其具体实施路径主要是：

---

① 耿晓霞、刘丕平、安爽等：《高等学校财务管理改革创新研究》，《教育财会研究》2021 年第 4 期。

② 储著斌：《增强党委领导下校长负责制的制度自信刍议》，《学校党建与思想教育》2015 年第 21 期。

③ 周康博：《互联网+背景下高校财务管理信息化应用研究》，《中国管理信息化》2018 年第 9 期。

④ 池一霞、刘华秋、胡军勇：《基于财务云平台的高校财务管理创新研究》，《财经界》2021 年第 10 期。

①融合业务财务系统，实现业务流程无缝对接、数据信息共享。

②推动费用报销环节的流程改革。实现线上的报销申请、线上审批、投递单据、智能采集和智能审核、财务复审、在线支付。

③建立电子会计档案系统，打通采集、存档、查询、移交、销毁等全流程管理。

④建立决策支持系统，协助高校从众多数据中找到进行战略决策和业务决策中所需要的相关信息。

(3)强化管理，不断提升高等学校财务管理工作人员业务水平。

首先，要定期组织财务人员培训，学习先进的财务管理知识和计算机应用技能，提高高等学校财务管理工作的智能化、信息化程度，提升财务管理效能。

其次，要积极适应高等教育强国发展需要，创新财务管理职能，进行全局性、系统性、长远性的谋划。尤其是要建立会计应用体系。从本质属性上来说，建立管理会计应用体系的目的是提升单位价值的管理，包括价值目标的确认、价值信息的提供、价值管理与控制、机制评价和分析等。① 要根据学校发展战略，制定长远规划和近期目标，保民生，保重点，保发展。

最后，要加强预算绩效管理，要求突出绩效导向，按照“花钱必问效、无效必问责”的原则进行立项建设。

(4)加大监控，不断完善财务内控体系以实现治理体系和能力的现代化。

一般来说，人、财、物的管理服务部门既是高等学校的要害部门和权威职能部门，也是受关注的矛盾集中地。财务管理部门更是天天与金钱打交道，是学校的高危、高能部门。如何进一步强化高等学校关于人财物特别是财务的纪检监察，进一步加强高等学校廉政建设、开展风险防控、落实财经法规是保障高等学校健康有序发展的政策要求、条件保证和现实需要。

首先，高等学校尤其是在如北大、清华、浙大、武大等综合性高校，切实落实财政部《行政事业单位内控规范》、教育部《高等学校内控指南》等一系列加强高等学校内部控制建设的制度文件非必要。

其次，高等学校必须高度重视内控建设工作，有效防范高等学校的风险。切实强化高等学校资金需求预测、项目规划、预算编制、事前绩效评审、事后绩效评价、成本控制、财务价值控制等为主要内容的管理控制。

---

① 朱姝：《新常态下高校财务的发展转型》，《商讯》2020年第29期。

最后，经常性地对高等学校内部管理制度设计的有效性进行随机测评，不断完善内控缺陷，提高治理水平。

三、结语

总之，数字时代的技术革命给高等学校财务管理工作带来了颠覆性的、革命性的变化。我们积极顺应大数据、人工智能、移动互联网、云计算、区块链、物联网等信息技术，努力回应国家政策法规，认真做好顶层设计，采取全新财务管理理念，打造现代财务体系，强化人员培训，完善财务管理，创新高等学校财务管理的体制机制，既是时代的需要，也是高校发展的必然。只有充分、彻底地释放财务管理人员的工作积极性和工作潜质，才有可能进一步提升高等学校财务管理的品质和效能，才有可能进一步实现高等教育财务管理的智能化与信息化。

国家社科基金项目申请书写作的原则、过程与策略

陶　军
（武汉大学人文社会科学研究院）

项目申请书或论证书，是科研活动中的重要载体。国家社科基金项目是我国人文社会科学领域最权威、层次最高、资助力度最大的项目，其评审素以严格、规范著称。承担国家社科基金项目往往是科研实力和学术水平的体现，是教师职称晋升、人才计划评选的核心条件，立项数量、类别和结构等更成为衡量科研单位核心竞争力的重要指标，也被当作各类学科评估不可或缺的依据，备受各界瞩目。加之国家社科基金项目总体立项率较低，成功获批不易，其申请书的论证写作自然也广受关注。有学者意识到国家社科基金能否获批选题至关重要，从特定学科角度对此展开分析，① 也有学者集中探讨了申报技巧、规范等问题。② 笔者多年从事人文社会科学科研管理服务，较熟悉社科基金项目的选题培育、申报论证、材料受理、评审立项等各环节，积累了较为丰厚的实践经验。近年笔者注意研用结合，就科研项目资助等课题，从学理层面思考钻研，形成数篇专论；③ 在本单位项目申报动员、内部研讨交流、具体申请书评点修订中，陆续总结有不少

① 陈雪梅：《图书情报学国家社科基金申报中的选题问题》，《图书馆学研究》2005 年第 3 期。

② 胡江霞：《系统思考、科学诠释国家社科基金项目申报技巧》，《学术评论》2019 年第 5 期；文传浩等：《国家社科基金项目申报规范与技巧笔谈》，《学术评论》2019 年第 5 期。

③ 陶军：《权利保障维度的国家科研资助评价体系构建——以国家社科基金为例》，《宏观质量研究》2017 年第 2 期；秦前红、陶军：《学术视域中的国家科研资助——以人文社会科学资助为主的考察》，《现代法学》2017 年第 5 期；陶军：《国家科研资助制度的历史溯源与价值探寻》，《管理研究》2021 年第 1 辑。

心得体会，撰写制作过多种材料。

笔者认为，获批项目最终要靠打牢根基、潜心努力，但项目申请书的撰写也至关重要，其写作水平与申报结果常常直接相关。今借《写作》组稿之机，集中梳理国家社科基金项目申报论证写作的有关认识、体会和思考。限于篇幅，主要反映个人实际体会较深之处，分写作的原则、过程与策略三部分来阐述。文中所讲的申请书及相关要求，主要针对国家社科基金年度项目(含青年项目)。

一、写作原则：心态、重心与视角

高层次科研项目不仅代表同行的学术认定，带来有力的条件支持，有助于学者明确主攻方向、坚定学术自信，还是科研评价、学术晋升的核心指标，竞争极为激烈。国家社科基金年度项目(含青年项目)实行限额申报，全国申报总量仍然达到3万项左右，最终立项的重点、一般、青年项目共4600项上下，立项率在15%左右，① 相当于六个半申报者中只有一位成功，或者说一般要申报多年才能成功一次。项目申请书撰写是一项十分艰辛的工作，巨大压力之下，总有不少申报者心浮气躁、患得患失甚至中途放弃。多年项目申报组织和培训动员经验表明，在正式论证写作之前，很有必要厘清一些关于项目申报的基本原则，让申报者在心理上做好充足准备，在基本方向上进行精准把握，以保证其在一个较长时段内能沉下心来分析研判、思考论证、写作修改。

(一)高处着眼

首先要回到国家社科基金设立的初衷，从本源上认识科研项目的宗旨和特点。以科学基金等形式实施科研资助，是现代国家通行的法定职权。科学基金制度依循知识创新与经济社会发展规律，是有限学术资源科学分配的必要之举，旨在通过对个体科研行为的示范性、引导性资助，来实现促进全社会知识创新、增进公共利益的目标，具有鲜明的竞争性、专业性、公共性、责任性。国家社科基金项目申报公告中强调，要以重大理论或现实问题为主攻方向，要体现鲜明的时代特征、问题导向和创新意识，推出代表正确方向、体现国家水准的成果等。因

① 全国哲学社会科学工作办公室编：《国家社科基金年度报告(2020)》，学习出版社2021年版，第21页。

此，申报者需要放平心态、正确看待竞争，积极将个人自由探索与重大问题、学科发展、国家需求结合起来，从更高站位来策划选题、设计内容。

(二)以“本”为本

国家社科基金年度(及青年)项目、教育部人文社科研究项目的评审，不管是采用先通讯评审、后会议评审的方式，还是单纯采用通讯评审，都未设置陈述或答辩环节，换言之，项目申请书(俗称“本子”)是评审专家进行项目评审的唯一依据。这个道理看似极其简单，但在内部论证研讨中，总有申报人对专家提出的恳切意见忙作分辩，说相关内容“以为人所共知”“其实早已想到”“忘作专门说明”等。须知在实际评审中，申请人的实力、水平、积累、努力和思考，都需要靠且只能靠提交的“本子”来说话，“未写明”即等于“不存在”，没有任何解释或申辩的可能。尤其是在双向匿名的通讯评审中，即便是学养深厚的会议评审专家，也曾有因仓促填报而未通过初评的情况。这既体现项目评审程序之严格、实施之周密，也充分说明，全神贯注写本子、打磨本子，是项目申报的中心工作。

(三)评者中心

国家社科基金课题论证活页由5名同行专家评审，主要为各学科正高级职称教师，每年共邀请6000位左右专家，每位评审约30份材料，该轮通过率为25%。要成功说服评委、脱颖而出，在普遍采用网络通信评审的情况下，好的本子除选题精当、内容扎实、逻辑严谨外，还应格外注意符合评委阅读习惯，尽可能在行文、编排、版式等方面多下功夫，明晰层次、概括要目、突出重点、精心排版，减轻电子文档评阅负担。“本子”是要给人看的，个别申报者拖到最后一刻才勉强完成，自己都不忍卒读，那对评阅专家显然更不“友好”，势必获批希望极小。申报者长期沉浸于某问题，容易受制于狭小领域或方向上的思维惯性，出现自说自话或想当然的情况，如能多了解本学科同行或其他领域专家的观感，主动转换为他者视角，则可破除很多执念、优化很多表达，起到很好的纠偏或补足作用。其实，很多评审专家就在申报者身边，评审者、被评者的身份也时常彼此转换，更宜多找机会诚恳交流、虚心请教。

(四)必备技能

项目论证写作，有时被简单地称为“填表”。对于形式繁多的文牍、表格，科研工作者深受其苦，或视之为形式主义，心生抵触；或目之为雕虫小技，不加重视；或因其复杂繁难，望而生畏。然而，项目论证写作不同于填写信息简表，核心在于综合展现申报者的学术功底、研究实力、思维水平和表达能力。可以说，写“本子”是个技术活，也是科研能力的重要组成部分。在高度繁荣、快速发展的学术环境下，科研项目、人才计划、重点学科、高端平台、学术奖项等激励政策是科研体系的重要支撑，与科研工作者的个人晋升、单位发展相伴相随，相关“本子”写作的能力与水平，在上述学术资源的激烈竞争中极为关键。因此，如同论文写作、语言表达之于学生个人，科研项目等论证“填表”，贯穿科研工作者整个学术生涯，很大程度上决定其发展态势，相关能力是科研工作的基本素养，不可轻视，更不可回避，是必须用心掌握的傍身之技。

二、写作过程：从选题构思到撰写修订

国家社科基金项目论证活页只有区区 7000 字，但项目申报绝不是单纯完成材料填写。项目申报有一个积累、转化的过程，不可能一蹴而就，即便首次申报即告成功，也来自对长期积累的较好消化运用。如果基础不厚、理解不深，只单纯对照申报指南中的选题，一门心思蹭热点、抓话题、赶潮流，则只能大而化之地围绕所选话题进行逻辑推演、文字铺陈、构想空谈，在同行专家的专业审视之下，除个别学界均无较多积累的应急类研究之外，几乎难有成功的可能。因此，一些单位将项目申报组织动员工作大大提前，或预作前期培育，有心的申报者更是早作准备、早定选题，用一两年甚至更长的时间持续思考、发表成果、参加交流，努力提高项目申报的内在质量。

就单次项目申报的自然过程而言，可分为选题、构思、写作、修改等阶段。下面结合重要性和针对性，对关键环节专门进行说明。

（一）精心选题

选题是项目论证写作的起点。同行专家经常提示，甄别选题是评审时的关键一步，好的选题容易脱颖而出，陈旧平淡、语义不通的选题则难以引起阅读兴趣，常会早早出局。确定选题是个审慎思考的过程，需要扎实做好几个方面的工作：一是学习通知文件、体会项目要求，比如，国家社科基金要求“坚持以重大现实问题为主攻方向”“基础研究要力求具有原创性、开拓性和较高的学术思想

价值”“应用研究要具有现实性、针对性和较强的决策参考价值”等；二是研读当年课题指南、回顾往年立项名单，这些须在全国社科工作办网站认真查询，以避免选题重复，并掌握课题名称的内容宽窄、句式特点；三是把握学术前沿、关注热点问题，中央重要会议报告、国家发展规划、各学科评述展望等资料可重点参考；四是盘点自身积累、找准努力方向，对照以上各方面要求和自己优势特点来最终确定选题。要注意不同角度的结合与平衡，例如，国家目标和个人兴趣，问题导向和研究基础，创新价值和完成难度等。之后，还应对选题名称进行精心锤炼，做到言简意赅、概念清晰、表达精准。选题过程中的一大疑难，就是追热点还是挖积累的问题，申报者有时容易陷入舍弃自身积累而盲目追逐热点的误区。其实，积累深、基础厚才能想得透、讲得明，同行专家对此不难在字里行间作出判断。就个人经验所及，青年教师最初连年更换热点选题均告失利，最后基于博士学位论文深耕拓展而申报成功的情况不在少数。

(二)揣摩范本

写本子是个技术活，需要一个学习、揣摩、训练的过程，快速提高项目论证写作质量的有效途径，就是认真参照往年成功申报的范本。好的范本能在选题、逻辑、论证、表述、格式、排版等各方面提供有益启发，有助于确立高起点、避免走弯路，常能起到事半功倍的效果。当然，也需要注意范本选取的针对性，不同学科各有其习惯范式、学术偏好，不同类型研究也各有其侧重点、关注点，要尽量选取学科、类型相近的范本；文无定法，申报成功的本子也并非面面俱到、尽皆完美，要注意甄别具体优长，吸取其有益方面。笔者在征得原申报人同意的情况下，将个别论证得法、填写得当、层次清晰、版式清爽的成功范本专门加工，深入总结其优长、独到之处，在各部分加上详细批注、点评，作为资料供后来者参考，产生较好反响。项目论证写作本是应用文体，有其通行规律和要求，众多珠玉在前，申报者不宜固步自封、单纯闭门用功，而应主动借用他山之石，博观约取，充分消化后为己所用。

(三)认真撰写

项目论证写作有相对统一的规定提纲，国家社科基金论证活页要求填写：选题依据(国内外研究述评、学术和应用价值等)，研究内容(研究对象、框架思路、重点难点、主要目标、研究计划及其可行性等)，创新之处(学术思想、学术观点、研究方法等方面），预期成果（形式、去向及社会效益等），研究基础（代表性成果、核心观点），参考文献。近年要求有几点显著变化，例如，研究价值要求交代相对于同类已立项目的新进展，框架思路要求列出研究提纲或目录，研究方法未继续要求在“研究内容”部分作专门介绍，研究综述、预期成果、前期基础、参考文献等已明确要求略写等。以上内容，不是简单地对照表格进行信息录入，有的需要大量查阅资料，如研究进展、已立项目；有的需要系统思考设计，如研究内容；有的需要深入概括提炼，如研究价值、创新之处等。并且，要在总体框架、规定字数的限制内，充分论证展示进而赢得评委认可，其难度不亚于学术论文写作，需要申报人充分保证时间、全心专注其事。

（四）修订完善

好本子是改出来的，早启动、早写好、多请教、多修改，是申报成功的不二法门。国家社科基金要求项目论证“逻辑清晰，主题突出，层次分明，内容翔实，排版清晰”，本子初稿完成后，可由自己、同行专家、同事朋友等进行多轮交叉审读，对照以上要求提出修改意见。还应注意从他者、读者视角，看本子是否充分展示申报人自我实力、体现应有水平，是否文字表达晓畅、版式编排友好、利于评委阅读，是否已作认真校对、毫无文字标点差错。此处介绍两点较具操作性的经验体会。一是“先听讲述再看文本”，与较有经验的同行或管理专家重点交流时，可先由申报人口头讲述宏观构思、总体线索、精彩之处，然后再请对方阅览文本，看所想、所讲、所写是否吻合，想得清才能讲得清，但讲得清未必写得清，此法常能迅捷找出薄弱环节，有利于针对性地进行完善。二是“跳出本子看本子”，申请书需要遵照规定提纲，但亦不能完全生搬硬套、过于受其束缚，照章写完初稿之后，常有言不尽意甚至言非其意之感，这时需要掩卷复盘、重头梳理，将遗漏的亮点、精华内容，有机融入、充实到相应部分。

三、写作策略：形神兼备与细节出彩

项目申请书写作是个系统工程，涉及项目选题、逻辑层次、论证框架、内容安排、文字表达、标点符号、格式排版等各角度，也包含选题依据、研究内容、创新之处、预期成果、研究基础、参考文献等各方面。本文不求全面系统、内容严整，主要就感受较深、实用性较强的实际体会进行总体概括，并就较有心得的若干重点部分写法专作介绍。

（一）谋篇布局，形神兼备

1. 依提纲撰写

按规定次序逐项写作，这是申请书填写十分自然的做法，其理不言自明，但也有少数申报者对此注意不够。一是沿用往年未能获批的申请书文本，或基于其他如自然科学基金、教育部人文社科研究项目的本子，而未适应新的变化和要求，或未作充分改造调整；二是提纲所列内容，特别是补充说明的具体内容出现遗漏，如相对于已立项目的新进展、研究可行性等，建议各项内容均作为相对独立的部分来呈现，并用醒目的各级标题来区分；三是想当然地调整了提纲内容的填写次序，评委快速浏览之下，容易出现漏看，或需反复查找，自会平白无故影响评审印象。

2. 分清楚详略

社科基金项目申报者常苦恼于篇幅限制严格、内容不易取舍，为有效“踩点得分”，需分清各内容的主次、详略。项目论证活页所附《通讯评审意见表》，对评分标准和权重已有明确规定：选题，3 分；论证，5 分；研究基础，2 分。结合评分规则和实际经验，一般而言，框架思路与主要内容应是重中之重，研究综述、价值、重难点、创新点、研究基础等是次重点，目标计划、预期成果、参考文献等又次之，当然，具体学科、选题的情况不尽相同。次重点的内容也需专门呈现、适当展开，不能简单一笔带过；资料性较强的内容则应重点控制篇幅，如研究动态梳理及述评一般不超过一页半，参考文献限于四分之三个页面以内，等等。

3. 扣得准主线

不少项目论证书是分期分批写成，在顶层安排或总体逻辑方面准备不充分，有的内容更是从已有论著或其他文字材料中直接套用而来，这样容易出现核心论题游移、视角思路变动不居、逻辑线索不清的情况。例如，某以“海洋秩序”为主题的申请书初稿，前后提到过权力变迁、全球治理、命运共同体等多个理论视角，而均未足够注意深入分析或持续紧扣。对此，应多花功夫琢磨、留足时间修改，不管是开头的选题背景部分、中间的核心论证部分，还是结尾的创新点及前期基础部分，都应扣准主要对象和核心论题，并保持逻辑、视角、思路的一贯性。建议仿照论文“摘要”，专门将研究对象、核心思路、主干内容、创新价值精准概括为一段文字，在论证书前、中、后各部分，有机转换后反复呈现，既便于随时对照，也能形成前后贯通、首尾呼应的效果。

4. 条目化呈现

尽最大可能运用“条目化”这一直观的表达方式，让评委对着电脑屏幕审读时一目了然，是项目申请书撰写的通行做法。用好这一方法，一是要分清内容层次，简练准确地拟定好各级标题；二是规范合理选用序号，人文社会科学较通行的编排次序是“一、（一）；1.（1）；①”，少部分社会科学使用“1；1. 1；1. 1. 1；……”；三是注意相关标点符号的使用规则，如单独成行的标题之后不用标点符号，带括号的序号后不用其他标点符号，阿拉伯数字序号后不能用汉字字符顿号等；四是适当标记、突出重点，一、二级标题可适当放大或加粗，一些核心语句或短语适当加粗、突出显示。总之，“做披萨、不做馅饼”，将真材实料最直观地放在显眼之处，而不可有意无意隐藏遮蔽，让评委来回翻找。

5. 尽可能概括

与上述“条目化”直观呈现相表里，概括、提炼是项目论证写作中最重要的文字表述技巧。每一级、每一层、每一项内容，都要习惯于作内容归纳概括，简明扼要地提炼主题句或核心短语，尽可能罗列成几条或几点，最好加数字或字母等序号标记，让内容主动映入评委眼帘。大至一个部分，小到一个自然段，都要自觉运用总分结构来表述，并将精心提炼的主题句放在开头或段首。切忌整页密集地作文字铺陈，而无分段换行，或无小标题、重点语句醒目显示，无字体字号、行距的适当变换。另外，文字表达务求晓畅，忌用成分过于复杂或主语来回更替的长句子，多用句式简洁、意思明了的短句，对于并列成分较多的句子，最好摊开来直接表述。

6. 展示好功底

项目论证旨在破题立论、深入说理、展示优势，从而征服评委、冲出重围。申报者对选题一般均有较好基础和较深理解，不能只泛泛而谈、浅尝辄止，而要围绕重点内容走深、走实，一些想得透的环节要敢下论断，拿得准的精彩观点要适当呈现，想得清的思路计划要交代细节，总之要将积累、功底与思考在字里行间展现出来。例如，谈到特征、价值、机制、路径等内容时，不能只抽象地表示要进行探讨，而要尽可能作出初步回答，提出一些结论性、标识性的核心观点；介绍预期成果时，不能只笼统地简单列示数量，而应列出若干深思熟虑的核心成果题目、具体发表途径及重要应用渠道等。对于自身的独特优势，如理论素养、实践经历、丰厚资料、前沿方法或国际背景等，要有清楚认识和灵活交代。此外，逻辑之严谨，表达之精准，文字、标点校对之精细，排版之美观，也能展示申报者的认真态度和优良作风，需要舍得多花功夫，对本子进行精心打磨、反复修订。

(二)写好引言，成功导入

在整个论证开头，专门加一段高度精炼的“引言”，是广受好评的有效做法。这段引言类似于新闻报道开头的“导语”，能开宗明义、尽显精华，引起评委兴趣。引言要发挥的主要功用有：描述所研究的问题，体现问题意识，引入研究对象；呈现基本概念，展示选题内涵，自然完成“破题”；列举权威论断、数据案例等，巧妙展示研究意义；集中交代视角、框架、思路、创新点等，为课题立论、内容展开奠定基础，起到全篇“文眼”的作用。总之，好的“引言”能提纲挈领，简洁明快地说清核心问题，体现顶层安排和总体逻辑，确定贯穿全文的主线，先声夺人打动评委。

引言的文字力求生动。对复杂的对象、概念、术语不宜生硬解释，而可从具体现象、热点问题、典型场景描述起，尽可能具象化，让评委在疲劳繁重的材料审读中，能快速理解、迅速关注。例如：某申报选题中有财产权利的“非征收性限制”这一较为复杂的核心概念，原先申报未能成功，苦恼于如何对其作详尽界定和解释；经深入讨论，最终改为描述现象后自然引入该概念。大体表述为：“国家为解决等突出问题，在征收之外，还采取了规划、用途管制、特许……及课征税费等规制措施，这些‘非征收性限制’，引发较多矛盾，急需合理疏解。”

此处也很适宜引述重要文件、重要讲话、热点案例或新近数据等鲜活材料，既有助于解释选题含义，其意义和价值也不言自明。“问题”是全部论证的逻辑起点，文中如能发现、提炼所研究课题中的矛盾点，与普遍认知形成鲜明反差，或者表明该问题极其重要却长期被忽视，则更能体现研究的必要性和紧迫性。

还要多站在评委角度思考，结合具体情况，对某些潜在疑虑预先作出解释。例如，某传统人文学科教师在“古代经典开发利用”问题上素有精深研究，鉴于偏重实际应用的选题不易受到同行青睐，因此专门作有针对性的说明。大意是：“相关开发利用形成热潮，也出现等严重问题，暴露出价值认识上的深层次偏差，亟须从学理上正本清源、解疑定向，尤其需要基础学科回应时代呼唤、共同开展跨学科综合研究。”此项目一次申报成功，或与此类精细推敲不无关系。

（三）做好综述，筑牢基础

文献综述在各学科学术研究中都有专门训练，项目论证中，关键是要在规定篇幅内作高度精练、清晰简明的呈现。一是理清线索、分好层次，或分国内国外，或依时间顺序，或按内容逻辑，在全面爬梳的基础上，条分缕析地进行介绍。二是深度消化、认真提炼，要以成果内容、理论观点或创新特色为线索来概括，找准现有研究的进展、重点、前沿，梳理出内在脉络，切忌简单堆砌罗列学者姓名或文献名称。三是囊括要点、严谨平实，不能遗漏权威学者、经典论著、代表性观点，不能湮没奠基性理论、开创性贡献等重点内容，还要充分尊重前辈努力和成果，不能轻易臧否，更不能妄下否定性论断。四是做好总结、有述有评，一般在文献综述的末尾进行集中评析，评价要全面中肯，常用“几重几轻”“几多几少”等句式来概括，既掌握和肯定已有进展，也明确继续拓展的方向和空间。

此外，要注意科学设定综述主题和角度，避免出现偏差。例如，在选题所涉不只一个关键概念或核心领域时，要格外注意综述内容的全面性、对应性，不能只对某一个概念或领域进行集中梳理，而忽略对另外重要术语的必要综述。又如，当研究对象、领域十分具体狭小时，不能只简单说该方面几无专门研究而草草了事，须知但凡重要研究领域，当前阶段已鲜有真正空白，这种情况下合理的做法应是，追溯上位概念或上级领域，到更大的研究方向中去梳理相关主题或类似研究。

（四）提炼价值，展示水平

研究价值是项目论证的重要内容，需要认真对待、专门提炼。一是真正认识、发掘自身研究的价值。有些青年老师以原学位论文为基础申报，而当初题目实为导师所定，自己循规蹈矩完成，不觉有何重要价值。其实，只要是扎实的研究，无论多么基础、怎样超然，如从更大视野来审视，都可以与国家战略布局、文化发展进程、人文社科总体规划等有机结合，并以此提高认识、深化主题、拓展研究。二是精准提炼概括，一般将学术价值、应用价值、新进展等分别撰写，各自概括成几条，每一条提炼出主题句。常用词语一般是：深化、拓展、丰富、推进、提升；或排比式连用几个“有助于”，等等。三是价值体现不能仅仅就事论事，需要开拓思维，多结合宏大学科领域、国家战略需求来思考。例如，笔者曾总结过学术价值提炼的一种“万能”公式。即，一项精深的研究，至少有三方面价值：首先，深化了对“问题”或研究对象本身的认识；然后，采用了某些独到的视角、方法或材料；最后，丰富拓展了上位学科领域的研究。此公式略显机械，也不失为一筹莫展时的一种参考。四是要力求客观、谦虚谨慎，不能将研究意义、自身贡献、创新程度无限放大，比如，青年学者要慎谈思想创新、填补空白，也不能往人类命运、国家前途上生拉硬拽。

限于篇幅和能力，研究内容、创新之处、预期成果、研究基础等部分写法本文不再专门介绍。

归根结底，项目申报书的论证写作，一定程度上只是形式和过程，研究内容、学术水平才是科学研究的实质和根本。我们重视项目申报写作，将思想精华、学术积累进行充分表达和良好呈现，但绝不是要投机取巧、舍本逐末。学术研究需要平心静气、孜孜以求。成功获批国家社科基金项目只是科研活动的新的起点，项目负责人借助相应有利条件，更应高质量完成研究、产出高水平成果，并激发高远志向、实现持续成长。

（原载于《写作》2022 年第 3 期）

试论李达校长的管理思想

——以任职武汉大学期间为考察

彭廷洪

（武汉大学研究生院）

李达的教育生涯近40年，始于1920年创办并主持上海平民女校，建党初期和大革命时期曾先后出任上海平民女校校长、湖南自修大学校长、湖南大学教授、湖南第一师范学校教授、湖南公立法政专门学校学监、中央军事政治学校代理政治总教官兼国民革命军总司令部政治部编审委员会主席。“四一二”清党之后李达脱离了政治活动，开始专门研究理论和教育工作，一直到新中国成立前夕。在这期间，李达先后任职于上海法政大学、上海暨南大学、北平大学法商学院、国立武昌中山大学、中国大学、广西大学、中山大学、湖南大学等，担任教授或系主任，是国统区著名的“红色教授”。中华人民共和国成立后，李达先后担任湖南大学和武汉大学校长，其中武汉大学校长的任期从1953年2月到1966年8月，达13年之久，直到其逝世，是武大校史上任职时间最长的校长。这一时期，李达在社会主义新型大学的建设方向、高水平师资队伍建设、教学中心和科学重镇建设，以及大学民主管理等方面都进行了有益的探索，既让他的教育思想得到全面贯彻落实，也对武汉大学历史底蕴的积淀有着极其重要的作用。

作为重要的思想理论家，李达思想研究是李达研究的重点。主要包括李达与早期马克思主义的传播、李达早期思想、李达哲学思想、法学思想、经济学思想、教育思想、妇女解放思想、社会主义思想、学术思想、道德思想、统一战线思想等。关于李达的大学管思想一般被作为李达教育思想的重要组成部分，这方面的研究已经取得初步的成果。主要有宋镜明的《李达的教育实践和办学思想》，陈闻晋、徐琼的《积求是风育拓新才——李达教育思想和办学实践的新启示》，柏春林的《李达大学管理思想研究》，汪信砚、高其文的《李达教育哲学思想论析——以李达的求学、从教及校政管理实践为视角》，陶德麟的《李达同志是杰出的马克思主义理论家和教育家》，任向阳的《论李达的高等教育思想》等文章。总的来说关于李达的大学管理思想研究并不丰富，且缺乏对李达教育经历特定时段的针对性分析，而关于李达与武汉大学的管理亦主要见诸这些研究李达从平民女校开始的整个40年教育生涯的文章中。本文将以李达在武汉大学任职的13年多为考察，进一步细化这一特殊时期李达的大学管理思想研究。

一、坚持社会主义新型大学的办学方向

李达担任武汉大学校长的13年，跨越了我国全面向社会主义社会过渡时期和社会主义建设时期。李达始终坚持社会主义的正确方向，坚信教育是为了培养社会主义事业的建设者和接班人，并加强马克思列宁主义毛泽东思想理论教育。

1953年10月，李达首次以武汉大学校长的身份在开学典礼上发表讲话，在提到高等教育所担负的任务时，他指出："高等教育在过渡时期的总路线中的地位，是为国家培养合格干部的重要一环，即首先以马列主义关于自然和社会发展规律的科学，作为高等学校所必须具备的基础；其次适应国家经济建设计划所要求的不同部门的不同建设人才，在广博的基础知识之上进行不同类型的专业教育，使其理论与实际相结合，全面发展与专业训练相结合，以培养出对各种建设事业胜任的专家，这就是新型高等教育为培养德才兼备的人才所应遵循的道路。"①从这里可以看出李达在高校育人方面的整体思路，一个是高等教育培养人才的目的和方向问题，一个是高等教育培养人才的道路问题。

培养人才的目的和方向，说到底是政治立场上关于为什么人的问题，这是一个根本的问题，原则的问题。教育事业作为文化艺术的基石，尤其要重视为谁服务的问题。李达从社会主义大学的性质和人民教育的本质出发，将高等教育同国家建设紧密结合起来。强调学习教育的目的是为国家的大规模社会主义建设培养人才，更好地为人民服务。同时，教育的目的不仅仅要体现在社会功能方面，还体现在教育对人的全面发展方面。人的全面发展和社会的全面进步是相互促进的。因此，大学教育不仅仅要为社会主义经济建设、政治建设和文化建设服务，更要把落脚点放在人本身的身上，使受教育者德智体美劳全面发展。

① 汪信砚编：《李达全集》第17卷，人民教育出版社2016年版，第167页。

高等教育培养人才的道路问题，是要处理好德育和知识教育的关系问题，主要表现为如何处理好马克思主义思想政治教育同各个具体专业学科之间的关系问题。作为有着深厚理论功底的马克思主义学者，李达自然非常重视马克思列宁主义毛泽东思想的教育。他强调马克思主义哲学是“首席科学”，掌握马克思主义科学的世界观和方法论是学好各门具体科学的基础。李达坚持认为：“办社会主义大学，必须加强思想政治教育，提高师生的马列主义水平，只有提高了马列主义的理论水平，才有辨别是非的能力，才有较高的思想政治觉悟。”为此，他身体力行，亲自抓好这项工作。初到武大，便组建了马列主义教研室，亲自讲授辩证唯物论、中国革命史、毛泽东思想等课程。不久后，又接着创办了全校教职工的马列主义夜大学，组织教师和干部系统学习马列主义毛泽东思想。李达亲自拟订教学计划，指导老师上课，并亲自讲授哲学课。他认为，教育者必先受教育，必须系统地学习和掌握马克思主义的基础理论。为给马列主义教育提供坚实的学术支撑，1956 年李达主持重建哲学系，在迅速崛起中，武汉大学哲学系成为全国最有影响力的哲学系之一。到了 1959 年，武汉大学成立了以李达为首的马克思主义政治理论教育委员会，下设哲学、政治经济学、科学社会主义、中共党史四个教研室，在学校掀起了理论学习的高潮，为不少教师打下了马克思主义知识基础。李达在专门谈到关于时事政策和马克思列宁主义理论学习时指出：“不能想象，一个‘两耳不闻窗外事’的人，一个对共产主义事业漠不关心的人，能够成为积极的建设者。”①当然，思想政治教育和各专业学科的具体教育不可偏废，要更好地为人民服务，需要有足够扎实的本领。因此，李达要求育人朝着又红又专的方向前进，即既要思想政治表现好，又要专业学习好。

二、尊重教育规律，坚持教学中心

培养“又红又专”的人才，“红”是前提和基础，“专”是主要任务。李达明确提出教学中心的思想，他指出：“教学工作是学校一切工作的中心，一切行政工作者都要服务于教学工作。”②李达把办一流综合性大学作为武汉大学的战略目

① 汪信砚主编：《李达全集》第 17 卷，人民教育出版社 2016 年版，第 413 页。
② 汪信砚主编：《李达全集》第 17 卷，人民教育出版社 2016 年版，第 161 页。

标。在北大向莫斯科大学看齐的时候，他提出“武大要向列宁格勒大学看齐”①。这包括学校总体水平处于较高层次，学生培养出色，教师科研水平和教学水平高。为此，李达在加强学科建设、改革管理体制方面都进行了诸多探索。

学科建设中，科研与教学是相互结合的。20 世纪 50 年代，党中央提出“向科学进军”的口号。李达也特别强调高等教育的性质在于研究高深学问，武汉大学作为综合性全国重点大学，既是教学机构，又是科研机构。他要求“教师们不要以单纯教课为满足，而要有高深的研究，多钻研，多著作”，各位系主任要“拿出六分之四的时间带个头，向学术进军”。② 不仅仅是教师，学生也被要求参加科学研究，掌握自然科学和社会科学知识，培养独立进行研究工作的能力。各类科学研究所的建立，《武汉大学人文科学学报》《武汉大学自然科学学报》等学术刊物的创办，以及其他各种学科建设所需要的软硬件设施在这一时期都有了开拓性的发展。为了提升教学质量，李达主张精简课程，在少而精的条件下让老师有更多的时间研究教材，让学生有更多的时间复习功课。改变因人设课的方法，科学规划专业培养目标，提高学生的积极性主动性和创造性。重视启发式教育和理论联系实际，以更好地满足未来科学研究和实践的需要。

在管理体制方面，李达贯彻党委领导下的校长负责制，改善党的领导，坚持大学党委的统一领导，同时校长也要担负起对外代表学校对内主持校务的责任。主张教授治校，内行领导，高校管理者必须具体懂专业，有足够管理学校的专长。各院系的党总支主要做好思想政治工作和党的建设工作，监督系务委员会的决议贯彻实行。设立教研室组织教学管理和教师管理，共同有计划地制定教学大纲，加强不同教师之间，师生之间的讨论，开展教学研究。对于人事制度改革，不拘一格发掘人才，通过民主的办法任命干部和教师，并制定了核定工作量和工作日制度，进行奖勤罚懒。

在“左”倾错误盛行的年代，李达保持着清醒的头脑，反对浮躁的作风。1958—1960 年全国范围内掀起了教育革命的热潮，批判资产阶级个人主义和资产阶级思想，否定教师在教学中的主导地位，全民大办教育，知识分子劳动化，纷纷下工厂、下农村。这给教育事业带来了新问题，扰乱了正常的教育教学秩

① 汪信砚主编：《李达全集》第 19 卷，人民教育出版社 2016 年版，第 415 页。

② 李达：《在理科系主任汇报工作会议上的讲话》（1963 年 7 月 4 日），《武汉大学学报》（社会科学版）1981 年第 1 期。

序。李达在坚决贯彻党的教育方针的同时，以极大的勇气排除各种干扰和阻力，对于在教育革命中出现的"左"的错误一再提出批评。他指出教育革命的两三年，"把教学工作打得七零八落，很多规章制度破了未立，仪器设备，保管处在无政府状态""教学计划打乱了"①。呼吁恢复已有的规章制度，建立正常的教学秩序，在以教学为中心的前提下，合理安排劳动和社会活动，下马一些院系办的工厂，强调学校不应该做生意。

三、强调优秀师资力量的极端重要性

与梅贻琦之"大学者，非有大楼之谓也，有大师之谓也"的办学理念不谋而合，李达把能不能"依靠教师提高，多出学者"②作为大学办得好不好的标志。一方面李达稳步推进知识分子改造工作，努力帮助老教师们通过改造转变成为坚定的无产阶级知识分子，另一方面，李达强调要营造尊重知识，尊重老师的学风，改善师生关系，积极培养和引进优秀人才纳入师资队伍。

高校教师作为知识分子群体的重要组成部分，其地位和待遇直接受党的知识分子政策影响，因而呈现出复杂和多样的一面。新中国成立后，对知识分子进行了大规模的思想改造，批判根植于当时知识分子心中的封建思想和资产阶级思想，促进知识分子同工农大众相结合。在反右以后，一批知识分子被戴上了"右派"的帽子，在大学中的师生关系也逐渐变得"不正常"起来了。李达在推进知识分子改造工作的过程中，既坚决执行党对于知识分子的政策，又坚守了中华民族尊师重教的优良传统，倡导学生尊敬师长。针对部分老师在新中国成立后的一次次思想改造运动中自尊心受到损害、情绪低落、意志消沉等状态，李达认为，高校教师必须彻底破掉自己的资产阶级立场，勇敢地转到无产阶级立场上去，这样才能教导学生成为有社会主义觉悟、有文化的劳动者。只有当老师和学生们都转到无产阶级的立场上去，那么"师生关系就变成了同志关系，学生们将更加尊敬老师，努力向老师学习，老师们将更加热爱学生，尽量把自己钻研的东西教给学生"③。学生和老师通过批评与自我批评相互改正缺点，形成良好的师生关系。

---

① 汪信砚主编：《李达全集》第19卷，人民教育出版社2016年版，第415页。
② 汪信砚主编：《李达全集》第19卷，人民教育出版社2016年版，第406页。
③ 汪信砚主编：《李达全集》第19卷，人民教育出版社2016年版，第19页。

李达十分重视师资队伍的培养，将师资队伍建设作为学校的重点工作。他认为，大学是最高学府，教师要有最高学术水平才行。“要办好学校，就要有几个名教授，办好一个系，就要有几个拔尖的人。”①为了引进更多优秀的人才，李达求贤若渴，努力招揽各类优秀人才。他亲自和北京大学、中国人民大学的领导写信，希望他们帮助举荐优秀人才。对于一些学术水平深厚但被打为“右派”的学者，李达也敢于大胆聘用。著名化学家曾昭抡教授就是戴着“右派”的帽子来武任教，担任化学系元素有机教研室主任，通过自己的言传身教和辛勤耕耘给武大化学系作出了重要贡献。他要求各个院系关注骨干教师的培养，尽快涌现出一批名教授。李达主持的马列主义教研室，新中国成立初期面临着思政人才队伍严重不足的问题，新进的教师少有专业对口，因而亟须进行充分培训才能上岗。1953年的暑假，李达带领一批青年教师上庐山，进行集体学习、备课。《毛泽东选集》(三卷本)、胡乔木的《中国共产党的三十年》是他们的主要备课资料。李达对青年教师们的教学大纲和备课讲稿一一指点，并针对重难点问题进行解答，帮助新中国第一批思政课老师不断成长。李达十分关心青年教师的成长，经常登门，促膝长谈，征求办学意见。给予工作上、生活上的关切，保障他们安定工作，充分发挥每个教授在学术上的带头作用。陆续安排众多青年教师去北京大学或中国人民大学进修学习，提升青年教师的业务水平，在1966年左右逐渐形成了各系的教学业务骨干。李达在人才和师资力量上所做出的卓有成效的工作，为把武汉大学建设成名副其实的国家重点大学做出了不可磨灭的贡献。

四、结语

李达在武汉大学时期的大学管理思想体现了李达作为一个马克思主义者的思想品格。他有着为人民服务、为社会主义建设事业服务的政治立场，保证武大的工作始终沿着正确的方向前进；他有着丰富的教育哲学和理论素养，指导着全面科学育人；他有着开拓创新的改革精神，从实际出发不断改进学校各项制度管理；他有着敢说真话的勇气，在“左”倾错误不断发展的环境下努力维护学校作为教书育人之地的正常秩序；他有着对高素质人才的尊重，不断引贤纳士成就武

① 李达：《在文科系主任汇报工作会议上的讲话》(1963年7月4日)，《武汉大学学报》(社会科学版)1981年第1期。

大深厚的学术底蕴。

适逢武大一百三十周年校庆，新武大人更应承继过往之优良。坚持胸怀天下，牢记国之大者，重视人才队伍建设，在科研报国和立德树人方面不断自我突破，为全面建设社会主义现代化国家，实现第二个百年奋斗目标作出新的更大贡献。

加强高校涉密研究生管理的思考

刘屹颖
（武汉大学研究生院）

党的二十大强调“国家安全是民族复兴的根基”，做好保密工作是维护国家安全的基础。军工科研是国防事业的重要组成部分，是国家综合实力的重要基础。目前我国安全保密形势更加复杂严峻，保密管理的重要作用日益凸显。高校作为国家高层次人才培养、科学研究的重要基地，承担着大量涉及国家秘密的教学科研项目和任务。

与军工企业不同，高校实行开放式办学，频繁的学术交流、复杂的人员构成使其保密工作面临巨大的挑战。涉密研究生，是指由于参与涉及国家秘密科研项目的需要，合法接触、知悉或经管国家秘密事项被确定为涉密人员的研究生。他们是高校涉密科研项目研究的参与人员。高校在提升科研整体实力的同时，也要高度重视涉密研究生的管理，必须确保涉密学生的保密管理工作同步跟上去，紧紧抓住关键环节精准发力，维护国家安全。

一、高校涉密研究生管理面临的问题

被确定为涉密人员的研究生，他们流动性大、学术交流范围广、参与涉密研究周期短，这种特性给涉密研究生的管理带来一些问题。

1. 保密意识和保密责任感不强

近年来，高校把保密工作放在了十分重要的位置，广大教师和管理人员的保密意识大大提高，保密防范措施也得到了进一步增强。但研究生长期生活工作在和平环境，对保密工作的残酷性缺乏体验，认识模糊，容易滋生轻敌麻痹思想，保密意识淡薄。他们无法充分认识到高校保密工作的重要性和必要性。

研究生社会经验比较少，思想单纯，容易受到别有用心的人的诱导。近年来，境外间谍机构对我国大学生的策反活动日益猖獗，严重威胁到学生的身心健康发展和国家利益安全。

2. 专项管理制度不健全

高校里硕士研究生的学制一般为 2~3 年，博士研究生的学制是 3~4 年。研究生一般在入学半年或一年后开始参与科学研究活动。研究生参与涉密科研项目的周期一般比较短。涉密研究生的保密教育难以开展得深入。研究生保密宣传教育“最后一公里”能否落地是高校需要注意的问题。同时，高校是一个开放的环境，学术交流频繁、科研合作广泛。学生是个流动的群体，他们离开学校，有一部分学生选择出国深造，有的在外企、私企就业。涉密学生离校期间如何有效落实脱密期管理，也是高校面临的困境之一。

涉密研究生何时入密，入密后如何在短时间内加强他们的保密教育、提升保密意识，如何引导他们严格遵守保密制度开展科学研究，何时办理脱密，脱密期如何进行管理……这些都需要专项制度对其进行管理。

3. 学习、生活方式存在隐患

在信息科技高速发展的今天，青年学生获取信息的来源四面八方，大大改变了他们的学习方式、生活方式和交往娱乐方式。青年学生高度依赖网络，他们是最容易接受新技术新事物的群体。他们涉世未深，对复杂的斗争形势缺乏认识和判断。他们这种学习生活方式，极容易扩大一些涉密信息的知悉范围，增加了可能泄密的途径。

在学期间，涉密研究生在参与涉密科研项目的同时，也承担着一般科研项目的研究。研究生参加学术会议、进行学术交流，是他们开拓科学思维、扩大学术视野的途径之一。但是，对于参与涉密科研工作的研究生来说，他们如何进行正常的学术交流活动，并且在进行学术交流的过程中怎样做好保密工作，是涉密研究生管理的重难点之一。

4. 涉密学位论文管理不规范

研究生的学位论文原则上不得涉及国家秘密和其他限制公开的敏感类信息。

撰写涉及国家秘密信息或其他限制公开的敏感类信息的论文，且经过学校定密责任人定密的学位论文方能称为涉密学位论文。但研究生对涉密的概念比较模糊，有些论文因为涉及申请专利、技术转让，或者涉及技术、商业秘密，在一段时期内不宜公开，学生就认为所写学位论文涉密。这就扩大了涉密学位论文的界定范围，给论文的管理带来一些问题。

涉密学位论文在提交、评阅和答辩的过程，有些研究生或导师没有严格按照保密流程进行管理，存在发生泄密的可能。

二、加强涉密研究生管理的思路和对策

1. 落实导师保密工作第一责任人制度

导师是所指导涉密研究生保密工作的第一责任人。导师需要负责各项保密制度在本项目组内的具体落实，为涉密研究生提供必要的工作条件，如专用计算机、涉密材料保存设施等。导师有责任对涉密研究生进行保密教育，结合涉密项目内容提出保密要求，并对涉密研究生在项目研究期间的工作进行保密监督检查。当涉密研究生参加学术交流活动时，导师需对其进行保密提醒，对学生参加涉密工作的重要环节必须管控到位。

2. 切实做好研究生的保密培训

高校要引导涉密研究生按保密管理规定规范涉密科研活动行为。高校保密教育培训应充分发挥党管保密的政治优势，积极推动保密教育培训与业务工作相融合，将保密教育纳入新生入学教育、“三会一课”等学习教育中，组织学习保密法规、制度和相关知识，观看保密警示教育视频，不断提高学生对做好保密工作重要性的认识，提升对保密工作的敏感性，筑牢学生的忠诚意识、保密意识，拧紧意识“总开关”。对涉密研究生重点进行保密形势、保密知识常识、保密法规制度教育。在保密专题讲座、形势报告会、保密知识考试等传统培训形式下，开展实训平台技术演示、警示教育展览参观、保密故事大家讲等创新培训模式，提高保密培训效果，提升防范应对能力。同时，重视利用媒体的导向作用，利用官微、微信等学生喜闻乐见的方式，扩大宣传面，加强宣传效果，切实增强学生的保密意识和保密常识，厚植高校安全保密的群众基础，营造良好的安全保密氛围。

3. 完善涉密学位论文管理

涉密研究生未经批准，不得撰写涉及国家秘密信息或其他限制公开的敏感类信息的论文。撰写论文确需涉密的，须经导师学校有关部门审查同意后，履行申报、审批手续方可进行。学校可在开题阶段(一般为第三学期)确定涉密学生是否可以撰写涉密学位论文，并经学校定密责任人定密审批后，学生才可进行涉密学位论文的写作。

涉密学位论文的写作、打印、评阅和答辩应当与普通学位论文流程相区别。涉密学位论文的写作必须在涉密计算机上进行，打印输出须在学校指定的论文打印输出部门登记打印。涉密学位论文交给评阅专家评阅，应当寄机要件或由专人送达，评阅专家应签订保密承诺书。涉密学位论文答辩应按照涉密会议进行管理。培养单位应提前制定保密工作方案，严格控制参加人员范围，并对参加人员进行身份确认，答辩会议期间严禁无关人员进入会场。在答辩前，对答辩专家进行保密教育，签订保密承诺书。参会人员手机集中存放在会场外。答辩时不使用无线话筒及设备，不使用非密设备处理涉密信息。同时，涉密学位论文的发放、回收应指定专人负责。

涉密学位论文完成后，应有专人将其交到档案馆保密室存档。任何个人不得私自留存。

三、结语

习近平总书记多次强调，“安全是发展的前提，发展是安全的保障”。总书记的这一重要阐述，为高校开展包括涉密研究生管理在内的各项教学科研、人才培养工作提供了根本遵循。高校要完整、准确、全面贯彻坚持总体国家安全观，统筹发展与安全，探索新形势下国防科研安全治理的新路径。

研究生是高校科研的生力军，他们参与国防科研项目也逐渐成为高校研究生教育培养过程中较为普遍的现象。面对风险和挑战，高校有责任做好研究生的保密管理工作。对涉密研究生进行保密教育和管理应成为高校研究生培养过程中的重要一环。针对研究生保密管理工作中长期存在的重难点问题和薄弱环节，高校要不断完善相关规章制度，促进科学研究和保密管理工作相融合，坚持统筹发展与安全，努力构建保密安全长效机制。

高校大型仪器共享科研平台党建与业务融合研究[①]

万燕玲
（武汉大学医学部）

随着科研创新对国家发展重要性的日渐凸显，高校加强了大型仪器共享科研平台的投入和建设，与此同时，平台的党建工作也面临着新要求、新挑战，深入推进大型仪器共享科研平台党建与业务的同部署、同落实、同发展尤为重要。

一、高校大型仪器共享科研平台的定位及平台党建工作的重要性

早在2013年7月17日，习近平总书记在中国科学院考察工作时的讲话中谈道：党的十八大提出实施创新驱动发展战略，强调科技创新是提高社会生产力和综合国力的战略支撑，必须摆在国家发展全局的核心位置。我们要实现全面建成小康社会奋斗目标，实现中华民族伟大复兴，必须集中力量推进科技创新，真正把创新驱动发展战略落到实处。同年9月30日，习近平总书记在十八届中央政治局第九次集体学习时的讲话中提到：我们必须及早转入创新驱动发展轨道，把科技创新潜力更好释放出来。在2020年9月11日，习近平总书记主持召开科学家座谈会并发表重要讲话中指出，我国“十四五”时期以及更长时期的发展对加快科技创新提出了更为迫切的要求，并对科技工作者寄予厚望。

科研工作、科技创新对国家的发展至关重要，总书记在多个场合的发言体现

① 本文为武汉大学机关与直属单位党委基层党建工作研究项目“高校大型仪器共享科研平台党建与业务融合研究”成果。

了党和国家对科技工作、科研人才的重视。这些年许多高校也已经或正在探索建立大型仪器共享科研平台。高校大型仪器共享科研平台是高校科技创新体系的重要组成部分，为科学研究、科技创新提供基础支撑与条件保障。平台围绕国家重大科研需求、高校学科发展与人才发展战略，在引进世界先进技术手段的同时，探索世界科学前沿，进行科技创新，助力解决科学研究中“卡脖子”难题。共享科研平台的目标为建设成为设备尖端、技术先进、开放共享、服务师生的大型仪器共享中心和科研服务基地，为科学研究、技术进步和社会发展提供网络化、社会化的科技资源共享服务。

为发挥高校大型仪器共享科研平台在科技发展和科技创新中的重要作用，抓好党建工作是其重要支撑和基本保障。习近平总书记在党的群众路线教育实践活动总结大会上(2014 年 10 月 8 日)强调指出，各级党委要坚持党建工作和中心工作一起谋划、一起部署、一起考核，坚决防止“一手硬、一手软”。高校大型仪器共享科研平台的党建工作要牢固树立围绕平台中心工作和目标、服务大局的思想，为科学研究创新提供平台支撑，为高校科技工作者提供服务，把着力点放在共享平台队伍的履职尽责、提升业务能力和服务水平上。

二、高校大型仪器共享科研平台党建与业务融合现状

本项目组以《高校大型仪器共享科研平台党建与业务融合研究》为问卷调查主题，在高校仪器共享平台或分析测试中心教职工中随机发放问卷，参与调查者采用匿名填写的方式填写问卷。所参与调查的高校包含武汉大学、华中科技大学、武汉理工大学、复旦大学、上海交通大学、西安交通大学、华东理工大学、中国科学技术大学、北京大学、兰州大学、南昌大学、东南大学、南开大学、天津师范大学、重庆大学、扬州大学、华东理工大学、华南理工大学、东北大学、哈尔滨工业大学、南京工业大学、江苏大学、大连理工大学、大连交通大学、昆明理工大学、中国矿业大学、安徽农业大学、东北大学、沈阳化工大学、内蒙古科技大学、东华大学、西北工业大学、东北师范大学、广东工业大学、青岛农业大学、福州大学、南方科技大学、吉林大学等 38 所高校，课题组回收了 126 份有效问卷。

调查对象的年龄结构显示，年龄为 41~50 岁的人群最多，占被调查人数的 41%，31~50 岁的占比 74.6%，为共享平台职工年龄主体。具有高级职称的有 83

人，占比66%，中级职称占比23.81%。中共党员高达102人，占比81%，反映在共享平台，党员的覆盖面比较大，同时党龄16年以上的人群占比达57%。党员群体中在党内担任职务(书记、委员等)的占比43%。对党建工作的总体认识上，61.9%的调查者选择“党建工作非常重要，没有党的领导其他工作无法正常开展”，35.71%的调查者选择“党建工作有时显得重要，对工作、业务有一定的促进作用”，六成的调查者认同所在单位的党建工作与业务工作目标是一致的，还有超过三成是比较认同，可见党建工作与业务工作的目标在高校大型仪器共享科研平台中有很高的一致性。96%的调查者认同单位党员先锋模范作用的发挥，在非党员中这一比例也高达96%。

在给本单位“党建与业务工作融合成效”打分上，满分5分，48.41%打4分，23.81%打3分；党组织的党建与科研测试工作的“同规划、同落实、同考核”上，分别是51.59%、54.76%、34.13%，占比不高，特别是“同考核”比例较低，甚至还有36.51%选择“无直接关联”。以上问题的数据统计一定程度上反映高校大型仪器共享科研平台的党建与业务工作的融合还存在一些问题，融合度还不够，融合方式还需改善。问卷调查中，由调查对象来分析党建与业务融合存在哪些问题，58%认为部分党员存在“党建就是单纯理论学习”等认识误区，53%认为“业务工作繁忙，无暇参与党建工作”，45.24%认为“没有配备专职党务人员或党务工作者经验不足”。对党建工作能在哪些方面带来改进或者创新的期望上，78.57%的调查对象选择业务实践层面，其次是党组织活动层面，然后是思想理论学习层面；另外，67.46%的调查者认为有必要将职工参与党建工作情况融入职工考评制度中，发挥党员个人能动性，努力做到“又红又专”。

三、加强高校大型仪器共享科研平台党建与业务融合的举措

为避免出现实际工作中，业务工作是“主业”，党建工作是“副业”的情况，加强高校大型仪器共享科研平台党建与业务的融合，调查对象给出了若干建议，其中相对集中的建议有：加强单位领导对党建工作的认识，单位主要领导担任党内职务；完善单位党建制度，将党建工作纳入单位考核制度中，同时加强对党组织的考评；“三会一课”及特色活动与业务工作结合；加大党员创先争优奖励力度，发挥党员在业务中的先锋模范作用，带动整体业务水平提升等。

结合上述高校大型仪器共享科研平台党建与业务融合现状、问题和相关建

议，提出加强党建与业务深度融合的若干举措。

健全大型仪器共享平台的党组织和架构。仪器共享平台的主要领导担任党内职务，努力做到党建和业务“两手抓，两手都要硬”；配齐配强党务工作者，合理安排支委分工，鼓励科研人员、技术人员加入党组织队伍，参与组织生活；学习、借鉴老党员以及先进典型党员的经验做法，引导年轻党员主动、积极参与支部建设和平台各项工作，增强党支部的战斗力。

发挥共享平台科研技术支撑工作者作用。仪器共享平台科研技术支撑工作者，特别是党员同志不忘初心，不断提高自身专业素质，保持终身学习的态度，在做好本职工作的前提下，有效利用空余时间加强学习，提升自身仪器测试技能和科研技术服务能力；① 科研技术支撑工作者加强培训，与行业专家、厂家工程师定期开展技术交流，提升仪器操作水平；党员技术人员带头为前来使用仪器的师生进行仪器功能介绍及上机培训；另外，在主题党日活动中，开展新生教育、科普教育，在青年学生心中埋下科研创新的种子。

完善大型仪器共享平台党建制度。将支部活动与平台分析测试服务、检验检测知识学习、实验室安全管理、实验室改造和仪器维护等工作相结合，共同推进大型仪器共享平台的发展；将党建工作纳入单位考核制度，同时加强对党组织的考评；引导党员爱岗敬业、塑造良好党员形象，在党员干部中积极开展旗帜建设，做到“觉悟高于群众，行动先于群众，能力优于群众，业绩好于群众”，真正发挥党员的先锋模范作用；在用户接待窗口设立“党员先锋岗”，为前来做测试研究的师生提供咨询、接样服务；在各个实验机组设立“流动红旗”，评选“优秀机组”，通过业务工作实际，对党组织的工作作风、工作能力进行监督和激励。

大型仪器共享科研平台业务工作的推进离不开党建工作的凝神聚力，党建工作的成效由业务工作的成果来展现。② 在业务工作中检验党建工作成效，以发展的成果来评价党建工作，实现党建工作和平台业务工作在目标上的一致性、在任务上的统一性、在效果上的互促性。③ 通过业务工作实践，对党组织的工作作

① 王迪、谢晓芳、李阳倩：《党建视角下高校大型仪器设备共享平台党员服务能力提升探讨》，《成都中医药大学学报》（教育科学版）2021 年第 2 期。

② 林玲：《关于检验检测机构党建工作与业务工作有机融合问题的研究》，《食品安全导刊》2019 年第 30 期。

③ 罗红、陈明：《加强检验检测机构党建工作的思考》，《中国检验检测》2020 年第 5 期。

风、工作能力进行监督和激励，实现党组织动态化发展与完善，实现党建和业务的联动推进，良性互促。在高校大型仪器共享科研平台的建设发展中，着力健全平台的党组织和架构、发挥平台科研技术支撑工作者作用，完善平台党建制度，充分发挥好党建引领作用，推进党建与业务的深度融合。

关于构建以“提升学科建设水平”为引领的高校房产资源配置机制的思考

余　艺
（武汉大学后勤保障部）

从第五轮全国高校学科评估的结果来看，与上一轮学科评估结果相较，喜忧参半，虽然许多学校取得了可喜的进步，但其中存在的问题同样需要我们反思。

武汉大学的房产资源配置一直以来都是以保障各项教学科研工作顺利开展为基础，根据学校发展规划需要进行动态调整，房产资源的使用按照“谁使用，谁负责”的管理原则，实行院校两级管理的模式。近年来，在学校双一流建设的背景要求下，为了进一步加强学校房产管理，进一步提高房产的战略资源属性，先后制定并出台了《房产管理暂行办法》《院系和实体科研单位用房有偿使用实施细则》《武汉大学办公用房面积控制标准》《出租出借管理实施细则》等办法，不仅规范了房产资源管理工作，促进了房屋资源的科学配置、合理使用，保障了学校教学科研用房需求同时，还把房产资源调配作为发展学科建设的重要手段。

一、基本现状

截至 2023 年 3 月 31 日，全校共有房屋 858 栋，总建筑面积共约 296. 08 万平方米。其中，教学科研及辅助用房主要为公共教室、图书馆、室内体育馆、实验实习用房、专用科研用房，占全校房屋总面积 29. 33%；行政办公用房主要为学校各机关部处、学院及直属单位等党政机构的办公用房，占全校房屋总面积 5. 23%；生活用房主要包含学生宿舍、食堂、教工公寓及其他附属用房，占房屋总面积 30%；其他用房主要为经营性用房和其他服务保障用房，占房屋总面积 11. 86%；教工住宅占房屋总面积 23. 58%。

二、问题分析

房产资源与学校加速发展的供需矛盾之间长期处于“紧平衡”的状态，已经成为学校事业高质量发展的瓶颈。造成这一困境的原因主要是三个方面：

(1)新增房屋资源供给不足。受限于基本建设规划政策，例如东湖风景区规划的控制、校内山体和老建筑文物的保护，通过在校内择址新建或拆旧建新获得房屋资源增量的方式，很难从根本上彻底解决房产资源的供需矛盾。这就要求我们在充分利用有限的校内土地资源、持续加快推动新建项目建设的同时，积极寻求地方政府支持，努力拓展办学空间。

(2)房产资源共享率低。共享共用主要集中于教室、会议室、学生活动用房、体育场馆、公共交叉平台等公共服务资源，而实验室、专用科研用房的共享程度普遍较低。学院或者独立科研机构仍然存在部分用房闲置、内部用房共享程度不高等问题；同时，还存在个别人私自借出或调换公房，个别教师退休后未及时退房等现象。①

目前可调控的房产资源十分有限，存在房产资源供需不均衡的现象。随着高校“双一流”建设不断推进，交叉学科、新兴学科不断发展壮大，传统的重点学科、实验室较难获得充足的房产资源，一些使用效率低甚至闲置的房产资源却难以收回进行再次调配。此外，由于学校高层次人才、高精端科研团队引进增长较快，科研体量越来越大，外聘科研人员日益增加，现有存量资源无法完全满足“四个面向”背景下学校人才引进、学科发展的空间资源保障需求，住房保障与引才供求不协调。学校教师公寓资源中优质资源占比较小，校区分布与用房需求不均衡，剩余腾空房盘活利用存在一定的局限性，有限住房资源无法可持续支撑引进人才住房保障。

(3)房产资源统筹管理不够。科学性论证不足，评价体系不健全，整合阻力较大，造成既有房产资源的潜力挖掘不充分，使用效益没有得到最大限度的发挥。一是多校区办学导致资源分布不均衡、结构不平衡，一定程度上影响了学校的整体均衡发展。二是学科用房布局不集中、学院用房分散。同学院或者独立科

① 王一柏、唐永新、王晶等：《加强高校公用房管理的探讨》，《实验技术与管理》2016年第8期。

研机构等同类型用房相对不集中，不利于管理。有些楼宇被多个学院或者独立科研机构使用，还有些楼宇的各类用房穿插分布，教室、实验室、行政办公用房等多种用房并存，房产资源管理难度较大。对于实验室和专用科研用房，国内多数高校延续“定额配置、超额收费”的做法，致使已分配的房产资源不能再次调配。随着学校学科建设不断发展，各学院或者独立科研机构有限房产资源与无限保障需求之间的供需矛盾日益凸显，房屋占有差距加大，形成房产资源占用量和利用率不均衡的现象。

这就要求我们盘活存量，从机制上入手来破解上述问题。校内房产资源管理办公自动化应用率较低，相应部门没有采用房产资源智能办公系统，多是沿用手动办公，这直接导致房产资源管理的效率低下。制度是行动的准绳，高校房产资源是高校最重要的固定资产，因此管理必须施行规范化、精细化的管理，建立统一、完备的房产资源管理规范化制度尤为重要。

三、举措思路

如何构建一个以学科建设引领房产资源配置、以房产资源投入助推学科建设质量提升的科学机制是我们一直在思考的内容。为了充分发挥房产资源的战略性地位，经过长时间的探索、调研、试行，总结出下面三个方面是学校在管理上需要重点发力的地方：

(1)强化优先支持学校重点建设学科的导向性。学校学科门类齐全，学科方向众多，学科发展水平不一，在学校房产资源稀缺的现实条件下，如果我们沿袭学科建设大而全、学科发展齐步走的老观念，用撒胡椒面、搞平均的做法分配资源，其结果是能够加速发展的学科跑不快、发展状况不佳的学科也没有跑起来，导致学校学科建设整体水平和质量提升严重受阻。这就要求学校层面在实施学科发展战略上，协调好不同层次、不同类别、不同发展水平学科之间关系，坚持有所为、有所不为的基本原则，加大优化学科布局的决心和力度，进一步明确学校重点发展的学科方向，在顶层设计上解决好房产资源优先支持的方向问题。

通过房产资源的“定额核算”，综合考虑各学院或者独立科研机构的基本办学指标(教师、学生人数、学科 专业系数)、科研产出绩效指标、高层次引进人才、重点实验室、学科建设重要程度(如“双一流”指标、学 科评估排名等)等因素，进一步指导学院房产资源的配置，同时为促进学科建设与未来发展，考虑符合学校发展规划和校区结构 功能的预留空间。高校要进一步细化房产资源论证机制，由学校相关部门对新增用房需求进行论证，统筹资源，优化配置，通过房产资源的“有偿使用”，平衡供需矛盾，提高使用效益。

(2)强化房产资源配置的科学性。现行的房屋资源分配的做法是以定额测算(含本科实验教学用房定额、研究生研习用房定额、教师工作用房定额、行政办公用房定额等，主要考量学生和教师规模，并兼顾所属学科专业的特点。)作为调控二级单位的用房标准，并结合各单位的发展需要(如已引进人才)，通过行政决策为主调配房产资源。这种分配形式在保障二级单位基本办学用房方面具有其合理性，但在面临各学科发展的用房需求时，由于科学性论证不充分，导致资源配置的精准性(“该不该投入”、“该投入多少”)不够。这就要求进一步优化和完善以行政决策为主的房屋资源分配模式，通过吸纳熟悉学科建设规律、能够秉公执言的相关专家，组建房产资源配置专家评审委员会，按照一定程序和规则，对重要房产资源配置问题进行充分、科学的论证，并以此作为学校调配房产资源决策的重要依据，解决好房产资源精准支持问题。

与此同时，加快采集校园房产资源的基本信息，尽快完成房产资源电子信息的建档工作，实现现代化房产资源的管理，使高校房产资源管理更加高效、更加透明。通过构建动态化、精细化、信息化的管理系统，实现房产资源从构建到处置的全过程管理，做到账实相符，实现房产资源“安全完整、合理配置、有效利用”的管理目标。尝试以空间资源为主线，全面整合土地、房屋、家具、能耗、维修、交通、绿化等信息资源，依托“智慧校园”系统构建集展示和服务为一体的分层次、多维度空间资源数据仓库，为师生提供更加全面、便捷、智能的校园服务保障。

(3)强化房产资源统筹管理的有效性。一是要完善现行房产管理体制，进一步加大学校房产资源统筹管理的力度。分门别类地建立完整的、行之有效的房产资源管理规范化文件，这也是校园各种房产资源有效管理的基础，不断进行房产资源管理制度的创新工作，做到科学发展、与时俱进，不断提高房产资源管理的现代化水平。其次，管理工作人员要不断更新和发展校园房产资源管理的理念，在突出保障教学、科研、办公、学生课外活动、居住等用房的条件下创新管理方式。二是要将房屋资源占用与二级单位事业发展(尤其是学科建设发展状况)绩效考核紧密关联，健全房屋资源使用效益评价制度，统筹考虑院系各类指标核算公用房的单位面积投入产出，努力探索“亩产论英雄”式资源使用绩效评估模式。

由学校房产资源管理部门对学院或者科研机构房产资源的规范管理、共享共用、使用效益等情况综合评价，对于侵占、闲置、浪费、违规使用房产资源的行为加强监督问责，建立并执行退出机制。落实有偿使用调节机制，进一步加大有偿使用调节力度，提高公用房资源收费标准，拓宽公用房资源使用费的来源与渠道。三是完善现行的房产管理办法，进一步强化“统一规划、分类管理、动态调整、有偿使用”的基本原则，以定额方式保障二级单位教学、科研、办公的基本用房，通过“缺额补贴、超额收费、绩效奖励”的方式，强化经济杠杆倒逼二级单位不断提高教学服务质量和科研产出成果，努力提升学科建设整体水平，确保房屋资源使用的效益得到最大释放。

四、感悟

武汉大学作为一所全国排名前十的综合型大学，在最近的第五轮学科评估中发现了一些问题，包括优势学科数目不多、基础学科发展速度不快、主流学科竞争力不强等隐忧。因此，学校提出以“学科建设年”为主题，是具有十分重要的现实意义和长远的战略意义的。通过学科建设年的实施，武汉大学可以进一步加强学科建设，提高学科竞争力，推动学校的发展，从而保持良好的发展态势。这也将有助于更好地统筹推动一流大学建设中关乎引领性、综合性和长远性的系统工程建设，为学校在日趋激烈的竞争中始终保持良好的发展态势提供支持。

高校房产资源的优化配置已成为衡量资产管理水平的重要指标。为了确保有限的房产资源得到最大限度的合理利用，高校需要不断改进房产资源的配置模式，并提高管理机制的运作效益。这需要以公平、效率兼顾及节约为原则，满足学校事业发展需要，为人才培养、科学研究、公共服务、文化传承提供条件保障，为高校“双一流”建设提供强有力的后勤保障①。

① 张坤、刘世弘、马大宇：《高校公用房配置优化机制的新探讨——以清华大学为例》，《实验技术与管理》2015 年第 4 期。

顺应新形势，迎接新挑战

——关于高校安全生产管理工作的思考

余　艺
（武汉大学后勤保障部）

一、高校安全生产概述

提到安全生产，人们往往会想到化工厂、煤矿、发电厂、建设工地等等与产品或设施直接相关的企业、场所，而高校作为教学科研单位，很多人甚至高校内部的人认为高校与安全生产关系不大甚至不涉及安全生产。事实上，高校时常发生的安全事故表明，高校不仅存在安全生产问题，并且具有与其他组织单位不同的特征。

生产是指人类从事创造社会财富的活动和过程，包括物质财富、精神财富的创造和人自身的生育，亦称社会生产。① 狭义生产仅指创造物质财富的活动和过程。安全生产是指在生产经营活动中，为了避免造成人员伤害和财产损失的事故而采取相应的事故预防和控制措施，使生产过程在符合规定的条件下进行，以保证从业人员的人身安全与健康，设备和设施免受损坏，环境免遭破坏，保证生产经营活动得以顺利进行的相关活动。

高校生产是指在高校所开展的教学、科研、实验、交通、消防、网络维运、生产经营、医疗卫生、饮食服务、基本建设、修缮改造、后勤服务、学生活动、自然灾害、水电气、危险品及特种设备使用维护等各类活动。高校安全生产就是指在上述活动中不造成人员伤亡、不造成职业病以及不造成财产损失

---

① 郭伶俐：《劳动、生产、实践概念辨析》，《河南理工大学学报》（社会科学版）2011 年第 1 期。

的生产工作。①

高校由于其自身的教学和科研组织形式，使得其安全生产具有与众不同的特征，(1)高校相比其他企业单位而言，安全生产涵盖的内容多，涉及教学、科研、实验、消防、交通、基建、饮食等等诸多方面；(2)安全隐患类型多，如火灾、易燃易爆、有毒危险品、械伤害等；(3)面临多种学科，如生命、化学、材料、机械、电气等；(4)人员密集、流动性大，高校的日常活动中涉及师生人多面广，各类活动人员流动性大；(5)管理难度大，由于当前高校“纵向学校-学院-系(实验室、中心)、横向各职能部门”的条块式管理模式，给高校安全生产的管理带来了较大的难度，难以实现安全生产的系统化管理；(6)高校师生的安全意识不强，在日常活动中师生的主要精力在教学、科研上，对安全生产不重视甚至不在意，一些高校的领导和教职工往往会认为谁分管安全，安全就由谁负责，只要涉及安全两字，就应由安全部门负责。②

二、近年来全国高校安全生产现状分析

随着改革开放以来，我国的教育事业获得空前发展的同时，学校的校园安全生产问题也日益严峻，校园安全问题已成为社会各界关注的热点问题。安全生产管理是高校各项工作的生命线。只有把安全工作做好，才能建设美丽校园、和谐社会。③ 目前，许多高校对于安全生产工作缺乏正确的认识，在发生安全事件时，很可能会对广大师生的生命财产造成威胁。目前，我国在消防安全、学生宿舍安全、实验室安全等方面还是存在一些问题。

(一)组织管理缺失

部分高校主体责任落实不到位。存在“不想管、不敢管、不会管”的现象，不想管，就是个别人自身安全意识薄弱，对安全工作没有足够的重视，在日常安

① 史天贵、李春光、许晨星等：《高校安全生产体系构建与实施的探讨》，《实验技术与管理》2014 年第 6 期。

② 傅贵、陆柏、陈秀珍：《基于行为科学的组织安全管理方案模型》，《中国安全科学学报》2006 年第 9 期。

③ 张锁成、郭敬哲：《顺应新形势，多措并举做好高校后勤安全生产管理工作》，《高校后勤研究》2013 年第 4 期。

全工作中忽视对安全生产责任制的落实和检查，对本部门的安全工作应付了事；不敢管，是在安全管理过程中遇到一点阻力、受到来自方方面面的压力或干扰，就存在碍于情面或畏难情绪，对安全生产出现的问题不敢管；不会管，是指安全人员业务不到位，情况不熟悉，即使想管还是看不出问题，不知道怎样管，不知道如何下手。不想管、不敢管、不会管的后果就是出现违章作业、冒险作业、事故险兆、事故隐患，最终可能酿成事故恶性后果。事故一旦发生，按“四不放过原则”倒查追责，有关人员必然成了被追责处理的对象。因此，从事安全工作的各级人员，必须要打得开情面，要有亮剑的精神，做到肯管、敢管、会管和善管，用主动和负责任的勇气和行动去防范一切事故的发生。

（二）主观意识淡薄

主要存在三个痛点。其一是电气原因引起火灾多。高校近几年火灾时有发生，2018 年 11 月 9 日至 2021 年 12 月 17 日，共发生 93 起高校火灾。其中，教学办公区域火灾 77 起、宿舍生活区域火灾 16 起；发生实验室爆炸事故 4 起，造成 4 人死亡、4 人受伤。2022 年 3 月 2 日清华大学紫荆公寓因电气引发火灾，起火原因系中厅内通电电器发生故障引燃周边可燃物所致。①

其二是高层宿舍火灾扑救难、逃生难。2017 年 12 月，湖南省长沙市一所高校的高层宿舍发生火灾，由于火灾发生在凌晨，大部分学生都处于睡眠状态，导致火灾扑救和逃生都面临巨大困难。消防人员在火灾现场遇到了扑救难的情况，由于楼层较高，消防车无法直接接近，消防队员不得不通过楼梯和消防梯才能到达火灾现场，增加了扑救的难度。同时，由于火灾发生后烟雾弥漫，学生们在逃生时也遇到了困难，有些学生因为烟雾过大而无法及时逃生。这起火灾事件引起了社会的广泛关注，也提醒了高校和相关部门需要加强火灾预防和应急救援能力。

其三是校外出租房高风险且难治理。2019 年 5 月 5 日清晨 6 时许，广西桂林市雁山区西龙村一村民自建房发生火灾，造成 5 人死亡，38 人受伤，其中 6 人在重症监护室抢救。据广西师范大学漓江学院核实，5 名遇难者及 24 名伤者均为该校学生。起火点为一楼电瓶车停放处，火灾后，20 余辆电瓶车仅剩车架。消

---

① 清华大学通报紫荆学生公寓 3 月 2 日火情：系通电电器发生故障引发，https://baijiahao.baidu.com/s? id=1729445125055006353。

防方面证实，此次事故确系电瓶车起火导致。①

（三）易燃易爆化学品操作处理不当

高校实验室爆炸与火灾事故频发。2015 年 4 月 5 日中国矿业大学（徐州）化工学院一实验室发生爆炸事故，致 5 人受伤，1 人抢救无效死亡。2015 年 12 月 8 日清华大学化学系何添楼二层的一间实验室发生爆炸火灾事故，1 名正在做实验的博士后当场死亡。2018 年 11 月 11 日南京中医药大学翰林学院一实验室在试验过程中发生爆燃，导致多名师生受伤。2018 年 12 月 26 日北京交通大学东校区 2 号楼（东教二楼）环境工程实验室进行垃圾渗滤液污水处理科研实验期间，发生爆炸引发火灾，共有 3 名参与实验的研究生在事故中不幸遇难。② 另外，高校实验室容易存在安全隐患，包括不安全用电行为，危险品混存混用，实验室内堆放易燃杂物，堵塞安全出口、疏散通道、不遵守操作规程，灭火器具不适用，个人防护不规范、不到位等。

（四）客观因素分析

从当前高校的特点分析。对于高校校园安全生产出现的问题和现状，究其根本原因，是学校的管理制度不够完善，对师生的安全生产教育比较欠缺，需要找出及时有效的措施和解决方法。首先要从高校独具的特点进行分析：(1)高校是知识分子集中的场所，人才荟萃。其次，现在的高校结构趋于社会化的发展，一些社会中的场所高校内也都存在。(2)目前高校因为教学需求，都储藏有很多的危险物品。(3)高校目前的出入人员复杂，除了学生，教职工外，学校食堂，商店的外来人员以及一些合同工也在高校内活动。人员类别极其复杂、管理难度大。

（五）主观因素分析

为什么在学校这样一方净土上会有如此多的隐患？首先，学校有关方面有没

---

① 5·5 桂林民房火灾事故，https://baike.baidu.com/item/5%C2%B75%E6%A1%82%E6%9E%97%E6%B0%91%E6%88%BF%E7%81%AB%E7%81%BE%E4%BA%8B%E6%95%85/23461743。

② 实验室爆炸有多可怕？看完你就明白，https://mp.weixin.qq.com/s?__biz=MzA4NDU4MzgyOQ==&mid=2651838000&idx=1&sn=17b273f6fdf5ad9b6e10680617ad2ab7&chksm=841f82cab3680bdc6a135854148261288c5fcd8d1e4014dbfdeaacd3c6d3b4e72c57f75376ee&scene=27。

有引起足够的重视。学校对师生的教育应该从全方面开展，不单要注重教学质量，也应该对师生的安全意识、应急处置等方面进行全方面培训。师生的安全生产意识极其淡薄，比如：几乎全国所有高校安全检查都会从学生寝室发现热得快、大功率电水壶、电暖器、电磁炉等。更有甚者，将大功率实验设备仪器搬到寝室、电动车搬到家里，违规取电操作使用。然而部分学校领导只重视抓教学质量、学科建设，忽视安全生产工作，往往等到事故发生之后才补救，漠视安全生产教育工作。此外，绝大多数学校没有专门的安全生产教育培训及实践课，广大师生缺乏基本的消防常识、交通安全意识、实验室安全意识和应急情况下的自救知识等。以至于很多师生遇到一些意外情况发生时，不知如何应对，从而出现一些不必要的人身伤害和财物损失等。

三、新形势下所面临的困难、挑战以及应对措施

(一)面临的困难、挑战

除了主观意识不强外，还有一个不能忽视的问题就是目前国内许多高校的基础设施老旧。现行仍在使用的房屋住宅、公房教室、实验室等多数是 19 世纪 50—70 年代建设的，受制于当前的基建政策、经费紧张等因素，既不能拆也没钱修，因为一旦拆了，再想申请新建就很难了，继而“带病服役、超期服役”的现象屡屡可见。这些隐患不出事则已，一旦发生安全责任事故，结局一定是惨痛的。

(二)应对的措施

对于高校内存在的安全生产管理问题，高校管理各部门都应加以重视，对于明显存在安全隐患的地方，宁可牺牲发展空间，也要无条件第一时间解决处理。此外还要不断加强与地方政府的沟通，积极寻求政府资金、政策的支持，加大对老旧小区的改造，同时也要自谋出路，采取相应的解决策略。结合学校实际情况，提出以下几点建议和方法：

(1)完善学校安全生产管理工作规章制度。依据国家上级文件要求，建立健全适合自身发展的安全生产管理工作各项规章制度，并根据当前形势的发展，不断完善充实，做到有章可循，违章必究，不留盲点，不出漏洞。

(2)成立以校长为组长的安全生产领导小组，分管副校长为副组长，各有关部门共同参与的安全生产领导小组，定期召开安全生产领导小组会议，发现问题及时解决，形成机制。

(3)建立安全生产教育责任机制。增强高校对安全生产教育的管理机制，建立起全方位的管理办法。明确学校，二级单位以及第一责任人的责任，管理压力层层传导，将推广教育责任落实实处，做到师生、教职工、离退休人员全覆盖，全方位做好防范措施。

(4)建立安全生产工作领导责任制和问责机制。将安全生产管理工作列入各单位的目标考核内容进行严格考核，严格执行问责机制，对造成重大安全生产事故的，要严肃追究有关领导及直接责任人的责任。

(5)建立多样化的宣传教育形式。例如，将日常宣传教育与特殊节日相结合，利用日常网络、视频、广播、板报等做好常规宣教工作，结合在“消防日、安全日、环境日”等特殊节日，组织开展安全生产教育相关的活动，加深师生对于安全生产教育重要性的认识。邀请专家，进行专题教育讲座，通过典型事故，警醒大家提高安全生产意识。

(6)组织安全生产教育进课堂。在师生的教学计划、考核计划中加入安全生产的内容，将安全生产作为理论必修课、实践必修课、考核重要指标，形成刚性要求。

(三)如何做到“尽职免责减责”

该汇报的要报告，各级安全责任人要及时主动地将问题或隐患要向上级汇报，解决不了的问题和隐患要向更高一级职能部门和领导汇报。该开的会、该发的文，要开要发，原则上就是要把上级开会或发文的工作和要求及时、详细、逐层传达分解布置下去。

该查的事要查，包含两层意思，一是自查到位，二是相互督查到位。各级安全检查常会出现三种问题：一是重检查轻处罚，起不到警示教育作用；二是重事件轻管理，就事论事，对深层次原因查找不够；三是粗放缺精细，大而化之，没有横向到边，纵向到底，逐一检查到位，对查出的问题要拉条挂账直至完全解决。

该履行的程序要履行，就是检查后要完善相应程序，该处罚的要执行，该整改的要下达整改指令，该往上级报批的要报批。该记录的图文要记录，也就是安全工作的“痕迹化”管理，对安全工作的过程、结果、纠正预防措施、处置情况以及效果等做到详实记载，做到有据可查，尤其是事故隐患排查治理更要坚持记录。

四、新时期对高校安全生产管理提出更高的要求

习近平在二十大报告中强调，推进国家安全体系和能力现代化，坚决维护国家安全和社会稳定。国家安全是民族复兴的根基，社会稳定是国家强盛的前提。必须坚定不移贯彻总体国家安全观，把维护国家安全贯穿党和国家工作各方面全过程，确保国家安全和社会稳定。我们要健全国家安全体系，完善高效权威的国家安全领导体制，完善国家安全法治体系、战略体系、政策体系、风险监测预警体系、国家应急管理体系，构建全域联动、立体高效的国家安全防护体系。提高公共安全治理水平，坚持安全第一、预防为主，完善公共安全体系，提高防灾减灾救灾和急难险重突发公共事件处置保障能力。完善社会治理体系，健全共建共治共享的社会治理制度，提升社会治理效能，畅通和规范群众诉求表达、利益协调、权益保障通道，建设人人有责、人人尽责、人人享有的社会治理共同体。

（一）教育部对高校消防安全工作的规定

1992 年 6 月 27 日 国家教育委员会颁布第 20 号令发布《高等学校实验室工作规程》；

2004 年 6 月 10 日 教育部公安部关于加强学校消防安全工作的通知；

2009 年 10 月 19 日 教育部公安部颁布第 28 号令发布《高等学校消防安全管理规定》；

2017 年 1 月 9 日 教育部办公厅关于印发《普通高等学校消防安全工作指南》的通知；

2017 年 2 月 16 日 教育部办公厅关于加强高校教学实验室安全工作的通知；

2019 年 4 月 11 日 教育部办公厅关于做好高等学校消防安全工作的通知；

2019 年 5 月 22 日 教育部关于加强高校实验室安全工作的意见；

2021 年 12 月 8 日 教育部办公厅关于开展加强高校实验室安全专项行动的通知；

2021 年 12 月 24 日 教育部办公厅关于提交 2021 年度高校教学实验室安全工

作年度报告的通知；

2022 年 3 月 15 日教育部办公厅关于组织开展 2022 年高等学校实验室安全检查工作的通知；

2022 年 5 月 17 日教育部办公厅应急管理部办公厅关于印发《校外培训机构消防安全管理九项规定》的通知；

2023 年 2 月 8 日 教育部办公厅关于印发《高等学校实验室安全规范》的通知。

(二)教育部高度重视高校实验室安全工作

教育部高度重视高校实验室安全工作，近年来出台了多项管理办法：

1992 年 6 月 27 日国家教育委员会颁布第 20 号令发布《高等学校实验室工作规程》；

2017 年 2 月 16 日教育部办公厅关于加强高校教学实验室安全工作的通知；

2019 年 5 月 22 日教育部关于加强高校实验室安全工作的意见；

2021 年 12 月 8 日教育部办公厅关于开展加强高校实验室安全专项行动的通知；

2021 年 12 月 24 日教育部办公厅关于提交 2021 年度高校教学实验室安全工作年度报告的通知；

2022 年 3 月 15 日教育部办公厅关于组织开展 2022 年高等学校实验室安全检查工作的通知；

2023 年 2 月 8 日教育部办公厅关于印发《高等学校实验室安全规范》的通知。

五、结语

高校安全生产管理工作事关师生员工的根本利益，事关学校改革发展和稳定大局，一直以来受到上级部门的高度重视。涉及高校领域的安全事故频频发生，从消防安全到实验室安全，从高校地方安全到国家安全，人们对安全生产工作进行了深入的审思，社会对其重视程度达到了一个新的高潮，这不仅给高校安全生产管理带来了机遇，同时也带来了全新的挑战。只有把牢安全生产工作的底线，才能谈建设世界一流大学、建设美丽校园，建设中国特色社会主义国家。这不仅要求我们必须始终坚持“安全第一，预防为主，综合治理”的方针，在工作中认真践行科学发展观，统筹兼顾，处理好安全与生产、生产与管理、管理与发展之间的关系。随着全国高校“双一流”建设的不断深入，管理运行机制等方面都在不断变化，高校安全生产如何面对深化改革的大调整，如何适应新形势的要求，做好安全生产工作，提高安全生产管理水平，是摆在我们面前的一项必须要面对和亟待解决的新课题。

后　　记

光阴似箭，岁月如梭。大学毕业留校从事管理工作即三十五载，我先后在文学院、历史学院担任学院党委书记也二十年了，叹人生苦短，回顾往事，历历在目。参加工作以来，白天忙于行政事务，晚上钻研高等教育学理论，咀嚼精华，体味神韵，方知天地之广阔、学问之宏阔。每当工作繁忙、学习略有懈怠之时，“君子以自强不息”即在耳边回响，教我耳提面命，惜时如金，驰而不息，勤勉踏实地走好人生历程的每一步，留下的脚印如化石一般坚实。时值我主编的《高等教育理论与实践研究探索集 3》付梓之际，本人如释重负，感慨万千，心潮起伏。

管理的行走轨迹当属于空间的概念，而人生履历又属于生活的范畴，无论是物质层面，还是精神层面，都展示了我的雪泥鸿爪与心路历程。汉末的古诗中说：“人生天地间，忽如远行客。”李白进一步解读为“夫天地者，万物之逆旅也”。虽然人生短促得像一次短暂的旅行，但人们始终在寻求永久的精神栖息地。

大学是精神的家园，大学的功能在于强化教书育人，落实立德树人。立德树人是教育的根本任务，关系到党的事业后继有人，关系到党和国家的前途和命运，是全社会的共同责任和义务。落实好立德树人根本任务，就是要全面贯彻党的教育方针，始终坚持社会主义办学方向。学校的一切工作都是围绕教书育人这个主题展开，要做到以专业为基、课堂为根、教师为魂、学生为本。立德树人是高校的立校之本，也是大学的人才培养之本。大学办得好不好，不是以其规模大小、学生数量多少来衡量，关键是看培养了什么样的人，是不是德才兼备、全面发展。树人必先立德，我们高校教师必须做到以德立身、以德立学、以德施教。

本文集内容涵盖党的建设、思想政治教育、教学科研、人才培养、高等教育理论等方面的内容。基本是武大历史学院师生在理论探寻、教学实践、科学研究等方面的心得体会结晶。引领着党性修养、红色教育、灵魂塑造、知识追求与传播、教育路径探索等方面的初心使命。向学生传递思想和理论的光芒，引导学生树立爱国主义的理想信念，使学生更加筑牢中国精神、中国价值和中国力量，以培养担当民族大任的时代新人。

在本书的编辑过程中，我与学院党政办公室主任屈路明女士切磋讨论，反复推敲，多次通读收录的文章，不敢有丝毫马虎。特别是在分类、编目、审稿过程中，其严谨的学术态度令我感动。

在本书的出版过程中，院长刘安志教授及班子全体成员、本科生院院长吴丹教授等对此书的出版予以鼎力支持。武汉大学出版社副社长陈君良先生，在很短的时间内使之面世，这种扶持学术的精神令我感动。责任编辑黄河清女士为此书的出版做了大量的编校工作。在此，我一并表示诚挚的谢意。最令人欣喜的是，著名教育家、科学家、武汉大学前校长刘经南院士年逾八旬，为此书撰序。他这种奖掖后学的精神令吾辈备受鼓舞，他将激励着我们在高等教育理论与实践的园地里不懈地耕耘、不懈地思考、不懈地探索、不懈地攀登。

本人今年即将在高等教育管理岗位退下来，此书的收官，正是对我从事高等教育管理与研究的最高奖赏，同时也是给我的高等教育管理生涯画了一个完美的句号。在此，我对历史学院前院长陈伟先生以及共事几届的班子各位同仁、学院的全体师生表示由衷的谢意！

刘礼堂于珞珈山振华楼思悟斋

2023 年 7 月 7 日